协和医学院系列规划教材
医院领导力及管理系列教材

卫生法与卫生政策

（供卫生管理、医疗管理专业使用）

主　编　姚建红
副主编　乐　虹　王　岳　李　建
编　者　（以姓氏笔画为序）
王　岳（北京大学医学人文学院）
王　萍（哈尔滨医科大学人文社会科学学院）
石　悦（大连医科大学人文与社会科学学院）
乐　虹（华中科技大学同济医学院）
冯芮华（中国医学科学院医学信息研究所）
刘炫麟（中国政法大学医疗保障法律与政策研究中心）
阮小明（华中科技大学同济医学院）
苏玉菊（华东政法大学公共卫生治理研究中心）
李　建（中国医学科学院医学信息研究所）
杨　平（山东大学公共卫生学院）
杨淑娟（吉林大学公共卫生学院）
张新平（华中科技大学同济医学院）
赵　敏（湖北中医药大学人文学院）
胡汝为（中山大学公共卫生学院）
姚　岚（华中科技大学同济医学院）
姚建红（中国医学科学院北京协和医学院）
贾红英（华中科技大学同济医学院）
满洪杰（华东政法大学公共卫生治理研究中心）

中国协和医科大学出版社
北　京

内容简介

本教材是“医院领导力及管理系列教材”之一，阐述了卫生法和卫生政策的基本理论和方法、发展脉络、重点法律制度和卫生政策、发展趋势等内容。本教材在编写过程中注意理论与实践相结合、继承与创新相结合、吸收国际经验与总结国内进展相结合；聚焦卫生健康管理过程中的主要理念、重点领域、关键环节；介绍基本理论、核心制度与举措、重大改革进展等。本教材主要供卫生管理、医疗管理专业教学使用，也可供临床及相关专业人员参考使用。

图书在版编目（CIP）数据

卫生法与卫生政策 / 姚建红主编. —北京：中国协和医科大学出版社，2022.7
（医院领导力及管理系列教材）
ISBN 978-7-5679-1922-8

Ⅰ. ①卫… Ⅱ. ①姚… Ⅲ. ①卫生法－中国－教材 ②卫生工作－方针政策－中国－教材 Ⅳ. ①D922.16 ②R-012

中国版本图书馆CIP数据核字（2022）第112518号

医院领导力及管理系列教材

卫生法与卫生政策

主　　编： 姚建红
责任编辑： 张　凌　魏亚萌
封面设计： 许晓晨
责任校对： 张　麓
责任印制： 张　岱

出版发行： 中国协和医科大学出版社
（北京市东城区东单三条9号　邮编100730　电话010-65260431）
网　　址： www.pumcp.com
经　　销： 新华书店总店北京发行所
印　　刷： 三河市龙大印装有限公司

开　　本： 787mm×1092mm　1/16
印　　张： 24
字　　数： 450千字
版　　次： 2022年7月第1版
印　　次： 2022年7月第1次印刷
定　　价： 109.00元

ISBN 978-7-5679-1922-8

医院领导力及管理系列教材

建设指导委员会

Introduction
出版说明

随着我国医药卫生体制改革的深入，卫生事业对医院的要求在不断提高。医疗管理工作是医院建立正常医疗秩序、提高医疗服务质量的重要保证。医院的管理系统非常复杂，发展极其迅速，且面临不断深化的改革要求，这对医疗管理人才提出了更高的要求。目前，我国医院的管理干部，大部分为医务人员转型而来，虽具有精深的专业知识，但仍缺乏系统、全面的管理知识。随着公立医院整体进入转型发展期，我国亟须培养高素质的职业化卫生管理及医疗管理人才队伍。

教材作为承载知识的重要载体，对于培养高素质人才发挥着重要作用。党的十八大以来，党中央高度重视和关心教材建设。在我国高等教育体系中，教材建设是提高高校教学水平、丰富教学内容以及促进教学方法改革的基础性工作；是发展高等教育，培养综合型人才、创新型人才的基础。

为适应卫生管理及医疗管理的新要求，培养适应新时代卫生管理及医疗管理的相关人才，中国协和医科大学出版社深入贯彻《关于推动公立医院高质量发展的意见》《关于建立现代医院管理制度的指导意见》及《关于加强公立医院运营管理的指导意见》等文件精神，在中国医学科学院北京协和医学院的支持下，开创性地组织了本套医院领导力及管理系列教材的编写工作。编委会集结了二百余名业内知名专家、学者、教授及一线教学老师，在鲜可借鉴同专业方向教材编写经验的情况下，对医疗管理理论、方法、人才培养机制等进行探索研究，悉心编撰。

本套教材涵盖卫生管理、医疗管理专业课程共计17门，定位清晰、特色鲜明，具有如下特点：

一、建设成体系的卫生管理、医疗管理专业教材，引领学科发展步伐

本套教材作为成体系的卫生管理、医疗管理专业教材，充分研究论证相关专业方向人才素质要求、学科体系构成、课程体系设计和教材体系规划，代表了卫生管理、医疗管理学科的发展方向。

二、引入国际最新理念和方法，与时俱进

教材紧密结合卫生管理及医疗管理专业培养目标、高等医学教育教学改革的需要和卫生管理及医疗管理专业人才的需求，引入国际最新医院管理理念及方法，内容与时俱进、开拓创新。

三、融入经典管理案例，突出实践性教学

教材内容对接医疗管理职业标准和岗位要求，将国际最新案例融入其中，重视培养学生理论联系实际、实践操作和独立思考的能力。

四、纸数融合，使学习更便捷更轻松

教材采用纸数融合形式出版，即在纸质教材内容之上，配套数字化资源，通过图片、动画、视频、课件等多种媒体形式将内容进行呈现，以优化教学内容，丰富教学资源。读者可以直接扫描书中二维码，阅读与教材内容相关联的课程资源，从而丰富学习体验，使学习更加便捷。

希望本套教材的出版，能够推进高质量卫生管理及医疗管理专业人才的培养，促进我国卫生管理、医疗管理学科或领域的教材建设与教育发展，为引领我国医疗卫生机构管理走向科学化、规范化、标准化与现代化作出积极贡献。

Preface
前　言

卫生法和卫生政策是中国特色社会主义制度体系的重要组成部分。我国积极推进国家治理体系和治理能力现代化，推动依法治国，建设健康中国。不断完善我国的卫生法律法规体系、卫生政策体系，实现卫生健康事业高质量发展，维护经济社会安全稳定，将是我国建设社会主义现代化的基本任务。为了帮助卫生健康领域的工作者、参与者了解我国的卫生法律、卫生政策，拓展专业知识，服务专业工作，北京协和医学院组织专业力量编写本教材，旨在向学习者提供更高质量、更高水平、更加完善的学习工具和知识体系，从而更好地武装自己、提升自己，以服务卫生健康事业发展。

本教材系统全面地阐述了我国卫生法律体系、卫生政策体系的基本理念、重点内容、关键制度、核心机制、主要措施及发展动向等，学习者可以从历史的角度、发展的角度、系统的角度，认识、理解、思考卫生健康工作，提高宏观思维能力、重点把控能力及问题解决能力。

本教材的第一篇重点介绍了卫生法和卫生政策的基本概念、整体架构、发展历史、国际卫生治理经验等，帮助学习者形成整体认知框架。第二篇重点介绍了我国的卫生法律体系，包括基础理论、法律体系、疾病预防控制法律制度、医事管理法律制度、药事管理法律制度、健康相关产品法律制度、公共卫生应急管理法律制度、卫生监督执法制度、医学研究法律制度等，帮助学习者了解、熟悉和掌握基本的法律法规要求，更好地依法开展工作。第三篇重点介绍了我国的卫生政策体系，包括卫生政策理论、公共卫生政策、基层卫生政策、医院管理政策、基本药物政策、中医药政策、医疗保障政策等，帮助学习者了解、熟悉和掌握卫生政策要求、医药卫生体系改革动态等，服务卫生健康事业改革创新与发展。

本教材全面系统地总结了我国的卫生法律和卫生政策，将卫生法与卫生政策融为一体，构建了具有一定特色的理论体系和分析框架，有利于今后形成系统化研究分析的思路和方法，推动卫生政策和卫生法律转化实施，加强卫生法与卫生政策学术领域相互学习交流等。同时，本书全面吸收我国在卫生健康治理领域的新思想、新理念、新经验，国际卫生健康治理的新动向、新趋势、新做法，是学习者全面了解卫生法和卫生政策发展的重要途径和工具，具有较高的参考价值。

我国的卫生法律和卫生政策是一个巨大的制度体系和政策系统，纷繁复杂，浩如星海，法律法规多达几百部，卫生政策更是数以千计，本书仅能有所重点、有所概括地予以展现和阐述。加之我国经济社会发展日新月异，卫生健康领域理论创新与实践探索不断涌现，卫生法与卫生政策体系更新发展迅速，本书所列内容不可避免地存在疏漏偏颇之处。另外，部分问题有待于进一步研究和探讨，尚存不确定、不可预知性，本书仅能作为阶段性的总结和提炼。本书在编纂过程中，得到了国家卫生健康委员会、国家中医药管理局等相关部门的大力支持，相关人员参与构建知识体系、提供参考资料、修改稿件文本，在此表示衷心的感谢。同时，感谢各位编者不辞辛劳，在浩瀚复杂的卫生法和卫生政策体系中梳理最关键的知识点、核心要义，以帮助学习者更快、更好地认识卫生法和卫生政策。各位编者尽专业能力和判断力之所及，不当之处敬请同行、读者不吝斧正，以期待本教材修订和再版时不断完善，更好地服务我国卫生健康工作。同时，期待更多的人关注卫生健康工作、参与卫生健康工作，汇集起实现卫生健康事业重大发展目标的磅礴力量。

编　者

2022年5月

Contents

目　录

第一篇　总　论

第二篇 医药卫生法律制度

第三篇 卫生政策与改革发展

第一篇
总　论

Part 1

第一章 概 述

学习目标

1. 掌握 卫生法和卫生政策的基本内涵、性质和作用。
2. 熟悉 卫生法和卫生政策的区别和联系。
3. 了解 卫生法学和卫生政策学的基本研究内容和方法。

中国共产党十八届四中全会作出了全面推进依法治国若干重大问题的决定，提出了建设中国特色社会主义法治体系、建设社会主义法治国家的总目标。党的十九大进一步提出坚持全面依法治国的重大战略部署。习近平总书记多次强调要坚定不移走中国特色社会主义法治道路，要在法治轨道上推进国家治理体系和治理能力现代化建设，为中华民族伟大复兴中国梦提供法治保障。卫生健康事业是重要的社会民生事业，关系到国家安全和可持续发展，推进卫生健康治理法制化，是国家治理体系建设的重要内容。作为卫生健康工作的参与者和管理者，有必要了解和掌握卫生法和卫生政策的基本内容，不断提高我国的卫生健康事业治理水平。

第一节 基本概念

卫生法和卫生政策是我国法律体系和公共政策体系的重要组成部分，以国家法律和政策的形式体现的以工人阶级为领导、工农联盟为基础的全体人民的意志，主要目的是维护和增进人民健康水平。二者具体的表现形式和作用机制等有所不同。

一、法与卫生法

法律在现代社会发展中发挥着越来越重要的作用，是维护经济社会正常发展的基础和根本，是推进社会治理的重要手段和工具。卫生健康事业治理同样需要基于法制化手段，推动卫生健康工作规范、有序发展。

（一）法

法（law）是由国家制定或认可，并依靠国家强制力保证实施的，反映由特定社会物质生活条件所决定的统治阶级意志，以权利和义务为内容，以确认、保护和发展对统治阶级有利的社会关系和社会秩序为目的的行为规范体系。

在我国，广义的法律包括《中华人民共和国宪法》（以下简称《宪法》）、法律、法规、规章等，狭义的法律指全国人民代表大会及其常务委员会颁布的《宪法》、法律等。一般认为，法与广义的法律在词义上相同，都是指由国家制定或认可，并由国家强制力保障实施的行为规范的总和。

（二）卫生法

卫生法（health law）是指由国家制定或认可，并以国家强制力保障实施，旨在保护人的生命健康、调整卫生健康活动中各种社会关系的法律规范的总和。卫生法通过规定各方在医学发展、维护生命健康活动中的权利与义务，调整、确认、保护和发展各种卫生法律关系，维护正常的卫生健康活动秩序，是国家进行卫生健康事业管理、推进医药卫生体制改革、不断提高人民健康水平、推动经济社会正常发展的重要工具。

卫生法有狭义和广义之分。狭义的卫生法仅指由全国人民代表大会及其常务委员会制定、颁布的卫生法律。第一届全国人民代表大会常务委员会于1957年12月通过的《中华人民共和国国境卫生检疫条例》，是中华人民共和国历史上第一部真正意义上的卫生法律。目前我国尚未制定较为系统、完整的卫生法典，但已经构建了较为完整的卫生法律体系框架，我国有15部卫生健康领域的法律，35部行政法规和90余部规章。广义的卫生法除包括狭义的卫生法外，还包括《宪法》和其他部门法中有关卫生内容的规定，以及其他国家机关依照法定程序制定、颁布的卫生法规、卫生规章等。

二、公共政策与卫生政策

政策体系是规范和引导社会各方行为的重要制度系统，与法律体系和社会道德规范共同构成了整个社会的行为规范和约束体系，是社会治理制度体系的重要组成部分。

（一）公共政策

公共政策（public policy）是指为解决公共问题、达成公共目标、实现公共利益，公共权力机关按照政治程序，选择和制定的相关制度和规范，作为管理公共组织和社会公共事务、处理相关方关系的基本准则，规范指导机构、团体或个人的行为。公共问题、公共目标和公共利益是公共政策的三大要素。党和国家、政府、公共权力机关作为主体，制定的相关政策多为公共政策，通过规范和引导公私部门、社会团体、公民个人的社会行为，分配自然的和社会的各种资源，实现利益的均衡和最大化。

（二）卫生政策

卫生政策（health policy）是卫生健康领域的公共政策，是政府部门为引导卫生健康事业发展，解决改革发展面临的问题和矛盾，协调和均衡相关方利益，调节和再分配卫生资源，实现卫生健康事业发展目标，推动社会发展的基本制度措施，如规划、计划、决定及意见等。

第二节 卫生法与卫生政策的属性辨析

卫生法与卫生政策的基本目的是保护生命健康，卫生法与卫生政策均是国家的上层建筑的组成部分。从卫生法与卫生政策的基本性质和作用看，两者共同在卫生健康领域中发挥着基础性和引领性的重大作用。

一、卫生法与卫生政策的性质

（一）国家制定认可的价值体系

卫生法与卫生政策是国家统治阶级为了维护和实现自身在卫生健康领域的基本利益所采取的政治行为。由于我国已经消灭了剥削阶级，卫生法与卫生政策的实质是调整人民内部利益，协调不同群体、不同时期的利益，实现全体利益、长远利益的最大化或者最优化。目前，我国社会的主要矛盾是人民日益增长的美好生活需要和不平衡、不充分发展之间的矛盾。因此，中国的卫生法与卫生政策是根据保护人民卫生健康、发展卫生健康事业需要，分别由立法机关、行政机关和执政党、国家和政府机构等根据程序，确认卫生改革实践中成熟的发展理念、指导思想、体制机制、政策措施、具体制度以及国际条约和国际惯例制定的。其本质是国家制定或认可、推动全体人民利益最大化的基本价值观准则和规范，目的是解放和发展卫生健康生产力，解决卫生健康领域的不平衡、不充分的基本矛盾。

（二）国家权力保障的行为规范

卫生法作为调整相关方在卫生健康活动中的行为规范，主要内容是规定各方的权利和义务，明确可以做什么、鼓励做什么、必须做什么、禁止做什么，以此来维护卫生健康领域的社会关系和社会秩序，实现保障健康权和发展卫生健康事业的根本目的。当然部分法律也具有倡导性，如《中华人民共和国献血法》第二条规定，国家提倡十八周岁至五十五周岁的健康公民自愿献血。卫生政策则是强调通过引导、教育及市场等手段，推动相关方按照政策规定或倡导的方式开展活动，规范行为。部分卫生政策也具有一定的强制性，如针对传染病的隔离措施等。道德规范则是主要通过教育、劝说、舆论等形式引导个体行为，不具有强制性，与卫生法和卫生政策有较大区别。

（三）国家权力保障的规则标准体系

卫生法与卫生政策规定了卫生健康领域的基本规则和标准，各个行为主体必须按照相关的规则和标准开展活动、提供产品或服务等，并由国家权力保证实施，具有较强的约束性。例如，药品管理方面的法律法规规定公安、检察院、法院等机关依法使用强制手段禁止伪劣药品和产品在市场流通；临床路径管理政策规定某一特定疾病的诊疗程序和服务标准等，相关的卫生健康行政部门可以根据上述标准考核和评估医疗服务行为的合理性，促进医疗服务更加科学高效。

二、卫生法与卫生政策的作用

（一）保障公民健康权益

卫生法与卫生政策的根本目的是保障和提高公民健康权益，《宪法》规定国家发展医疗卫生事业，保护人民健康。其他相关法律通过规范约束企事业单位、社会团体、医疗卫生机构和公民的行为，规定相关方在开展活动过程中可以做什么、不能做什么或者建议做什么，促进相关行为人遵守卫生标准、规范等，按照正确的行为方式开展活动，并通过国家强制力和行政权力保证实施，从而保障公民生命健康。我国的医药卫生体制改革提出建立基本医疗卫生制度，提高卫生健康服务的公平性和可及性，主要目的也是维护居民的健康权益，不断提高健康水平。

（二）规范和引导相关方行为

总体上说，卫生法通过授权性、禁止性、命令性等规范，引导人们在法律允许的范围内活动，并对违反卫生法律规范的行为人进行处罚。因此，卫生法具有引导行为、规范行为、评价行为等作用。卫生政策则是通过市场手段、经济措施、教育、行政管理等措施，引导和规范相关方的行为，如医疗保险的差异化报销政策规范和引导居民的就医行为，加强医疗机构的均衡设置，促进医疗服务资源的均衡布局。

（三）引领和促进卫生健康事业发展

引领和推动卫生健康事业发展也是卫生法与卫生政策的重要作用。卫生法可以规范医学科技发展，保证新技术、新成果造福人类；按照国际公约条约要求，制定并落实相关措施，推动建设共同发展的卫生健康体系。卫生政策通过明确卫生健康工作发展目标、实施路径、政策措施，主要目的是保证卫生健康服务体系以及社会各方沿着既定的轨道运行。例如，通过卫生规划，确定每千人口的床位数量，对于过度增加医疗服务机构规模给予一定的限制和约束；通过建立完善的医疗保障体系，基于收入水平确定筹资额度，可以实现按支付能力支付，提高收入分配公平性；通过转变投入补偿机制，改革医疗服务价格，取消以药补医，开展预约诊疗、日间手术、网上诊疗及互联网医疗，提高医院运行效率。

三、卫生法与卫生政策比较

（一）卫生法与卫生政策之间的联系

1. 同为国家卫生制度体系组成部分　卫生法与卫生政策都是卫生治理体系的重要组成部分，是发展卫生健康事业的重要手段。2009年启动的新一轮医药卫生体制改革，主要目的是建立覆盖全民的基本医疗卫生制度，实现全民共建共享。我国2019年出台的《基本医疗卫生与健康促进法》，提出保障公民享有基本医疗卫生服务，提高公民健康水平，均反映了人民的基本利益。

2. 相互转化与支撑　我国的卫生方针和战略是卫生法的基础，卫生法的内容要体现国家宏观卫生战略和发展思想，是国家宏观卫生理念的具体化、法律化和制度化。如为了落实“三孩”人口发展战略，中共中央、国务院有关决定提出修改人口与计划生育法的工作安排。同时，卫生法也是卫生政策的制定的依据和实施的保障，如根据母婴保健法，制定了预防出生缺陷、降低孕产妇死亡率等政策措施。

3. 具有保护生命与健康的共同目的　维护生命健康权益，提高健康水平是卫生法与卫生政策的共同目标和基本目的。我国宪法提出了保护人民健康的规定，相关卫生法律体系落实宪法要求，提出控制传染病、提高妇幼保健水平、发展精神卫生事业等一系列具体的法律制度。我国的卫生政策同样以保护公民的生命健康权益为目标，如健康中国建设提出“把人民健康放在优先发展的战略地位”，显著提高人均健康预期寿命等。

案例讨论

【案例】2009年3月，《中共中央　国务院关于深化医药卫生体制改革的意见》提出的改革目标是建立健全覆盖城乡居民的基本医疗卫生制度。经过多年的改革实践，我国建设基本医疗卫生制度的改革成效不断显现，公共卫生体系和医疗卫生服务体系建设不断加强，医疗保障制度和药品供应保障制度逐步完善。2016年10月发布的《“健康中国2030”规划纲要》提出健康中国建设包含普及健康生活、优化健康服务、完善健康保障、建设健康环境、发展健康产业五大重点工作任务。经过改革实践检验，上述相关政策在2019年12月全国人民代表大会常务委员会颁布的《中华人民共和国基本医疗卫生与健康促进法》以基础性、综合性法律的形式固定下来。

【讨论】卫生政策上升为法律制度，其属性发生了怎样的变化？分析卫生政策与卫生法律的区别和联系。

（二）卫生法与卫生政策的基本区别

1. 制定主体和程序不同 根据我国的立法程序，具有立法权限的主体主要表现为全国人民代表大会及其常务委员会、国务院及其部、委、局，以及我国《立法法》授权的地方人民代表大会和地方人民政府。卫生政策则是卫生健康行政机关根据卫生健康事业发展需要制定。两者制定的主体有所不同，制定的程序也有所差别。《立法法》规定的国家和政府机构及人民代表大会的代表团和30名次上的人民代表联名可以提出卫生立法草案，全国人民代表大会审议立法议案，全国人民代表大会或全国人民代表大会常务委员会表决通过后发布。卫生行政法规是由中华人民共和国国家卫生健康委员会等国务院部门提出，经国务院常务会议审议或者由国务院审批通过后发布。卫生政策制定则是党中央、国务院和卫生健康等行政部门根据工作需要，经过政策方案研制、论证、征求意见等过程后发布。

2. 不同的效力和强制力 卫生法是由《立法法》规定的国家机关和行政机关制定和颁布，以国家强制力保证实施的行为规范，具有较为普遍的约束性和强制性。如果违反相应规定，会受到与之相应的惩戒。卫生政策的贯彻落实既有依靠社会教育、市场等非强制性手段，也有强制检疫和隔离等手段，以引导社会行为，实现政策目标。

3. 不同的调整范围 卫生法通过法律等规范性文件，明确规定人们的权利和义务，调整的范围比较具体，或者明确经过实践检验确认的政策措施，规范的内容往往涉及重要环节或重要领域。卫生政策则通过决定、纲要、意见等形式表现出来，内容比较概括，调整的社会关系更广泛、更全面。

4. 不同的稳定性和调整周期 卫生法是对卫生政策领域较为成熟、确定的做法和经验，通过法律条文的形式予以固化和规范，调整的周期相对较长。卫生政策则有较强的时效性和灵活性，随着形势的发展而变化，不断调整具体的政策措施。

第三节　卫生法学与卫生政策学

我国制定了以《中华人民共和国基本医疗卫生与健康促进法》为基础的、较为完善的卫生健康法律体系，发布了《“健康中国2030”规划纲要》等若干卫生政策，卫生法与卫生政策学科知识体系进一步扩展和延伸。作为卫生健康领域的管理者、研究者、参与者等，深入学习卫生法学和卫生政策学，对于提高自身的宏观把控能力和微观治理能力具有重要意义。

一、基本内涵

（一）卫生法学

卫生法学（science of health law）是研究与卫生法相关的各种社会现象及其发展规律的科学，属于社会科学。卫生法学是一门新兴的交叉学科，涉及法学、医学、卫生经济、卫生管理、医学伦理等学科知识。随着我国加强法制体系建设，推进依法治国，卫生法学的应用领域更加广泛深入，在经济社会发展中的作用越来越大，完善发展卫生法学十分必要。

（二）卫生政策学

卫生政策学（science of health policy）是在综合把握公共政策和卫生健康系统规律特点的基础上，研究卫生政策的制定、实施、评估、终结等卫生政策过程的一门科学。

卫生政策学是公共政策学的重要分支和相对独立的研究领域，其基本理论、研究方法与公共政策学具有共通性。同时，卫生政策学具有其自身特点，主要因医学具有较高的专业性和高技术性，是一门直接服务于“人”的学科，同时也是公共政策相关理论在医学、卫生管理等专业领域的深入应用。

二、研究内容

（一）卫生法学研究内容

1. 卫生法基本理论与发展规律　研究和阐释卫生法的基本性质、作用、特征等。研究卫生法发展的基本规律，包括卫生法律体系的完善、卫生法执行和落实等方面的理论问题等。

2. 卫生法律关系　研究卫生法所调整的国家机关、企事业单位和其他社会团体与公民之间在医药卫生健康服务过程和医药卫生监督管理活动中所形成的各种权利和义务关系。

3. 卫生法律体系 研究卫生法律体系组成部分的全面性、合理性，法律管辖范围与卫生健康事业发展需求之间的关系等。

4. 卫生法的制定和实施 研究卫生法的制定、修改、补充或废止等，以及贯彻与施行卫生法，规范社会卫生健康活动中相关方行为等方面的理论和实践问题等。同时也针对新的法律问题，对有关社会关系进行调整和完善。

5. 外国卫生法学 研究国外在卫生法理论、立法和司法实践等方面的不同经验和做法，以及国际卫生法律发展等，为我国卫生法律体系的发展和完善提供借鉴。

（二）卫生政策学研究内容

1. 卫生政策与政策环境的关系 卫生政策学需要关注政治、法治、经济、文化等宏观环境，同样需要关注国际发展理念、先进经验和基本要求等，将最新的价值理念融入卫生政策制定和实施的全过程。例如，将健康融入所有政策、可持续发展、全民健康覆盖等。

2. 卫生政策系统的主体与客体 卫生政策学需要研究决策者、参与者，以及所调整对象的利益和观点，分析作用机制，寻找合适的战略战术、政策路径和实施方案，保证决策科学、政策有效、落实彻底。

3. 卫生政策的运行机制 研究在卫生政策的制定、实施、控制、调整和终止等过程中，如何有效收集相关信息，掌控政策运行质量，并根据情况不断调整、修改、完善相关政策，保证完全实现相关政策目标等。

4. 卫生政策的方法学研究 研究国内外卫生政策的研究方法，包括行为研究、价值研究和规范研究等相应的研究方法。行为研究重点关注现实状况；价值研究重点关注相关方的价值趋向，以及在一定条件下的优选方案；规范研究主要关注特定情况下的最合理方案。目前我国的卫生政策学尚处于发展阶段，通常采用调查研究、实验研究和比较研究等方法。

三、研究方法

（一）系统分析方法

卫生健康系统是复杂的社会系统的重要组成部分。经济社会环境对卫生健康事业发展影响深远。系统分析强调立足整体、统筹全局，注重整体与个体之间的协调统一，明确相互之间的作用关系和作用机制，寻求价值的统一和协调。在卫生立法和卫生决策过程中，应充分关注我国卫生健康事业的发展动态，以经济社会发展中的关键问题、核心问题为导向，运用系统分析的方法，结合国内外基本理论和实践、自身的专业判断和思考，提出卫生立法和卫生决策的意见和建议。

（二）逻辑思维研究方法

在卫生法和卫生政策的研制过程中，强调构建适宜的逻辑分析框架，形成论证通路，充分考虑相关法律规定和政策措施的各种影响和不同结果，制定针对性的应对措施，这是一种重要的研究思路和理念。例如，就传染病防治法而言，需要运用逻辑思维方法对传染病病源、传播途径、紧急救治等防治过程中的各个环节制定相关规定。卫生管理中的绩效评价则强调投入与产出之间的关系，定量描述人力、物力、时间等资源投入与工作数量、质量及效率之间的关系，以评价效率和绩效等。

（三）比较分析方法

比较分析是卫生法和卫生政策研究的重要维度和途径。比较分析可以基于时间序列的变化，从历史发展的维度，分析卫生法律现象、法律制度、法律体系等发展变化，也可以分析卫生健康事业发展的变化，探求发展变化的基础、根源、条件和影响因素等，提出完善卫生法学和卫生政策学科的建议；也可以通过比较世界各国的卫生法律制度、卫生健康管理制度、发展理念等，结合我国国情，取长补短，不断丰富卫生法和卫生政策理论体系，完善制度实践，有利于形成具有中国特色的社会主义卫生健康制度体系。

（四）定性与定量分析的方法

对于卫生健康领域的发展理念、基本价值观等问题，需要各个领域的专家运用技能和知识，进行科学的判断，包括专家咨询等。在现代卫生健康治理中，更加强调程序规范，保证价值判断的正当性和公信力。因此，在卫生法和卫生政策制定过程中，通过定性的方法，广泛征求各方的建议，是卫生法和卫生政策研究中必不可少的基本方法和途径。定量分析的方法则可以更加直观地反映相关事物的发展趋势、关联关系等。例如，相关领域立法的数量，政策措施的类别和数量，卫生机构的服务利用量与人口、床位之间的关系及影响因素等。综合来看，卫生法和卫生政策学研究需要综合运用政治学、经济学、社会学等方法，探寻价值判断和诉求，同时需要运用管理学、心理学、医学等自然科学方法，探寻卫生事实问题。其研究方法复杂多样，跨学科性特征明显。

四、学习意义

（一）建立完善的知识结构

卫生法学和卫生政策学介绍了卫生法和卫生政策的基本理论知识、基本的卫生法律制度、卫生管理政策，重点阐述和研究卫生健康领域的理念、规则、趋势等。作为卫生健康领域的参与者和从业者，充分了解卫生法和卫生政策体系的重点内容、相关规定、卫生健康事业发展的趋势，有利于拓宽个人知识面，提高自身的政治素养、法律观念、规则意识、制度意识等。同时结合自身的专业知识，能够准确判断日常工作中的有所为、有所不为，明确自己的职责和行为活动方式，可以更加规范、科学地开展工作，对于保护自身利益和其他参与方的利益具有重要意义。

（二）提高学习者的卫生管理水平和能力

建设法治中国和健康中国是我国社会主义现代化的重要内容。卫生法学和卫生政策学为完善我国卫生健康治理体系提供了重要的理论支撑。卫生健康领域的参与者和从业者学习相关的法律规定和政策措施，掌握相关的研究方法，有利于提高自身发现问题、解决问题的能力。更多的参与者学习卫生法学和卫生政策学，将法制化、科学化、规范化的措施应用于日常工作，解决遇到的实际问题，将有助于完善我国卫生健康事业的治理机制，提高法制化、规范化管理水平，推动卫生健康事业治理体系和治理能力现代化。

（三）发展卫生健康事业，维护公民健康权益

学习卫生法学和卫生政策学的基础知识，不断提高决策人员、管理人员的专业技术水平，有利于有效落实国家的卫生健康发展战略和方针，不断提高卫生健康体系服务能力，为居民提供更加优质的健康服务，维护居民健康权益，提高居民健康水平。充分运用卫生法和卫生政策的管理措施和方法开展相关工作，有助于引导公民在参与卫生健康领域的活动过程中提高法制观念，运用正确的方式处理事务、开展工作，维护卫生健康领域发展秩序，从而实现卫生健康事业规范、可持续发展。

卫生法学和卫生政策学对我国的卫生健康事业发展具有重要影响，建议学习者关注“国家法律法规数据库”（https://flk.npc.gov.cn）、中国政府网（www.gov.cn）和“中华人民共和国国家卫生健康委员会”（www.nhc.gov.cn），了解最新卫生法律法规、卫生政策和发展动向。

本章小结

1. 本章叙述了卫生法与卫生政策的基本理论与概念、研究内容、联系和区别、作用机制等，概述和比较了卫生法和卫生政策学科的整体情况。

2. 卫生法和卫生政策的本质重点体现在国家在卫生健康领域的意志和利益，作用则重点体现在引导和规范方面，具有较大的相似性。卫生法和卫生政策的区

别主要体现在约束性和强制力的差别。

3. 卫生法学和卫生政策学的研究内容具有较大的区别，研究方法则具有较高的通用性。卫生法学重点关注卫生法律问题及需要通过卫生法律解决的问题；卫生政策学的研究重点则关注了卫生健康事实、价值、规范等，研究内容更加广泛。

（姚建红）

第二章　中国卫生法的发展与展望

学习目标

1. 掌握　中华人民共和国成立至今我国卫生立法的发展阶段及其划分的考量因素。

2. 熟悉　改革开放后我国卫生立法状况及发展趋势；我国医疗卫生立法如何对医学科学技术发展和突发公共卫生事件作出及时回应。

3. 了解　改革开放前我国卫生立法的状况、特点和不足。

我国卫生法发展历史悠久，早在殷商时期就出现了相关记录。随着社会越来越关注健康问题，卫生法在现代社会中的地位和作用更加突出。中华人民共和国成立后，党和国家不断推动卫生法制发展进程，特别是改革开放后，我国卫生法律体系逐步建立，法治化建设取得突破性发展。进入建设社会主义现代化强国的新时期，全面推进“法治中国”和“健康中国”建设，需要不断完善卫生法基础理论，落实以人民健康为中心的发展理念并夯实卫生法发展的基础条件。

第一节　概　述

通说认为，我国古代卫生法可追溯至殷商时期。《韩非子·内储说上》《周易》《春秋》《周礼》《左传》等经典书籍上的相关文字记载，集中反映了中国古代对繁衍健康后代的认识与重视。周代建立了最早的医事制度。根据《周礼》的有关记载，宫廷医生分为食医（负责饮食）、疾医（内科）、疡医（外科）和兽医。此外，周代还建立了世界上最早的病例记录与死亡报告制度。春秋战国后，我国进入了封建社会，卫生立法获得了迅速发展。从秦代起，我国出现了比较系统的法典，卫生法规逐渐增多，医疗管理制度和药品管理制度趋于规范。根据《云梦秦简》记载，秦律不仅有《法经》

六篇的内容，而且有《田律》等内容，这在一定程度上说明，其对环境卫生较为重视。公元659年，唐朝颁布了我国历史上第一部由国家颁布、具有药典性质的本草著作——《新修本草》，比《佛罗伦萨药典》还要早800多年。宋、金、元时期，医药卫生制度在许多方面虽沿袭唐制，但均有发展。如宋代建立了国家药品检验制度;《元典章》规定禁止行医者出售剧毒药品和堕胎药品，禁止假医游街卖药，行医者治疗致人丧命必须酌情定罪等。明、清时期，我国通过立法对医家行医、考试录用、庸医处罚予以规范。辛亥革命之后，我国卫生立法趋于专门化，制定了《传染病预防条例》《医师暂行条例》《助产士条例》等。新民主主义革命时期，中华苏维埃共和国临时中央政府颁布《卫生防疫条例》等。抗日战争时期颁布的《陕甘宁防疫委员会组织条例》《陕甘宁边区医师管理条例》《护理工作条例》等，为各抗日根据地政权在异常艰难的条件下维护军民身体健康提供了法律保障。解放战争时期制定的《连队卫生工作条例》《战时卫生勤务条例》等规范性文件，对保障军民健康，取得革命胜利发挥了重要作用。

1949年中华人民共和国成立后，我国卫生法进入了一个崭新的时代，大致可分为改革开放前的卫生立法和改革开放后的卫生立法两个阶段。其中，改革开放前的卫生立法又可进一步分为探索阶段和停滞阶段；改革开放后的卫生立法可以分为快速发展阶段、深化提升阶段，其中快速发展阶段又经历了起步、形成和完善三个阶段（图2-1）。

图2-1　中华人民共和国成立至今我国卫生立法的发展阶段

第二节　改革开放前的卫生立法

改革开放前的卫生立法可划分为两个阶段：一是探索阶段（1949—1965年），二是停滞阶段（1966—1977年）。

一、探索阶段

中华人民共和国成立之初，我国缺医少药，百废待兴，卫生立法正是在这样的背景下开启了探索之路。1949年9月，中国人民政治协商会议第一届全体会议通过了发挥临时宪法作用的《中国人民政治协商会议共同纲领》，明确指出要推广卫生医药事业，并注意保护母亲、婴儿和儿童的健康。1949年10月1日，中央人民政府政务院设立中央人民政府卫生部，主管中国的医疗卫生事业，并通过规章等规范性文件细化相关法律法规，以支持和巩固医药卫生领域所取得的各项成果和经验。1950年5月31日，劳动部公布试行《工厂卫生暂行条例（草案）》。1950年10月15日，卫生部公布并施行《种痘暂行办法》。1951年3月15日，卫生部发布并施行《医院诊所管理暂行条例》。

1954年9月20日，第一届全国人民代表大会第一次会议通过了《中华人民共和国宪法》，其中第九十三条规定："中华人民共和国劳动者在年老、疾病或者丧失劳动能力的时候，有获得物质帮助的权利。国家举办社会保险、社会救济和群众卫生事业，并且逐步扩大这些设施，以保证劳动者享受这种权利。"在此宪法的指导下，结合当时我国所处的社会发展阶段和现实情势，国家先后制定了大量的规范性文件，比较典型的有《国务院关于统一领导屠宰场及场内卫生和兽医工作的规定》（1955年）、《工厂安全卫生规程》（1956年）、《职业病范围和职业病患者处理办法的规定》（1957年）、《解剖尸体规则》（1957年）、《橡胶业汽油中毒预防暂行办法》（1957年）、《国内植物检疫试行办法》（1957年）、《中华人民共和国国境卫生检疫条例》（1957年）、《肉品卫生检验试行规程》（1959年）、《关于药政管理的若干规定》（1963年）、《最高人民法院关于处理医疗事故案件不应判给经济补偿问题的批复》（1964年）、《管理毒药、限制性剧药暂行规定》（1964年）、《管理毒性中药的暂行办法》（1964年）、《商业部、卫生部关于次鲜鸡蛋及发现肠道致病菌冰鸡蛋处理的暂行卫生规定》（1965年）等。

尽管这一阶段的卫生立法数量不多，效力层次较低，而且几乎均被后续颁布的法律法规和部门规章所废止或者修改，但考虑到这是在中华人民共和国成立初期卫生工作基础薄弱等背景下的起步和探索，国家出台的这些医疗卫生方面的立法和规范性文件，尤其是《中华人民共和国国境卫生检疫条例》作为中华人民共和国成立之后第一部卫生法律，既是对外交往的现实所需，亦开启了我国卫生法律的先河，对当时的医疗卫生实践起到了重要的指导和规范作用。这一时期卫生法理论研究较为罕见，卫生法治方面的专业人才也十分匮乏，因此无论是立法理念，还是立法技术，抑或立法内容，均存在较大的局限性，但并不影响其对治理公共卫生、保障人民健康权益等所产生的重要意义。

二、停滞阶段

自1966年起，我国进入了一段特殊时期，包括卫生立法在内的法治建设工作受到了重大影响。不过，这一时期仍有以下两项立法文件值得提及。

一是卫生部于1974年10月18日发布的《卫生部同意将接触炭黑引起的尘肺列入职业病范围的复函》，其指出，从上海市1971年以来的现场临床观察结果来看，工人接触炭黑引起的尘肺（肺尘埃沉着病）职业性明显，患者均有程度不同的症状，肺部X线表现也比较明显，根据1957年试行的《职业病范围和职业病患者处理办法的规定》，同意将接触炭黑引起的尘肺列入职业病范围，并且建议有关工厂认真做好防尘工作，要采取积极措施，加强劳动保护，对接触炭黑作业的工人要进行定期体检，已确诊的患者要积极治疗。

二是中华人民共和国第四届全国人民代表大会第一次会议于1975年1月17日通过的《中华人民共和国宪法》第二十七条明文规定，公民有劳动的权利，有受教育的权利，劳动者有休息的权利，在年老、疾病或者丧失劳动能力的时候，有获得物质帮助的权利。可以说，这是对1954年宪法第九十三条的有效承继，成为公民健康权保障的重要法源。

第三节　改革开放后的卫生立法

1978年12月18~22日，中国共产党第十一届中央委员会第三次全体会议在北京举行。会议不仅提出了实行改革开放、以经济建设为中心等伟大决策，还着重提出要健全社会主义民主，加强社会主义法制建设。在这一背景下，我国卫生立法进入一个新的历史阶段。概括起来，其大致经历了快速发展（1978—2013年）和深化提升（2014年至今）两个阶段。其中，快速发展阶段又可以分为起步阶段、形成阶段和完善阶段。

一、快速发展阶段

1. 起步阶段（1978—1993年） 1978年3月5日，中华人民共和国第五届全国人民代表大会第一次会议通过了宪法修正案并形成新宪法，其第五十条规定，“劳动者在年老、生病或者丧失劳动能力的时候，有获得物质帮助的权利。国家逐步发展社会保险、社会救济、公费医疗和合作医疗等事业，以保证劳动者享受这种权利。”与我国

1975年的宪法相比，1978年的新宪法和1954年的宪法除了规定公民的健康权之外，还侧重规定了公民健康权实现的国家义务，这为之后的卫生立法提供了权威依据和坚实基础。

1978年7月30日，国务院发布了《药政管理条例》。1978年9月13日，国务院发布并施行《麻醉药品管理条例》。1978年9月20日，卫生部发布并施行《中华人民共和国急性传染病管理条例》。自此，我国的卫生立法驶入“快车道”，制定了一大批卫生法律法规和部门规章。例如《新药管理办法（试行）》（1979年）、《农村集市贸易食品卫生管理试行办法》（1979年）、《医疗用毒药、限制性剧药管理规定》（1979年）、《中华人民共和国食品卫生管理条例》（1979年）、《妇幼卫生工作条例（试行草案）》（1980年）、《进口食品卫生管理试行办法》（1980年）、《卫生标准管理办法》（1981年）、《医院药剂工作条例》（1981年）、《全国医院工作条例》（1982年）、《中华人民共和国国境口岸卫生监督办法》（1982年）、《中华人民共和国食品卫生法（试行）》（1982年）、《职业病报告办法》（1983年）、《计划生育技术管理工作条例（试行）》（1983年）、《职业病诊断管理办法》（1984年）、《中华人民共和国药品管理法》（1984年）、《药品广告管理办法》（1985年）、《医疗器械产品质量管理办法》（1985年）、《托儿所、幼儿园卫生保健制度》（1985年）、《妇幼卫生工作条例》（1986年）、《中华人民共和国国境卫生检疫法》（1986年）、《公共场所卫生管理条例》（1987年）、《医疗事故处理办法》（1987年）、《消毒管理办法》（1987年）、《麻醉药品管理办法》（1987年）、《中华人民共和国尘肺病防治条例》（1987年）、《艾滋病检测管理的若干规定》（1988年）、《医疗事故分级标准（试行）》（1988年）、《医师、中医师个体开业暂行管理办法》（1988年）、《医疗用毒性药品管理办法》（1988年）、《放射性药品管理办法》（1989年）、《中华人民共和国国境卫生检疫法实施细则》（1989年）、《中华人民共和国传染病防治法》（1989年）、《化妆品卫生监督条例》（1989年）、《麻醉药品监督管理办法》（1989年）、《学校卫生工作条例》（1990年）、《进口药品管理办法》（1990年）、《性病防治管理办法》（1991年）、《结核病防治管理办法》（1991年）、《中华人民共和国传染病防治法实施办法》（1991年）、《消毒管理办法》（1992年）、《外国医师来华短期行医暂行管理办法》（1992年）、《中药品种保护条例》（1992年）、《药品生产质量管理规范》（1992年）、《血站基本标准》（1993年）、《中华人民共和国护士管理办法》（1993年）等。

这一阶段的卫生立法虽处于初步发展阶段，但是从立法内容上考察，其涉及的领域已经比较宽泛，尤其在医事行为、食品安全、公共卫生、涉外卫生管制等方面表现得更为突出，有力回应了我国改革开放之后15年间社会快速发展的现实情势和公众需求，为我国卫生立法形成阶段奠定了良好的基础。

2. 形成阶段（1994—2002年） 自1994年起，我国卫生立法进入体系逐步形成阶段，陆续颁布了数部具有支柱地位的法律法规和部门规章，例如《医疗机构管理条例》(1994年)、《医疗机构管理条例实施细则》(1994年)、《医疗机构基本标准(试行)》(1994年)、《医院感染管理规范(试行)》(1994年)、《中华人民共和国母婴保健法》(1994年)、《药品广告审查办法》(1995年)、《戒毒药品管理办法》(1995年)、《中华人民共和国食品卫生法》(1995年)、《医疗器械产品临床试用暂行规定》(1996年)、《保健食品管理办法》(1996年)、《生活饮用水卫生监督管理办法》(1996年)、《医疗器械产品注册管理办法》(1996年)、《食品卫生行政处罚办法》(1997年)、《中华人民共和国献血法》(1997年)、《药品临床试验管理规范(试行)》(1998年)、《中华人民共和国执业医师法》(1998年)、《国内交通卫生检疫条例》(1998年)、《医疗机构临床用血管理办法(试行)》(1999年)、《医师执业注册暂行办法》(1999年)、《传统医学师承和确有专长人员医师资格考核考试暂行办法》(1999年)、《医疗器械监督管理条例》(2000年)、《中外合资、合作医疗机构管理暂行办法》(2000年)、《互联网医疗卫生信息服务管理办法》(2001年)、《人类辅助生殖技术管理办法》(2001年)、《计划生育技术服务管理条例》(2001年)、《中华人民共和国母婴保健法实施办法》(2001年)、《放射事故管理规定》(2001年)、《职业病防治法》(2001年)、《医疗美容服务管理办法》(2002年)、《医疗事故处理条例》(2002年)、《中华人民共和国药品管理法实施条例》(2002年)等。

随着社会经济的快速发展，人民对医疗卫生服务的需求显著提升，同时为了适应政治经济体制改革，政府需要积极转变职能，依法行政，通过立法解决医疗卫生事业中的突出问题，例如如何改善卫生监管、如何规范医疗行为等，因此这一阶段的立法以医事行为的规制和食品安全的保障为主，尤其是《中华人民共和国母婴保健法》《中华人民共和国食品卫生法》《中华人民共和国献血法》《中华人民共和国执业医师法》等法律和《医疗机构管理条例》《医疗器械监督管理条例》《医疗事故处理条例》等行政法规的颁布，有力地支撑了我国卫生立法的体系建设。随着互联网技术的发展和医学新技术的进步，以《互联网医疗卫生信息服务管理办法》《人类辅助生殖技术管理办法》等规范性文件为代表的立法，充分彰显了21世纪的时代特征，这一阶段的卫生立法举足轻重，具有十分重要的承前启后作用。

3. 完善阶段(2003—2013年) 从2003年起，我国的卫生立法从体系建立进入体系完善阶段。例如我国先后出台了《中华人民共和国中医药条例》(2003年)、《突发公共卫生事件应急条例》(2003年)、《医疗废物管理条例》(2003年)、《乡村医生从业管理条例》(2003年)、《处方管理办法(试行)》(2004年)、《疫苗流通和预防接种管理条例》(2005年)、《医师外出会诊管理暂行规定》(2005年)、《麻醉药品和精神药品管理条例》(2005年)、《血吸虫病防治条例》(2006年)、《药品注册管理办法》(2007年)、《药品召回管理办法》(2007年)、《护士条例》(2008年)、《中华人民共和国食品安全法》(2009年)、《互联网医疗保健信息服务管理办法》(2009年)、《中华人民共和国食品安全法实施条例》(2009年)、《中华人民共和国侵权责任法》(2009年)、《关于规范活体器官移植的若干规定》(2009年)、《病历书写基本规范》(2010年)、《医疗器械召回管理办法(试行)》(2011年)、《中华人民共和国精神卫生法》(2012年)、《性病防治管理办法》(2012年)、《药品经营质量管理规范》(2013年)、《严重精神障碍发病报告管理办法(试行)》(2013年)、《疾病应急救助基金管理暂行办法》(2013年)等。

这一时期的立法既有在原先立法基础上的增补，也有对先前立法的修正和完善。由于2003年非典型肺炎(简称“非典”)疫情的突然袭击，我国的卫生立法呈现出一个重要的方向，即更加关注以人为本和保障人民群众生命健康安全，加大了对重大传染病防治、卫生应急等方面立法。2007年颁布的《中华人民共和国突发事件应对法》中也包含了许多卫生应急的内容，体现出在“常态”立法体系上的“非常态”立法，考虑更加全面，体系建设更加完整。2009年出台的《中共中央 国务院关于深化医药卫生体制改革的意见》对我国的卫生立法提出了更高的要求，其明确提出要进一步完善相关卫生法律法规，推进基本医疗卫生立法，明确了政府、社会和居民在促进健康方面的权利和义务，从而保障人人享有基本医疗卫生服务；建立健全卫生标准体系，做好相关法律法规的衔接与协调；加快中医药立法工作，完善药品监管法律法规，逐步建立健全与基本医疗卫生制度相适应、比较完整的卫生法律制度。尤其需要注意的是，这一时期也是我国医疗机构推动病历规范化、医疗信息化(电子病历、远程医疗、互联网医疗等)、药品管理规范化的重要时期，卫生立法越来越完善。

二、深化提升阶段

2014年10月20~23日，中国共产党第十八届中央委员会第四次全体会议审议通过了《中共中央关于全面推进依法治国若干重大问题的决定》，要求全面推进依法治国，建设中国特色社会主义法治体系，建设社会主义法治国家。2016年8月19~20日，全国卫生与健康大会在北京举行。习近平总书记出席会议并在讲话中指出，没有全民健康，就没有全面小康。要把人民健康放在优先发展的战略地位，以普及健康生活、优化健康服务、完善健康保障、建设健康环境、发展健康产业为重点，加快推进健康中国建设，全方位、全周期保障人民健康。“法治中国”和“健康中国”战略的全面推进，使我国卫生立法面临新的机遇和挑战，需要从“医疗卫生”立法迅速提升至“大健康”的层次，国家也陆续颁布了许多法律法规和规范性法律文件，最为重要的就是2019年颁布的《中华人民共和国基本医疗卫生与健康促进法》，其在我国卫生法中处于基础性和综合性地位，是我国卫生法体系的基础。

知识链接

《中华人民共和国基本医疗卫生与健康促进法》的定名与创新：从“初级卫生保健法”到“基本医疗卫生保健法”再到“基本医疗卫生法”，最后在“健康中国”“法治中国”的新时代背景下定名为“基本医疗卫生与健康促进法”，逐步建构“大卫生”“大健康”的理念精神和法律框架。这部法律在立法理念上，较好地贯彻了预防为主、“保基本、强基层、建机制”和健康权实质平等保护等思想；对医疗机构和医务人员的执业进行了规制，对其权益加强了保护；为社会办医提供基本医疗卫生服务、参与医联体建设和分级诊疗等进一步明确了方向。同时，该法规定公民是自己健康的第一责任人，这意味着所有人都应当自觉接受健康教育，养成良好的卫生习惯，形成健康文明的生活方式。为此，亟须构建一个“纵向到底、横向到边”的健康教育体系与网络。

在这一阶段，我国陆续颁布了大量的法律法规和部门规章，比较典型的有《人口健康信息管理办法（试行）》（2014年）、《村卫生室管理办法（试行）》（2014年）、《关于加强医疗责任保险工作的意见》（2014年）、《食品召回管理办法》（2015年）、《职业健康检查管理办法》（2015年）、《特殊医学用途配方食品注册管理办法》（2016年）、《网络食品安全违法行为查处办法》（2016年）、《医疗质量管理办法》（2016年）、《电子病历应用管理规范（试行）》（2017）、《医师执业注册管理办法》（2017）、《医疗器械网络销售监督管理办法》（2017）、《医疗纠纷预防和处理条例》（2018年）、《互联网诊疗管理办法（试行）》（2018年）、《互联网医院管理办法（试行）》（2018年）、《远程医疗服务管理规范（试行）》（2018年）、《中华人民共和国疫苗管理法》（2019年）、《中华人民共和国生物安全法》（2020年）、《中华人民共和国民法典》（2020年）、《医疗联合体管理办法（试行）》（2020年）、《中华人民共和国医师法》（2021年）、《长期处方管理规范（试行）》（2021年）、《中华人民共和国个人信息保护法》（2021年）等。

案例讨论

【案例】2018年11月26日，贺某某宣布经过基因（*CCR5*）编辑以抵抗人类免疫缺陷病毒（HIV）的双胞胎婴儿诞生的消息迅速激起轩然大波。2019年1月21

日，某省调查组查明，该事件系贺某某为追逐个人名利，蓄意逃避监管，私自组织有关人员，实施国家明令禁止的以生殖为目的的人类胚胎基因编辑活动。2019年12月30日，某人民法院一审公开宣判贺某某等3名被告人因共同非法实施以生殖为目的的人类胚胎基因编辑和生殖医疗活动，构成非法行医罪，分别被依法追究刑事责任。该事件发生后，《中华人民共和国基本医疗卫生与健康促进法》《中华人民共和国民法典》《中华人民共和国刑法修正案（十一）》《中华人民共和国医师法》等均增设相关条文予以规制。

【讨论】如何在法律上看待基因编辑事件？科学技术探索和发展对我国医疗卫生立法提出何种挑战？立法应当如何作出及时有效的回应？

这一阶段的立法是在对我国现有卫生立法全面评估后所进行的深化和提升，随着《中华人民共和国基本医疗卫生与健康促进法》的颁布，我国已经建立起具有鲜明中国特色的社会主义卫生法律体系，“大卫生”“大健康”的理念已经呈现，从过去以“治疗”为中心逐步转向以“健康”为中心，这直接反映到立法之中。新冠肺炎疫情是我国自成立以来传播速度最快、感染范围最广、防控难度最大的一次突发公共卫生事件，在党的正确领导下，14亿人民万众一心、众志成城，经过艰苦奋战，付出巨大代价，有效地遏制了肆虐的疫魔，中国新冠肺炎疫情防控的人民战争、总体战、阻击战取得重大战略成果，展现出伟大的抗疫情神。这场疫情深刻考验了我国卫生法体系，尤其是公共卫生法体系，整体上说是成功的，是有效的，但是也暴露出一些不足，需要进一步补短板、堵漏洞、强弱项，完善重大疫情防控体制机制，健全国家公共卫生应急管理体系。

第四节　卫生法发展展望

回顾中国卫生法发展的七十余年历程，虽筚路蓝缕，但硕果累累。站在新时代的起点上，必将会有更大的发展空间。卫生法的良性发展需要许多支撑条件，有的已经具备，有的存在欠缺，有的还比较薄弱，距离建构一个体系科学、内容完整、逻辑严密的卫生法典仍任重道远。

一、卫生法基础理论有待进一步夯实

随着经济的快速发展和社会的不断变革，社会关系呈现出越来越复杂的态势。以问题为中心，将调整某一特定领域社会关系的法律规范统称为某种“领域法”，既是对社会现实的及时回应，也是法学研究自身改革的一种新范式，“卫生法”就是典型适例。卫生法不仅涉及学科多（如法学、医学、管理学、经济学、社会学、伦理学等），而且强调较高程度上的交叉和融合，因此，研究难度较大。由于卫生法脱胎于法学，因此其离不开法学基础学科（如宪法、民法、行政法、社会法、刑法等）的理论滋养和智慧供给。

长期以来，我国研究卫生法学的理论学者研究范围较窄，主要集中于实践中已经呈现且具有广泛社会影响的领域，如医疗纠纷及其化解、公共卫生应急等。在2009年3月17日出台了《中共中央 国务院关于深化医药卫生体制改革的意见》之后，我国卫生法的研究范围才得到大幅拓宽，广泛涉及医事法、公共卫生法、健康产品（含食品、药品、医疗器械等）法、医疗保障法等，而这些领域与民法、行政法、社会法等紧密相关。我国未来迫切需要加强卫生法基础理论的研究，提升卫生法研究的深度和广度，加快培育卫生法这一领域法的深厚“土壤”，积极建构中国卫生法的学科体系、学术体系及话语体系。

二、理念从“治病”转向“健康”

中华人民共和国成立之初，全国卫生资源比较匮乏，广大农村地区普遍缺医少药，传染病、地方病横行，所以早在1952年就将“预防为主”作为卫生工作方针之一，并一直延续至今。自改革开放之后，我国卫生工作的重点是恢复工作秩序，增强医疗卫生机构活力，提高卫生服务供给能力，这期间医疗资源快速增加，医疗服务能力大幅提升，但同时出现了一部分医疗机构营利性日趋明显及“重治疗、轻预防”的现象。“非典”（SARS）疫情之后，虽然我国（尤其是基层）的公共卫生工作和设施得到了显著改善，公共卫生立法工作（如2003年《突发公共卫生事件应急条例》、2007年《中华人民共和国突发事件应对法》的制定和2004年《中华人民共和国传染病防治法》的修订等）也得到了加强，但与“健康”的理念和人民的期待尚有一定距离。

2016年8月19~20日召开的全国卫生与健康大会要求“将健康融入所有政策”，把人民健康放在优先发展的战略地位，努力全方位、全周期保障人民健康。2016年10月25日，中共中央、国务院发布了《“健康中国2030”规划纲要》，其明确指出，要以人民健康为中心，坚持健康优先原则，把健康摆在优先发展的战略地位，立足国情，将促进健康的理念融入公共政策制定实施的全过程，加快形成有利于健康的生活方式、生态环境和经济社会发展模式，实现健康与经济社会良性协调发展。2019年12月28日出台的《中华人民共和国基本医疗卫生与健康促进法》及时将“健康中国”战略、健康入万策理念、健康优先原则等上升为法律。因此，未来的立法重点也将从“治病”转向“健康”。

三、卫生法发展的其他支撑条件

卫生法的发展不是孤立的，需要众多条件的综合支撑。具体而言，主要包括研究队伍、教育教学、学术组织、期刊阵地和国际交流五个方面。

（一）卫生法的发展离不开研究队伍的壮大

卫生法的体系庞大，内容丰富，这就决定了需要不同领域的学者联合攻关，而不是孤军奋战，尤其是需要高层次学者的关注和参与，不断扩大社会影响力，不断产出具有较高质量的学术成果，并将这些成果最大程度地转化为现实，为立法提供决策参考。

（二）卫生法的发展离不开后备人才的培养

无论是综合性大学还是医学院校，有条件的学校均应加强卫生法的教育教学，除了培养专业人才之外，亦可不断增强医学生的法学素养和法治意识，为其顺利走上职业生涯以保障人民健康提供支持，从而打造一支政治素质过硬、德法兼修的卫生法治队伍。

（三）卫生法的发展离不开学术组织的建立与发展

1993年经民政部批准注册的中国卫生法学会，有力地推动了卫生法的发展。自此之后，各省市也开始陆续成立地方卫生法学会，典型的有北京卫生法学会（1995年）、广西卫生法学会（1998年）、江苏卫生法学会（2000年）、广东卫生法学会（2009年）、湖北卫生法学会（2016年）等。清华大学、北京大学、中国政法大学、复旦大学、上海交通大学、中南大学、华东政法大学、中国医学科学院北京协和医学院等院校还设置了卫生法研究机构，整合各种资源，进一步提升了卫生法的研究水平。

（四）卫生法的发展离不开学术期刊的支持

1992年《中国卫生法制》杂志正式创办，其刊登了大量卫生法领域的科研成果，推出了一大批卫生法研究者，对卫生法的学科发展、立法咨询、学术交流等起到了至关重要的作用。2006年，《医学与法学》杂志创刊，该杂志最初是作为内刊（季刊）发行，于2009年公开出版发行，2012年由季刊变更为双月刊，现已成长为宣传卫生法学术成果的重要阵地。除此之外，《医学与哲学》《医学与社会》《中国医院管理》《中国卫生事业管理》《中国医学伦理学》《中国医院》《卫生软科学》等杂志也设置了与卫生法相关的栏目，共同支持卫生法的传播与发展。新冠肺炎疫情发生后，社会各界更加认识到健康的重要性，《中国法学》《法学研究》等国内法学顶级期刊也刊发了一系列卫生法研究成果。

（五）卫生法的发展离不开国际交流

中国卫生法学的国际交流大致经历了以下三个阶段：一是相对保守阶段（1978—1992年），这一阶段我国卫生法学对外交流极少；二是初步发展阶段（1993—2007年），这一阶段开始与国外进行学术交流，但整体上说，无论是交流的次数，还是交流的规模都十分有限，在世界医学法学“大家庭”中的地位不高；三是日益频繁阶段（2008年至今），其最重要的标志即是2008年我国承办了第17届世界医学法学大会，这也是世界医学法学协会自成立以来首次在亚洲召开大会，自此，我国在世界医学法学“大家庭”中的地位不断提升，如今已经成为一支重要的研究力量。

本章小结

1. 我国早期卫生法可追溯到殷商时期。新民主主义革命时期，中国共产党领导的苏区政府制定了卫生防疫条例、医师管理条例等法律制度，保障了革命胜利。

2. 中华人民共和国成立后的卫生法发展过程可以划分为两个阶段：改革开放前以探索为主，改革开放后进入快速发展和深化提升阶段。

3. 改革开放前的卫生立法数量不多，《中华人民共和国宪法》是卫生法的重要法源。《中华人民共和国国境卫生检疫条例》的颁布，标志着中华人民共和国成立之后第一部卫生法律的诞生。

4. 改革开放后卫生立法工作快速发展，制定了医事行为、食品安全、公共卫生、涉外卫生管制、卫生行政、卫生应急等一系列法律制度，卫生法律体系不断健全。

5. 未来全面推进“法治中国”和“健康中国”建设，需要进一步完善卫生法基础理论，卫生立法理念转向以“健康”为中心，进一步夯实卫生法发展基础条件和其他支撑条件。

（刘炫麟）

第三章　卫生政策发展

学习目标

1. 掌握　卫生政策的概念；卫生政策发展各阶段的主要特征与规律。

2. 熟悉　卫生政策的主要发展历程。

3. 了解　卫生政策形成的背景与发展趋势。

我国卫生事业的发展与国家的命运紧紧联系在一起，随着我国社会经济的快速发展，医疗卫生事业也得到了长足发展，居民健康状况和水平显著改善和提高。中国的卫生发展经验曾经成为世界卫生发展，尤其是发展中国家的楷模。随着社会的进步和政府执政理念的变化，卫生事业逐步回归到其本质规律，即以人民健康为中心。本章回顾了我国卫生事业的发展历史，并在此基础上梳理我国卫生政策的演变过程。

第一节　卫生政策形成的思路与背景

卫生政策的形成，通常会伴随卫生发展过程中突出的卫生问题和解决这些问题的主要举措，本节主要介绍卫生政策的概念与含义，梳理卫生政策的形成思路与背景，并在此基础上，分析概括中国卫生政策的变迁特征。

一、卫生政策的内涵及其形成思路

（一）卫生政策的内涵

卫生政策（health policy）是政策制定者为解决特定的卫生问题、实现一定的卫生工作目标而制定的各种规划、计划、意见、制度等的总称，是各层次的决策组织，用以引导卫生事业发展方向，调节卫生资源配置，协调各相关群体利益、矛盾等，以最终改善健康状况、维护社会稳定、推动社会发展的手段或途径。简言之，卫生政策就是对健康相关领域的某种价值的调整和再分配。

卫生政策一般是正式的书面文件或指导方针，体现了决策者对能够加强卫生体系、改善健康状况的某一行动的合法化。这些正式文件由决策的参与者转化为实际的行动，在这一过程中，卫生政策会不断吸取实践经验而作出调整和完善。因此，政策不仅可以是正式的书面表达，也可以以非书面的形式提出。

（二）卫生政策的形成思路

健康（health）一直以来都是人类社会不断追求的目标之一。随着社会的不断发展与进步，健康的内涵也在不断地丰富，逐渐发展成为生理、心理和社会统一的概念。公民健康权作为一项基本人权，是一个社会公民权利的基本体现。公民在何时得到什么样的和什么程度的健康保健，以及如何获得它的问题，均涉及基本的社会公正。而政府是社会、政治、文化、经济和资源的组织者和协调者，其重要职能之一就在于为人民群众创造整体福祉。因此，为了改善社会成员的健康状况和维护公民的健康权利，任何一国政府都要制定卫生政策，以求“促进人类健康发展，保障人类健康安全，缩小健康差距，消除健康贫困”，表现在公共事业上就是通过制定和实施旨在投资于人民健康的基本公共卫生服务政策，使有限的卫生资源得到充分利用。

维护人民群众的健康是政府制定卫生政策的目的。因此，卫生政策的基本导向是满足广大群众最基本的医疗卫生服务需求，体现社会基本保障和福利。在这样的政策导向下，一系列相互配套的卫生政策为推动国民健康水平的提高发挥了积极作用。

二、卫生政策形成的背景

卫生政策从来不是一个孤立的政策体系，而是深嵌于整体的政治经济社会制度中，受特定的意识形态和宏观制度的影响，并服务当时的经济社会发展需要，同时也反映着不同社会发展阶段的特征与民众健康诉求。

中华人民共和国成立后到改革开放前是中国计划经济体制与社会主义建设时期。在此期间，社会主义中国将“公平”作为优先发展理念，政府把卫生事业视为一项社会福利，制定了带有普惠性质的卫生政策。改革开放后，中国整体政治经济体制发生巨大变化，国民社会经济政策的走向也影响了同时期卫生政策的特征。2003年，严重急性呼吸综合征（SARS）的暴发以及“看病难”“看病贵”问题促使政府和社会对市场化改革后的卫生政策理念进行反思，促进了卫生服务公益性的回归。2009年，新一轮医改提出“坚持公共医疗卫生的公益性质”“把基本医疗卫生制度作为公共产品向全民提供”“人人享有基本医疗卫生服务”，突出强调了卫生事业向公益性的回归。2016年8月，习近平总书记在新世纪召开的首次全国卫生与健康大会上，提出了“以基层为重点，以改革创新为动力，预防为主，中西医并重，将健康融入所有政策，人民共建共享”的新时期卫生健康工作方针，这成为今后我国卫生政策制定的出发点与落脚点。同年10月，国家正式发布《“健康中国2030”规划纲要》，随后，党的十九大报告明确提出实施健康中国战略，把为人民群众提供全方位、全周期的健康服务作为卫生健康事业的目标和任务。新冠肺炎疫情发生后，坚持人民至上、生命至上、健康至上成为我国卫生政策的鲜明特色。

三、中国卫生政策的变迁特征

（一）政策内容

卫生政策的关注点由非均衡到均衡，解决措施由单一到多元，卫生政策由分散性、临时性向专门化、体系化、规范化的方向发展，体现了满足人民对美好生活需要的发展愿景。

（二）政策目标

卫生政策从计划经济时期作为促进社会稳定和发展的重要支撑，到市场导向时期成为激发和释放市场活力、追求效率的手段之一，再到社会主义建设新时代公益性和社会功能被高度关注，实现了政治效益、社会效益的高度统一。

（三）政策价值取向

卫生政策始终在寻求正当性和有效性之间的平衡，走过了一条从“福利性、公益性”到“市场导向”再到“回归公益性”的道路，且把人民健康放在更加突出的位置，更加具有人文情怀，体现了新时代的政治导向和政策价值观。

（四）政策工具

政府主导的强制性工具发展到市场主导的自愿性工具再到混合性工具，政策工具逐渐多元化，形成了政府主导、市场调节、社会参与的格局，实现了从管制到管理再到治理的飞跃。

总体来说，中华人民共和国卫生政策的变迁，实际上是解决不同阶段卫生领域存在的主要问题和主要矛盾的过程，体现了党和政府对医疗卫生体制改革进程的总体把握和判断。七十余年卫生政策的变迁历程表明，党和政府的执政理念以及发展模式的变迁对卫生政策有着非常重大的影响。

第二节　中华人民共和国成立前的卫生政策概述

一、中国近代卫生管理思想

1840年鸦片战争后，西方卫生保健体系和西医“合法”进入中国，西方卫生保健体系和卫生政策法规通过通商口岸、租界、驻华使领馆和教会组织进入中国，形成西方卫生保健体系、卫生政策法规与中国传统中医药体系、皇帝律令刑罚并存格局。1905年清朝变法图强、改法修律，实施改革新政，全面引进西方国家现代政治制度与体制，清政府仿效日本模式，全面引进卫生保健和公共卫生制度，推动着封建律令向现代法规转型。

新民主主义革命时期，南京国民政府于1928年成立卫生部，后称卫生署。同期旧时政府颁布实施120多件医药卫生法规，范围涉及卫生行政、医政、药政、防疫、公共卫生等内容。20世纪初，包括医院和医学院等西方形式的正规医学服务机构在中国蓬勃兴起，1917年北京协和医学院和1921年北京协和医院的建立，开启了西医发展新时期。20世纪30年代的陈志潜医生在河北定县建立了群众性公共卫生运动基地（卫生示范县），成为后来中国初级卫生保健的雏形。

二、中国共产党初创时的卫生管理实践

1921年中国共产党成立后非常关注卫生事业的发展，在苏区条件简陋的情况下建立了医院，每个患者都享有同等的治疗权利。毛泽东在《中国的红色政权为什么能够存在？》一文中认为“建设较好的红军医院”是巩固根据地所必须做好的大事，“预防为主”的方针、“防治结合”的原则、“中西医两法治疗”的方向、“群众卫生运动”的方法，以及乡村卫生机构的有序建立，一系列卫生政策的制定及实施，有力地保障了根据地军民的健康，也为1949年后的中华人民共和国卫生工作方针及具体政策的制定积累了适合中国国情的丰富经验。

第三节　中华人民共和国成立至改革开放的卫生政策回顾

中华人民共和国成立初期，国家建设基础薄弱，资源匮乏的现实条件使得中国势

必无法效仿西方国家依靠高昂财政投入走资本密集的医疗技术发展型道路。动员全社会参与、团结中西医、加强疾病预防的道路是符合当时中国本土国情的正确方案。从20世纪50年代开始萌芽的农村合作医疗、三级医疗预防保健网和“赤脚医生”等形式有效地缓解了中国“缺医少药”的问题。

一、四大卫生工作方针

为了发展社会主义事业，1950—1952年中华人民共和国逐步确立了“面向工农兵，预防为主，团结中西医，卫生工作与群众运动相结合”的四大卫生工作政策方针。将“预防为主”作为四项卫生工作方针中重要原则，并辅以法律、法规及相关制度的支持。在具体实践中，重视将预防为主贯穿于医疗、卫生、保健工作的全过程；面向工农兵，强调以广大普通民众的卫生需求为目标和宗旨的卫生服务原则；通过中西医的结合，实现有效动员、有机整合、合理利用多种卫生服务资源；通过“卫生工作与群众运动相结合”，实现政府、社会、民众个体力量的有效动员。

二、公共卫生体系建设

（一）基层医疗卫生组织建设

1951年4月颁布了《关于健全和发展全国卫生基层组织的决定》和《关于调整医药卫生事业中公私关系的决定》。适应当时需要，政府采取公办、公私合办、私人联合和群众筹资等方式逐步建立和基本完成了城镇的县级医院、区级医院、卫生防疫站、妇幼保健站，以及工矿与部门的医院、卫生室、农村卫生所、合作社保健站、集体联合诊所和个体诊所的建设。

与此同时，政府还注重发展少数民族地区的卫生事业。1951年8月，全国民族卫生会议在北京召开。会议通过了《关于建立和发展少数民族地区卫生工作的决议》《少数民族卫生工作方案》和《防治少数民族地区性病、疟疾与推行少数民族地区妇幼卫生工作方案》。这些决议和方案的产生为以后中国民族医药的发展起到了纲领性的指导作用，为少数民族群众的身心健康打下了坚实的民众基础。

（二）卫生防疫站建设及传染病防控

1953年，中国参照苏联的公共卫生模式，在全国范围内普遍建立卫生防疫站。1954年，卫生部颁发了《卫生防疫站暂行办法》和《各级卫生防疫站组织编制规定》，这是中国卫生防疫体系建设中的重要文件，明确规定了卫生防疫站的任务是预防性、经常性卫生监督和传染病的防治与管理。1955年6月，我国颁布了第一个卫生防疫法规《传染病管理办法》。三年自然灾害期间，由于当时的政治、经济、政策环境影响，初步构建起来的卫生服务体系经受了第一次曲折变化。在1962年党中央提出“调整、巩固、充实、提高”的方针后，卫生部于1964年颁发了《卫生防疫站工作试行条例》，明确了卫生防疫站作为防保体系主体机构的性质、任务和工作内容，并规定了卫生防疫站的组织机构设置与人员编制。这对卫生防疫站的发展起到了积极的推进作用，使卫生防疫体系恢复到正常的发展轨道。

（三）爱国卫生运动

抗美援朝保家卫国的浪潮，推动了群众性卫生防疫运动的深入发展。人民群众把这项伟大的运动称为“爱国卫生运动”（Patriotic Health Movement）。1952年中央和地方相继成立爱国卫生运动委员会，中央十多个部委、部队和各群众团体为其成员，并在各地设立爱国卫生运动委员会办公室，统一归所在地的各级人民政府直接领导，组织发动全国人民“讲究卫生、除四害、消灭疾病”。自此，爱国卫生运动逐渐得到延续并成为全国性的经常性工作，实现了公共卫生环境和个人健康行为的改善，在消除传染病方面取得了显著的效果，这是我国卫生政策史乃至世界卫生发展历史上的一次重大创新。

三、医疗卫生保障体系建设

政务院于1951年2月和1952年6月分别发布了《中华人民共和国劳动保险条例》及《关于全国各级人民政府、党派、团体及所属事业单位的国家工作人员实行公费医疗预防的指示》，卫生部于1952年8月发布了《国家工作人员公费医疗预防实施办法》，自此，由各级政府筹资、管理的公费医疗和由国企、集体企业直接提供的劳保医疗覆盖了几乎所有的城镇就业者及其家属。随后，于1954年9月第一届全国人民代表大会第一次会议通过的宪法中，明确规定了国家举办社会保险、社会救济和群众卫生事业，并且逐步扩大这些制度和体系，以保证劳动者享受这种权利。

在广大农村地区，群众“依靠集体力量，在自愿互助的基础上”建立起了合作医疗制度。合作医疗最早源于1955年5月山西省高平县米山乡（现为高平市米山镇）成立的“医社结合”联合保健站。在米山乡经验不断推广的基础上，1957年卫生部发出《关于加强基层卫生组织领导的指示》，认可“农业合作社举办的保健站，是农业生产合作社的卫生福利事业机构”。

中国通过集体筹资的方式相继构建了农村卫生体制的三大支柱——合作医疗、三级医疗预防保健网和“赤脚医生”制度。但是，城乡二元化发展导致的城乡医疗保障差距并没有得到良好的解决。1965年，毛泽东主席在“六二六指示”中，针对城乡卫生资源分配不均的状况，要求把医疗卫生工作的重点放到农村去。此后10年，卫生资源“重城市轻农村”的问题得到缓解，农村医疗卫生机构床位占比由1965年的40%上升至1975年的60%。

中华人民共和国成立后至改革开放前的这一时期，尽管国家范围内卫生建设基础薄弱，但为了改善整体国民健康状态并体现社会主义优越性，包括公共卫生服务在内的卫生事业整体呈现强烈的福利色彩，具有显著的“公共性”。同时，中国卫生政策涌现了不少创新性举措，使中国在计划经济时代和低收入的条件下迅速完成了第一次卫生革命，确保了基本药物和基本医疗服务的可及性，使基本卫生条件得到明显改善。

第四节　改革开放至新一轮医改的卫生政策脉络

改革开放以来，在建设社会主义市场经济体制过程中，市场化“浪潮”对医疗卫生领域的政策发展产生了深刻影响，地方改革不同程度地出现了在资源配置中让市场发挥更大作用的趋势。

一、卫生服务供给格局

1979年，卫生部为响应国家改革开放的战略决策，提出“要用经济手段管理卫生事业”。同年，卫生部、财政部、国家劳动总局联合印发《关于加强医院经济管理试点工作的通知》，将经济手段运用到医院管理中。1981年3月，卫生部发布《医院经济管理暂行办法》，强调运用经济方法管理医院的业务活动和财务收支。随后，经国务院批准的卫生部《关于允许个体医生开业行医问题的请示报告》《关于加强卫生机构经济管理的意见》等政策均强调扩大医院自主经营权，促进医院管理形式多元化，使集体、国有医疗机构的垄断局面被打破。1985年4月，国务院批转卫生部《关于卫生工作改革若干政策问题的报告》，提出为了加快发展，“必须进行改革，放宽政策，简政放权，多方集资，开阔发展卫生事业的路子，把卫生工作搞活”，这一政策标志着中国的全面医改正式启动，1985年也因此在学界被称为“中国医改元年”。随后，1989年国务院下发《关于扩大医疗卫生服务有关问题的意见》。上述这些鼓励性政策充分调动了国家、地方部门和社会办医的积极性，调动了卫生工作者的主动性、参与性，挖掘了其技术、人力资源的潜力。在扩大服务供给政策的作用下，卫生服务供给形成了多渠道、多层次的供给格局。

二、医疗卫生领域的市场导向时期

1992年，在经济体制改革的大背景下，国务院出台《关于深化卫生改革的几点意见》，强调了市场化导向，明确提出建立与社会主义市场经济体制相适应的医疗卫生体制的目标。1997年发布的《中共中央 国务院关于卫生改革与发展的决定》和2001年发布的《关于农村卫生改革与发展的指导意见》进一步强调了卫生体系要与社会主义市场经济体制相适应。2000年，国务院办公厅批转国务院经济体制改革办公室等部门《关于城镇医药卫生体制改革的指导意见》，其进一步提出“建立新的医疗机构分类管理制度”“鼓励各类医疗机构合作、合并，共建医疗服务集团”“扩大公立医疗机构的运营自主权，实行公立医疗机构的自主管理”等。

该时期，政府对医疗卫生事业的投入比重有所下降。1980年居民个人负担的费用占医疗卫生总费用的比重不足23%，到2000年达到60.6%。改革开放初期，政府预算支出占医疗卫生总费用的比重为36%，到2000年比重下降为14.9%。在此过程中，医疗保障体系的覆盖面在持续降低，截至2002年末，城镇居民参保比例只剩50%左右，而农村地区随着农村集体经济的解体，合作医疗的参保比例已不足10%，从而出现了该时期的“看病难”“看病贵”问题。

知识拓展

改革开放以来，随着市场经济的发展，我国部分地方的医疗卫生体制逐步进行了市场化改革，并取得了一定的成果，但也存在着一些问题。一些地方卫生事业的市场化改革趋向，虽然在一定程度上推动了卫生事业的发展，但却没有充分重视卫生事业发展的特殊规律和公益性原则，造成了一系列的问题。

要解决一些地方卫生事业过度市场化趋向带来的问题，推动我国卫生事业的健康发展，必须坚持卫生事业的公益性质，加强政府的宏观调控，同时注重鼓励和引导好全社会卫生资源的积极正向作用。

三、系统化医改方案的设计

2003年SARS疫情暴发后，国家明显加大了对公共卫生事业的财政拨款和对公共卫生体系的建设力度。同时，针对农村和低收入群体的社会保障改革政策也开始陆续出台。2003年国务院办公厅转发卫生部等部门《关于建立新型农村合作医疗制度意见的通知》，扶持建立新型农村合作医疗制度并开展试点工作。在城镇低收入人群医疗保障方面，2005年3月国务院办公厅转发民政部等部门《关于建立城市医疗救助制度试点工作意见》，要求用2年时间在地方进行试点，再用2~3年时间在全国建立起管理制度化、操作规范化的城市医疗救助制度。

2006年《关于发展城市社区卫生服务的指导意见》强调社区卫生服务是城市卫生工作的重要组成部分，是实现人人享有初级卫生保健目标的基础环节。2007年，政府在城市地区开始建立城镇居民医疗保险制度，明确了政府财政投入的责任；针对农村医疗资源不足的问题，政府出台了加强农村医疗卫生机构建设、培养农村卫生工作人才及规范药品流通体系等相关政策。同年出台的《卫生事业发展“十一五”规划纲要》中提出，要加强应用医学及高新技术研究，破解关键技术障碍，研制新药、设备等要求。

第五节　新一轮医改以来卫生政策回顾

本节主要回顾新一轮医改以来卫生政策的主要变化，通过分析总结该时期我国卫生事业的发展特点与趋势，为下一阶段卫生政策的制定和发展提供参考。

一、基本医疗卫生制度的公益化导向

2009年3月颁布的《中共中央　国务院关于深化医药卫生体制改革的意见》，提出加快建立覆盖城乡居民基本医疗卫生制度，逐步实现人人享有基本医疗卫生服务的目标，提高全民健康水平标志着新一轮医改正式启动。为实现医改目标，提出建设四大体系，主要包括比较完善的公共卫生服务体系和医疗服务体系、比较健全的医疗保障体系、比较规范的药品供应保障体系等。新一轮医改第一次提出“把基本医疗卫生制度作为公共产品向全民提供”的理念，这是卫生政策发展史上的重大理论创新。

2012年党的十八大报告再次明确了卫生健康事业公益性的发展方向与原则；2015年十八届五中全会提出“推进健康中国建设”；2016年全国卫生与健康大会强调要把人民健康放在优先发展的战略地位，把以治病为中心转变为以人民健康为中心，《“健康中国2030”规划纲要》同年出台，成为推进健康中国建设的行动纲领。

知识链接

2009年《中共中央 国务院关于深化医药卫生体制改革的意见》明确提出坚持公共医疗卫生的公益性质的指导思想，同时坚持以人为本，把维护人民健康权益放在第一位；坚持立足国情，建立中国特色医药卫生体制；坚持公平与效率统一，政府主导与发挥市场机制作用相结合；坚持统筹兼顾，把解决当前突出问题与完善制度体系结合起来的基本原则。

"公共"二字成为该文件中出现频率较高的词语。回归公益本性，目的在于坚持卫生事业为人民健康服务的宗旨，以保障人民健康为中心，以人人享有基本医疗卫生服务为根本出发点和落脚点。

二、健康中国卫生治理的全面化发展

深化医药卫生体制改革的核心内容是建立医疗、医保、医药"三医"联动工作机制。2019年7月，国务院印发《关于实施健康中国行动的意见》，国家层面成立健康中国行动推进委员会并发布《健康中国行动（2019—2030年）》，这一系列国家层面文件从全方位干预健康影响因素、维护全生命周期健康、防控重大疾病三方面提出任务要求，并明确2022年基本建立健康促进政策体系，2030年基本实现健康公平的总体目标。此外，于2020年6月1日起开始实施的《中华人民共和国基本医疗卫生与健康促进法》是我国卫生与健康领域第一部基础性、综合性的法律，它的颁布与实施，对我国今后卫生领域秩序的建立及卫生政策的制定有着重大引领作用。与此同时，基于信息化时代和"互联网+"的背景，大数据、云计算、物联网等信息化技术也在卫生政策中体现，对我国医疗卫生服务模式和管理模式产生了深刻影响。

新一轮医改以来，特别是党的十八大以来，我国卫生健康事业改革发展步入了快车道，各项改革扎实推进，成效显著。新一轮医改把建设覆盖城乡居民的公共卫生服务体系和医疗服务体系作为中国特色基本医疗卫生制度的重要内容：以提升服务能力为导向，改革完善运行机制为核心，基层医疗卫生服务体系进一步夯实；公立医院综合改革步伐明显加快，探索建立现代医院管理制度；多种形式的医联体建设全面推行，分级诊疗就医格局开始形成；覆盖全民的公共卫生服务网络不断健全，预防为主的工作方针不断得到落实；社会办医活力正在有效激发，健康服务业得到长足发展。

案例讨论

【案例】2016年10月，中共中央、国务院印发了《“健康中国2030”规划纲要》，明确将推进健康中国建设作为全面提升中华民族健康素质、实现人民健康与经济社会协调发展的国家战略。健康中国建设体现着国家以人民为中心的发展理念和增进民生福祉的发展取向，指明了未来政策和资源的发展方向，是国家治理理念与国家发展目标的升华。在国家战略的统筹规划下，凝聚全社会对建设健康中国的共识，推动跨部门、跨行业、跨所有制的各相关方协同施策，有利于调动全社会的积极性和创造性，把健康中国“共建共享”的基本路径落到实处。

【讨论】健康中国建设涉及医疗卫生、生态环保、科技创新、全民健身、国民教育等多个领域、部门和行业，如何有效做到“将健康融入所有政策”？

三、公共卫生治理的全民化发展

2020年5月，国家发展和改革委员会、国家卫生健康委员会和中医药管理局制定了《公共卫生防控救治能力建设方案》，对公共卫生防控救治能力建设任务提出了具体的要求。鉴于新冠肺炎疫情防控暴露出爱国卫生工作在环境卫生长效管理、群众组织动员和健康素养提升等方面仍存在短板，同年11月，国务院发布《关于深入开展爱国卫生运动的意见》，要求充分发挥爱国卫生运动的制度优势、组织优势、文化优势和群众优势，将爱国卫生运动与传染病、慢性病防控等紧密结合，全面改善人居环境，有效保障人民群众健康。深化医药卫生体制改革明确提出强化改革系统联动，促进优质医疗资源扩容和均衡布局，统筹疫情防控与公共卫生体系建设等，着力推动把以治病为中心转变为以人民健康为中心，着力解决“看病难”“看病贵”等民生关切的问题。

2021年是中国共产党成立100周年，也是实施“十四五”规划、开启全面建设社会主义现代化国家新征程的开局之年，通过系统地梳理中华人民共和国成立以来卫生政策的变迁与发展情况，反映制度变迁的外在过程及内在逻辑，以期为我国下一阶段卫生健康事业的发展提供参考。

本章小结

1. 卫生政策就是国家或政府为了满足人们的健康需求而采取的行动方案和行为依据。

2. 维护人民群众的健康是政府制定卫生政策的目的。卫生政策的基本导向是满足广大群众最基本的医疗卫生服务需求、体现社会基本保障和福利。

3. 中华人民共和国成立后至改革开放前是中国医疗卫生保健从改造、转变到社会主义卫生体系的构建、可及性建立和长足发展的时期。虽然当时经济条件不发达，卫生资源严重不足，居民普遍存在“看病难”的问题，但并不影响该时期卫生政策的整体效果。

4. 改革开放后至新一轮医改前，卫生政策及相关法律规范出台较多，在一定程度上缓解了居民“看病难”的问题，卫生资源有了长足增长，但这个时期的卫生体制改革相对滞后，城乡健康差距进一步加大，“看病难”“看病贵”成为社会突出问题。

5. 新一轮医改后，特别是党的十八大以来，我国卫生健康服务体系建设步入了快车道，各项改革扎实推进，成效显著。

（姚　岚）

第四章 国际卫生治理

学习目标

1. 掌握 国际卫生治理的概念和基本原则；全球健康治理的内涵。

2. 熟悉 《国际卫生条例（2005）》和《烟草控制框架公约》的宗旨、指导原则和主要内容。

3. 了解 “将健康融入所有政策”的理念与行动；国际卫生法的产生和发展历程。

公共卫生治理经历了从单一国家卫生治理到国际卫生合作，再到全球卫生治理的发展历程。在应对不断变化的人类公共卫生问题过程中，公共卫生治理逐步机制化、常态化、全球化。中国秉持人类命运共同体理念，积极参与、推动并引领全球卫生治理。在应对全球性新冠肺炎疫情过程中，习近平总书记强调各国应精诚合作、共同做好疫情防控、建设“人类卫生健康共同体”，为全球卫生治理贡献了中国智慧。

第一节 概　　述

一、国际卫生治理的概念

国际卫生治理是指国际社会运用各种治理工具应对、处理国际卫生问题，协调、规范国家之间、类似国家的政治实体之间以及国际组织之间的权利义务关系，保障国际公共卫生秩序与安全以及人类健康，实现全球健康正义的动态过程。国际卫生健康治理工具包括“硬性”的国际卫生条约与“柔性”的国际卫生指南、技术标准等文件。

国际卫生治理的主要特征如下：治理主体主要是国家、国际组织（如世界卫生组织）；国际卫生治理规则的制定主要是通过国家之间的协议以及国际组织通过的公约和条例等来实现；其治理调整的对象是国际卫生关系，主要是主权国家之间以及与国际组织之间的关系；在国际卫生治理中，并无居于国家之上的强制机关保证治理规则的实施，主要依靠国际卫生主体的自觉履行，以及国际争端解决机制的裁决的履行。

表4-1大体反映了各类国际卫生治理规则的“法律效力”与“所规定的内容范围”的比较分析。但是，鉴于主权国家常常基于其自治权或利益考量，即便对于法律效力最强的《世界卫生组织法》也可能拒不执行。因此，从总体上来看，国际卫生治理规则都可以归为“软法”。这也是大多数学者将国际卫生条约等文件归为国际卫生法范畴，而也有少数学者将其归为国际卫生政策范畴的原因所在。本教材转而采用一种新的术语表达——包括法律、政策等多种工具在内的“治理规则”（静态体系）——来避免上述分类的混乱，当“治理规则”被实施时就表现为“治理”这一动态过程（但是，鉴于表达习惯，下文中对于约束力较强的国际卫生条约等文件有时仍称为国际卫生法）。

表4-1　不同类型国际卫生治理规则的比较

形式	法律效力	所规定内容范围	比较
宪章	有，最强	组织成立、运行的基础	用于正式文书，组织条约，基础性文件
公约/条约	有，强	某一问题的基本框架	正式的谈判文书，用于双边或多边协定框架内容，但多较为宏观
条例	有，强	对某一问题的具体规定	正式下发，类似行政管理法规，一般内容具体，规定明确
议定书	有，强	某一问题的基本框架的细化	一般是在公约基础上建立的比公约更进一步的义务框架
决议	有，一般	一般是指较高层的法定会议就重大问题作出的决策	由大会审议通过的意向，一般涉及业务工作
决定	有，一般	适用范围要比“决议”宽，在内容上也更具体；指就某件具体的事情、个别人作出的安排、决定等	由大会审议通过的意向，多涉及日常事务性工作
规划	有，一般	一段时期的工作计划，包括短期和中长期，总部和区域或针对某一具体工作等多个类型	规定了内容及不同阶段的目标、实现方法和评价指标，较为具体
宣言	有时有	表明对某些问题的某些意愿	在国际文书中非常常见，但宣言签署方无意建立具有约束力的义务
指南/标准	一般没有	针对具体技术领域问题的规范	虽然不具有法律效力，但在专业领域具有权威性，可以作为评价标准运用在工作中，应给予重视
年度报告	无	卫生相关问题的研究成果或评论	综合了很多研究成果，代表了组织的思想理念和倡导的方向

资料来源：代涛，韦潇，郭岩.世界卫生组织的政策类型及其特点［J］.中国卫生政策研究，2010，3（4）：47-51。

二、国际卫生治理的演进

（一）传染病控制国际合作与国际卫生法的初级形式

国际卫生法的产生可以追溯到19世纪中叶，其初衷源于传染病控制的国际合作，以国际会议的形式组织国际合作是国际卫生法的初级形式。在19世纪上半叶，随着国际贸易和跨境流动人口增加，霍乱在欧洲肆虐，给欧洲各国造成极大的公共健康灾难。欧洲国家意识到，要有效地控制传染病流行需要国际合作。1851年7月23日，欧洲11个国家和土耳其联合举行的第一届国际卫生大会在法国巴黎召开，这标志着在传染病控制上的国际合作正式开始。这次会议的目的就是保护欧洲不受其他区域的传染病传入，同时，减少因隔离给国际贸易带来的障碍。会议通过了有关海上交通与鼠疫、霍乱和黄热病控制的公约与规则，虽然它最后只获得3个国家批准而没有生效，但这次会议的召开为之后的国际卫生合作奠定了基础。

此后直到第二次世界大战结束，欧美国家频繁召开国际卫生会议，围绕传染病控制和协调各国的检验检疫制度以减少国际贸易障碍，签署了大量区域性国际卫生协议和条约。

（二）世界卫生组织与国际卫生法的快速发展

在1851年国际卫生大会上，西班牙代表就曾提议，创建一个国际机构来解决由隔离所引起的争端。第二次世界大战结束后，64个国家的代表于1946年6月在美国纽约举行了国际卫生会议，签署了《世界卫生组织法》。我国代表施耿元在其中起了极为重要的作用。1948年4月7日，该法得到26个联合国成员国批准后生效。1948年6月24日，世界卫生组织在瑞士日内瓦召开的第一届世界卫生大会上宣告正式成立，总部设在瑞士日内瓦。

世界卫生组织是联合国系统内卫生问题的指导和协调机构，旨在促使全世界人民获得尽可能高水平的健康，是国际上最大的政府间卫生组织，只有主权国家才能参加。根据《世界卫生组织法》，世界卫生组织负责对全球卫生事务提供指导，拟定卫生研究议程，制定规范和标准，阐明以证据为基础的政策方案，向各国提供技术支持，以及监测和评估卫生趋势。世界卫生组织成立后，参与卫生国际合作的国家大大增加，除了欧美各国外，几乎所有的亚洲国家和大多数的非洲国家都参与到国际卫生合作治理中来。因此，国际卫生法得到了迅速发展，其内容不仅包括传染病控制，而且包括食品、药品标准，妇女、儿童的健康，以及职业病防治、劳工标准、动植物保护、生物武器控制等诸多方面。

（三）全球化时代与国际卫生法发展的新阶段

全球化不可避免地带来新的公共卫生风险。尤其是进入21世纪后，艾滋病在全球范围内迅速扩散、肆虐，严重急性呼吸综合征、禽流感、甲型H_1N_1流感、新冠肺炎等各种新发传染病纷纷出现，旧的传染病如结核病等亦卷土重来，这引发了一波又一波的全球卫生危机。同时，心血管疾病、癌症、慢性阻塞性肺气肿和糖尿病等非传染性慢性病也成为全球发展的主要卫生挑战。此外，由于全球化所导致的经济收益不均，贫穷国家与富裕国家在享受低廉高质医疗保健服务方面的差距越来越大，一些国家和地区由于受贫困和传染病的影响，其人口死亡率甚至出现了上升趋势。面对挑战，世界卫生组织开始意识到以消灭某一种疾病为中心的政策的局限性，逐渐将工作的重点转移到全球公共卫生治理上来。2003年世界卫生组织《烟草控制框架公约》的通过与2005年《国际卫生条例》的修订，标志着国际卫生法发展进入新的阶段。

全球化时代的国际卫生法具有以下特点：一是主体更加多元化，主权国家不再是国际卫生合作的唯一主体，各种非政府组织、私人团体和区域性卫生组织在全球卫生治理中发挥了重要作用；二是价值观发生根本性变化，传统的"国家利益至上"原则被"全人类的共同利益"原则所取代，建设人类卫生健康共同体理念成为主流价值取向；三是在机制上，国际卫生法律机制取代了条约机制，国家在传染病控制中负有的国际法义务被明确规定；四是在方式上，不再致力于消灭某一种单独的传染病，而是广泛关注疾病、卫生体系、卫生筹资、卫生人力等影响公共健康的多种因素，倡导通过健康的社会生活方式等来预防疾病、促进健康；五是国际卫生合作的形式更加多样化，包括通报、预警、信息共享、病原体和药品价格共享等。

三、国际卫生治理的基本原则

（一）维护全人类健康的原则

世界卫生组织在《2000年人人健康全球策略》（*Global Strategy for Health for All by the Year 2000*）中提出："健康是一项基本人权，是全世界的一项目标。"每个人都享有改善卫生条件，获得基本医疗保健的权利，以提高生命质量、延长寿命。在现代社会，健康不仅仅指生理上的无疾病，还包括心理状态的完整和具有良好的社会适应能力。随着社会的发展，人类一方面享受着科技进步、生产力提高所带来的福祉，另一方面也承受着人与自然未能协调发展而产生的种种恶果，面临着由于竞争加剧等社会现象引发的人际关系紧张的状态，这些都构成了对人类健康的威胁。同时，南北差距不断扩大、贫富分化日益加剧，不同国家人们的健康水平也存在着极大的差异。国际卫生法的制定和实施，就是要在全球范围内，共同采取切实有效的措施，维护全人类的健康。

（二）国际合作原则

预防、控制和逐步消灭疾病，维系人与自然的和谐关系，建立良好的人际关系，促进人类社会的可持续发展，为人们创造清洁、适宜的工作和生活环境，保证人体健康，是各国追求的理想和目标。这个目标的实现，不能仅仅依靠某一个国家或几个国家。人类生活在同一个地球上，共处于一个完整的、不能分割、相互联系的生态系统中，其中任何一个环节、部分出现问题，都可能导致全人类的灾难。高密度和快速流动的现代社会非常适合疾病的传播，在全球化和现代交通工具面前，曾经阻止疾病远距离传播的地理屏障已经形同虚设。在地球村里，不同肤色和国籍的人的命运被紧紧地拴在了一起。保护人类赖以生存的环境，需要各个国家的共同努力，许多疾病的预防、治疗和消灭，特别是对危害甚烈的传染病的控制更要全球的通力合作、协调一致。所以，维护和增进人类的健康，单靠一个民族、一个国家是难以担当此任的，需要整个国际社会的合作，共同努力、采取行动，创造一个有利于人类健康的公共生存环境，这就要求通过国际卫生立法，为国际社会制定一些保护人类健康的国家行为规范，协调人类健康和生存环境的关系。

（三）公平分配卫生资源的原则

支撑人类健康和开展人人享有健康活动不可缺少的是卫生人力、卫生经费、卫生设施等卫生资源。当前，卫生资源的占有在不同地区及国家之间，在同一国家的城乡之间、不同阶层之间都存在着很大差别。一方面，各个国家都需要以自给的原则来满足卫生方面的需要；同时，所有的国家和人民都应当谋求建立新的国际卫生秩序，以期能较公平地分配卫生资源。如《阿拉木图宣言》（*Declaration of Alma-Ata*）所说的，要采取迅速有效的国家和国际行动，在全世界范围内，特别是在发展中国家以技术合作，秉承可持续性发展的理念，开展并贯彻执行初级卫生保健，使人人享有卫生保健。

四、国际卫生法的效力

国际卫生法的效力是指它对相关国家的拘束力问题。从理论上来说，国际卫生法是国家之间的协议或条约，按照“条约必须遵守”“条约拘束缔约国”的国际法原则，缔约国应当接受条约的约束。但是，如前所述，国际法和国内法不同，其主体主要是国家，在国际上，不存在像国内那样的立法机关，也没有超越主权国家之上的强制机关，其执行主要依赖主体国家的自觉、自愿。由于公共卫生事项传统上属于各国主权范围内的事项，主权国家并不愿意轻易放弃对这一事项的管辖权。总体上，国际卫生法不同于国内法，其法律效力和制度的运行受到更多的制约。《国际卫生条例》《烟草控制框架公约》均对缔约国具有不同程度的约束力，而世界卫生组织颁布的决议、建议、标准和指南则不具备强制力。现有的国际法律实践表明，通过建立公开、透明的报告和信息收集、监督、审查、评估、争端解决等制度，对法律的实施进行有弹性的全过程管理，促使各国认识到切实遵守国际法的必要性和可行性，不失为推动国际卫生法治的可行途径。

第二节　国际卫生条约简介

一、《国际卫生条例》

（一）概念及意义

《国际卫生条例》（*International Health Regulations*，IHR）是指世界卫生组织制定通过的、对其成员国具有约束力的国际卫生领域的多边性国际条约。条例旨在帮助成员国预防和应对那些跨境及影响世界各地人民的公共卫生风险，同时，又避免对国际交通和贸易造成不必要的干扰。2005年5月23日，世界卫生组织第58届世界卫生大会通过《国际卫生条例（2005）》[以下简称IHR（2005），于2007年6月15日在成员国之间正式生效]。IHR（2005）是《国际卫生条例（1969）》的修订版，不仅突破了后者仅强调对边界地区控制的局限，而且为从源头控制突发卫生事件提供了必要法律框架。中国政府曾发表声明表示，生效后的IHR（2005）适用于中华人民共和国全境，包括中国香港特别行政区、中国澳门特别行政区和中国台湾省。

知识链接

2003年10月5日，甲市国境检疫局检疫人员对某外国国籍废钢船“太阳星”轮实施入境检疫查验，在进行体温检测时发现船员（全部为该外国国籍人员）人数比申报少2人。经向船方、外轮代理、中间商代表核实，该船9月19日进入中国水域后在海上停泊期间，有2名船员因有急事，通过外轮代理及中间商安排于9月30日离船，取道某市回国。甲市国境检疫局根据《中华人民共和国国境卫生检疫法》及其实施细则的有关规定，对该船舶立案查处。

（二）主要内容

IHR（2005）共有十编六十六条，即前言、定义、目的和范围、原则及负责当局；信息和公共卫生应对；建议；入境口岸；公共卫生措施；卫生文件；收费；一般条款；IHR专家名册、突发事件委员会和审查委员会；最终条款。其还包括9个附件：监测和应对、出入境口岸的核心能力要求；评估和通报可能构成国际关注的突发公共卫生事件的决策文件；船舶免予卫生控制措施证书/船舶卫生控制措施证书示范格式；对交通工具和交通工具运营者的技术要求；针对媒介传播疾病的具体措施；疫苗接种、预防措施和相关证书；对于特殊疾病的疫苗接种或预防措施要求；航海健康申报单示范格式；航空器总申报单的卫生部分。

IHR（2005）在第一编第三条列举了四条基本原则：其一，本条例的执行应充分尊重人的尊严、人权和基本自由；其二，本条例的执行应以《联合国宪章》和《世界卫生组织组织法》为指导；其三，本条例的执行应以其广泛适用以保护世界上所有人民不受疾病国际传播之害的目标为指导；其四，根据《联合国宪章》和国际法的原则，主权国家享有根据其卫生政策进行立法和实施法规的权利（但需要遵循本条例的目的）。

IHR（2005）涉及的内容极其广泛，主要包括世界卫生组织如何将某种公共卫生事件定位为国际关注的公共卫生突发事件；流行病预警和应对方法；国家归口单位的确定；监测和应对等核心能力建设要求以及争端解决的机制等诸多内容。

案例讨论

【案例】世界卫生组织将新冠肺炎疫情列为“国际关注的突发公共卫生事件”：当地时间2020年1月30日晚，世界卫生组织总干事谭德塞根据IHR（2005）的规定，在日内瓦宣布新型冠状病毒感染的肺炎疫情构成“国际关注的突发公共卫生事件”。他相信中方将有效控制并最终战胜疫情。自IHR（2005）生效以来，世界卫生组织曾多次发布有关疫情为“国际关注的突发公共卫生事件”（如2009年甲型H_1N_1流感疫情、2014—2016年在西非发生的埃博拉病毒疫情等）。世界卫生组织认定某种疫情构成“国际关注的突发公共卫生事件”，旨在动员更多国际资源应对疫情。

【讨论】国际社会对传染病流行的防控主要以什么形式进行？何谓“国际关注的突发公共卫生事件”？世界卫生组织的宗旨和职能是什么？

二、《烟草控制框架公约》

（一）基本内容

《烟草控制框架公约》（*WHO Framework Convention on Tobacco Control*，以下简称《公约》）共分十一部分三十八条，对目标、原则、一般义务、减少烟草需求和供应有关的措施、环境保护、科学技术合作及交流、争端解决等问题作出了明确规定。

1. 基本目标 《公约》是一个世界性的烟草控制法律文件，其主要目标是提供一个由各缔约方在国家、区域和全球各级实施烟草控制措施的框架，以便使烟草使用和接触烟草烟雾持续大幅度下降，从而保护当代和后代免受烟草消费和接触烟草烟雾对健康、社会、环境和经济造成的破坏性影响。

2. 指导原则 《公约》要求各缔约方为实现公约的目标和实施其各项规定，应遵循下列指导原则。

（1）保护非吸烟者的原则：宜使人人了解烟草消费和接触烟草烟雾造成的健康后果、成瘾性和致命威胁，并宜在适当的政府级别考虑有效的立法、实施、行政或其他措施，以保护所有人免于接触烟草烟雾。

（2）加强政治保障的原则：在国家、区域和国际层面需要强有力的政治承诺，以制定和支持多部门的综合措施和协调一致的应对行动，考虑：①需采取措施防止所有人接触烟草烟雾。②需采取措施防止初吸，促进和支持戒烟以及减少任何形式的烟草制品消费。③需采取措施促进土著居民和社区参与制定、实施和评价在社会和文化方面与其需求和观念相适应的烟草控制规划。④需采取措施在制定烟草控制战略时考虑不同性别的风险。

（3）开展国际合作原则：结合当地文化、社会、经济、政治和法律因素开展国际合作，尤其是技术转让、知识和经济援助以及提供相关专长，以制定和实施有效的烟草控制规划，是本公约的一个重要组成部分。

（4）多部门合作和协调原则：在国家、区域和全球各级采取多部门综合措施和对策以减少所有烟草制品的消费至关重要，以便根据公共卫生原则防止由烟草消费和接触烟草烟雾引起的疾病、过早丧失功能和死亡的发生。

（5）责任透明原则：各缔约方在其管辖范围内明确与责任相关的事项是烟草综合控制的重要部分。

（6）正确处理烟草控制和烟草利益关系原则：宜在国家制定的可持续发展战略框架下认识和强调技术和财政援助的重要性，以便帮助发展中国家缔约方和经济转轨国家缔约方因烟草控制规划而生计受到严重影响的烟草种植者和工人进行经济过渡。

（7）民间社会的参与原则：为了实现本公约及其议定书的目标，民间社会的参与是必要的。

3. 减少烟草需求和供应的措施

（1）减少烟草需求的措施：《公约》要求批准生效的成员国采取以下措施减少烟草需求：①减少烟草需求的价格和税收政策。②防止接触烟草烟雾。保护非吸烟者，避免在室内工作场所、公共交通工具、室内公共场所等接触烟草烟雾。③管制和披露烟草制品成分。④烟草制品的包装和标签。在烟草制品的任何外部包装和标签上带有说明烟草使用者有害后果的健康警告；禁止烟草制品包装和标签使用虚假、误导、欺骗性文字等信息。⑤禁止烟草广告、促销和赞助。⑥降低与烟草依赖和戒烟有关的烟草需求。⑦消除一切形式的烟草制品非法贸易。⑧禁止向未成年人销售烟草制品。⑨坚持法律诉讼是烟草控制的重要策略。⑩促进民间社会的参与意识，利用教育、培训等一切交流手段，促进和加强公众对烟草控制问题的认识。

（2）减少烟草供应的措施：《公约》要求批准生效的成员国采取以下措施减少烟草供应：①消除一切形式的烟草制品非法贸易。②应在适当的政府级别采取和实行有效的立法、实施、行政或其他措施，禁止向低于国家法律规定的年龄或者18岁以下者出售烟草制品。③应相互合作并与有关国际和区域政府间组织合作，为烟草工人、种植者，以及在某些情况下对个体销售者酌情促进实现经济上切实可行的替代生计。

（二）我国履约控烟情况

我国现有吸烟者逾3亿，每年因吸烟相关疾病所致的死亡人数超过100万，因二手烟暴露导致的死亡人数超过10万。烟草对健康的危害已经成为我国最严重的公共卫生问题之一，因此，迫切需要对烟草危害加以预防。

自2006年1月《公约》在我国正式生效以来，我国政府认真履行《公约》规定的责任和义务，履约控烟情况良好，成效明显。根据《公约》相关规定和要求，我国自2006年以来先后出台了《中华人民共和国境内卷烟包装标识的规定》《关于调整烟产品消费税政策的通知》《公共场所卫生管理条例实施细则》《关于严格控制电影、电视剧中吸烟镜头的通知》等规范文件，进一步健全了我国控烟规范体系。2011年底，我国发布《中国烟草控制规划（2012—2015年）》，首次把烟草控制工作提升到国家规划层面。《国民经济和社会发展第十二个五年规划纲要》提出要“全面推行公共场所禁烟”。目前，全国已有400多个城市以立法或政府令的形式禁止在公共场所吸烟。为积极创建无烟环境，我国还开展了多种形式的控烟宣传工作。公共场所禁烟的意识逐渐深入人心。

2016年10月25日，中共中央、国务院印发的《“健康中国2030”规划纲要》提出：

全面推进控烟履约，加大控烟力度，运用价格、税收、法律等手段提高控烟成效；深入开展控烟宣传教育；推进公共场所禁烟工作，逐步实现室内公共场所全面禁烟；到2030年，15岁以上人群吸烟率降低到20%。2019年7月9日，健康中国行动推进委员会发布的《健康中国行动（2019—2030年）》提出的控烟行动目标如下：到2022年和2030年，15岁以上人群吸烟率分别低于24.5%和20%；全面无烟法规保护的人口比例分别达到30%及以上和80%及以上；把各级党政机关建设成无烟机关，逐步在全国范围内实现室内公共场所、室内工作场所和公共交通工具全面禁烟；将违反有关法律法规向未成年人出售烟草的商家、发布烟草广告的企业和商家，纳入社会诚信体系“黑名单”，依法依规实施联合惩戒。

第三节　全球健康治理

一、国际卫生治理与全球健康治理

现代社会是一个风险社会，公共卫生风险是风险社会的典型场域（严重急性呼吸综合征、新冠肺炎等传染病的暴发与全球流行就是典型例证）。全球化时代背景下，人员与物资等的全球流动，使得公共卫生风险很快跨越某一国家或地区而成为全球问题。人类社会解决全球公共卫生风险与危机的途径有三种：国内卫生治理（也可称为“国内健康治理”）、国际卫生治理（也可称为“国际健康治理”）、全球卫生治理（也可称为“全球健康治理”。鉴于“健康”的内涵与外延要广于“卫生”，本教材多用“全球健康治理”）。国内卫生治理是指主权国家通过建立国内医疗卫生服务体系与保障体系来回应、解决公共卫生（健康）问题。国际卫生治理是指主权国家通过相互合作，主要依托相关政府间国际组织（如世界卫生组织）制定、实施国际规则来回应、解决公共卫生（健康）问题。新冠肺炎疫情让世人深刻地认识到，病毒不分地区、国界与人种，面对全球性问题，任何国家都不可能独善其身，唯有携手合作，加强全球治理，才能共同克服危机（如就传染病疫情防控来说，需要世界各国分享疫情信息、防控经验、治疗方案、防护物资等）。因此，回应、解决全球卫生问题的第三条途径“全球健康治理”越来越引起人们的重视。全球健康治理是指不同层级的各类行为主体联结在一起，相互协商、合作，以包含各种治理工具、治理路径在内的综合治理模式来回应、解决全球卫生问题。全球健康治理是一种全新的健康治理体制、机制，涵盖并超越国内治理与国际治理。

二、核心理念：将健康融入所有政策

（一）缘起与发展

“将健康融入所有政策”（health in all policies，HiAP）的理念最早源于1978年国际初级卫生保健大会订立的《阿拉木图宣言》，宣言指出健康是世界范围内重要的社会目标，这个目标的实现不仅需要卫生部门的努力，也需要其他社会、经济部门参与。1986年第一届全球健康促进大会通过的《渥太华宪章》（*Ottawa Charter for Health Promotion*）提出建立“健康的公共政策”（healthy public policy），而不是健康政策，由此把健康问题提到了各个部门、各级领导的议事日程上，使他们考量其决策对健康后果的影响并承担健康责任。2005年，世界卫生组织健康社会决定因素委员会在教育、工业、税收和福利工作中推荐使用健康促进政策，即非卫生部门也要将健康纳入工作考虑范畴。2006年芬兰在欧盟主席国会议期间正式介绍了HiAP的理念及在芬兰的实际应用，并受到欧盟成员国的认可，自此HiAP开始成为欧盟制定政策的重要原则，HiAP也开始被世界各国正式认识并运用到本国的实践中。2010年HiAP的“阿德莱德声明”（Adelaide Statement on Health in All Policies）强调，当卫生部门和其他部门共同制定政策时，政府的目标才能够很好地实现；所有部门要加强合作来促进人类健康、确保发展的可持续性和公平性。2011年的《健康问题社会决定因素：里约政治宣言》（*Rio Political Declaration on Social Determinants of Health*）和联合国关于非传染病防控的决议对HiAP方法在实践中予以进一步强化。

2013年6月，世界卫生组织举办的第八届全球健康促进大会的主题是“将健康融入所有政策”。此次大会发布的《赫尔辛基宣言》（*Helsinki Statement on Health in All Policies*）将HiAP定义为一种以改善人群健康和健康公平为目标的公共政策制定方法，它系统地考虑这些公共政策可能带来的健康后果，寻求部门间协作，避免政策对健康造成不利影响。《赫尔辛基宣言》认为HiAP是实现联合国千年发展目标的组成部分，各个国家在起草2015年之后的发展计划时应该重点考虑HiAP。简言之，基于HiAP的理念与要求，人类需要动员“整个政府”“整个社会”的资源与力量来回应、解决卫生健康问题。

（二）实证研究基础：社会因素决定健康

社会流行病学的实证研究揭示，影响健康的社会决定因素非常广泛，涉及政治、经济、社会、文化、自然环境等各个方面，各部门的政策都会对健康产生深刻的影响。要解决健康问题，不能仅靠卫生部门一家，需要各个部门（如农业、教育、建筑、交通、环保等部门）都制定有利于健康的政策。作为一种公共政策制定策略与方法，HiAP要求开展跨部门、跨学科、跨地区、跨国界合作，共同制定关涉卫生健康的公共政策，实施卫生健康的综合治理。对于国内卫生治理来说，基于HiAP，需要建构跨部门合作机制，将健康融入政府组织结构及决策程序之中，并建立相应的监督与评估机制。对于国际卫生治理来说，基于HiAP，需要建构跨国合作机制，施行《烟草控制框架公约》《国际卫生条例》等国际规则，实施全球健康治理。

（三）实践基础：人类可持续发展

在联合国层面，为全球发展制定的宏伟蓝图与愿景已从千年发展目标（millennium development goals，MDG）过渡到可持续发展目标（sustainable development goals，SDG）。2015年9月，联合国可持续发展峰会上通过《变革我们的世界：2030年可持续发展议程》（*Transforming Our World：the 2030 Agenda for Sustainable Development*），该议程涵盖17个可持续发展目标和169个具体目标。可持续发展目标作为一个完整的体系，由内及外可分为三个层次：内部层次，包括消除贫困、营养、健康、教育等核心目标；中间层次，包括公共卫生基础设施等与健康及发展直接相关的目标；外部层次，包括环境、自然资源以及合作关系，是为健康与发展提供生态系统支持的目标。这些目标之间相互交织、相辅相成，任何一个目标的实现都离不开其他目标的支持。尽管其中只有可持续发展目标3专注于“良好健康与福祉”，但因健康可以对几乎所有其他目标的实现起到促进作用，所以具有重要意义。例如医疗卫生服务的全民覆盖可对弱势群体提供健康保护，防止他们因病致贫、因病返贫，从而有助于消除贫困（可持续发展目标1）；良好的健康可以促进就业和经济增长（可持续发展目标8）；健全的医疗卫生服务体系可以有效应对疫情与其他突发卫生事件，而带来积极的经济效益与社会效益。可持续发展目标因其特别注重经济发展、社会包容与环境保护三者之间的相互关联、相互促进以及综合发展，而具有变革性、全面性与普适性。这与“将健康融入所有政策”所致力实现的目标异曲同工，完全一致。

（四）国外实践

为了提高全民健康水平，一些国家在实践中应用“将健康融入所有政策”的理念，取得了一些成绩，形成了可资借鉴的经验与模式，总结起来，主要有以下几种模式：在国家或地区整体健康战略层面施行HiAP，如芬兰的慢性病防控计划，南澳大利亚的“南澳战略计划”，不丹的“国民幸福指数”计划等；在公共卫生重大项目层面施行HiAP，如印度、东欧各国的烟草控制项目，纳米比亚的多部门防控艾滋病项目，瑞典减少道路交通伤害的跨部门合作项目等；国家通过立法，规定对于一些和公众健康有关的项目，公众有知情权与表达权，政府组建相关委员会对项目进行健康影响评估。

如泰国于2007年通过的《国家健康法案》（*National Health Act*，B.E. 2550）第十一条规定："公众有权知道政府项目信息可能对个人或者社区的健康影响，并且有权对此发表自己的意见。"基于此，一些和公众健康有关的项目均要进行健康影响评估，如2009年推行的国家知识产权计划草案在实施前，建立由商务部、公共健康部等部门组成的国家健康委员会办公室对整个草案进行健康影响评估。

总结各国经验，要成功实施"将健康融入所有政策"，需要做到以下几点：一是倡导政府将健康和健康公平放在优先位置，将其视为对公民的一项核心责任，建立以健康和健康公平为核心的政治领导力；二是要建立"将健康融入所有政策"的领导和组织机构；三是建立完善的实施、监督与评价机制；四是加强能力建设，包括加强跨部门交流和协作能力、法律和政策监管能力，以及公共卫生方面的科研能力、数据获取能力和政策分析能力等各方面的能力建设。

（五）中国实践

自2016年以来，随着《"健康中国2030"规划纲要》《健康中国行动（2019—2030年）》相继发布，我国把健康摆在优先发展的战略地位，将促进健康的理念融入公共政策制定实施的全过程，强化政府主导、跨部门协作、全民参与，全方位干预健康影响因素，维护全生命周期健康，防控重大疾病，加快形成有利于健康的生活方式、生态环境和经济社会发展模式，实现健康与经济社会良性协调发展，已成为国人的共识；与"将健康融入所有政策"相关的行动方案也正在切实推行中。

尤为重要的是，在国家立法层面上，对于"公民健康权""将健康融入所有政策""健康促进"也做了明确规定。2019年12月颁布的《中华人民共和国基本医疗卫生与健康促进法》第四条规定："国家和社会尊重、保护公民的健康权。"从而使得相关国际条约以及我国宪法中所规定的健康权得以落实。该法第六条规定："各级人民政府应当把人民健康放在优先发展的战略地位，将健康理念融入各项政策，坚持预防为主，完善健康促进工作体系，组织实施健康促进的规划和行动，推进全民健身，建立健康影响评估制度，将公民主要健康指标改善情况纳入政府目标责任考核。"并在相关条款中对该条规定进行进一步细化与明确。

在国家政策与法律的支持下，我国应在总结、借鉴国际经验的基础上，探索行之有效的"将健康融入所有政策"的行动路径与方案举措。当下，一是要加强国家与地方各级健康行动推进领导机构职能，建立并完善跨部门协调机制；二是要以现有规划、政策和项目为载体，充分落实"将健康融入所有政策"；三是要全面建立健康影响评估评价制度，将其作为"将健康融入所有政策"的抓手；四是要建立必要的监测评估和问责机制；五是要加强参与各方能力建设。

三、主导模式：社会–生态型健康治理模式

近现代以来，健康治理经历了对环境的整治（如建立污水排放系统、垃圾处理系统等）、对微生物的控制（如强制疫苗接种）、对行为的干预（如强制驾车系安全带、禁止酒驾等）及对影响健康的社会决定因素（涉及政治、经济、文化、社会、环境等各方面）的综合治理前后递进的四种模式。当下，这四种模式都同时共存，但是，占主导地位的应当是社会–生态型健康治理模式。社会流行病学的研究成果充分揭示：收入水平、受教育程度、职业、居住条件、工作环境、自然环境等社会决定因素与健康结果密切相关。这些社会因素是影响健康的“上游”因素，甚至是根源。对于政府与医疗卫生机构来说，不能只顾在“下游”抢救频繁“溺水”的人群，还应当溯流而上，去探明为何有如此众多的人不幸“落水”，并采取有效措施积极干预与控制。应当说，社会–生态型健康治理模式是对前三种模式的扩展与包含，它不仅致力于实现最大多数人的最大健康与幸福，而且致力于消除健康差距与健康不平等。这就是“将健康融入所有政策”的依据与意义所在。

四、核心价值：实现健康正义

著名的伦理学家丹·比彻姆指出，医疗卫生的历史性梦想就是实现社会正义的梦想。健康治理的核心使命在于通过改善健康促进人类福祉，尤其是通过关注最弱势群体的需求来达成这一目标。正如联合国《变革我们的世界：2030年可持续发展议程》特别关注“不让任何一个人掉队”，呼吁各国政府关注那些最有可能错失其所需和应得的医疗卫生服务的人群。习近平总书记指出，没有全民健康，就没有全面小康。《“健康中国2030”规划纲要》《健康中国行动（2019—2030年）》提出，健康中国行动的总体目标是到2030年，基本实现健康公平。《中华人民共和国基本医疗卫生与健康促进法》规定，要保障公民公平地获得基本医疗卫生服务、基本药物。可见，实现健康正义也是中国人的梦想与目标。

在抗击新冠肺炎疫情中，中国共产党与中国政府坚持以人民为中心，把人民生命安全和身体健康放在突出位置，尽最大努力做到不遗漏一个感染者、不放弃一个病患者，为实现健康正义作出了巨大贡献，也为实现健康公平正义提供了“中国样本”。

本章小结

1. 国际卫生治理是应对、处理国际卫生问题，保障国际公共卫生秩序与安全以及人类健康的重要活动。

2. 国际卫生治理的初期目的主要是控制传染病流行。第二次世界大战结束后，世界卫生组织成立，推动国际卫生治理进入快速发展阶段。进入21世纪，国际卫生治理主体更加多元，治理理念强调维护全人类共同利益，治理机制法制化特征明显，治理内容则扩展到传染病之外的更广泛的领域。

3.《国际卫生条例》提出了预防和应对全球性公共卫生风险的基本措施，《烟草控制框架公约》提出了减少烟草使用和避免烟草危害的基本措施，我国承认上述两个条约。

4. 将健康融入所有政策、建设社会-生态型健康治理模式、实现健康正义体现了最新的国际卫生治理价值观和方法论。

（苏玉菊）

第二篇

医药卫生法律制度

Part 2

第五章　卫生法基础理论

学习目标

1. 掌握　卫生法的法理基础；卫生法的调整对象及特征；卫生法基本原则。

2. 熟悉　卫生法的渊源；卫生法律关系概念与类型；卫生法律关系的构成要素；卫生法的实施。

3. 了解　卫生立法；卫生行政执法；卫生法律监督。

卫生法是我国法律体系中的重要组成部分。其横贯了几乎所有部门法，范围广泛、内容综合、原理复杂。宪法理论是卫生法的重要法理基础。卫生法的基本原则首先是保障公民健康。卫生法治对于科学有效地防治疾病、保障卫生安全和公民基本权利，以及维护社会稳定具有举足轻重的作用。

第一节　概　　述

一、基本理论与概念

（一）宪法理论

宪法是国家的根本大法，是治国安邦的总章程，在卫生法治领域，宪法理论是重要的法理基础，宪法不仅是卫生法的依据，更是卫生法治运行的根本指导与保障。宪法最主要、最核心的价值在于它是公民权利的保障书。卫生法的制定与实施主要围绕对国家权力的限制和对公民基本权利的保障来进行，通过规范卫生行政机关的职权范围和运作程序，制约和防止卫生权力的滥用；通过对医药卫生权利的直接赋予，扩大公民卫生权利和保障公民健康权利的实现。卫生法必须依据具有最高法律效力的宪法制定，不得违背宪法基本精神。

（二）法律权利与法律义务

权利与义务是法律适用中必不可少的概念。所谓法律权利，是指国家通过法律规定，对法律关系主体可以自主决定作出某种行为的许可和保障手段。义务则一般在下列几种意义中使用：一是指义务人必要行为的尺度（或范围）；二是指人们必须履行一定作为或不作为行为之法律约束；三是指人们实施某种行为的必要性。

卫生法律关系主体是依法享有卫生权利和承担卫生义务的。卫生权利和卫生义务两者经历了一个从浑然一体到分裂对立，再到相对一致的过程。在民主法治社会，法律制度较为重视对个人权利的保护。卫生权利是第一性的，卫生义务是第二性的，卫生义务设定的目的是保障卫生权利的实现。卫生法治实行“权利和义务相一致”的原则。在结构上，两者紧密联系、不可分割；在数量上，两者的总量相等。

（三）效力与实效

法的效力通常有广义与狭义之分。广义的是指法的约束力和强制力。规范性法律文件，如刑法、民法等，具有普遍的效力；非规范性法律文件，如判决书、调解书、公证书等只有具体的、特定的法律效力。狭义的法律效力是指法律的生效范围或适用范围，即对什么人、什么事、在什么地方和什么时间适用的效力。法的实效是指法律为了实现其目的而调整社会关系所产生的实际效果，它表现为权利得到享用、义务得到履行、禁令得到遵守。

卫生法的生效时间主要有以下几种：在卫生法律文件中明确规定从法律文件颁布之日起施行；在卫生法律文件中明确规定由其颁布后的某一具体时间生效；卫生法律公布后先予以试行或暂行，而后由立法机关加以补充修改，再通过正式法律，公布施行，在试行期间也具有法律效力；在卫生法规、规章中没有规定生效时间，但在实践中均以该法公布的时间为其生效时间。

卫生法的失效时间主要有以下几种：从新法公布之日起，相应的旧法即自行废止；新法代替了内容基本相同的旧法，在新法中明文宣布旧法废止；由于形势发展变化，原来的某项法律已因调整的社会关系不复存在，或完成了历史任务而已失去了存在的条件自行失效；有关国家机关发布专门的决议、命令，宣布废止其指定的某些法，而导致该法失效。

新法颁布施行后，对其生效以前所发生的事件和行为是否适用决定了卫生法的溯及力。

二、卫生法的渊源

法律渊源是指法律规范由何种国家机关创制，并表现为何种法律文件形式。卫生法的渊源又称卫生法的法源，是指卫生法律规范的具体表现形式。在我国，卫生法并非独立的部门法，故缺乏统一法典，宪法、行政法、民法、刑法等部门法中都散在有相应卫生法的规范。同时，医疗卫生本身既多且杂，往往需要针对具体事项专门规制，因此，我国卫生法表现为不同位阶的众多单行法。

具体来讲，我国卫生法的渊源主要有宪法、卫生基本法、卫生单行法律、卫生行政法规、地方卫生法规、地方自治条例、部门卫生规章、地方卫生规章及其他具有法律效力的规范性文件（详见第六章“卫生法的纵向结构”）。

三、卫生法的调整对象

卫生法的调整对象是卫生健康行政机关、医疗卫生机构及组织、企事业单位、个人及其内部因预防和治疗疾病，改善人民生产、学习和生活环境及卫生状况，保护和促进人体健康而产生的社会关系。它涉及多组织、多群体、多领域。所以，卫生法的调整对象具有多层次、多侧面和纵横交错的特点，包括公共卫生法、医事法、健康相关产品法、健康保险法及生命伦理法等（详见第六章“卫生法的横向结构”）。

第二节　卫生法基本属性

卫生法基本属性由卫生法的基本原则与卫生法的特征显现。卫生法的基本原则是指体现在各种卫生法律、法规之中的，对调整保护人体生命健康而发生的各种社会关系具有普遍指导意义的准则。卫生法的特征是卫生法的本质的外化，是卫生法区别于其他部门法的标志。

一、卫生法的基本原则

卫生法的基本原则是连接卫生法价值与卫生法制度、规则的桥梁，其效力贯穿于整个卫生法律体系，集中体现卫生法的价值、目标和理念，对卫生法的制定与实施具有普遍的指导作用。

（一）生命健康权保障原则

生命健康权保障原则是卫生法的首要基本原则，要求卫生法对于人的生命健康权予以充分、优先的保障，该项原则集中体现了卫生法的根本目的、核心理念和价值追求。

在现代国家，生命健康权是受到法律保护的最重要权益，在我国宪法和法律塑造的权利体系中，具有最高的地位。全世界有超过2/3的国家将健康权视为一项基本权利写入宪法，主要以健康状况与卫生保障为内容，覆盖范围包含卫生保健与卫生条件领域。卫生保健领域包括医药保健、食品卫生保健、儿童预防保健、孕前孕后卫生保健、精神保健等；卫生条件领域包括清洁用水、充分营养食品、职业卫生与健康有关信息等。宪法之外，重要卫生法律均直接规定公民享有健康权。我国《宪法》虽然尚未直接明确规定“公民健康权”这一概念，但我国《宪法》承认并保障公民在患病时有从国家获得医疗服务的权利，并明确国家要通过发展医疗卫生服务等方式，积极履行保护公民健康的义务。《中华人民共和国基本医疗卫生与健康促进法》明确提出了“健康权”的概念，这是宪法原则规定的深化和发展，这一基础性、综合性法律，对于我国卫生与健康领域的法治建设、全方位保障人民健康、推进健康中国建设具有重要意义。

案例讨论

【案例】疫情防控中保障生命健康权的优先地位：突发重大疫情威胁着人的生命和健康。然而，为保障生命健康权而采取的疫情防控措施，会与其他人权和公共利益的实现方式发生一定冲突。例如，防止疫情蔓延的医治、隔离和限制出行措施会对相关人员行使人身自由权构成一定限制；对感染者的流行病学调查和信息发布会涉及个人隐私权；对民间设施和物资的临时征用会涉及个人财产权；要求企业停工停产会对经济发展、公共福利和工作权的实现造成负面影响。在新冠肺炎疫情的防控中，中国将保障人民的生命健康权置于优先地位，实施严格的防控措施阻断病毒传播，将感染率和病死率压到最低限度。

【讨论】为什么卫生法基本原则首先是保障公民健康？如何理解“生命权是不允许克减的最高权利……在社会紧急状态下，国家可以对所承担的其他人权保障义务予以克减”？

（二）科技促进与伦理约束原则

科技促进与伦理约束原则是与生命健康权保障原则居于同一位阶，且与后者形成互补的另一项重要原则。

科技是科学与技术的统称，亦是科学技术的简称，在卫生领域主要表现为新型医疗手段，如人工辅助生殖、器官移植、克隆技术、基因诊断、基因治疗以及新药物、新疗法等。毫无疑问，医药科技的广泛应用，有效提高了人类的生存质量，给人类带来了巨大福祉，极大地促进了人类文明的发展和进步。科技在医药卫生领域所带来的积极影响非常突出，全方位地促进了人类健康水平的提高。但也应看到，科技的快速发展，带来了不少挑战甚至负面影响，尤为突出的是在器官移植、人工辅助生殖、基因工程、胚胎干细胞研究等领域引发了一系列伦理危机，不仅挑战着传统伦理道德，也给社会带来巨大隐患和消极影响，集中表现在安全性问题、人权和尊严问题、人格同一性问题、人类伦理关系问题、生命商品化问题及破坏自然法则问题等方面。科技促进与伦理约束原则要求医药卫生事业必须依靠科学技术的支撑和促进，引导科学技术朝着提高人的生命健康水平的方向发展，同时科技必须受到伦理约束和法律规制，控制和减少卫生领域的科学技术进步对人类文明带来的负面影响。二者相辅相成，不可偏废。

（三）政府主导、全社会参与原则

基于卫生法领域的特殊性及大量不具有法律属性的政策性文件规定在卫生领域的应用，政府主导、全社会参与原则作为前两项基本原则的双向强化，是我国卫生法的原则之一。

健康权作为一种社会权，主要靠国家履行积极义务来保障。在公法关系中，保障意味着法律为国家设定义务，一方面对与生命健康相关的国家机关、社会组织和个人相关活动加以规制，防止公民的生命健康权遭受损害，保护生命健康权免受侵犯和破坏；另一方面为卫生事业的发展进步及健康促进目标的实现提供支持，如国家直接举办卫生事业，或者鼓励、资助私人主体或社会办医等，积极地促进人民生命健康权水平的提升。基于健康权的社会属性，政府应承担公共医疗服务的供给义务，即保障国家医药卫生事业公益性。我国《宪法》明确规定了政府的基本医疗卫生服务供给义务。

同时，卫生工作也需动员全社会参与，即必须做到政府领导、部门配合、社会支持、群众参与，使卫生事业成为全民的事业。中央和地方各级政府要把卫生事业列入经济和社会发展的总体规划，加强对卫生事业的宏观管理，并能够为本地区卫生建设提供必要的物质支持；卫生行政部门要认真组织实施卫生工作，加强对卫生工作机构和卫生技术人员的管理，强化卫生监督执法，坚持依法行政；政府其他各职能部门要努力配合，积极履行相应的职责，承担和完成相应的任务；各社会团体、企事业单位和公民要积极参与卫生工作，使卫生事业真正成为全民的事业。

二、卫生法的特征

由于卫生法的调整对象是因健康生命权益而产生的各种社会关系，它不仅受到经济、政治、文化、社会习俗的影响和制约，而且受到自然规律和医学等科学技术发展的影响。卫生法除具有法律的一般属性，即规范性、国家强制性、国家意志性、普遍性及可诉性外，还有其独有的特征。

（一）法律形式的多样性

在形式上，卫生法由宪法、法律、行政性法规等众多的法律文件所构成，是卫生健康领域法律规范的总和。卫生法的这一特征，是由其自身的特殊性所决定的。在卫生健康领域，需要卫生法调整的范围十分广泛，内容繁杂；医疗卫生事项繁琐多变，与卫生健康领域有关的法律法规甚多而又修改频繁，由此难以制定一部统一的卫生法法典。卫生法体系中还有相当一部分规范性文件是以“办法”“规定”“通知”等政策形式出现。

（二）技术标准的时代性

卫生健康工作是一项科学技术性很强的工作，当前科技健康权益的医疗方法、医疗程序、操作规范、卫生标准等大量的技术规范法律化。法律的强制性和法律的稳定性高度相关，法律既然由国家强制力保障实施，就应具有相对的稳定性。不过与传统法律部门相比，卫生法的时代性较强，原因有三：一是我国卫生法制建设才刚刚起步，相当大的一部分卫生方面的事务还在靠政策来调整；二是卫生法调整领域主要是由技术性操作规范和技术标准构成，特别是一些领域随着科技进步要持续对技术性规范进行修订，如器官移植、脑死亡、基因诊断与治疗、生殖技术等；三是群众的医疗卫生需求是“刚需”，随着社会发展变化和时代而变化。

（三）调整手段的综合性

卫生法所调整领域的特殊性，决定了其调整手段的综合性，即往往涉及民事手段、行政手段和刑事手段的综合应用。如采用行政许可、行政处罚、行政强制等行政手段来调整卫生行政组织管理活动中产生的社会关系；采用民事手段来调整卫生服务活动中权利义务关系，如医患关系等；对于医疗卫生和提供食品、药品等服务活动中严重的加害行为，须依法追究相应的刑事责任。

第三节　卫生法律关系

法律关系是一种根据法律规范产生的，以主体之间的权利义务关系形式表现出来的特殊社会关系。卫生法的形式渊源在调整医疗卫生事务过程中，形成多层且复杂的卫生法律关系。

一、卫生法律关系的类型

卫生法律关系（health legal relationship）是指由卫生法律规范所调整的国家机关、专业机构、企事业单位、其他社会团体和公民这些主体在医药卫生健康服务过程和医药卫生监督管理活动中所形成的各种权利和义务关系。

因医疗卫生事务本身既复杂又繁多，往往需要针对具体事项专门规制，故无论是中国法还是外国法，卫生法都表现出不同位阶的众多单行法。不同形式渊源的卫生法对应不同类型的卫生法律关系，主要有卫生宪法法律关系、卫生民事法律关系、卫生刑事法律关系和卫生行政法律关系。

二、卫生法律关系的构成要素

卫生法律关系由主体、客体和内容三个要素构成。

（一）卫生法律关系主体

卫生法律关系主体是指卫生法律关系的参与者，即在卫生法律关系中享有卫生权利、承担卫生义务的当事人，包括国家卫生行政机关、医疗卫生机构、企事业单位、社会团体和公民。卫生民事法律关系的主体是指卫生民事法律关系中享有民事权利或承担民事义务的人，即民事卫生法律关系的当事人。卫生刑事法律关系的主体一方当事人是国家，而另一方当事人是医药卫生刑事犯罪人。卫生行政法律关系的主体包括卫生行政主体和卫生行政相对方。

（二）卫生法律关系客体

卫生法律关系客体是指卫生法律关系主体的权利和义务共同指向的对象。它是联系卫生法律关系主体间权利义务的纽带，是卫生法律关系不可缺少的构成要素。卫生法律关系的客体主要有以下几种形式。

1. 物　作为卫生法律关系客体的物，主要包括药品、保健品、化妆品、医疗器械、生物制品、医疗废物等卫生法律关系主体在进行各种医疗和卫生管理工作中需要的生产材料和生活资料。按传统民法理论，人体是人身权的客体，物是物权的客体。随着医疗科学技术的发展，人体的一些部分可以脱离人体，进入物的领域，如捐献的器官、血液、精子、冷冻胚胎、切除的病变组织及用于生物技术的人类生物材料，如人体细胞等来自于人体的特殊的物，在特定条件下可以成为物权的客体，而此类物权的内容与行使也不同于一般物权，要受到一定的限制。

2. 行为 以行为形式出现卫生法律关系的客体较为丰富，包括但不限于疾病诊治、疾病防控、医疗保健服务、健康相关产品的生产和经营、卫生行政执法、突发公共卫生事件应急管理等。上述行为是卫生法律关系主体行使权利、履行义务时所进行的活动。行为包括积极行为和消极行为。行为亦可分为合法行为和违法行为，合法行为依法受到法律保护，违法行为将引起法律责任和法律制裁。

3. 智力成果 以智力成果形式出现卫生法律关系的客体，指人们脑力劳动所创造的成果，属于精神财富，如学术论文、专利、发明。这是卫生法律关系主体在卫生健康领域从事智力活动所取得的医药卫生科技成果。

4. 生命健康利益 生命健康利益是人身利益的一部分，人身利益可分为人格利益和身份利益，包括人的生命、身体、生理功能、名誉、姓名、肖像等。它是卫生法律关系中最基本、最重要的客体。以人身利益形式出现的卫生法律关系的客体有公民的生命健康权益、特殊人群生命健康权益（包括患者、母亲、婴儿等）。随着现代科技和医学科学的不断发展，输血、器官移植、辅助生殖等医学技术和成果在临床中大量应用。不得滥用人身利益，不得超出法律授权的界限，严禁对他人人身非法强行行使权利。

（三）卫生法律关系内容

卫生法律关系的内容是指卫生法律关系的主体依法所享有的权利和应当承担的义务，即卫生权利和卫生义务。卫生法律关系主体的权利受国家卫生法律的保护，当义务人拒不履行义务或不依法履行义务时，权利人可以依法请求司法机关或卫生行政部门采取必要的强制措施，以保障其权利得以实现；当权利人的权利受到对方侵害时，受害人可以依法请求司法机关或医疗行政部门给予法律保护，依法追究对方的行政责任、民事责任或刑事责任。

三、卫生法律关系的产生、变更与消灭

（一）基本概念

卫生法律关系的产生，是指卫生法律关系主体间确立和形成了卫生权利与义务关

系；卫生法律关系的变更，是指卫生法律关系主体、内容或客体发生了变化；卫生法律关系的消灭是指卫生法律关系主体间的权利与义务关系完全终止。

引起卫生法律关系产生、变更和消灭的条件，一是法律规范，二是法律事实。在法理学上一定的法律规范是一定的法律关系产生、变更和消灭的前提；一定的法律事实是一定的法律关系产生、变更和消灭的根据。法律规范为人们的行为设定了一定的模式，使法律关系当事人享有权利和承担义务具有可能性，但仅有这种可能性是不够的，因为它并不能必然引起法律关系的产生、变更和消灭，只有在同时具备一定的法律事实，法律上所规定的权利、义务关系才能够体现为实际的权利义务关系。

（二）卫生法律事实

根据卫生法律事实是否与当事人的意志有关，卫生法律事实可分为卫生法律事件和卫生法律行为。

1. **卫生法律事件**　是指与人的意志无关，不是由当事人的行为引起的，能够引起卫生法律关系发生变更消灭的客观事实。卫生法律事件分为两种，一种是自然事件，如自然灾害造成的流行病暴发；另一种是社会事件，如卫生政策的重大调整、卫生法律的重大修改、政府卫生行政措施的颁布实施、司法机关与行政机关对双方当事人争议问题的司法判决和行政决定等。

2. **卫生法律行为**　是卫生法律关系产生变更或消灭的最普遍的法律事实。卫生法律行为是指与人的意志有关，由当事人的作为或不作为引起的，也是能够引起卫生法律关系产生变更消灭的客观事实。例如，患者到医院挂号就诊的行为，会导致医患双方医疗合同法律关系的形成。如果医疗活动中发生了医疗事故，医疗合同法律关系就变更为医疗损害赔偿法律关系。如果出现医疗纠纷，经协调得以妥善解决，则该卫生法律关系就此消灭。

第四节　卫生法治

一、概述

法治是指以民主为前提和基础，以严格依法办事为核心，以制约权力为关键的社会管理机制、社会活动方式和社会秩序状态。它强调法律在实现社会治理和国家管理中的权威性，简言之就是依照法律来治理国家。它是与人治相对应的治国理念，具体体现在科学立法、严格执法、公正司法、全民守法等方面。

卫生法治是依法治国在医药卫生领域的具体体现，即通过制定科学完善的医药卫生法律并严格实施，调整医药卫生中的各种关系，平衡医药卫生领域中的各种利益，整合医疗卫生资源，维护医药卫生秩序，从而达到保障公民生命健康、促进医药卫生事业发展和构建和谐社会的目的。卫生法治对于科学有效地防治疾病、保障卫生安全和公民基本权利，以及维护社会稳定具有举足轻重的作用。

卫生法治主要内容包括卫生立法、卫生行政执法、卫生法律监督、卫生法律服务和法治人才培养等环节。其中，卫生法律服务和法治人才培养不在本教材研习范畴，本节不再赘述。

知识拓展

新冠肺炎疫情暴露了现行法律法规中的一些短板和缺陷。例如，疫情发布的有些规定不利于公众在突发公共卫生事件暴发时及时了解真实情况；法律规定的应急措施有限；预警期与启动应急状态的程序不衔接；疾控中心的法律地位和职责不清晰；一些条文过于笼统，缺乏具体责任主体和实施程序等。

二、卫生立法

（一）卫生立法的概念

立法分为制定狭义的法律专门性活动和制定广义的法律专门性活动。狭义立法仅指全国人民代表大会及其常务委员会制定的法律专门性活动；广义立法是指国家机关依据法定的职权和程序，创制、修改、废止规范性法律文件的活动，有时也指这种活动的结果，即所制定的规范性法律文件。广义的立法既包括人民代表大会及其常务委员会的立法活动，也包括行政机关的立法活动。我们从广义的立法角度界定卫生立法。卫生立法具体是指特定的国家机关，依照法定职权和程序，制定、修改或废止涉及医药卫生事项的规范性法律文件的专门性活动。

（二）卫生立法的基本要求

1. 立法原则 我国的立法原则可以归纳为法治原则、民主原则和科学原则。这些原则同样贯穿于我国卫生立法的法律内容、立法体制、立法程序和立法技术中。科学立法的核心，在于立法要尊重和体现卫生健康客观规律。在具体立法实践中，要进一步完善立法程序、规范立法活动，健全中国特色的立法体制。抓好立法项目论证，科学确定立法项目，健全法律出台前评估和立法后评估制度。综合运用制定、修改、废止、解释等多种形式，增强立法工作的协调性、及时性、系统性。加强立法调查研究，找准立法重点、难点，探求科学应对之策，切实增强法律的可执行性和可操作性。

2. 立法体制　包括立法权限的划分、立法机关的设置和立法权的行使等各方面制度。我国医药立法体制已经建立，但存在亟待改进的地方，包括医药卫生立法滞后，医药法律的废、改、立不足；存在立法部门化问题，立法的中立性难以完全得到有效保证；法律规范性文件普遍使用，影响了法制效力。

3. 立法程序　卫生立法程序一定要特别注意立法的民主性。医药卫生事业关乎全体公民的生命健康，立法必须要有公众和一线医药卫生从业人员的参与。“开门”立法让公众知晓，特别是要通过新闻媒体广泛传播立法信息；设立立法公众参与制度，让公众能参与到我国的立法过程中来，其具体方式包括立法调研和立法听证、专家咨询和网络征求意见等。

4. 立法技术　即立法活动中所运用的有关法律的制定、修改和废止的各种方法和技巧的总称。立法技术是人类长期立法实践中的智慧结晶，它使法律的表达形式和立法者想要表达的内容相符，最终便于法律的知晓、遵守和适用。立法技术能反映一国法制的完备程度和法律文化的高度。目前，我国的医药卫生立法技术有待提高，要解决医药卫生法律的条款粗放化、原则化、非规则化及执行性、可操作性相对滞后的问题，尤其是地方立法“小法抄大法”的现象，丧失了下位法进行延伸、具体和细化的功能，甚至有些地方性法律的表述缺少精准的法言，法语含糊其辞，难以准确实施。另外，需建立立法项目事前和事后的评价机制，提高立法的科学性。

三、卫生行政执法

（一）卫生行政执法的概念及特征

卫生行政执法，是指国家卫生行政机关、法律法规授权的组织依法执行、适用法律，实现国家卫生管理的活动。

卫生行政执法的特征如下：①执法的主体是特定的，即卫生行政管理机关。卫生执法主体分为职权性执法主体和授权性执法主体。职权性执法主体是指根据宪法和行政组织法的规定，在机关依法成立时就拥有相应行政职权并同时获得行政主体资格的行政组织；授权性执法主体是指根据宪法和行政组织法以外的单行法律、法规的授权规定而获得行政执法资格的组织。②执法是一种职务行为，执法是行使职权的活动。③执法的对象是特定的，即行政相对人。④行政执法的依据是国家的卫生法律、法规、规章等。⑤执法行为是单方法律行为，执法时无须征得对方同意。⑥执法行为必然会直接或间接地产生相关的权利义务关系。

（二）卫生行政执法的种类

1. 卫生行政许可 是指卫生行政主体依据行政相对人的申请，依法赋予特定的行政相对人拥有可以从事为法律一般禁止的权利或资格的法律行为。

卫生行政许可是一种行政赋权行为，即行政主体赋予行为相对人一定的权利和权益，免除其一定的行政行为。卫生行政许可以“禁止义务”的存在为前提，对于符合特定条件者，禁止就是许可。即在国家一般禁止的前提下，对符合特定条件的行政相对方解除禁止使其享有特定的资格或权利，能够实施某项特定的行为。卫生行政许可的内容是直接赋予相对人从事某种活动的权利和资格。相对人的申请是卫生行政许可的必备条件。卫生行政许可必须遵循一定的法定形式，即应当是明示的书面许可，应当有正规的文书、印章等予以认可和证明。实践中最常见的行政许可形式就是许可证和执照。

2. 卫生行政处罚 是指卫生行政机关依据卫生法律规定，对违反卫生法的相对人所实施的一种行政法律制裁。

卫生行政处罚应遵循下列原则：事实清楚、证据确凿的原则；适用法律、法规、规章正确原则；先调查取证后裁决原则；合法、适当、公正、公开原则；处罚与教育相结合原则。

3. 卫生监督检查 是指卫生行政执法机关为了实现行政管理的目标和任务，依法对行政相对人遵守卫生法律规范和履行卫生行政机关的决定、命令的情况予以察看、监督的行政执法行为。

4. 卫生行政强制措施 是指卫生行政机关采用强制手段保障卫生行政管理秩序、维护公共利益、迫使行政相对人履行义务的行政执法行为。卫生行政强制措施具有具体性、临时性、非制裁性等特征。

四、卫生法律监督

（一）卫生法律监督的概念

卫生法律监督指由所有国家机关、社会组织和公民，对各种医药卫生法律活动中的合法性进行监视、查看、约束、制约、控制、检查和督促的行为。卫生法律监督是医药卫生法治的重要组成部分，是促进公民的生命健康权利得以实现的重要手段。

（二）卫生法律监督的方式

根据监督主体的不同，卫生法律监督可以分为国家卫生法律监督和社会卫生法律监督两大类。

国家卫生法律监督的主体包括国家权力机关、行政机关和司法机关。国家权力机关的卫生监督是指各级人民代表大会及其常务委员会对其产生的国家机关是否有效实施或正确适用医药卫生法律进行监督。行政机关的卫生法律监督是指本级政府对其所属的医药卫生行政机关，医药卫生行政系统内部上级机关对下级机关，各级医药卫生行政机关内设的专门监督机构对本机关的其他机构，所进行的是否有效实施医药卫生法律的监督，以及医药卫生行政机关对行政相对人是否遵守医药卫生法律的监督。医药卫生行政机关对行政相对人是否遵守医药卫生法律的监督属于广义上的监督，严格意义上讲，其应属于医药卫生执法的一种方式，通过该方式发现医药卫生违法行为，医药卫生行政机关可依职权对其进行行政处罚。司法机关的卫生监督是指人民检察院和人民法院通过民事诉讼、刑事诉讼和行政诉讼对医药卫生活动所进行的监督。

社会卫生法律监督是指社会组织、公民和新闻媒体依照宪法和有关法律，对各种医药卫生法律活动的合法性和对司法机关适用法律解决医药卫生纠纷的合法性和公正性进行监督。包括工会、红十字会、消费者权益保护协会、医学会、医院协会和医师协会等在内的社会组织，以及公民个人和新闻媒体在内的社会医药卫生监督是最广泛的监督。社会监督可以直接或通过启动诉讼程序，促进被监督的医药卫生行政机关纠正错误、改进工作，或者可以引发国家医药卫生法律监督，在实践中一直发挥着积极有效的监督作用。

本章小结

1. 宪法是卫生法的重要法理基础。

2. 卫生法除具有法律的一般属性外，还具有法律形式的多样性、技术标准的时代性、调整手段的综合性等独有特征。

3. 保护公民生命健康是一切卫生工作和卫生立法的根本宗旨和最终目标。

4. 卫生法的渊源有宪法、卫生基本法、卫生单行法律、卫生行政法规、地方卫生法规、地方自治条例、部门卫生规章、地方卫生规章及其他具有法律效力的规范性文件等。

5. 不同形式渊源的卫生法对应不同类型的卫生法律关系。卫生法律关系的基本要素包括主体、客体和内容三个方面。

6. 卫生法治是依法治国在医药卫生领域的具体体现，它对于科学有效地防治疾病、保障卫生安全和公民基本权利，以及维护社会稳定具有举足轻重的作用。

（王　萍）

第六章　卫生法律体系

学习目标

1. 掌握　法律体系概念及我国社会主义法律体系的构成。
2. 熟悉　公民健康权益保障及基本医疗卫生法律制度。
3. 了解　我国卫生法律体系的架构；不同层级卫生法的效力等级及适用原则。

改革开放以来，我国经济社会建设、法制体系建设和卫生健康事业都得到长足发展。我国卫生法也在同步发展，初步形成了卫生法律制度体系。卫生法律体系作为社会主义法律体系中的一个重要组成部分，对其研究学习需要了解法律体系的相关基本理论及当代中国法律体系。

第一节　概　　述

一、法律体系的概念

无论在国内还是国外，虽然不同学者描述不同，但总体来说都一致认为法律体系是指一个国家法律的整体；是指一国所有现行法律规范根据一定原则和标准所划分的法律部门所构成的有机整体。在认识法律体系概念时，应注意与一些相关概念的区别：如法系是按照基本特点与历史传统对世界各国法律制度的划分（如英美法系和大陆法系）；法学体系是指由法学分支学科构成的统一整体（如刑法学和民商法学）；法制体系是包括法律和制度的体系；法治体系则是指运用法律和制度治理国家和社会的动态运行体系与机制。

二、中国特色社会主义法律体系

我国学者关于中国社会主义法律体系的划分，在不同时期有不同观点。2011年3月10日，第十一届全国人民代表大会第四次会议宣布“中国特色社会主义法律体系已经形成”。2011年10月27日国务院发布《中国特色社会主义法律体系》白皮书中明确阐述：“到2010年底，一个立足中国国情和实际、适应改革开放和社会主义现代化建设需要、集中体现中国共产党和中国人民意志，以宪法为统帅，以宪法相关法、民法商法等多个法律部门的法律为主干，由法律、行政法规、地方性法规等多个层次法律规范构成的中国特色社会主义法律体系已经形成，国家经济建设、政治建设、文化建设、社会建设以及生态文明建设的各个方面实现有法可依。”

（一）法律体系的层次

宪法是中国特色社会主义法律体系的统帅。中国宪法在中国特色社会主义法律体系中具有最高的法律效力，一切法律、行政法规、地方性法规的制定都必须以宪法为依据，遵循宪法的基本原则，不得与宪法相抵触。

法律是中国特色社会主义法律体系的主干。全国人民代表大会及其常务委员会制定的法律，解决的是国家发展中带有根本性、全局性、稳定性和长期性的问题，是国家法制的基础，行政法规和地方性法规不得与法律相抵触。

行政法规是中国特色社会主义法律体系的重要组成部分。国务院根据宪法和法律，制定行政法规，是将法律规定的相关制度具体化，是对法律的细化和补充。

地方性法规是中国特色社会主义法律体系的又一重要组成部分，是对法律、行政法规的细化和补充，是国家立法的延伸和完善，为国家立法积累了有益经验。根据宪法和法律，省、自治区、直辖市和较大的市的人民代表大会及其常务委员会可以制定地方性法规。这是人民依法参与国家事务管理、促进地方经济社会发展的重要途径和形式。民族自治地方的人民代表大会有权依照当地民族的政治、经济和文化特点，制定自治条例和单行条例；自治条例和单行条例可以对法律和行政法规的规定作出变通规定，但不得违背法律和行政法规的基本原则，不得对宪法和民族区域自治法的规定以及其他法律、行政法规专门就民族自治地方所做的规定作出变通规定。经济特区所在地的省、市的人民代表大会及其常务委员会根据全国人民代表大会及其常务委员会的授权决定，可以根据经济特区的具体情况和实际需要，遵循宪法的规定以及法律、行政法规的基本原则而制定法规，在经济特区范围内实施。

（二）法律体系的部门

中国特色社会主义法律体系，是由宪法相关法、民法商法、行政法、经济法、社会法、刑法、诉讼与非诉讼程序法等多个法律部门组成的有机统一整体。

中国现行宪法是一部具有中国特色、符合社会主义现代化建设需要的宪法，是治国安邦的总章程，于1982年由全国人民代表大会通过。为了适应国家经济社会的发展，全国人民代表大会先后通过了5个宪法修正案，对宪法的部分内容作出了修改。

宪法相关法是与宪法相配套，直接保障宪法实施和国家政权运作等方面的法律规范，调整国家政治关系，主要包括国家机构的产生、组织、职权和基本工作原则方面的法律，民族区域自治制度、特别行政区制度、基层群众自治制度方面的法律，维护国家主权、领土完整、国家安全、国家标志象征方面的法律，保障公民基本政治权利方面的法律。

民法商法是调整平等主体之间的财产关系、人身关系和商事交往关系的法律规范的总称。民法是调整平等主体的公民之间、法人之间、公民和法人之间的财产关系和人身关系的法律规范，遵循民事主体法律地位平等、意思自治、公平、诚实信用的基本原则。商法调整商事主体之间的商事关系，遵循民法的基本原则，同时秉承保障商事交易自由、等价有偿、便捷安全等原则。2020年5月28日全国人民代表大会通过，2021年1月1日起施行的《中华人民共和国民法典》，是中华人民共和国成立以来第一部以“法典”命名的法律，是我国新时代社会主义法治建设的重大成果，它完善了中国特色社会主义法律体系，将对依法维护人民权益、推进国家治理体系和治理能力现代化产生重要作用。

行政法是关于行政权的授予与行使以及对行政权的监督的法律规范，调整的是行政机关与行政管理相对人之间因行政管理活动发生的关系，遵循职权法定、程序法定、公正公开、有效监督等原则，既保障行政机关依法行使职权，又注重保障公民、法人和其他组织的权利。重要的综合性行政法律主要有行政组织法、国家公务员法、行政处罚法、行政强制法、行政许可法、行政程序法、行政公开法、行政复议法、行政诉讼法、国家赔偿法等。

经济法是从社会整体利益出发，对经济活动实行干预、管理或者调控所产生的社会经济关系的法律规范。经济法为国家对市场经济进行适度干预和宏观调控提供法律手段和制度框架，防止市场经济的自发性和盲目性所导致的弊端。经济法包括公司法、外商投资企业法、合伙企业法、个人投资法、证券法、票据法、破产法、金融法、保险法、房地产法、环境法、自然资源法、反垄断法、反不正当竞争法、消费者权益保障法和产品质量法、财政法、税法、计划法、产业政策法、价格法、会计法和审计法等法律。

社会法是调整劳动关系、社会保障、社会福利和特殊群体权益保障等方面的法律规范，遵循公平和谐和国家适度干预原则，通过国家和社会积极履行责任，对劳动者、失业者、丧失劳动能力的公民以及其他需要扶助的特殊人群的权益提供必要的保障，维护社会公平，促进社会和谐。现行社会法有《中华人民共和国劳动法》《中华人民共和国劳动合同法》《中华人民共和国工会法》《中华人民共和国未成年人保护法》《中华人民共和国老年人权益保障法》《中华人民共和国妇女权益保障法》《中华人民共和国残疾人保障法》等。

刑法是规定犯罪与刑罚的法律规范。它通过规范国家的刑罚权，惩罚犯罪，保护公民人身财产安全，维护社会秩序和公共安全，保障国家安全。我国已制定统一的刑法及其11个刑法修正案，以及其他有关刑法的规定。

诉讼与非诉讼程序法是规范解决社会纠纷的诉讼活动与非诉讼活动的法律规范。诉讼法律制度是规范国家司法活动解决社会纠纷的法律规范的总和；非诉讼程序法律制度是规范仲裁机构或者人民调解组织解决社会纠纷的法律规范的总和。现行立法除了《中华人民共和国民事诉讼法》《中华人民共和国刑事诉讼法》《中华人民共和国行政诉讼法》三大诉讼法外，还包括《中华人民共和国人民调解法》《中华人民共和国仲裁法》《中华人民共和国公证法》等非诉讼程序法。

三、卫生法在我国法律体系中的地位

（一）传统部门法视角

关于卫生法在法律体系中的地位问题一直众说纷纭。总体来说，主要存在四种观点：①卫生法属于行政法。②卫生法是民法、刑法和行政法结合的产物。③卫生法是一个独立的法律部门。④卫生法属于社会法。近二十年，随着经济社会与科学技术的发展，环境、卫生、财税、金融、科技、互联网等领域发生了巨大的变化。这些领域的法律现象具有复杂性、交叉性的特点，需要综合几个法律部门才能解决这些领域中的重大社会问题，或者难以按传统部门法学的标准划归到任何一个现有法律部门，因此，领域法学理论应运而生。这一理论的提出为卫生法地位的研究提供了一个新的视角与思路。

（二）卫生领域法视角

领域法学（field of law），是指以问题为导向，以特定经济社会领域全部与法律有关的现象为研究对象，融经济学、政治学和社会学等多种研究范式于一体的交叉性、应用性和整合性的新型法学体系。简言之，领域法学是研究“领域法”及其发展规律的法律科学。相较于划分标准较为固定的部门法，领域法的划分是开放的、变化的、动态的，以包容的态度接受事物的复杂性，保留了主体、行为、权利义务和责任制度的多元化。卫生领域中法律主体、法律关系错综复杂。很多一般性或其他法律关系，如经济关系、劳动法律关系等，也会在卫生领域体现。通过适用领域法，以社会重大卫生问题为导向，以特定卫生领域全部与法律有关的现象为研究对象，能够推动卫生法学和法律体系的创新。

从卫生领域法视角来思考，一些传统划分中的问题可以得到解决。首先，卫生法的调整对象多、调整手段多、法律关系多、主体复杂等特点能被很好地接受和理解，也易于更全面、客观地理解并解决卫生领域所出现的法律现象和问题；其次，避免了传统法律体系把涉及公共卫生领域的法律归为行政法的范畴；同时，解决了传统部门法把现实社会医疗服务中的法律冲突解释成民事合同或侵权问题而导致卫生法的割裂，从而制约卫生法整体协调发展；最后，卫生领域法视角既可以阐明卫生法具有较强的政策性、专业技术性等性质，也能够统一卫生立法的角度，有效地在卫生健康领域形成统一的卫生法律体系，促进卫生法整体协调发展。

案例讨论

【案例】新冠肺炎疫情从零散出现到快速暴发流行，对现行以《中华人民共和国传染病防治法》《突发公共卫生事件应急条例》为核心的公共卫生应急法律制度体系提出了挑战。在有些疫情社会防控措施的决策中，狭义卫生法之外的法律法规发挥着重要的作用，如《中华人民共和国突发事件应对法》等。习近平总书记多次强调，要全面提高依法防控、依法治理能力，为疫情防控工作提供有力的法治保障。

【讨论】如何跳出传统认知的卫生行业范畴，从宏观社会治理的视角完善卫生法治？卫生法律体系如何与国家法律体系接轨？

第二节　卫生法律体系基本架构

卫生法律体系的基本架构是指所有的卫生法的表现形式所构成的卫生法律体系的内部结构，一是卫生法的纵向结构，二是卫生法的横向结构。

一、卫生法的纵向结构

《中华人民共和国立法法》明确规定了中国特色社会主义法律体系中法律文件的表现形式及制定机关，以及这些法律文件的效力层级及适用原则。应用《中华人民共和国立法法》的相关规定，可以将卫生法的纵向结构用表6-1来表示。

表6-1　卫生法律体系的纵向架构

层次	文件类别	立法机关	效力等级
第一层次	宪法	全国人民代表大会	具有最高的法律效力，一切法律、行政法规、地方性法规、自治条例和单行条例、规章都不得同宪法相抵触
第二层次	卫生基本法	全国人民代表大会	效力高于行政法规、地方性法规、规章。目前多部基本法中有相关条款
第三层次	卫生单行法律	全国人民代表大会常务委员会	《基本医疗卫生与健康促进法》是目前卫生领域基础性、综合性的卫生法，其他多部卫生单行法的效力相同，各自权限内适用
第四层次	卫生行政法规	国务院	效力低于法律，高于地方性法规、规章
第五层次	地方卫生法规 地方自治条例	地方（自治区域）人民代表大会及其常务委员会	仅在其辖区内适用，高于本级和下级地方政府规章
第六层次	部门卫生规章 地方卫生规章	国务院部委等 有立法权的地方人民政府	部门规章之间、部门规章与地方政府规章之间具有同等效力，在各自的权限范围内施行
第七层次	其他具有法律效力的规范性文件	有立法权的机关颁发的其他具有法律效力的规范性文件	如国家卫生健康委员会、国家药品监督管理局、国家医疗保障局等颁布的技术性卫生标准、规程、规范、指南等。效力低于以上法律文件，大多是执行性的配套文件

二、卫生法的横向架构

卫生法律体系横向结构的划分实际是一个寻找共同点和区别点，进行同类项合并的过程。不同的划分角度和划分标准，可以有不同的划分结果。由于现实的发展，对卫生法的内涵及涵盖范围的认知也在不断扩展。当前的卫生法实际涵盖了所有以人民健康为核心的专门性卫生法律法规和其他法律法规中的相关内容，如宪法、民法典、刑法等基本法中的相关条款。卫生法律体系的横向架构应如何划分，尚未形成一致的认知。在学习目前各种学术观点的基础上，编者认为我国卫生法应包括公共卫生法、医事法、健康相关产品法、健康融资保险法四个方面，也有学者把生命伦理作为卫生法体系的组成部分。

（一）公共卫生法

公共卫生法是指调整公共卫生所引发的各种社会关系的法律法规的总称。目前，专门的公共卫生法律主要包括传染病防治法、精神卫生法、母婴保健法、献血法等。

公共卫生法治绝不能仅局限于传统认知的卫生领域范畴，需要研究如何从宏观社会治理的视角完善公共卫生法治体系。

（二）医事法

医事法是指在卫生法中主要调整医疗服务法律关系的法律法规的总称。与公共卫生法主要关注群体健康不同，医事法更关注个体健康。我国现行医事法主要涉及医疗卫生人员和医疗机构管理、医疗服务的规范管理、医疗纠纷的处置等。

（三）健康相关产品法

健康相关产品是指纳入国家法律管理的、与人体生命健康密切相关的市场产品，包括食品、药品、器械、保健品、饮用水、消毒产品等。这方面的卫生法在体现出对市场产品监管的统一性的同时，还根据不同产品对人体健康的影响程度而体现不同的法治规则特征。

（四）健康保险法

全面建设中国特色基本医疗卫生保障制度是保障公民健康权的基本制度，也是实现健康中国战略的重要路径。国家发展医疗卫生事业，完善基本医疗卫生服务提供体系，保障服务质量和医疗相关产品如药品等的供给，都是医疗保障的重要组成部分，也已经颁布了大量的卫生法律法规。但在医疗费用保障，即基本医疗保险制度立法方面，目前的法律层面仅有《中华人民共和国社会保险法》中的医疗保险章，配套的立法体系尚不健全。从整个卫生法律体系来看，这方面的立法亟待加强。《医疗保障法（征求意见稿）》必将促进这方面的立法进程。但仅仅关注医疗并不能落实《中华人民共和国基本医疗卫生与健康促进法》确定的“提供预防、保健、治疗、护理、康复、安宁疗护等全方位全周期的医疗卫生服务”的要求。生育保险的并入、长期护理保险的发展等都显示我国已经从医疗保险走向健康保险，更符合健康中国战略和《中华人民共和国基本医疗卫生与健康促进法》已经确立的基本原则。相关立法的发展与完善应当体现新趋势及其指引作用。

（五）生命伦理法

涉及人的高新科学技术的发展与临床应用，带来人伦和道德上的挑战，如2018年11月引发新闻媒体和学术界大讨论的“基因编辑婴儿事件”。器官移植、脑死亡、安乐死、代孕、精子库、医学研究中受试者保护等大量生命科学新问题，不仅需要伦理的直面回应，也需要法律的直接表态。我国现行立法中除了民法典、基本医疗卫生与健康促进法、医师法、生物安全法等法律中的相关条款，还有《人体器官移植条例》《人类辅助生殖技术管理办法》《人类精子库管理办法》《产前诊断技术管理办法》《涉及人的生物医学研究伦理审查办法》等专门性条例规章及规范性文件。卫生法其他领域密切相关的伦理问题论证也是卫生法研究的对象，如隐私权保护、伦理委员会制度、弱势群体保护、教育与健康、社会制度与健康等。

第三节　基本医疗卫生法律制度

一、概述

改革开放以来，卫生立法得到快速发展，但一直缺少一部基础性法律对医疗卫生与健康领域的基本制度作出规定。习近平总书记多次强调要把人民健康放在优先发展的战略地位，加快推进健康中国建设。《中华人民共和国基本医疗卫生与健康促进法》是我国卫生与健康领域的第一部基础性、综合性法律，凸显“保基本、强基层、促健康”理念，为做好新时期卫生健康工作提供了法制保障。

（一）立法目的

《中华人民共和国基本医疗卫生与健康促进法》第一条明确表述了本法的立法目的：“为了发展医疗卫生与健康事业，保障公民享有基本医疗卫生服务，提高公民健康水平，推进健康中国建设，根据宪法，制定本法。”本法旨在落实宪法关于国家发展医疗卫生事业，保护人民健康的规定，全面贯彻落实习近平总书记在全国卫生与健康大会上的重要讲话精神和《“健康中国2030”规划纲要》等党中央、国务院文件精神，使“健康中国”战略的实施有了法制保障，也必将推进“健康中国”和“法治中国”建设。

（二）立法亮点与重点

《中华人民共和国基本医疗卫生与健康促进法》首次以法律形式明确了国家建立基本医疗卫生制度，提出健康促进措施，融入了多项制度和经验；制定了健康促进专章，并明确提出公民是自己健康的第一责任人。基本医疗卫生与健康促进法搭起卫生健康领域制度体系的“四梁八柱”，用“制度”保障人民健康权利，为全民健康保驾护航；体现了卫生健康工作理念从以治病为中心到以人民健康为中心的转变。

二、公民健康权

（一）健康权的含义

健康权是一项复合型权利，包含了三个维度的意义：一是明确规定了公民享有健康权且被法律保护；二是国家通过加强医疗卫生管理来履行保护公民健康权的义务；三是要求国家和各级政府履行积极义务，为促进和保障公民健康提供基本保障。《中华人民共和国基本医疗卫生与健康促进法》第四条明确规定“国家和社会尊重、保护公民的健康权”，首次明确将“健康权”写入法律，用法律制度切实保障公民健康。本法在立法过程中，其法律类别由之前的行政法变更为社会法，具体制度设计也体现了健康权的社会法属性。

（二）健康权的具体体现

《中华人民共和国基本医疗卫生与健康促进法》第五条明确规定“公民依法享有从国家和社会获得基本医疗卫生服务的权利。国家建立基本医疗卫生制度，建立健全医疗卫生服务体系，保护和实现公民获得基本医疗卫生服务的权利”。基本医疗卫生服务权的保障，是国家从公民健康权的社会法属性方面对公民承担的积极义务。

1. 基本公共卫生权　基本公共卫生服务作为公共产品由政府免费提供，体现的是普遍服务原则，如疾病防控、健康教育、卫生保健、健康环境建设等，保障公民享有安全有效的基本公共卫生服务。

2. 基本医疗服务权　国家通过建立健全医疗服务体系来保障公民基本医疗服务的获得。虽然不同经济社会条件对于“基本”的具体实现有所不同，但都应保证涵盖针对主要疾病和健康问题，能获得适宜技术和基本药物等干预手段。

3. 健康保障权　我国已经建立起包括基本医疗保险、生育保险、工伤保险等在内的健康社会保障制度。公民的健康保障权体现在有权参加国家社会健康保险，有权获得这些保险提供的保障和服务，获得因疾病或其他自然事件（如生育、伤残等）造成的收入损失和产生的医疗费用的经济补偿。

4. 救济权　无救济则无权利。健康权的保障，一方面体现在当公民依法应当获得的基本医疗卫生服务权得不到保障时，公民可以提起诉讼，如疫苗接种权、加入基本医疗保险权等；另一方面体现在当公民在接受基本医疗卫生服务中受到损害时依法获得赔偿，如医疗损害赔偿。

（三）健康权的实现路径

《中华人民共和国基本医疗卫生与健康促进法》强调了国家和社会对公民健康权保障的责任，体现了政府的担当和治国理念的转变。本法规定的具体基本医疗卫生服务制度，也是国家保障公民健康权的具体路径和制度。

1. 建立基本医疗卫生制度　国家建立基本医疗卫生制度，建立健全医疗卫生服务体系，合理规划和配置医疗卫生资源，同时要求全社会应当共同关心和支持医疗卫生与健康事业的发展。

2. **推进健康促进，加强健康教育制度** 国家实施健康中国战略，要求各级人民政府应当把人民健康放在优先发展的战略地位，将健康理念融入各项政策，并将公民主要健康指标改善情况纳入政府目标责任考核。通过建立健康教育制度，保障公民获得健康教育的权利，提高公民的健康素养。

3. **发展医学教育和医学技术创新** 国家发展医学教育，完善适应医疗卫生事业发展需要的医学教育体系，制定医疗卫生人员培养规划。加强医学科学研究，鼓励医学科学技术创新，支持临床医学发展，促进医学科技成果的转化和应用。

4. **加大财政投入** 国家加大对医疗卫生与健康事业的财政投入，通过增加转移支付等方式，重点扶持革命老区、民族地区、边疆地区和经济欠发达地区发展医疗卫生与健康事业。国家鼓励和支持公民、法人和其他组织通过依法举办机构和捐赠、资助等方式，参与医疗卫生与健康事业，满足公民多样化、差异化、个性化的健康需求。

5. **发挥中医药的独特作用** 国家大力发展中医药事业，坚持中西医并重、传承与创新相结合，发挥中医药在医疗卫生与健康事业中的独特作用。

三、基本医疗卫生服务

《中华人民共和国基本医疗卫生与健康促进法》明确规定，基本医疗卫生服务是指维护人体健康所必需、与经济社会发展水平相适应、公民可公平获得的，采用适宜药物、适宜技术、适宜设备提供的疾病预防、诊断、治疗、护理和康复等服务。

（一）基本公共卫生服务提供

国家采取措施，保障公民享有安全有效的基本公共卫生服务，控制影响健康的危险因素，提高疾病的预防控制水平。基本公共卫生服务由国家免费提供，具体提供方式包括举办专业公共卫生机构、基层医疗卫生机构和医院，或者从其他医疗卫生机构购买服务。

（二）基本医疗服务提供

基本医疗服务主要由政府举办的医疗卫生机构提供。鼓励社会力量举办的医疗卫生机构提供基本医疗服务。推进基本医疗服务分级诊疗制度，逐步建立基层首诊、双向转诊、急慢分治、上下联动的机制，并与基本医疗保险制度相衔接。实行家庭医生签约服务，根据居民健康状况和医疗需求提供基本医疗卫生服务。

（三）疾病防控法律制度

根据疾病本身的特征，疾病防控的法律制度可以分成传染病防控和非传染病防控两大系列。我国在传染病防控方面已经出台了《中华人民共和国传染病防治法》《中华人民共和国国境卫生检疫法》等一系列法律法规，形成了比较完备的法律制度。随着疾病谱和老龄化的变化，非传染性慢性疾病已经成为另一个主要的健康危害因素。近年来，国家也在大力推进对非传染性慢性疾病及其致病危险因素的防控干预和相关服务与管理，对有些特殊疾病风险，还颁布了专门的立法以促进发展及加强管理，如《中华人民共和国精神卫生法》。

（四）特殊人群保护

国家重视重点人群和脆弱人群的健康保障。重点体现在以下四方面：①加强职业健康保护，县级以上人民政府应当制定职业病防治规划，建立健全职业健康工作机制，加强职业健康监督管理，提高职业病综合防治能力和水平。②建立健全妇幼健康服务体系，为妇女、儿童提供保健及常见病防治服务，保障妇女、儿童健康。③积极应对老龄化，大力发展老年人保健事业，将老年人健康管理和常见病预防等纳入基本公共卫生服务项目。④发展残疾预防和残疾人康复事业，完善残疾预防和残疾人康复及其保障体系。

（五）应急管理与急救服务

为了预防突发公共卫生事件，减轻和消除其引起的严重社会健康危害，国家建立健全突发事件卫生应急体系，制定和完善应急预案，组织开展突发事件的医疗救治、卫生学调查处置和心理援助等卫生应急工作，有效控制和消除危害。《中华人民共和国传染病防治法》《中华人民共和国突发事件应对法》《突发公共卫生事件应急条例》以及大量的专业应急预案等，已经构建了我国较为完备的突发事件卫生应急体系。突发事件卫生应急不仅针对突发公共卫生事件，自然灾害、事故灾难等都会对人民的生命健康造成危害，都需要卫生应急和医疗救援，如汶川大地震的医疗救援等。

在日常的危重患者抢救中，时间就是生命。为提升现场急救和快速转运能力，国家建立健全院前急救体系，为急危重症患者提供及时、规范、有效的急救服务。

四、健康促进

随着经济社会的不断发展，人们的生活方式也发生了较大变化。非传染性慢性疾病在人类疾病和死亡谱中占据日益重要的地位。加强健康教育、提高健康素养、养成良好的生活方式等相关健康促进措施，其核心就是运用行政或组织的手段，广泛协调社会各相关部门以及社区、家庭和个人，使其履行各自对健康的责任，从而实现维护和促进健康的目的。

（一）健康促进的公民责任

健康权不仅仅是公民的权利，同时也是公民的义务。公民个人是其健康权实现的第一责任人，应接受健康教育，提升个人健康素养，养成良好的卫生习惯和健康文明的生活方式。公民应当尊重他人的健康权利和利益，不得损害他人健康和社会公共利益。

（二）健康促进的政府责任

各级人民政府应当建立健康知识和技能核心信息发布制度，并将健康教育纳入国民教育体系。国家建立疾病和健康危险因素监测、调查和风险评估制度，加强影响健康的环境问题的预防和治理，组织开展环境质量对健康影响的研究，采取措施预防和控制与环境问题有关的疾病。

国家完善公共场所卫生管理制度，改善环境卫生状况，建设健康城市、健康村镇、健康社区。建立科学、严格的食品及饮用水安全监督管理制度，提高其安全水平。完善覆盖城乡的全民健身公共服务体系，制定并实施未成年人、妇女、老年人、残疾人等的健康工作计划，加强重点人群健康服务。

（三）健康促进的社会责任

健康促进需要全社会努力，各相关单位和组织也应积极履行社会责任。医疗卫生、教育、体育、宣传等机构，基层群众性自治组织和社会组织应当开展健康知识的宣传和普及。医疗卫生人员在提供医疗卫生服务时，应当对患者开展健康教育。新闻媒体应当开展健康知识的公益宣传。学校应当利用多种形式实施健康教育，普及健康知识、科学健身知识、急救知识和技能，提高学生主动防病的意识，培养学生良好的卫生习惯和健康的行为习惯。公共场所经营单位应当建立健全并严格实施卫生管理制度，保证其经营活动持续符合国家对公共场所的卫生要求。用人单位应当为职工创造有益于健康的环境和条件，严格执行劳动安全卫生等相关规定，积极组织职工开展健身活动，保护职工健康。

五、保障制度

《中华人民共和国基本医疗卫生与健康促进法》明确规定国家要完善药品供应保障制度，建立工作协调机制，保障药品的安全、有效、可及；要实施基本药物制度；建立健全以临床需求为导向的药品审评审批制度；建立健全药品研制、生产、流通、使用全过程追溯制度；建立健全药品价格监测体系；建立中央与地方两级医药储备；加强对医疗器械的管理；加强中药的保护与发展，充分体现中药的特色和优势，发挥其在预防、保健、医疗、康复中的作用。

《中华人民共和国基本医疗卫生与健康促进法》将基本医疗卫生资金保障纳入法制

轨道，明确规定各级人民政府应当切实履行发展医疗卫生与健康事业的职责，建立与经济社会发展、财政状况和健康指标相适应的医疗卫生与健康事业投入机制，将医疗卫生与健康促进经费纳入本级政府预算。

本章小结

1. 法律体系是指一国所有现行法律规范根据一定原则和标准所划分的法律部门所构成的有机整体。卫生法是中国特色社会主义法律体系中卫生领域的法律体系。

2. 卫生法律体系的纵向架构包括宪法、卫生基本法、卫生单行法律、卫生行政法规、地方卫生法规和地方自治条例、部门卫生规章和地方卫生规章、规范性文件七个层次。

3. 卫生法的横向架构包括公共卫生法、医事法、健康相关产品法、健康保险法、生命伦理法五方面。

4.《中华人民共和国基本医疗卫生与健康促进法》是我国卫生与健康领域的第一部基础性、综合性法律，目的是发展医疗卫生与健康事业，保障公民享有基本医疗卫生服务，提高公民健康水平，推进健康中国建设。对公民健康权、基本医疗卫生服务提供体系、健康促进和保障制度做了较为详尽的规定。

（乐　虹）

第七章　疾病预防控制法律制度

学习目标

1. 掌握　疾病预防控制机构、医疗卫生机构、卫生健康行政部门在疾病预防与控制中的职责；患者相关权益保护。
2. 熟悉　疾病预防控制工作的原则与方针。
3. 了解　我国现行有效的疾病预防控制法律法规。

疾病一直是人类健康的重大威胁，党和政府坚持“预防为主”的工作方针，加强传染病等重大疾病防控，建立计划免疫制度，依法监督管理公共卫生，大力开展爱国卫生运动，取得举世瞩目的成就。进入新时代，推进疾病防控法制化成为卫生健康管理工作的基本要求。疾病预防控制法律制度主要包括传染病防治、职业病防治、精神卫生、母婴保健等法律制度。立法的宗旨均是从预防角度，减少疾病和伤害，保障人群健康和公共卫生。

第一节　概　　述

一、现行有效的疾病预防控制主要法律法规

（一）传染病防治的法律法规

传染病防治的法律主要包括《中华人民共和国传染病防治法》（以下简称《传染病防治法》，2004年修订实施，2013年6月修正）、《中华人民共和国国境卫生检疫法》（以下简称《国境卫生检疫法》1987年5月1日施行，2018年第三次修正）、《中华人民共和国疫苗管理法》（以下简称《疫苗管理法》，2019年施行）。此外，现行有效的

法规有《医疗废物管理条例》(2003年施行，2011年1月修订)、《病原微生物实验室生物安全管理条例》(2004年施行，2018年3月19日修正)、《艾滋病防治条例》(2006年施行，2019年修订)、《血吸虫病防治条例》(2006年施行)、《外国人入境出境管理条例》(2013年实施)等。

(二)职业病防治的法律法规

职业病防治的法律主要包括《中华人民共和国职业病防治法》(以下简称《职业病防治法》，2002年5月1日起施行，2018年第四次修改)。其他法规有《尘肺病防治条例》(1987年施行)、《使用有毒物品作业场所劳动保护条例》(2002年实施)、《工伤保险条例》(2004年施行，2010年12月修订)、《放射性同位素与射线装置放射安全和防护条例》(2005年施行，2014年修订)、《女职工劳动保护特别规定》(2012年施行)等。

(三)精神卫生的法律法规

精神卫生的法律法规主要是《中华人民共和国精神卫生法》(以下简称《精神卫生法》)，自2013年5月1日起实施，2018年4月27日修正。

(四)母婴保健的法律法规

母婴保健的法律主要包括《中华人民共和国母婴保健法》(以下简称《母婴保健法》，自1995年6月1日起施行，2017年11月第二次修正)和《中华人民共和国母婴保健法实施办法》(以下简称《母婴保健法实施办法》，2001年6月20日实施，2017年11月17日修订)。其他法规有《婚前保健工作规范》(2002年6月修订实施)等。

二、疾病预防控制工作的原则和方针

根据《传染病防治法》《职业病防治法》《精神卫生法》《母婴保健法实施办法》的规定，疾病防控工作的原则和基本方针如下。

(一)预防为主，防治结合

预防为主是卫生与健康工作方针。预防是最经济、最有效的健康策略，重视重大疾病预防控制，优化防治策略，最大程度减少人群患病，是保障人民健康的关键环节。要坚定不移地贯彻预防为主方针，采取各种有效措施，防止和减少、消除疾病的发生和流行。

在重预防的同时，也要重视治疗，强调防治结合。及时救治传染病患者，不仅是切断传染源的举措，更是对患者健康权的保护；对职业病患者予以治疗，最大限度地恢复其健康水平，提高其生命质量。发生急性职业病危害事故时，救治受害人成为第一要务，彰显出以人为本、把人民群众生命安全和身体健康放在第一位的基本精神和价值取向；精神卫生工作在坚持预防和治疗的基础上，强调康复，最大限度地促进其社会功能的恢复，提高患者的生活质量；母婴保健过程中，发现孕产妇、胎儿、新生儿疾病时，及时采取措施，进行必要的治疗，使保健和临床相结合。

（二）科学防控，分类管理

疾病预防控制工作必须坚持科学防控的原则。无论是宏观层面上的疾病预防控制规划的编制、公共卫生项目的确定、项目实施的效果评价、疫苗的生产使用等，还是具体的健康危险因素监测、卫生检验检疫、流行病学调查等，都需要科学论证、科学实施。

根据不同传染病种类、不同职业危害因素、精神障碍严重程度等，疾病预防控制工作采取分类管理方针，采取不同的措施与手段，控制影响健康的危险因素，提高疾病的预防控制水平。

（三）政府领导、全社会参与

疾病预防控制主要是针对人群健康，是公共卫生的一部分，需要全社会的共同参与，多个部门共同协作，并且需要综合治理。体现在法律上，如《中华人民共和国基本医疗卫生与健康促进法》对传染病的防控提出了联防联控、群防群控、源头防控、综合治理等要求。《职业病防治法》提出：建立用人单位负责、行政机关监管、行业自律、职工参与和社会监督的机制，实行分类管理、综合治理。《精神卫生法》提出：精神卫生工作实行政府组织领导、部门各负其责、家庭和单位尽力尽责、全社会共同参与的综合管理机制。

三、疾病预防控制的管理部门

疾病预防控制的管理部门主要为各级卫生健康行政部门。国务院卫生健康行政部门主管全国的疾病预防控制及其监督管理工作，县级以上地方人民政府卫生健康行政部门负责本行政区域内的防控及其监督管理工作。2021年5月，国家成立国家疾病预防控制局，负责制定传染病防控及公共卫生监督的政策，指导疾病预防控制体系建设，规划指导疫情监测预警体系建设，指导疾控科研体系建设，以及公共卫生监督管理、传染病防治监督等。

职业卫生监督管理部门包括卫生健康行政部门和劳动保障行政部门，前者承担工作场所职业卫生、放射卫生的监督管理工作；后者主要负责对工伤保险的监督管理，确保劳动者依法享受工伤保险待遇。

第二节　传染病防治法律制度

一、法定传染病分类管理制度

医学上的传染病，是指由病原性细菌、病毒、立克次体和原虫引起的，可以在人与人、动物与动物、人与动物之间相互传染的疾病。随着生态环境的被破坏，全球气候变化，城市化和人口流动加剧，抗生素、抗病毒药和杀虫剂的广泛使用甚至滥用等，传染病出现一些新特点，但依然是威胁人类生命健康的重要杀手，其防治工作一时也不能放松。

自然界中传染病有许多种，其中，因传播性强、危害性大而被纳入法律范围规范管理的，称为法定传染病。目前，我国法定传染病共40种，其中甲类2种、乙类27种、丙类11种，对不同种类传染病实施不同的管理制度。

知识拓展

我国法定传染病分类如下。

1. 甲类传染病　鼠疫、霍乱。

2. 乙类传染病　严重急性呼吸综合征、艾滋病、病毒性肝炎、脊髓灰质炎、人感染高致病性禽流感、麻疹、流行性出血热、狂犬病、流行性乙型脑炎、登革热、炭疽、细菌性和阿米巴痢疾、肺结核、伤寒和副伤寒、流行性脑脊髓膜炎、百日咳、白喉、新生儿破伤风、猩红热、布鲁菌病、淋病、梅毒、钩端螺旋体病、血吸虫病、疟疾、人感染H_7N_9禽流感、新型冠状病毒肺炎。

3. 丙类传染病　流行性感冒、流行性腮腺炎、风疹、急性出血性结膜炎、麻风病、流行性和地方性斑疹伤寒、黑热病、包虫病、丝虫病，除霍乱、细菌性和阿米巴痢疾、伤寒和副伤寒以外的感染性腹泻、手足口病。

国务院卫生行政部门根据传染病暴发流行情况和危害程度，可以决定增加、减少或调整乙类、丙类传染病病种，可以对传染性非典型肺炎、炭疽中的肺炭疽和人感染高致病性禽流感采取甲类传染病的预防、控制措施。

二、疾病预防控制机构职责

各级疾病预防控制机构（简称“疾控机构”）是从事疾病预防控制活动的专业机构，按照传染病防治法的规定，疾控机构承担传染病监测、预测、流行病学调查、疫情报告以及其他预防、控制等工作。

（一）传染病预防控制职责

疾控机构在传染病的预防控制过程中履行下列职责：①实施传染病预防控制规划、计划和方案。②收集、分析和报告传染病监测信息，预测传染病的发生、流行趋势。③开展对传染病疫情和突发公共卫生事件的流行病学调查、现场处理及其效果评价。④开展传染病实验室检测、诊断、病原学鉴定。⑤实施免疫规划，负责预防性生物制品的使用管理。⑥开展健康教育、咨询，普及传染病防治知识。⑦指导、培训下级疾控机构及其工作人员开展传染病监测工作。⑧开展传染病防治应用性研究和卫生评价，提供技术咨询。

（二）传染病疫情报告管理职责

疾控机构及其执行职务的人员为责任报告单位（人），在发现传染病疫情或其他传染病暴发、流行以及突发原因不明的传染病时，应当按照规定报告。

疾控机构应主动收集、分析、调查、核实传染病疫情信息，设立或指定专门的部门、人员负责传染病疫情信息管理工作，及时对疫情报告进行核实、分析。

（三）疫情控制处置职责

发生传染病疫情时，疾控机构可以进入传染病疫点、疫区进行调查、采集样本、技术分析和检验。

疾控机构发现传染病疫情或接到传染病疫情报告时，应及时采取下列措施：①对传染病疫情进行流行病学调查，根据调查情况提出划定疫点、疫区的建议，对被污染的场所进行卫生处理，对密切接触者，在指定场所进行医学观察和采取其他必要的预防措施，并向卫生健康行政部门提出疫情控制方案。②传染病暴发、流行时，对疫点、疫区进行卫生处理，向卫生健康行政部门提出疫情控制方案，并按卫生健康行政部门的要求采取措施。③指导下级疾控机构实施传染病预防、控制措施，组织、指导有关单位对传染病疫情的处理。

三、医疗机构的职责

医疗机构承担与医疗救治有关的传染病防治工作和责任区域内的传染病预防工作。城市社区和农村基层医疗机构在疾控机构的指导下，承担城市社区、农村基层相应的传染病防治工作。

（一）防止医源性感染和院内感染

医疗机构应确定专门的部门或人员，承担传染病疫情报告、本单位的传染病预防、控制以及责任区域内的传染病预防工作；承担医疗活动中与医院感染有关的危险因素监测、安全防护、消毒、隔离和医疗废物处置等工作。

医疗机构的实验室应符合国家规定的条件和技术标准，建立严格的监督管理制度；严格执行传染病菌种、毒种和传染病检测样本的采集、保藏、携带、运输和使用等法律规定，防止传染病病原体、耐药菌、条件致病菌及其他病原微生物的传播。使用血液和血液制品必须遵守国家有关规定，防止因输入血液、使用血液制品引起经血液传播疾病的发生。

（二）依法报告传染病疫情

医疗机构及其医务人员、乡村医生、个体开业医生为责任疫情报告单位（人），在发现传染病疫情或发现其他传染病暴发、流行以及突发原因不明的传染病时，应按规定报告。

（三）疫情控制要求

医疗机构发现甲类传染病时，应及时采取下列措施：①对患者、病原携带者，予以隔离治疗。②对疑似患者，确诊前在指定场所单独隔离治疗。③对医疗机构内的患者、病原携带者、疑似患者的密切接触者，在指定场所进行医学观察和采取其他必要的预防措施。对于拒绝隔离治疗或者隔离期未满擅自脱离隔离治疗的，可由公安机关协助医疗机构采取强制隔离治疗措施。

发现乙类或丙类传染病患者，应根据病情采取必要的治疗和控制传播措施。对本单位内被传染病病原体污染的场所、物品以及医疗废物，依法实施消毒和无害化处置。

（四）传染病患者的医疗救治

医疗机构应对传染病患者或疑似传染病患者提供医疗救护、现场救援和接诊治疗，书写病历记录以及其他有关资料，并妥善保管。医疗机构不具备相应救治能力的，应将患者及其病历记录复印件一并转至具备相应救治能力的医疗机构。

医疗机构应实行传染病预检、分诊制度，对传染病患者、疑似传染病患者，应引导至相对隔离的分诊点进行初诊。

四、公民的传染病防控权利义务

（一）公民权利

1. 获得及时救治权　国家和社会应当关心、帮助传染病患者、病原携带者和疑似传染病患者，使其得到及时的救治。医疗机构未按照规定对传染病患者、疑似传染病患者提供医疗救护、现场救援、接诊、转诊的，或者拒绝接受转诊的，要承担相应的法律责任。

除传染病需得到及时救治外，传染病患者的其他疾病也享有平等的救治权。医疗机构不能因为患者患某种传染病而推诿或拒绝为其治疗属于本医疗机构诊疗范围的疾病。

案例讨论

【案例】艾滋病患者被拒绝治疗的案例时有报道，较为典型的是发生在某市的“晓峰案件”。患者晓峰（化名）因肺癌入住N医院接受治疗，却在术前被院方告知因携带人类免疫缺陷病毒不宜手术。无奈之下，他转到另一家医院，私改病历并逃避了术前的常规检查。术后，他以“平等就医权受到侵害”为由，把N医院告上法庭。

【讨论】艾滋病患者的平等就医权如何保护？患者被迫私改病历，逃避常规检查，将巨大的风险推向另一家不知情的医院，使医务人员承受更大的职业暴露风险，有什么两全其美的“法子”保护双方合法权益？法律对此可以做些什么？

2. 不受歧视权 法律规定任何单位和个人不得歧视传染病患者、病原携带者和疑似传染病患者。但是，由于对无法治愈、致死率高的传染病较为恐惧，人们往往疏远甚至歧视这样的传染病患者、病原携带者和疑似患者。患者由于害怕受到歧视、不公正的待遇，也存在有意隐瞒自己的病情、行程等重要信息的情形，这给传染病防治工作增加难度。

3. 个人隐私权 隐私权是指公民享有的私人生活安宁与私人信息依法受到保护，不被他人非法侵扰、知悉、搜集、利用和公开等的一种人格权。传染病暴发流行时，疾控机构、卫生健康行政、医疗机构等相关部门和人员，需要掌握传染病患者、病原携带者、疑似传染病患者、密切接触者涉及个人隐私的有关信息、资料。但这些隐私信息和资料的上报、使用，只限于工作需要，并且严格依法进行，不得对外泄露与公布，故意泄露有关信息、资料的，要承担相应的法律责任。

4. 医疗救助权 国家对患有特定传染病的困难人群实行医疗救助，减免医疗费，防止困难人群因为经济原因得不到治疗，既影响患者的生命健康，也造成传染病的传播。医疗救助的对象有两个条件：特定传染病、困难人群。

5. 被隔离人员的生活保障和报酬　对已经发生甲类传染病病例的场所或者该场所内特定区域的人员，所在地的县级以上地方人民政府可以实施隔离措施。疑似传染病患者或与传染病患者有密切接触的人员，根据情况需要隔离观察的，人民政府应对被隔离人员提供生活保障，被隔离人员有工作单位的，所在单位不得停止支付其隔离期间的工作报酬。

6. 法律救济权　传染病防治过程中，无论是卫生健康行政部门、疾控机构、医疗机构，还是其他相关的部门，因违法实施行政管理或者预防、控制措施，侵犯单位和个人合法权益的，有关单位和个人可以依法申请行政复议或者提起诉讼。

（二）公民义务

1. 接受有关调查、检验，配合疫情防控措施　在我国领域内的一切单位和个人，必须接受疾控机构、医疗机构等有关传染病的调查、检验、采集样本、隔离治疗等预防、控制措施，如实提供有关情况。违反法律规定，导致传染病传播、流行的，要承担法律责任，给他人人身、财产造成损害的，应依法承担民事责任。

2. 接受隔离治疗与观察　需要隔离治疗的患者、病原携带者，必须接受隔离治疗。疑似传染病患者、密接者等人员，必须服从有关部门的指令，在指定的场所进行医学观察和采取其他必要的预防措施。

3. 发现传染病的报告义务　任何单位和个人发现传染病患者或者疑似传染病患者时，应及时向附近的疾控机构或医疗机构报告。

4. 不得从事某些职业工作　传染病患者、病原携带者和疑似传染病患者，在治愈前或者在排除传染病嫌疑前，不得从事法律、行政法规和国务院卫生行政部门规定禁止从事的易使该传染病扩散的工作，如从事接触直接入口食品的工作、幼儿保育工作等。

五、国境卫生检疫

为防止传染病由国外传入或者由国内传出，预防、抵御和控制疾病的国际传播，国家在国境口岸设立国境卫生检疫机关，依法实施传染病检疫、监测和卫生监督活动。

（一）国境卫生检疫与卫生处理

1. 检疫传染病与检疫对象　检疫传染病包括鼠疫、霍乱、黄热病以及国务院确定和公布的其他传染病。2020年1月20日，经国务院批准，国家卫生健康委员会将新型冠状病毒感染的肺炎纳入《国境卫生检疫法》规定的检疫传染病管理。

检疫对象包括入境和出境的人员、交通工具和集装箱，以及可能传播检疫传染病的行李、货物、邮包等。其中，交通工具包括船舶、航空器、列车和其他车辆。

2. 检疫后的卫生处理 上述检疫对象经卫生检疫机关许可，方准入境或者出境。入境的交通工具和人员，必须在最先到达的国境口岸的指定地点接受检疫。除引航员外，未经国境卫生检疫机关许可，任何人不准上下交通工具，不准装卸行李、货物、邮包等物品。出境的交通工具和人员，必须在最后离开的国境口岸接受检疫。

入境、出境的集装箱、行李、货物、邮包等物品需要做卫生处理的，由卫生检疫机关实施。

3. 临时检疫 在国境口岸发现检疫传染病、疑似检疫传染病，或者有人非因意外伤害而死亡并死因不明的，国境口岸有关单位和交通工具的负责人，应立即向国境卫生检疫机关报告，并申请临时检疫。

来自国内疫区的交通工具，或者在国内航行中发现检疫传染病、疑似检疫传染病，或有人非因意外伤害而死亡并死因不明的，交通工具负责人应向到达的国境口岸卫生检疫机关报告，接受临时检疫。

在国境口岸或交通工具上发现啮齿动物有反常死亡或死因不明的，国境口岸有关单位或交通工具的负责人，必须立即向卫生检疫机关报告，迅速查明原因，实施卫生处理。

4. 检疫传染病大流行时的检疫措施 国内或国外检疫传染病大流行时，国务院卫生健康行政部门应立即报请国务院决定采取下列检疫措施的一部或全部：①下令封锁陆地边境、国界江河的有关区域。②指定某些物品必须经过消毒、除虫，方准由国外运进或由国内运出。③禁止某些物品由国外运进或由国内运出。④指定第一入境港口、降落机场。对来自国外疫区的船舶、航空器，除因遇险或其他特殊原因外，没有经第一入境港口、机场检疫的，不准进入其他港口和机场。

（二）疫情通报

国境口岸有关单位以及交通工具的负责人承担向卫生检疫机关报告疫情的责任。卫生检疫机关发现检疫传染病、监测传染病、疑似检疫传染病时，应向当地卫生健康行政部门和卫生防疫机构通报；发现检疫传染病时，应当用最快的办法向国务院卫生健康行政部门报告。当地卫生防疫机构发现检疫传染病、监测传染病时，应向卫生检疫机关通报。

（三）传染病监测及措施

1. 监测传染病及监测对象 监测传染病，由国务院卫生健康行政部门确定和公布，并根据实际情况增加监测传染病的种类。世界卫生组织规定的国际间监测传染病有流行性感冒、疟疾、脊髓灰质炎、流行性斑疹伤寒、流行性回归热。

入出境的交通工具、人员、食品、饮用水和其他物品，以及病媒昆虫、动物，均为传染病监测的对象。

2. 传染病监测内容　主要包括：①首发病例的个案调查。②暴发流行的流行病学调查。③传染源调查。④国境口岸内监测传染病的回顾性调查。⑤病原体的分离、鉴定，人群、有关动物血清学调查以及流行病学调查。⑥有关动物、病媒昆虫、食品、饮用水和环境因素的调查。⑦消毒、除鼠、除虫的效果观察与评价。⑧国境口岸以及国内外监测传染病疫情的收集、整理、分析和传递。⑨对监测对象开展健康检查和对监测传染病患者、疑似患者、密切接触人员的管理。

3. 传染病监测措施　出入境检疫的人员，必须根据检疫医师的要求，如实填报健康申明卡，出示某种有效的传染病预防接种证书、健康证明或其他有关证件。卫生检疫机关对国境口岸的涉外宾馆、饭店内居住的入境、出境人员及工作人员实施传染病监测，并区别情况采取必要的预防、控制措施。对来自检疫传染病和监测传染病疫区的人员，检疫医师可以根据流行病学和医学检查结果，发给就诊方便卡。

第三节　职业病防治法律制度

一、职业病的概念及分类

职业病是指企业、事业单位和个体经济组织的劳动者在职业活动中，因接触粉尘、放射性物质和其他有毒、有害物质等因素而引起的疾病。

这是一个狭义的职业病概念。根据法律规定，能够构成职业病的，必须同时符合下列条件：①患病主体必须是企业、事业单位或个体经济组织的劳动者。②必须是在从事职业活动的过程中产生的。③必须是因接触粉尘、放射性物质和其他有毒、有害物质等职业病危害因素而引起的。④必须是国家公布的职业病分类和目录所列的职业病。

知识拓展

职业病的分类和目录，由国务院卫生健康行政部门会同国务院劳动保障行政部门制定、调整并公布。现行的分类和目录是2013年制定的，共10类132种。

十大分类具体如下：职业性尘肺病及其他呼吸系统疾病、职业性皮肤病、职业性眼病、职业性耳鼻喉口腔疾病、职业性化学中毒、物理因素所致职业病、职业性放射性疾病、职业性传染病、职业性肿瘤、其他职业病。

二、职业病的前期预防

（一）工作场所要求

产生职业病危害的用人单位，设立时除了应符合法律规定的设立条件外，其工作场所还应符合下列要求：①职业病危害因素的强度或浓度符合国家职业卫生标准。②有与职业病危害防护相适应的设施。③生产布局合理，符合有害与无害作业分开的原则。④有配套的更衣间、洗浴间、孕妇休息间等卫生设施。⑤设备、工具、用具等设施符合保护劳动者生理、心理健康的要求。⑥法律法规和国务院卫生健康行政部门关于保护劳动者健康的其他要求。

（二）职业病危害项目申报

国家建立职业病危害项目申报制度。用人单位工作场所存在职业病目录所列职业病的危害因素的，应及时、如实向所在地卫生健康行政部门申报危害项目，接受监督。

（三）建设项目职业病危害预评价

新建、扩建、改建建设项目和技术改造、技术引进项目可能产生职业病危害的，建设单位在可行性论证阶段应进行职业病危害预评价。

医疗机构建设项目可能产生放射性职业病危害的，建设单位应向卫生健康行政部门提交放射性职业病危害预评价报告。未提交预评价报告或预评价报告未经卫生健康行政部门审核同意的，不得开工建设。

（四）职业病防护设施验收及危害控制效果评价

建设项目职业病防护设施必须与主体工程同时设计、同时施工、同时投入生产和使用。医疗机构放射性职业病危害严重的建设项目的防护设施设计，应经卫生健康行政部门审查同意后，方可施工。

建设项目在竣工验收前，建设单位应进行职业病危害控制效果评价。医疗机构的放射性职业病防护设施经卫生健康行政部门验收合格后，方可投入使用。其他建设项目的职业病防护设施由建设单位负责依法组织验收，合格后方可投入生产和使用。

三、劳动过程中的防护与管理

（一）劳动者享有职业卫生保护权利

劳动者享有如下职业卫生保护权利：①获得职业卫生教育、培训。②获得职业健康检查、职业病诊疗、康复等职业病防治服务。③了解工作场所产生或可能产生的职业病危害因素、危害后果和应当采取的职业病防护措施。④要求用人单位提供符合防治职业病要求的职业病防护设施和个人使用的职业病防护用品，改善工作条件。⑤对违反职业病防治法律、法规以及危及生命健康的行为提出批评、检举和控告。⑥拒绝违章指挥和强令进行没有职业病防护措施的作业。⑦参与用人单位职业卫生工作的民主管理，对职业病防治工作提出意见和建议。

（二）用人单位采取必要的防治管理措施

在劳动过程中，用人单位应采取下列职业病防治管理措施：①设置或指定职业卫生管理机构或组织，配备专（兼）职的职业卫生专业人员，负责本单位的职业病防治工作。②制定职业病防治计划和实施方案。③建立、健全职业卫生管理制度和操作规程。④建立、健全职业卫生档案和劳动者健康监护档案。⑤建立、健全工作场所职业病危害因素监测及评价制度。⑥建立、健全职业病危害事故应急救援预案。

（三）配置有效的防护设施和急救用品

用人单位必须采用有效的职业病防护设施，并为劳动者提供个人使用的职业病防护用品。对可能发生急性职业损伤的有毒、有害工作场所，应设置报警装置，配置现场急救用品、冲洗设备、应急撤离通道和必要的泄险区。对放射工作场所和放射性同位素的运输、贮存，必须配置防护设备和报警装置，保证接触放射线的工作人员佩戴个人剂量计。

对职业病防护设备、应急救援设施和个人使用的职业病防护用品，用人单位应进行经常性的维护、检修，定期检测其性能和效果，确保其处于正常状态，不得擅自拆除或停止使用。

（四）禁止转移危害作业

任何单位和个人不得将产生职业病危害的作业转移给不具备职业病防护条件的单位和个人。不具备职业病防护条件的单位和个人也不得接受产生职业病危害的作业。

（五）告知职业危害和设置警示标识

产生职业病危害的用人单位，应在醒目位置设置公告栏，公布有关职业病防治的规章制度、操作规程、职业病危害事故应急救援措施和工作场所职业病危害因素检测结果。对产生严重职业病危害的作业岗位，应在其醒目位置，设置警示标识和中文警示说明，载明危害的种类、后果、预防以及应急救治措施等。

用人单位与劳动者订立劳动合同或聘用合同时，应将工作过程中可能产生的职业病危害及其后果、职业病防护措施和待遇等如实告知劳动者，并在劳动合同中写明，不得隐瞒或欺骗。因工作岗位或工作内容变更，而使劳动者从事与所订立劳动合同中未告知的存在职业病危害的作业时，用人单位应如实告知劳动者，并协商变更原劳动合同相关条款。

（六）职业病危害因素的日常监测、检测和评价

用人单位应实施由专人负责的职业病危害因素日常监测，并确保监测系统处于正常运行状态。定期对工作场所进行职业病危害因素检测、评价，将结果存入职业卫生档案，定期向当地卫生健康行政部门报告并向劳动者公布。

发现工作场所职业病危害因素不符合国家职业卫生标准和卫生要求时，用人单位应立即采取相应治理措施，仍然达不到标准和要求的，必须停止该危害作业，治理达标后，方可重新作业。

（七）供货商提供职业危害说明和警示

向用人单位提供可能产生职业病危害的设备的，应提供中文说明书，并在设备的醒目位置设置警示标识和中文警示说明，载明设备性能、可能产生的职业病危害、安全操作和维护注意事项、职业病防护以及应急救治措施等内容。向用人单位提供可能产生职业病危害的化学品、放射性同位素和含有放射性物质的材料的，应提供中文说明书，载明产品特性、主要成分、存在的有害因素、可能产生的危害后果、安全使用注意事项、职业病防护以及应急救治措施等内容。产品包装应有醒目的警示标识和中文警示说明。贮存上述材料的场所，应在规定的部位设置危险物品标识或放射性警示标识。

（八）加强职业卫生培训

用人单位的主要负责人和职业卫生管理人员应接受职业卫生培训。用人单位应对劳动者进行上岗前的职业卫生培训和在岗期间的定期培训，普及职业卫生知识，督促劳动者遵守职业病防治法律法规及操作规程，指导劳动者正确使用职业病防护设备和个人使用的防护用品。

（九）职业健康检查与职业健康监护档案

用人单位应建立健全劳动者职业健康监护制度，依法落实职业健康监护工作。对从事接触职业病危害作业的劳动者，应组织上岗前、在岗期间和离岗时的职业健康检

查，并将检查结果书面告知劳动者。

用人单位应为劳动者建立职业健康监护档案，档案中包括劳动者的职业史、职业病危害接触史、职业健康检查结果和职业病诊疗等有关个人健康资料。劳动者离开用人单位时，有权索取本人职业健康监护档案复印件。

（十）职业病危害事故的应急处置与报告

发生或可能发生急性职业病危害事故时，用人单位应立即采取应急救援和控制措施，并及时报告所在地卫生健康行政部门。对遭受或可能遭受急性职业病危害的劳动者，用人单位应及时组织救治、进行健康检查和医学观察，最大程度地减轻人身损害。

四、职业病诊断与职业病患者保障

（一）职业病诊断

1. 职业病诊断机构　取得《医疗机构执业许可证》，具有与开展职业病诊断相适应的医疗卫生技术人员，与开展职业病诊断相适应的仪器、设备，具有健全的职业病诊断质量管理制度的医疗卫生机构，经省级卫生健康行政部门批准，获得职业病诊断机构证书后，方可开展职业病诊断工作。

2. 职业病诊断依据和原则　职业病诊断应综合分析下列因素：①患者的职业史。②职业病危害接触史和工作场所职业病危害因素情况。③临床表现以及辅助检查结果等。没有证据否定职业病危害因素与患者临床表现之间的必然联系的，应当诊断为职业病。

3. 职业病诊断、鉴定资料的提供　职业病诊断、鉴定所需的劳动者职业史和职业病危害接触史、工作场所职业病危害因素检测结果等资料，由用人单位如实提供。用人单位不提供的，诊断、鉴定机构应结合劳动者的临床表现、辅助检查结果和劳动者的职业史、职业病危害接触史，并参考劳动者的自述、卫生健康行政部门提供的日常监督检查信息等，作出职业病诊断、鉴定结论。当事人对职业病诊断有异议的，可以向卫生健康行政部门申请鉴定。

（二）职业病患者保障

1. 获得及时确诊　医疗卫生机构发现疑似职业病患者时，应告知劳动者本人并及时通知用人单位，用人单位应及时安排对疑似职业病患者进行诊断。

2. 获得治疗、康复和岗位津贴　用人单位要保障职业病患者依法享受国家规定的职业病待遇，安排职业病患者进行治疗、康复和定期检查，对不适宜继续从事原工作的职业病患者，应调离原岗位并妥善安置。用人单位对从事接触职业病危害作业的劳动者，应给予适当岗位津贴。

3. 获得工伤保险待遇和社会救济 职工被诊断、鉴定为职业病，所在单位应自被诊断、鉴定为职业病之日起30日内，向统筹地区社会保险行政部门提出工伤认定申请。职业病患者的诊疗、康复费用，伤残以及丧失劳动能力的职业病患者的社会保障，按照国家有关工伤保险的规定执行。

用人单位已经不存在或无法确认劳动关系的职业病患者，可以向地方人民政府医疗保障、民政部门申请医疗救助和生活等方面的救助。

第四节 精神卫生法律制度

一、精神卫生与精神障碍的含义

精神卫生，也称心理卫生，指精神健康状态，以及一切旨在促进精神健康的政策、行动和措施。

精神障碍，是在各种生物学、心理学以及社会环境因素影响下，中枢神经系统功能失调，进而出现以认知、情感、意志和行为等各种精神活动异常为主要临床表现的一类疾病的总称。按照病情的程度，分为严重精神障碍和常见精神障碍。其中，严重精神障碍，是指精神疾病症状严重，导致患者社会适应等功能严重损害、对自身健康状况或者客观现实不能完整认识，或者不能处理自身事务的精神障碍。

知识拓展

现行的国际疾病诊断分类《精神与行为障碍分类（ICD-10）》，把精神障碍分为10大类72小类，近400种疾病。

10大类具体如下：①器质性精神障碍，如阿尔茨海默病。②使用精神活性物质所致的精神和行为障碍，如酒精依赖综合征。③精神分裂症、分裂型障碍和妄想性障碍。④心境（情感）障碍，如抑郁症和躁狂症。⑤神经症性、应激相关的及躯体形式障碍，如焦虑症。⑥伴有生理紊乱及躯体因素的行为综合征，如失眠症。⑦成人人格与行为障碍，如偏执型人格障碍。⑧精神发育迟滞，即通常所说的智力低下。⑨心理发育障碍，如儿童孤独症。⑩通常起病于童年与少年期的行为和情绪障碍，如注意缺陷多动障碍。

我国目前将精神分裂症、持久的妄想性障碍（偏执性精神病）、分裂情感障碍、双相情感障碍、癫痫所致精神障碍、精神发育迟滞伴发精神障碍6种精神疾病列为严重精神障碍。

二、心理健康促进和精神障碍预防

各级人民政府和有关部门应采取措施，加强心理健康促进和精神障碍预防工作，提高公众心理健康水平。政府所制定的突发事件应急预案中，应包括心理援助的内容。发生突发事件后，按应急预案的规定组织开展心理援助工作。

用人单位应关注职工的心理健康，创造有益于职工身心健康的工作环境，对处于职业发展特定时期或在特殊岗位工作的职工，应有针对性地开展心理健康教育。

家庭成员之间应相互关爱，创造良好、和睦的家庭环境，提高精神障碍预防意识。发现家庭成员可能患有精神障碍的，应帮助其及时就诊，照顾其生活，做好看护管理。

各级各类学校应对学生进行精神卫生知识教育，配备或聘请心理健康教育教师、辅导人员，并可以设立心理健康辅导室，对学生进行心理健康教育。发生自然灾害、意外伤害、公共安全事件等可能影响学生心理健康的事件时，及时组织专业人员对学生进行心理援助。教师应学习和了解相关的精神卫生知识，关注学生心理健康状况，正确引导、激励学生。

医务人员开展疾病诊疗服务，应按诊断标准和治疗规范的要求，对就诊者进行心理健康指导，发现就诊者可能患有精神障碍的，应建议其到符合法律规定的医疗机构就诊。

心理咨询人员应提高业务素质，遵守执业规范，为社会公众提供专业化的心理咨询服务。咨询过程中发现接受咨询的人员可能患有精神障碍的，应建议其到符合法律规定的医疗机构就诊，尊重接受咨询人员的隐私，并为其保守秘密。

三、精神障碍的诊断和治疗

（一）诊疗机构与诊断要求

开展精神障碍诊断、治疗活动的医疗机构，应具备下列条件并依法办理有关手续：①有与从事的精神障碍诊断、治疗相适应的精神科执业医师、护士。②有满足开展精神障碍诊断、治疗需要的设施和设备。③有完善的精神障碍诊断、治疗管理制度和质量监控制度。

诊断应以精神健康状况为依据，除法律另有规定外，不得违背本人意志进行确定其是否患有精神障碍的医学检查。医疗机构接到由近亲属、所在单位、当地公安机关送诊的发生伤害自身、危害他人安全行为的疑似精神障碍患者，应将其留院，立即指派精神科执业医师进行诊断，并及时出具诊断结论。

（二）精神障碍患者的就诊

根据就诊人的精神健康状况不同，就诊分为四种情形：①个人自行到医疗机构进行精神障碍诊断，即个人自愿就诊。②疑似精神障碍患者的近亲属可以将其送往医疗机构进行精神障碍诊断。③对查找不到近亲属的流浪乞讨疑似精神障碍患者，由当地民政等有关部门按照职责分工，帮助送往医疗机构进行精神障碍诊断。④疑似精神障碍患者发生伤害自身、危害他人安全的行为，或者有伤害自身、危害他人安全危险的，由其近亲属、所在单位、当地公安机关送往医疗机构进行精神障碍诊断。

（三）精神障碍患者的住院治疗

精神障碍患者的住院治疗实行自愿原则。除法律规定实施强制住院治疗的外，其余一律采用患者自愿原则。

强制住院治疗只适用于严重精神障碍患者，并且有下列情形之一的：①已经发生伤害自身的行为，或者有伤害自身危险的。若监护人不同意住院治疗，医疗机构不得对患者实施住院治疗。②已经发生危害他人安全的行为，或有危害他人安全的危险的。此种情形下，患者或其监护人对诊断结论有异议，可以申请再次诊断和鉴定。若再次诊断结论或鉴定报告表明应当住院治疗的，监护人应同意患者住院治疗。监护人阻碍或患者擅自脱离住院治疗的，可由公安机关协助医疗机构采取措施对患者实施住院治疗。

（四）精神障碍患者的再次诊断和鉴定

严重精神障碍患者有伤人行为或伤人危险，应当住院治疗的，患者或其监护人对需要住院治疗的诊断结论有异议时，可以要求再次诊断。对再次诊断结论有异议的，可以自主委托依法取得执业资质的鉴定机构进行精神障碍医学鉴定。

（五）住院精神障碍患者权益保护

医疗机构及其医务人员应遵循精神障碍诊断标准和治疗规范，制定治疗方案，并向精神障碍患者或其监护人告知治疗方案和治疗方法、目的以及可能产生的后果。

医疗机构对精神障碍患者实施下列治疗措施，应向患者或其监护人告知医疗风险、替代医疗方案等情况，并取得患者的书面同意；无法取得患者意见的，应取得其监护人的书面同意，并经本医疗机构伦理委员会批准：①导致人体器官丧失功能的外科手术。②与精神障碍治疗有关的实验性临床医疗。

精神障碍患者在医疗机构内发生或将要发生伤害自身、危害他人安全、扰乱医疗秩序的行为，医疗机构及其医务人员在没有其他可替代措施的情况下，可以实施约束、隔离等保护性医疗措施，并在实施后告知患者的监护人。

医疗机构及其医务人员应尊重住院精神障碍患者的通讯和会见探访者等权利。除在急性发病期或为了避免妨碍治疗可以暂时性限制外，不得限制患者的通讯和会见探访者等权利。

（六）精神障碍患者的出院

自愿住院治疗的精神障碍患者可以随时要求出院。对有自伤行为或自伤危险的精神障碍患者实施住院治疗的，监护人可以随时要求患者出院。对有伤人行为或伤人危险精神障碍患者实施住院治疗，医疗机构认为患者可以出院的，应立即告知患者及其监护人。

医疗机构认为精神障碍患者不宜出院的，应告知不宜出院的理由；患者或其监护人仍要求出院的，医师应在病历资料中详细记录告知的内容及告知的过程，同时提出出院后的医学建议，患者或其监护人应签字确认。

第五节 母婴保健法律制度

一、母婴保健与母婴保健服务机构

母婴保健，是医疗保健机构为孕产妇和婴儿提供医疗保健服务，以保障母亲和婴儿健康，提高出生人口素质的一种活动。

母婴保健服务机构，是指具备法定条件、依法取得从事母婴保健服务许可的医疗保健机构。经过考核或培训，具备相应的技术和能力，取得母婴保健服务证书或许可，从事母婴保健服务的专业人员，称为母婴保健服务人员。

二、婚前保健服务

婚前保健服务，是医疗保健机构对准备结婚的男女在结婚登记前所进行的婚前卫生指导、婚前卫生咨询和婚前医学检查的服务。

（一）婚前医学检查

婚前医学检查，是为准备结婚的男女双方可能患有影响结婚和生育的疾病进行医学检查。

取得《医疗机构执业许可证》并符合法律规定的条件，经其所在地设区的地（市）级卫生行政部门审查，取得《母婴保健技术服务执业许可证》的医疗保健机构，可以从事婚前医学检查。从事婚前医学检查的人员，须取得《执业医师证书》和《母婴保健技术考核合格证书》。

婚前医学检查的项目包括：询问病史、体格检查、常规辅助检查和其他特殊检查。婚前检查的主要疾病包括：①严重遗传性疾病，指由于遗传因素先天形成，患者全部或部分丧失自主生活能力，子代再现风险高，医学上认为不宜生育的疾病。②指定传染病，指传染病防治法中规定的艾滋病、淋病、梅毒，以及医学上认为影响结婚和生育的其他传染病。③有关精神病，包括精神分裂症、躁狂抑郁型精神病以及其他重型精神病。④其他与婚育有关的疾病。

经婚前医学检查，医疗保健机构应向当事人出具婚前医学检查证明。发现在传染期内的指定传染病、在发病期内的有关精神病、不宜生育的严重遗传性疾病、医学上认为不宜结婚的其他疾病时，要在出具的婚前医学证明上写明，医师还应向当事人说明情况，提出预防、治疗以及采取相应医学措施的建议。

（二）婚前卫生指导

婚前卫生指导，是医疗保健机构对准备结婚的男女双方进行的以生殖健康为核心，与结婚和生育有关的保健知识的宣传教育。

指导的主要内容：①有关性卫生的保健和教育。②新婚避孕知识及计划生育指导。③受孕前的准备、环境和疾病对后代影响等孕前保健知识。④遗传病的基本知识。⑤影响婚育的有关疾病的基本知识。⑥其他生殖健康知识。

（三）婚前卫生咨询

婚前卫生咨询，是医疗保健机构对准备结婚的男女进行关于婚配、生育保健等问题提供的医学意见。医师进行婚前卫生咨询时，应为服务对象提供科学的信息，对可能产生的后果进行指导，并提出适当的建议。

三、孕产期保健服务

孕产期保健服务，是指医疗保健机构为准备妊娠至产后42天的妇女及胎婴儿提供全程系列的医疗保健服务。

（一）孕前保健

孕前保健一般在计划受孕前6个月进行。医师发现或怀疑育龄夫妻患有严重遗传性疾病的，应提出医学意见。限于现有医疗技术水平难以确诊的，应向当事人说明情况。育龄夫妻可以选择避孕、节育、不孕等相应的医学措施。生育过严重遗传性疾病或者严重缺陷患儿的，再次妊娠前，夫妻双方应到医疗保健机构进行医学检查。医疗保健机构应向当事人介绍有关遗传性疾病的知识并给予咨询、指导。对诊断患有医学上认为不宜生育的严重遗传性疾病的，医师应向当事人说明情况，并提出医学意见。

（二）孕期保健

孕期保健内容包括：健康教育与咨询指导、全身体格检查、产科检查及辅助检查。

孕妇有下列情形之一的，医师应对其进行产前诊断：①羊水过多或过少的。②胎儿发育异常或胎儿有可疑畸形的。③孕早期接触过可能导致胎儿先天缺陷的物质的。④有遗传病家族史或曾经分娩过先天性严重缺陷婴儿的。⑤初产妇年龄超过35周岁的。经产前诊断，有下列情形之一的，医师应向夫妻双方说明情况，并提出终止妊娠的医学意见：①胎儿患严重遗传性疾病的。②胎儿有严重缺陷的。③因患严重疾病，继续妊娠可能危及孕妇生命安全或者严重危害孕妇健康的。

（三）分娩期与产褥期保健

国家提倡住院分娩，没有条件住院分娩的，应当由经过培训、具备相应接生能力的家庭接生人员接生。高危孕妇应在医疗、保健机构住院分娩。

医疗保健机构对产妇及新生儿提供的产褥期保健，包括为产妇及新生儿进行健康评估，开展母乳喂养，产后营养，心理、卫生及避孕指导，为新生儿进行预防接种和新生儿疾病筛查等。

（四）高危妊娠管理

在妊娠各期均应对孕产妇进行危险因素筛查，发现高危孕产妇应及时纳入高危孕产妇管理系统，对每一例高危孕产妇进行专册登记和管理、随访。对本医疗保健机构不能处理的高危孕产妇，转至上级医疗保健机构做进一步检查、确诊。

四、婴儿保健

医疗保健机构为不满周岁的儿童进行下列内容的保健服务：①按照国家有关规定开展新生儿先天性、遗传性代谢病筛查、诊断、治疗和监测。②按照规定进行新生儿访视，建立儿童保健手册（卡），定期对其进行健康检查，提供有关预防疾病、合理膳食、促进智力发育等科学知识，做好婴儿多发病、常见病防治等医疗保健服务。③按照规定的程序和项目对婴儿进行预防接种。④推行母乳喂养。医疗保健机构应为实施母乳喂养提供技术指导，为住院分娩的产妇提供必要的母乳喂养条件。

本章小结

1. 疾病预防控制坚持预防为主、防治结合、分类管理、科学防控、共同参与、综合治理的基本原则和工作方针。

2. 疾病预防控制机构在传染病防治工作中承担传染病监测、预测、流行病学调查、疫情报告等工作。医疗机构承担与医疗救治有关的传染病防治工作和责任区域内的传染病预防工作。

3. 职业病防治的法律制度对前期预防、劳动过程中的防护与管理均做了较为明确的规定。职业病诊断和治疗需要经过省级卫生行政部门审批。

4. 精神卫生法律制度对心理健康促进、精神障碍预防、精神障碍的诊断和治疗做了较为明确的规定。

5. 婚前保健服务包括婚前医学检查、婚前卫生指导、婚前卫生咨询等。

6. 孕产期保健服务包括孕前保健、孕期保健、分娩期与产褥期保健、高危妊娠管理等。婴儿保健包括疾病筛查、诊断、治疗和监测，定期健康检查等保健服务，预防接种等。

（杨　平）

第八章　医事管理法律制度

学习目标

1. 掌握　医事管理相关法律制度及规律。

2. 熟悉　医事管理相关法律制度在实践工作中的运用。

3. 了解　在医院管理方面医事管理相关法律制度存在的问题、发展趋势和方向。

一直以来法律很少介入医疗行业事务，法官也自然都很尊敬医师。医师等医务人员都是尊重艺术、科学，拥有重要技能的专业人员。一般来讲，公众十分信任这一学科，患者对医师也怀着教师般的尊重，这就自然意味着医务人员不是昂贵和具有潜在破坏性的诉讼的对象。所以法官也一直在很大程度上允许医师们设置自己的行业标准，进行集体专业评估，只要标准能被同伴广泛接受。

医患之间信息上的不对称，意味着患者很难去证明医师的过失责任，更为重要的是缺乏外部监督就会使医疗行业缺乏不断改进和完善自我的动力。这就必然会对传统医疗行业文化进行质疑、挑战甚至于反抗。例如标志着美国近代文化演进的三大人权运动，即妇女权益保护运动（主要是讨论堕胎合法化问题）、黑人权益保护运动和患者权益保护运动中有两个都是和医学界密切相关的。纵观一些国家的发展历史，会发现无论是衡量医师告知内容的标准，还是判断医师注意义务的标准，都呈现出从传统医学主导的立场向司法主导的立场转变。尽管法官仍不愿轻易挑战临床标准和常规，但是他们似乎更愿意挑战个案中的医师，期待行业的观点可以更加靠近司法审查的立场。

第一节 概　述

一、医事管理与医事法

医事管理法律制度应归入医事法范畴，而医事法（medical law，healthcane law）则属于卫生法下的子概念。从现阶段来看，学界对于医事概念的使用非常混乱。英国学者摩根认为，医事法是一种回应，而其是否是一门独立学科已无关紧要。如果医事法是一个混合体，它包括合同法、侵权法和刑法，至少还包括行政法、程序法、信托法、法律冲突、劳动法，并且现在也变得更加清楚，它还包括个人和知识产权法的一些方面。医事法应是在卫生法中主要调整医疗服务法律关系的法律法规的总称。

二、医事管理基本原则

医事管理基本原则，是反映医事法之立法精神、适用于医疗法律关系、解决法律冲突所应遵循的共识。

（一）患者至上原则（patient first）

医患关系本质上属于信托关系（trust）。虽然现在提及信托，往往指委托人基于对受托人的信任，将其财产权委托给受托人，由受托人按委托人的意愿以自己的名义，为受益人的利益或特定目的，进行管理和处分的行为。但是信托的法律本质就是委托代理，且最早的信托既包括财产权委托，也包括人身权委托（监护权、亲权委托）。而医患关系就是以财产权和人身权委托为主要内容。作为信托关系，其要求受托方必须以委托方最大利益作出民事行为，如果委托方与受托方发生利益冲突时，必须将委托方的利益放在首位。所以，医务人员在诊疗过程中始终要以患者为中心，把患者的利益放在首位。

（二）意思自治原则（autonomy）

伴随着社会的发展，医患关系大体经历了三种基本模式：首先，主动与被动型模式，即医师完全主动，患者完全被动；医师的权威性不受任何怀疑，患者不会提出任何异议。其次，引导与合作型模式，即医师和患者都具有主动性；医师的意见受到尊重，但患者可有疑问和寻求解释。最后，共同参与型模式，即医师与患者的主动性等同，共同参与医疗的决定与实施；医师此时的意见常常涉及患者的生活习惯、方式及人际关系调整，患者的配合和自行完成治疗显得尤为重要。

（三）不伤害原则（non-maleficence）

不伤害原则最早源自《希波克拉底誓言》中的医师职责——最首要和最基本的是不伤害患者（first do no harm）。“不伤害”并不是绝对性的，因在临床的各种医疗处置中，会有程度不一的风险存在，要完全做到不伤害是不可能的。应以“权衡利害原则”为基础，即在医疗处置时，应先衡量其利弊得失，必要时应进行风险和利益分析（risk-benefit analysis），如果好处多于害处，才可执行。从医事管理角度看，不伤害原则强调应维护患者的生命安全，另外还应延伸到不将患者置于不必要的危险中；不剥夺患者获得救治的机会；不增加患者不必要的经济负担。

（四）公平正义原则（justice）

美国法理学家博登海默说，“公平正义有着一张普洛透斯似的脸（a Protean face），变幻无常，随时可呈不同形状并具有极不相同的面貌。当我们仔细查看这张脸并试图解开隐藏在其表面背后的秘密时，我们往往会深感迷惑。”古罗马法学家西塞罗也曾把公平正义描述为“使每个人获得其应得的东西的人类精神取向”。法秩序应符合正义理念的要求，医事管理上的公平正义，是包括国民在医疗社会中都平等享用合理医疗资源的权利；国民对于医疗资源的运用与分配，应当具有参与决定之权利；对于医疗活动所发生的责任归属，则应落实医疗人权的保障，医务人员在医疗活动中敢于主持公道，对于人类的生命尊严敢于坚守。

第二节　医疗机构管理法律制度

一、医疗机构的概念

医疗机构，是指依法定程序设立的从事疾病诊断、治疗等活动的卫生机构的总称。我国的医疗机构是由一系列开展疾病诊断、治疗等活动的卫生机构构成的。

二、医疗机构的类别

医疗机构包括综合医院、中医医院、中西医结合医院、民族医医院、专科医院、康复医院；妇幼保健院、妇幼保健计划生育服务中心；中心卫生院、乡（镇）卫生院、街道卫生院；疗养院；综合门诊部、专科门诊部、中医门诊部、中西医结合门诊部、民族医门诊部；诊所、中医诊所、民族医诊所、卫生所、医务室、卫生保健所、卫生站；村卫生室（所）；急救中心、急救站；临床检验中心；专科疾病防治院、专科疾病防治所、专科疾病防治站；护理院、护理站；其他诊疗机构；医学检验实验室、病理诊断中心、医学影像诊断中心、血液透析中心、安宁疗护中心等。

三、医疗机构设置规划的制定

医疗机构设置规划是区域卫生规划的重要组成部分，是卫生健康行政部门审批医疗机构的依据。它由县级以上地方人民政府卫生健康行政部门根据其行政区域内的人口、医疗资源、医疗需求和现有医疗机构的分布状况等制定，报同级人民政府批准后实施。其目的是统筹规划医疗机构的数量、规模和分布，合理配置卫生资源，提高卫生资源的利用效率。

四、申请设置医疗机构的条件

医疗机构不分类别、所有制形式、隶属关系、服务对象，其设置必须符合当地的医疗机构设置规划。除个体诊所外，单位和个人申请设置医疗机构，要按照规定的程序和要求向县级以上地方人民政府卫生健康行政部门提交设置申请书、设置可行性研究报告、选址报告和建筑设计平面图等。

五、申请设置医疗机构的审批

卫生健康行政部门对设置医疗机构申请，应当自受理之日起30日内，依据当地医疗机构设置规划进行审查，对符合医疗机构设置规划和原卫生部制定的医疗机构基本标准的，发给设置医疗机构批准证书。

六、医疗机构的执业

医疗机构开展诊疗活动的条件包括取得《医疗机构执业许可证》；按核准业务范围开展诊疗活动；按规定收费；不得使用非卫生技术人员从事医疗卫生技术工作；医疗机构标识的使用；病历保存。医疗机构开展诊疗活动应当：加强医德教育；加强医疗质量管理；按规定出具医学证明文件；尊重患者权利；传染病等特殊患者的处理；加强药品管理；承担预防保健工作；依法发布医疗广告。

第三节　卫生技术人员管理法律制度

卫生技术人员，是指按照国家有关法律、法规和规章的规定取得卫生技术人员资格或者职称的人员。根据《卫生技术人员职务试行条例》，我国的卫生技术人员分为医疗、预防、保健人员，中药、西药人员，护理人员和其他卫生技术人员四类（简称医、药、护、技）。

一、医师法律制度

（一）医师的概念

医师，是指依法取得医师资格，经注册在医疗卫生机构中执业的专业医务人员，包括执业医师和执业助理医师。2021年修订后颁布的《中华人民共和国医师法》确定，每年8月19日为中国医师节。

（二）医师资格考试制度

医师资格考试分为执业医师资格考试和执业助理医师资格考试。具有下列条件之一的，可以参加执业医师资格考试：具有高等学校相关医学专业本科以上学历，在执业医师指导下，在医疗卫生机构中参加医学专业工作实践满一年；或具有高等学校相关医学专业专科学历，取得执业助理医师执业证书后，在医疗卫生机构中执业满二年。具有高等学校相关医学专业专科以上学历，在执业医师指导下，在医疗卫生机构中参加医学专业工作实践满一年的，可以参加执业助理医师资格考试。

以师承方式学习中医满三年，或者经多年实践医术确有专长的，经县级以上人民政府卫生健康主管部门委托的中医药专业组织或者医疗卫生机构考核合格并推荐，可以参加中医医师资格考试。以师承方式学习中医或者经多年实践，医术确有专长的，由至少二名中医医师推荐，经省级人民政府中医药主管部门组织实践技能和效果考核合格后，即可取得中医医师资格及相应的资格证书。

（三）医师执业注册制度

医疗卫生机构可以为本机构中的申请人集体办理注册手续。未注册取得医师执业证书，不得从事医师执业活动。医师经注册后，可以在医疗卫生机构中按照注册的执业地点、执业类别、执业范围执业，从事相应的医疗卫生服务。中医、中西医结合医师可以在医疗机构中的中医科、中西医结合科或者其他临床科室按照注册的执业类别、执业范围执业。医师经相关专业培训和考核合格，可以增加执业范围。

经考试取得医师资格的中医医师按照国家有关规定，经培训和考核合格，在执业活动中可以采用与其专业相关的西医药技术方法。西医医师按照国家有关规定，经培训和考核合格，在执业活动中可以采用与其专业相关的中医药技术方法。

1. 注册条件 取得医师资格的，可以向所在地县级以上地方人民政府卫生健康主管部门申请注册。有下列情形之一的，不予注册：无民事行为能力或者限制民事行为能力；受刑事处罚，刑罚执行完毕不满二年或者被依法禁止从事医师职业的期限未满；被吊销医师执业证书不满二年；因医师定期考核不合格被注销注册不满一年；法律、行政法规规定不得从事医疗卫生服务的其他情形。

2. 注册管理 医师注册后有下列情形之一的，注销注册，废止医师执业证书：死亡；受刑事处罚；被吊销医师执业证书；医师定期考核不合格，暂停执业活动期满，再次考核仍不合格；中止医师执业活动满二年；法律、行政法规规定不得从事医疗卫生服务或者应当办理注销手续的其他情形。医师变更执业地点、执业类别、执业范围等注册事项的，应当依照本法规定到准予注册的卫生健康主管部门办理变更注册手续。医师从事下列活动的，可以不办理相关变更注册手续：参加规范化培训、进修、对口支援、会诊、突发事件医疗救援、慈善或者其他公益性医疗、义诊；承担国家任务或者参加政府组织的重要活动等；在医疗联合体内的医疗机构中执业。

3. 终身禁业制度 《中华人民共和国医师法》规定，严重违反医师职业道德、医学伦理规范，造成恶劣社会影响的，由省级以上人民政府卫生健康主管部门吊销医师执业证书或者责令停止非法执业活动，五年直至终身禁止从事医疗卫生服务或者医学临床研究。

（四）医师的培训和考核

1. 医师的培训 国家制定医师培养规划，建立适应行业特点和社会需求的医师培养和供需平衡机制，统筹各类医学人才需求，加强全科、儿科、精神科、老年医学等紧缺专业人才培养。国家建立健全住院医师规范化培训制度，健全临床带教激励机制，保障住院医师培训期间待遇，严格培训过程管理和结业考核。国家建立健全专科医师规范化培训制度，不断提高临床医师专科诊疗水平。

2. 医师的考核 国家实行医师定期考核制度。对考核不合格的医师，县级以上人民政府卫生健康主管部门应当责令其暂停执业活动三个月至六个月，并接受相关专业培训。暂停执业活动期满，再次进行考核，对考核合格的，允许其继续执业。省级以上人民政府卫生健康主管部门负责指导、检查和监督医师考核工作。

（五）保障措施

国家建立健全体现医师职业特点和技术劳动价值的人事、薪酬、职称、奖励制度。对从事传染病防治、放射医学和精神卫生工作以及其他特殊岗位工作的医师，应当按照国家有关规定给予适当的津贴。津贴标准应当定期调整。国家加强疾病预防控制人才队伍建设，建立适应现代化疾病预防控制体系的医师培养和使用机制。疾病预防控制机构、二级以上医疗机构以及乡镇卫生院、社区卫生服务中心等基层医疗卫生机构应当配备一定数量的公共卫生医师，从事人群疾病及危害因素监测、风险评估研判、监测预警、流行病学调查、免疫规划管理、职业健康管理等公共卫生工作。医疗机构应当建立健全管理制度，严格执行院内感染防控措施。国家建立公共卫生与临床医学相结合的人才培养机制，通过多种途径对临床医师进行疾病预防控制、突发公共卫生事件应对等方面业务培训，对公共卫生医师进行临床医学业务培训，完善医防结合和中西医协同防治的体制机制。

二、护士法律制度

护士，是指经执业注册取得护士执业证书，依照规定从事护理活动，履行保护生命、减轻痛苦、增进健康职责的卫生技术人员。2008年1月31日国务院发布了《护士条例》，自2008年5月12日起施行，2020年3月27日修订。

护士执业，应当经执业注册取得护士执业证书。申请护士执业注册，应当具备下列条件：具有完全民事行为能力；在中等职业学校、高等学校完成国务院教育主管部门和国务院卫生主管部门规定的普通全日制三年以上的护理、助产专业课程学习，包括在教学、综合医院完成八个月以上护理临床实习，并取得相应学历证书；通过国务院卫生主管部门组织的护士执业资格考试；符合国务院卫生主管部门规定的健康标准。护士执业注册申请，应当自通过护士执业资格考试之日起三年内提出；逾期提出申请的，除应当具备规定条件外，还应当在符合国务院卫生主管部门规定条件的医疗卫生机构接受三个月临床护理培训并考核合格。

三、药师法律制度

广义的药师，是泛指受过高等药学专业教育，从事药学专业技术工作的个人。而执业药师，是指依法经资格认定，准予在药事单位主要是药房执业的卫生技术人员。执业药师资格制度纳入全国专业技术人员执业资格制度范围，其性质是对药学技术人员的执业准入控制。

执业药师实行注册制度。国务院药品监督管理部门为全国执业药师注册管理机构，省级药品监督管理部门为本辖区执业药师注册机构。执业药师按照执业类别、执业范围、执业地区注册。执业类别分为药学类、中药类；执业范围分为药品生产、药品经营、药品使用；执业地区为省、自治区、直辖市。执业药师只能在一个执业药师注册机构注册，在一个执业单位按注册的执业类别、执业范围执业。

第四节　医疗服务管理法律制度

一、医师执业规则

医师实施医疗、预防、保健措施，签署有关医学证明文件，必须亲自诊查、调查，并按照规定及时填写病历等医学文书，不得隐匿、伪造、篡改或者擅自销毁病历等医学文书及有关资料。医师不得出具虚假医学证明文件，以及与自己执业范围无关或者与执业类别不相符的医学证明文件。医师在诊疗活动中应当向患者说明病情、医疗措施和其他需要告知的事项。需要实施手术、特殊检查、特殊治疗的，医师应当及时向患者具体说明医疗风险、替代医疗方案等情况，并取得其明确同意；不能或者不宜向患者说明的，应当向患者的近亲属说明，并取得其明确同意。

医师开展药物、医疗器械临床试验和其他医学临床研究应当符合国家有关规定，遵守医学伦理规范，依法通过伦理审查，取得书面知情同意。对需要紧急救治的患者，医师应当采取紧急措施进行诊治，不得拒绝急救处置。因抢救生命垂危的患者等紧急情况，不能取得患者或者其近亲属意见的，经医疗机构负责人或者授权的负责人批准，可以立即实施相应的医疗措施。国家鼓励医师积极参与公共交通工具等公共场所急救服务；医师因自愿实施急救造成受助人损害的，不承担民事责任。

医师应当使用经依法批准或者备案的药品、消毒药剂、医疗器械，采用合法、合规、科学的诊疗方法。除按照规范用于诊断治疗外，不得使用麻醉药品、医疗用毒性药品、精神药品、放射性药品等。《中华人民共和国医师法》规定，医师应当坚持安全、有效、经济的合理用药原则，遵循药品临床应用指导原则、临床诊疗指南和药品说明书等合理用药。在尚无有效或者更好治疗手段等特殊情况下，医师取得患者明确知情同意后，可以采用药品说明书中未明确但具有循证医学证据的药品用法实施治疗。医疗机构应当建立管理制度，对医师处方、用药医嘱的适宜性进行审核，严格规范医师用药行为。

知识拓展

药品未注册用法（off-label uses，又称“超说明书用药”），是指药品使用的适应证、给药方法或剂量不在注册说明书之内的用法。实际上，药品的未注册用法在国内外都较普遍存在。药品注册说明书的注册信息不一定代表该类药物目前的治疗信息，在以下几个条件同时具备的情况下，执业医师始可适用药品未注册用法：无合理的可替代药品；用药目的不是试验研究；保护患者的知情权（根据危险程度、偏离标准操作的程度和用药目的等因素决定是否书面，建议务必书面）；要有充分的医学文献报道证明用药合理，且具有科学依据。2010年，广东省药学会在国家立法之前先行颁布了地方行业技术性规范《药品未注册用法专家共识》，以规范临床上的药品非注册用法，并于2021年修订。

执业医师按照国家有关规定，经所在医疗卫生机构同意，可以通过互联网等信息技术提供部分常见病、慢性病复诊等适宜的医疗卫生服务。国家支持医疗卫生机构之间利用互联网等信息技术开展远程医疗合作。医师不得利用职务之便，索要、非法收受财物或者牟取其他不正当利益；不得对患者实施不必要的检查、治疗。遇有自然灾害、事故灾难、公共卫生事件和社会安全事件等严重威胁人民生命健康的突发事件时，县级以上人民政府卫生健康主管部门根据需要组织医师参与卫生应急处置和医疗救治，医师应当服从调遣。在执业活动中有下列情形之一的，医师应当按照有关规定及时向所在医疗卫生机构或者有关部门、机构报告：发现传染病、突发不明原因疾病或者异常健康事件；发生或者发现医疗事故；发现可能与药品、医疗器械有关的不良反应或者不良事件；发现假药或者劣药；发现患者涉嫌伤害事件或者非正常死亡；法律、法规规定的其他情形。

执业助理医师应当在执业医师的指导下，在医疗卫生机构中按照注册的执业类别、执业范围执业。在乡、民族乡、镇和村医疗卫生机构以及艰苦边远地区县级医疗卫生机构中执业的执业助理医师，可以根据医疗卫生服务情况和本人实践经验，独立从事一般的执业活动。参加临床教学实践的医学生和尚未取得医师执业证书、在医疗卫生机构中参加医学专业工作实践的医学毕业生，应当在执业医师监督、指导下参与临床诊疗活动。医疗卫生机构应当为有关医学生、医学毕业生参与临床诊疗活动提供必要的条件。有关行业组织、医疗卫生机构、医学院校应当加强对医师的医德医风教育。医疗卫生机构应当建立健全医师岗位责任、内部监督、投诉处理等制度，加强对医师的管理。

二、知情同意

知情同意是医疗活动中的一项基本规则，离开了患方的知情同意，医疗行为就失去了其合法基础。知情同意规则在维护患者生命健康权益的同时，更重要的是体现了对患者个人自主和尊严的尊重；对于缓解医患矛盾、重建医患信任、解决医疗纠纷、建立和谐医患关系等都具有重要的制度意义。《中华人民共和国民法典》第一千二百一十九条明确规定了医务人员的说明义务和患者的知情同意权，第一款是关于告知同意义务内容的规定，第二款是关于未尽到告知同意义务造成损害应当承担侵权责任的规定。知情同意作为一种特殊的权利，具有其独立的利益设计，因为侵犯知情同意权可构成承担责任的基础和行使请求权的根据。

同意的形式有明示和默示两种，《中华人民共和国民法典》第一千二百一十九条规定："医务人员在诊疗活动中应当向患者说明病情和医疗措施。需要实施手术、特殊检查、特殊治疗的，医务人员应当及时向患者具体说明医疗风险、替代医疗方案等情况，并取得其明确同意；不能或者不宜向患者说明的，应当向患者的近亲属说明，并取得其明确同意。"告知同意应取得患者或其近亲属的明确同意。书面形式、录音或录像等方式都可以认为是"明确同意"通常采用的方式。《中华人民共和国民法典》第一千二百一十九条修改了关于患者知情同意规则的规定，医务人员在履行说明义务后，应取得患者或患者近亲属的"明确同意"，替换了《中华人民共和国侵权责任法》第五十五条的"书面同意"，这也标志着我国知情同意从形式上的"知情同意"过渡到实质意义上的"明确同意"。

但在医疗紧急情形下，探求患者的意思已不再实际，患者的知情同意不再适用，或者被认为是"默示"同意。在危急情况下，法律推定患者同意的内容应当是医师救助自己的健康和生命，而医师未获得患者同意而实施的救助行为也符合患者的本来目的，因此，在患者生命受到严重威胁时推定医师的行为获得了患者的同意。紧急情况下的推定同意，必须符合以下三个条件：患者当时由于客观情况无法给出同意；患者正面临不能拖延的严重危险；以理性人的标准判断，患者在此种情况下会表示同意。《中华人民共和国民法典》第一千二百二十条也明确规定因抢救生命垂危的患者等紧急情况，不能取得患者或者其近亲属意见的，经医疗机构负责人或者授权的负责人批准，可以立即实施相应的医疗措施。纵观我国知情同意，特别是意识不清患者紧急救治的立法流变，可以看出三种趋势：从"医生中心主义"向"患者中心主义"；从"法定主义"向"意定主义"；从"条文主义"向"个案主义"的改变。

三、医疗注意义务

医疗注意义务，是指医务人员在实施医疗行为时谨慎行事，以避免损害发生的作为或不作为义务。在诊疗过程中，医务人员的注意义务十分广泛，包括提供适当诊疗服务、提供合格的药品和医疗设施等主给付义务，转诊义务，制作、提供病历资料义务等从给付义务，以及保密、说明、保护等附随义务。在不同的诊疗环节和治疗措施中，如诊断、治疗、手术、麻醉、注射、输血、用药、护理等，医师所承担的注意义务不尽相同，其具体义务主要取决于法律、法规、规章，以及诊疗规范、常规和诊疗惯例的规定。同时，医患双方在医疗合同中的特别约定，也构成医疗注意义务的来源。

案例讨论

【案例】赵某于2002年1月26日在北京A医院出生，病历记载：早产儿、极低出生体重儿、小于胎龄儿。诊疗计划之一为头罩吸氧，每天24小时持续用氧16天。2002年7月，赵某父母因赵某眼发育问题前往北京B医院检查。2003年8月，多家医院认为赵某的眼并无进一步治疗的可能。2006年6月12日，赵某父母因北京A医院未按照卫生部2004年发布的《早产儿治疗用氧和视网膜病变防治指南》实施用氧监测，导致赵某眼损伤，将其诉至法院。

北京A医院认为：防治指南发布时间晚于患者治疗时间，医方没有用氧监测义务，无过错。赵某认为：北京A医院不提供护理记录，不能证明进行了用氧监测。2000年北京A医院两名医生在《中华儿科杂志》刊发过关于早产儿视网膜病变与用氧关系的论文，用氧监测属于当时可预见、可预防的医疗风险，医方未尽到合理注意义务，有过错。

【讨论】如何理解《中华人民共和国民法典》第一千二百二十一条规定的“医务人员在诊疗活动中未尽到与当时的医疗水平相应的诊疗义务”？医务人员不违反现行诊疗规范是否就没有过错？

一般认为，医疗注意义务包括结果预见义务和结果回避义务。前者要求医务人员在诊疗过程中集中注意力、保持足够的谨慎，认识到医疗行为可能产生危害结果的义务；后者要求医务人员在预见到可能发生损害后果时，还应积极采取合理措施以避免损害后果的发生，包括放弃危险行为，或者采取积极措施防范损害的发生。舍弃危险行为要求医务人员在预见到自己行为将产生危害结果，且无法采取合理措施避免该结果发生时，应放弃危险行为的实施。例如，对于风险较大、疗效不确定的医疗措施，医务人员应审慎而为，特别是在不具备医疗条件及治疗能力的情况下，应舍弃危险性过高的诊疗行为。不管是结果预见义务还是结果回避义务，前提条件是医务人员具有相应的预见能力——法律不能要求医务人员去预见、回避自己无法认识和避免的医疗风险。那么，如何认定医务人员已经尽到相应的注意义务呢？这就涉及医疗注意义务的认定标准问题。《中华人民共和国民法典》第一千二百二十一条规定："医务人员在诊疗活动中未尽到与当时的医疗水平相应的诊疗义务，造成患者损害的，医疗机构应当承担赔偿责任。"根据该规定，"当时的医疗水平"构成医疗注意义务的判定基准，医务人员在医疗活动中应尽到与当时的医疗水平相应的注意义务。实践中，这一抽象的标准往往要求医务人员的诊疗应符合法律、行政法规、规章以及其他有关诊疗规范的要求，如果符合上述规范要求，也就认为医务人员的诊疗达到当时的医疗水平，从而尽到相应的注意义务。当然，这一注意义务标准不应绝对化，也应考虑患者病情的紧急程度、患者个体差异、当地的医疗水平、医疗机构与医务人员资质等因素。纵观我国医疗过错判断标准的流变，可以看出法院会加强对医疗技术鉴定意见进行个案的充分质证与审查，因为所谓"负责任同行"的标准虽然重要，但这种观点并不自动等同于法律结论，法官具有对"负责任同行"证言认定和审查判断的权力。

第五节　特殊医疗技术管理法律制度

我国对医疗机构临床应用前的诊断、治疗技术项目缺乏明确的法律规定。近年来，媒体报道了诸如手术戒毒、断骨增高等特殊医疗技术引发的社会问题。

一、医疗技术与临床应用管理

2018年《医疗技术临床应用管理办法》正式颁布并实施。《医疗技术临床应用管理办法》所称医疗技术，是指医疗机构及其医务人员以诊断和治疗疾病为目的，对疾病作出判断和消除疾病、缓解病情、减轻痛苦、改善功能、延长生命、帮助患者恢复健康而采取的医学专业手段和措施。人体器官移植技术、人类辅助生殖技术、细胞治疗技术的监督管理不适用《医疗技术临床应用管理办法》。

《医疗技术临床应用管理办法》所称医疗技术临床应用，是指将经过临床研究论证且安全性、有效性确切的医疗技术应用于临床，用以诊断或者治疗疾病的过程。医疗技术临床应用应当遵循科学、安全、规范、有效、经济、符合伦理的原则。安全性、有效性不确切的医疗技术，医疗机构不得开展临床应用。

（一）医疗技术临床应用负面清单管理制度

国家建立医疗技术临床应用负面清单管理制度，对禁止临床应用的医疗技术实施负面清单管理，对部分需要严格监管的医疗技术进行重点管理。其他临床应用的医疗技术由决定使用该类技术的医疗机构自我管理。医疗机构对本机构医疗技术临床应用和管理承担主体责任。医疗机构开展医疗技术服务应当与其技术能力相适应。医疗机构主要负责人是本机构医疗技术临床应用管理的第一责任人。

国家卫生健康委员会负责全国医疗技术临床应用管理工作。县级以上地方卫生行政部门负责本行政区域内医疗技术临床应用监督管理工作。

鼓励卫生行业组织参与医疗技术临床应用质量控制、规范化培训和技术评估工作，各级卫生行政部门应当为卫生行业组织参与医疗技术临床应用管理创造条件。

（二）医疗技术负面清单管理

1. 禁止应用于临床的医疗技术 医疗技术具有下列情形之一的，禁止应用于临床（以下简称禁止类技术）：临床应用安全性、有效性不确切；存在重大伦理问题；该技术已经被临床淘汰；未经临床研究论证的医疗新技术。禁止类技术目录由国家卫生健康委员会制定发布或者委托专业组织制定发布，并根据情况适时予以调整。

2. 重点加强管理的医疗技术 禁止类技术目录以外并具有下列情形之一的，作为需要重点加强管理的医疗技术（以下简称限制类技术），由省级以上卫生行政部门严格管理：技术难度大、风险高，对医疗机构的服务能力、人员水平有较高专业要求，需要设置限定条件的；需要消耗稀缺资源的；涉及重大伦理风险的；存在不合理临床应用，需要重点管理的。国家限制类技术目录及其临床应用管理规范由国家卫生健康委员会制定发布或者委托专业组织制定发布，并根据临床应用实际情况予以调整。省级卫生行政部门可以结合本行政区域实际情况，在国家限制类技术目录基础上增补省级限制类技术相关项目，制定发布相关技术临床应用管理规范，并报国家卫生健康委员会备案。

对限制类技术实施备案管理。医疗机构拟开展限制类技术临床应用的，应当按照相关医疗技术临床应用管理规范进行自我评估，符合条件的可以开展临床应用，并于开展首例临床应用之日起十五个工作日内，向核发其《医疗机构执业许可证》的卫生行政部门备案。备案材料应当包括以下内容：开展临床应用的限制类技术名称和所具备的条件，以及有关评估材料；本机构医疗技术临床应用管理专门组织和伦理委员会论证材料；技术负责人（限于在本机构注册的执业医师）资质证明材料。

3. 非禁止类和限制类医疗技术 未纳入禁止类技术和限制类技术目录的医疗技术，医疗机构可以根据自身功能、任务、技术能力等自行决定开展临床应用，并应当对开展的医疗技术临床应用实施严格管理。医疗机构拟开展存在重大伦理风险的医疗技术，应当提请本机构伦理委员会审议，必要时可以咨询省级和国家医学伦理专家委员会。未经本机构伦理委员会审查通过的医疗技术，特别是限制类医疗技术，不得应用于临床。

（三）医疗技术临床应用质量管理与控制

国家建立医疗技术临床应用质量管理与控制制度，充分发挥各级、各专业医疗质量控制组织的作用，以“限制类技术”为主加强医疗技术临床应用质量控制，对医疗技术临床应用情况进行日常监测与定期评估，及时向医疗机构反馈质控和评估结果，持续改进医疗技术临床应用质量。

二级以上的医院、妇幼保健院及专科疾病防治机构医疗质量管理委员会应当下设医疗技术临床应用管理的专门组织，由医务、质量管理、药学、护理、院感、设备等部门负责人和具有高级技术职务任职资格的临床、管理、伦理等相关专业人员组成。该专门组织的负责人由医疗机构主要负责人担任，由医务部门负责日常管理工作，主要职责如下：根据医疗技术临床应用管理相关的法律、法规、规章，制定本机构医疗技术临床应用管理制度并组织实施；审定本机构医疗技术临床应用管理目录和手术分级管理目录并及时调整；对首次应用于本机构的医疗技术组织论证，对本机构已经临床应用的医疗技术定期开展评估；定期检查本机构医疗技术临床应用管理各项制度执行情况，并提出改进措施和要求；省级以上卫生行政部门规定的其他职责。

其他医疗机构应当设立医疗技术临床应用管理工作小组，并指定专（兼）职人员负责本机构医疗技术临床应用管理工作。医疗机构应当建立本机构医疗技术临床应用管理制度，包括目录管理、手术分级、医师授权、质量控制、档案管理、动态评估等制度，保障医疗技术临床应用质量和安全。医疗机构开展医疗技术临床应用应当具有符合要求的诊疗科目、专业技术人员、相应的设备、设施和质量控制体系，并遵守相关技术临床应用管理规范。医疗机构应当制定本机构医疗技术临床应用管理目录并及时调整，对目录内的手术进行分级管理。手术管理按照国家关于手术分级管理的有关规定执行。

医疗机构应当依法准予医务人员实施与其专业能力相适应的医疗技术，并为医务人员建立医疗技术临床应用管理档案，纳入个人专业技术档案管理。医疗机构应当建立医师手术授权与动态管理制度，根据医师的专业能力和培训情况，授予或者取消相应的手术级别和具体手术权限。医疗机构应当建立医疗技术临床应用论证制度。对已证明安全有效，但属本机构首次应用的医疗技术，应当组织开展本机构技术能力和安全保障能力论证，通过论证的方可开展医疗技术临床应用。

医疗机构应当建立医疗技术临床应用评估制度，对限制类技术的质量安全和技术保证能力进行重点评估，并根据评估结果及时调整本机构医疗技术临床应用管理目录和有关管理要求。对存在严重质量安全问题或者不再符合有关技术管理要求的，要立即停止该项技术的临床应用。医疗机构应当根据评估结果，及时调整本机构医师相关技术临床应用权限。医疗机构应当为医务人员参加医疗技术临床应用规范化培训创造条件，加强医疗技术临床应用管理人才队伍的建设和培养。医疗机构应当加强首次在本医疗机构临床应用的医疗技术的规范化培训工作。

医疗机构开展的限制类技术目录、手术分级管理目录和限制类技术临床应用情况应当纳入本机构院务公开范围，主动向社会公开，接受社会监督。医疗机构在医疗技术临床应用过程中出现下列情形之一的，应当立即停止该项医疗技术的临床应用：该医疗技术被国家卫生健康委员会列为“禁止类技术”；从事该医疗技术的主要专业技术人员或者关键设备、设施及其他辅助条件发生变化，不能满足相关技术临床应用管理规范要求，或者影响临床应用效果；该医疗技术在本机构应用过程中出现重大医疗质量、医疗安全或者伦理问题，或者发生与技术相关的严重不良后果；发现该项医疗技术临床应用效果不确切，或者存在重大质量、安全或者伦理缺陷。

医疗机构从事该医疗技术的主要专业技术人员或者关键设备、设施及其他辅助条件发生变化，不能满足相关技术临床应用管理规范要求，或者影响临床应用效果，或者该医疗技术在本机构应用过程中出现重大医疗质量、医疗安全或者伦理问题，或者发生与技术相关的严重不良后果，出现上述情形，且属于限制类技术的，应当立即将有关情况向核发其《医疗机构执业许可证》的卫生行政部门报告。卫生行政部门应当及时取消该医疗机构相应医疗技术临床应用备案，在该机构《医疗机构执业许可证》副本备注栏予以注明，并逐级向省级卫生行政部门报告。

医疗机构发现该项医疗技术临床应用效果不确切，或者存在重大质量、安全或者伦理缺陷，应当立即将有关情况向核发其《医疗机构执业许可证》的卫生行政部门和省级卫生行政部门报告。省级卫生行政部门应当立即组织对该项医疗技术临床应用情况进行核查，确属医疗技术本身存在问题的，可以暂停该项医疗技术在本地区的临床应用，并向国家卫生健康委员会报告。国家卫生健康委员会收到报告后，组织专家进行评估，决定需要采取的进一步管理措施。

（四）监督管理

国家卫生健康委员会负责建立全国医疗技术临床应用信息化管理平台，对国家限制类技术临床应用相关信息进行收集、分析和反馈。省级卫生行政部门负责建立省级医疗技术临床应用信息化管理平台，对本行政区域内国家和省级限制类技术临床应用情况实施监督管理。县级以上地方卫生行政部门应当加强对本行政区域内医疗机构医疗技术临床应用的监督管理。县级以上地方卫生行政部门应当将本行政区域内经备案开展限制类技术临床应用的医疗机构名单及相关信息及时向社会公布，接受社会监督。

省级医疗技术临床应用信息化管理平台应当与全国医疗技术临床应用信息化管理平台实现互联互通、信息共享。医疗机构应当按照要求，及时、准确、完整地向全国和省级医疗技术临床应用信息化管理平台逐例报送限制类技术开展情况数据信息。各级、各专业医疗质量控制组织应当充分利用医疗技术临床应用信息化管理平台，加大数据信息分析和反馈力度，指导医疗机构提高医疗技术临床应用质量安全。

国家建立医疗技术临床应用评估制度。对医疗技术的安全性、有效性、经济适宜性及伦理问题等进行评估，作为调整国家医疗技术临床应用管理政策的决策依据之一。国家建立医疗机构医疗技术临床应用情况信誉评分制度，与医疗机构、医务人员信用记录挂钩，纳入卫生健康行业社会信用体系管理，接入国家信用信息共享平台，并将信誉评分结果应用于医院评审、评优、临床重点专科评估等工作。

二、人工生殖技术临床应用管理

为保证我国人类辅助生殖技术安全、有效和健康发展，规范人类辅助生殖技术的应用和管理，卫生部发布了《人类辅助生殖技术管理办法》并自2001年起施行。2003年，卫生部又颁布了《人类辅助生殖技术规范》《人类精子库基本标准和技术规范》和《人类辅助生殖技术和人类精子库伦理原则》，主要规定如下。

（一）开展人类辅助生殖技术的审批

国家卫生健康委员会根据区域卫生规划、医疗需求和技术条件等实际情况，制订人类辅助生殖技术应用规划。申请开展人类辅助生殖技术的医疗机构应当符合下列条件：具有与开展技术相适应的卫生专业技术人员和其他专业技术人员；具有与开展技术相适应的技术和设备；设有医学伦理委员会；符合《人类辅助生殖技术规范》的要求。

申请开展丈夫精液人工授精技术的医疗机构，由省、自治区、直辖市人民政府卫生健康行政部门审查批准。申请开展供精人工授精和体外受精－胚胎移植技术及其衍生技术的医疗机构，由省、自治区、直辖市人民政府卫生健康行政部门提出初审意见，国家卫生健康委员会审批。批准开展人类辅助生殖技术的医疗机构应当按照《医疗机构管理条例》的有关规定，持省、自治区、直辖市人民政府卫生健康行政部门或者国家卫生健康委员会的批准证书到核发其医疗机构执业许可证的卫生健康行政部门办理变更登记手续。人类辅助生殖技术批准证书每两年校验一次，校验由原审批机关办理。校验合格的，可以继续开展人类辅助生殖技术；校验不合格的，收回其批准证书。

（二）我国人类辅助生殖技术的应用原则

人类辅助生殖技术的应用应当在医疗机构中进行，以医疗为目的，并符合国家计划生育政策、伦理原则和有关法律规定。人类辅助生殖技术必须在经过批准开展此项技术并进行登记的医疗机构中实施，未经卫生健康行政部门批准，任何单位和个人不得实施人类辅助生殖技术。实施人类辅助生殖技术应当符合卫生部制定的《人类辅助生殖技术规范》的规定。禁止以任何形式买卖配子、合子、胚胎。医疗机构和医务人员不得实施任何形式的代孕技术。应当遵循知情同意原则，并签署知情同意书。涉及伦理问题的，应当提交医学伦理委员会讨论。实施供精人工授精和体外受精–胚胎移植技术及其各种衍生技术的医疗机构应当与卫生部批准的人类精子库签订供精协议。严禁私自采精。医疗机构在实施人类辅助生殖技术时应当索取精子检验合格证明。实施人类辅助生殖技术的医疗机构应当为当事人保密，不得泄漏有关信息。实施人类辅助生殖技术的医疗机构不得进行性别选择。法律法规另有规定的除外。

（三）人类精子库的管理

人类精子库是以治疗不育症、预防遗传病和提供生殖保险等为目的，利用超低温冷冻技术，采集、检测、保存和提供精子的机构。精子的采集与提供应当在经过批准的人类精子库中进行，未经批准，任何单位和个人不得从事精子的采集与提供活动。我国的人类精子库必须设置在持有《医疗机构执业许可证》的综合性医院、专科医院或持有《计划生育技术服务执业许可证》的省级以上（含省级）计划生育服务机构内，其设置必须符合《人类精子库管理办法》的规定。

人类精子库必须具有安全、可靠、有效的精子来源；机构内如同时设有人类精子库和开展人类辅助生殖技术，必须严格分开管理。人类精子库必须对精液的采供进行严格管理，必须按《供精者健康检查标准》和供精者基本条件进行严格筛查，保证所提供精子的质量；并建立供精者、用精机构反馈的受精者妊娠结局及子代信息的计算机管理档案库，控制使用同一供精者的精液获得成功妊娠的数量，防止血亲通婚。人类精子库必须具备完善、健全的规章制度，包括业务和档案管理规范、技术操作手册及人类精子采供计划书（包括采集和供应范围等）等；必须定期或不定期对人类精子库进行自查，检查人类精子库规章制度执行情况、精液质量、服务质量及档案资料管理情况等，并随时接受审批部门的检查或抽查。人类精子库必须贯彻保密原则，除精子库负责人外，其他任何工作人员不得查阅有关供精者身份的资料和详细地址。工作人员应尊重供精和受精当事人的隐私权并严格保密；除司法机关出具公函或相关当事人具有充分理由同意查阅外，其他任何单位和个人一律谢绝查阅供精者的档案。确因工作需要及其他特殊原因非得查阅档案时，则必须经人类精子库机构负责人批准，并隐去供精者的社会身份资料。

人类精子库不得开展以下工作：不得向未取得人类辅助生殖技术批准证书的机构提供精液；不得提供未经检验或检验不合格的精液；不得提供新鲜精液进行供精人工授精，精液冷冻保存需经半年检疫期并经复检合格后，才能提供临床使用；不得实施非医学指征的，以性别选择生育为目的的精子分离技术；不得提供2人以上的混合精液；不得采集、保存和使用未签署供精知情同意书者的精液；人类精子库工作人员及其家属不得供精；设置人类精子库的科室不得开展人类辅助生殖技术，其专职人员不得参与实施人类辅助生殖技术。

三、人类遗传资源临床应用管理

中国的遗传资源是非常丰富的，因为中国有56个民族和诸多的遗传隔离人群，基因资源具有多样性，是研究人类基因组多样性和疾病易感性的不可多得的材料。为了有效保护和合理利用我国的人类遗传资源，加强人类基因的研究与开发，促进平等互利的国际合作与交流，1998年《人类遗传资源管理暂行办法》颁布，2019年《中华人民共和国人类遗传资源管理条例》颁布。2020年通过的《中华人民共和国刑法修正案（十一）》增加了“非法采集人类遗传资源、走私人类遗传资源材料罪”这一新罪名，用于规制以非法采集或非法运送、邮寄、携带出境等形式严重危害国家人类遗传资源安全的犯罪行为。

人类遗传资源包括人类遗传资源材料和人类遗传资源信息。人类遗传资源材料是指含有人体基因组、基因等遗传物质的器官、组织、细胞等遗传材料。人类遗传资源信息是指利用人类遗传资源材料产生的数据等信息资料。外国组织、个人及其设立或者实际控制的机构不得在我国境内采集、保藏我国人类遗传资源，不得向境外提供我国人类遗传资源。采集、保藏、利用、对外提供我国人类遗传资源，不得危害我国公众健康、国家安全和社会公共利益；应当符合伦理原则，并按照国家有关规定进行伦理审查；应当尊重人类遗传资源提供者的隐私权，取得其事先知情同意，并保护其合法权益；应当遵守国务院科学技术行政部门制定的技术规范。禁止买卖人类遗传资源。

为科学研究依法提供或者使用人类遗传资源并支付或者收取合理成本费用，不视为买卖。外国组织，以及外国组织、个人设立或者实际控制的机构需要利用我国人类遗传资源开展科学研究活动的，应当遵守我国法律、行政法规和国家有关规定，并采取与我国科研机构、高等学校、医疗机构、企业合作的方式进行。利用我国人类遗传资源开展国际合作科学研究的，应当经国务院科学技术行政部门批准。

四、人体器官移植临床应用管理

从事人体器官移植，均适用《人体器官移植条例》，但从事人体细胞和角膜、骨髓等人体组织移植，不适用《人体器官移植条例》。任何组织或者个人不得以任何形式买卖人体器官，不得从事与买卖人体器官有关的活动。国家通过建立人体器官移植工作体系，开展人体器官捐献的宣传、推动工作，确定人体器官移植预约者名单，组织协调人体器官的使用。

（一）人体器官的捐献

人体器官捐献应当遵循自愿、无偿的原则。公民享有捐献或者不捐献其人体器官的权利；任何组织或者个人不得强迫、欺骗或者利诱他人捐献人体器官。捐献人体器官的公民应当具有完全民事行为能力。任何组织或者个人不得摘取未满18周岁公民的活体器官用于移植。公民捐献其人体器官应当有书面形式的捐献意愿，对已经表示捐献其人体器官的意愿，有权予以撤销。公民生前表示不同意捐献其人体器官的，任何组织或者个人不得捐献、摘取该公民的人体器官；公民生前未表示不同意捐献其人体器官的，该公民死亡后，其配偶、成年子女、父母可以以书面形式共同表示同意捐献该公民人体器官的意愿。活体器官的接受人限于活体器官捐献人的配偶、直系血亲或者三代以内旁系血亲，或者有证据证明与活体器官捐献人存在因帮扶等形成亲情关系的人员。

（二）人体器官的移植

医疗机构从事人体器官移植，应当依照《医疗机构管理条例》的规定，向所在地省、自治区、直辖市人民政府卫生主管部门申请办理人体器官移植诊疗科目登记。医疗机构从事人体器官移植，应当具备下列条件：有与从事人体器官移植相适应的执业医师和其他医务人员；有满足人体器官移植所需要的设备、设施；有由医学、法学、伦理学等方面专家组成的人体器官移植技术临床应用与伦理委员会，该委员会中从事人体器官移植的医学专家不超过委员人数的1/4；有完善的人体器官移植质量监控等管理制度。

（三）人体器官移植的规则

1. 术前的医学检查、告知与风险评估 从事人体器官移植的医疗机构及其医务人员摘取活体器官前，应当履行下列义务：向活体器官捐献人说明器官摘取手术的风险、术后注意事项、可能发生的并发症及其预防措施等，并与活体器官捐献人签署知情同意书；查验活体器官捐献人同意捐献其器官的书面意愿、活体器官捐献人与接受人存在法定关系的证明材料；确认除摘取器官产生的直接后果外不会损害活体器官捐献人其他正常的生理功能。从事人体器官移植的医疗机构应当保存活体器官捐献人的医学资料，并进行随访。实施人体器官移植手术的医疗机构及其医务人员应当对人体器官捐献人进行医学检查，对接受人因人体器官移植感染疾病的风险进行评估，并采取措施，降低风险。

2. 人体器官审查 在摘取活体器官前或者尸体器官捐献人死亡前，负责人体器官移植的执业医师应当向所在医疗机构的人体器官移植技术临床应用与伦理委员会提出摘取人体器官审查申请。人体器官移植技术临床应用与伦理委员会不同意摘取人体器官的，医疗机构不得作出摘取人体器官的决定，医务人员不得摘取人体器官。人体器官移植技术临床应用与伦理委员会收到摘取人体器官审查申请后，应当对下列事项进行审查，并出具同意或者不同意的书面意见：人体器官捐献人的捐献意愿是否真实；有无买卖或者变相买卖人体器官的情形；人体器官的配型和接受人的适应症是否符合伦理原则和人体器官移植技术管理规范。经2/3以上委员同意，人体器官移植技术临床应用与伦理委员会方可出具同意摘取人体器官的书面意见。

3. 摘取尸体器官的规定 摘取尸体器官，应当在依法判定尸体器官捐献人死亡后进行。从事人体器官移植的医务人员不得参与捐献人的死亡判定。从事人体器官移植的医疗机构及其医务人员应当尊重死者的尊严；对摘取器官完毕的尸体，应当进行符合伦理原则的医学处理，除用于移植的器官以外，应当恢复尸体原貌。

4. 人体器官移植的费用 从事人体器官移植的医疗机构实施人体器官移植手术，除向接受人收取下列费用外，不得收取或者变相收取所移植人体器官的费用：摘取和植入人体器官的手术费；保存和运送人体器官的费用；摘取、植入人体器官所发生的药费、检验费、医用耗材费。

5. 人体器官移植的公平性问题 申请人体器官移植手术患者的排序，应当符合医疗需要，遵循公平、公正和公开的原则。

6. 隐私权的保护 从事人体器官移植的医务人员应当对人体器官捐献人、接受人和申请人体器官移植手术的患者的个人资料保密。

第六节　医疗纠纷预防和处理法律制度

所谓医疗纠纷，是指医患双方因诊疗活动引发的争议。为了预防和妥善处理医疗纠纷，保护医患双方的合法权益，维护医疗秩序，保障医疗安全，国务院2018年颁布实施了《医疗纠纷预防和处理条例》。

一、医疗纠纷预防

（一）医疗机构的纠纷预防机制

医疗机构应当制定并实施医疗质量安全管理制度，设置医疗服务质量监控部门或者配备专（兼）职人员，加强对诊断、治疗、护理、药事、检查等工作的规范化管理，优化服务流程，提高服务水平。医疗机构应当加强医疗风险管理，完善医疗风险的识别、评估和防控措施，定期检查措施落实情况，及时消除隐患。

（二）医务人员的纠纷预防机制

开展手术、特殊检查、特殊治疗等具有较高医疗风险的诊疗活动，医疗机构应当提前预备应对方案，主动防范突发风险。医疗机构及其医务人员应当按照国务院卫生主管部门的规定，填写并妥善保管病历资料。因紧急抢救未能及时填写病历的，医务人员应当在抢救结束后6小时内据实补记，并加以注明。任何单位和个人不得篡改、伪造、隐匿、毁灭或者抢夺病历资料。

（三）病历管理机制

患者有权查阅、复制其门诊病历、住院志、体温单、医嘱单、化验单（检验报告）、医学影像检查资料、特殊检查同意书、手术同意书、手术及麻醉记录、病理资料、护理记录、医疗费用以及国务院卫生主管部门规定的其他属于病历的全部资料。患者要求复制病历资料的，医疗机构应当提供复制服务，并在复制的病历资料上加盖证明印记。复制病历资料时，应当有患者或者其近亲属在场。医疗机构应患者的要求为其复制病历资料，可以收取工本费，收费标准应当公开。患者死亡的，其近亲属可以依照本条例的规定，查阅、复制病历资料。

（四）医患沟通与投诉接待机制

医疗机构应当建立健全医患沟通机制，对患者在诊疗过程中提出的咨询、意见和建议，应当耐心解释、说明，并按照规定进行处理；对患者就诊疗行为提出的疑问，应当及时予以核实、自查，并指定有关人员与患者或者其近亲属沟通，如实说明情况。医疗机构应当建立健全投诉接待制度，设置统一的投诉管理部门或者配备专（兼）职人员，在医疗机构显著位置公布医疗纠纷解决途径、程序和联系方式等，方便患者投诉或者咨询。

二、医疗纠纷处理

（一）医疗纠纷处理途径

发生医疗纠纷，医患双方可以通过下列途径解决：双方自愿协商；申请人民调解；申请行政调解；向人民法院提起诉讼；法律、法规规定的其他途径。未经医患双方同意，医疗纠纷人民调解委员会、卫生主管部门不得公开进行调解，也不得公开调解协议的内容。发生医疗纠纷，当事人协商、调解不成的，可以依法向人民法院提起诉讼。当事人也可以直接向人民法院提起诉讼。发生医疗纠纷，需要赔偿的，赔付金额依照法律的规定确定。

（二）医疗机构的告知义务

发生医疗纠纷，医疗机构应当告知患者或者其近亲属下列事项：解决医疗纠纷的合法途径；有关病历资料、现场实物封存和启封的规定；有关病历资料查阅、复制的规定。患者死亡的，还应当告知其近亲属有关尸检的规定。

（三）病历封存、启封

发生医疗纠纷需要封存、启封病历资料的，应当在医患双方在场的情况下进行。封存的病历资料可以是原件，也可以是复制件，由医疗机构保管。病历尚未完成需要封存的，对已完成病历先行封存；病历按照规定完成后，再对后续完成部分进行封存。医疗机构应当对封存的病历开列封存清单，由医患双方签字或者盖章，各执一份。病历资料封存后医疗纠纷已经解决，或者患者在病历资料封存满3年未再提出解决医疗纠纷要求的，医疗机构可以自行启封。

（四）待检验实物的封存、启封

疑似输液、输血、注射、用药等引起不良后果的，医患双方应当共同对现场实物进行封存、启封，封存的现场实物由医疗机构保管。需要检验的，应当由双方共同委托依法具有检验资格的检验机构进行检验；双方无法共同委托的，由医疗机构所在地县级人民政府卫生主管部门指定。疑似输血引起不良后果，需要对血液进行封存保留的，医疗机构应当通知提供该血液的血站派员到场。现场实物封存后医疗纠纷已经解决，或者患者在现场实物封存满3年未再提出解决医疗纠纷要求的，医疗机构可以自行启封。

（五）尸检

患者死亡，医患双方对死因有异议的，应当在患者死亡后48小时内进行尸检；具备尸体冻存条件的，可以延长至7日。尸检应当经死者近亲属同意并签字，拒绝签字的，视为死者近亲属不同意进行尸检。不同意或者拖延尸检，超过规定时间，影响对死因判定的，由不同意或者拖延的一方承担责任。尸检应当由按照国家有关规定取得相应资格的机构和专业技术人员进行。医患双方可以委派代表观察尸检过程。患者在医疗机构内死亡的，尸体应当立即移放太平间或者指定的场所，死者尸体存放时间一般不得超过14日。逾期不处理的尸体，由医疗机构在向所在地县级人民政府卫生主管部门和公安机关报告后，按照规定处理。

（六）医疗机构报告义务

发生重大医疗纠纷的，医疗机构应当按照规定向所在地县级以上地方人民政府卫生主管部门报告。卫生主管部门接到报告后，应当及时了解掌握情况，引导医患双方通过合法途径解决纠纷。医患双方应当依法维护医疗秩序。任何单位和个人不得实施危害患者和医务人员人身安全、扰乱医疗秩序的行为。医疗纠纷中发生涉嫌违反治安管理行为或者犯罪行为的，医疗机构应当立即向所在地公安机关报案。公安机关应当及时采取措施，依法处置，维护医疗秩序。

（七）协商解决机制

医患双方选择协商解决医疗纠纷的，应当在专门场所协商，不得影响正常医疗秩序。医患双方人数较多的，应当推举代表进行协商，每方代表人数不超过5人。协商解决医疗纠纷应当坚持自愿、合法、平等的原则，尊重当事人的权利，尊重客观事实。医患双方应当文明、理性表达意见和要求，不得有违法行为。协商确定赔付金额应当以事实为依据，防止畸高或者畸低。对分歧较大或者索赔数额较高的医疗纠纷，鼓励医患双方通过人民调解的途径解决。医患双方经协商达成一致的，应当签署书面和解协议书。

（八）人民调解机制

申请医疗纠纷人民调解的，由医患双方共同向医疗纠纷人民调解委员会提出申请；一方申请调解的，医疗纠纷人民调解委员会在征得另一方同意后进行调解。申请人可以以书面或者口头形式申请调解。书面申请的，申请书应当载明申请人的基本情况、申请调解的争议事项和理由等；口头申请的，医疗纠纷人民调解员应当当场记录申请人的基本情况、申请调解的争议事项和理由等，并经申请人签字确认。医疗纠纷人民调解委员会获悉医疗机构内发生重大医疗纠纷，可以主动开展工作，引导医患双方申请调解。当事人已经向人民法院提起诉讼并且已被受理，或者已经申请卫生主管部门调解并且已被受理的，医疗纠纷人民调解委员会不予受理；已经受理的，终止调解。

设立医疗纠纷人民调解委员会，应当遵守《中华人民共和国人民调解法》的规定，并符合本地区实际需要。医疗纠纷人民调解委员会应当自设立之日起三十个工作日内向所在地县级以上地方人民政府司法行政部门备案。医疗纠纷人民调解委员会应当根据具体情况，聘任一定数量的具有医学、法学等专业知识且热心调解工作的人员担任专（兼）职医疗纠纷人民调解员。医疗纠纷人民调解委员会调解医疗纠纷，不得收取费用。

调解协议书经医患双方签字或者盖章，人民调解员签字并加盖医疗纠纷人民调解委员会印章后生效。达成调解协议的，医疗纠纷人民调解委员会应当告知医患双方可以依法向人民法院申请司法确认。

（九）鉴定与专家库

医疗纠纷人民调解委员会调解医疗纠纷时，可以根据需要咨询专家，并可以从专家库中选取专家。医疗纠纷人民调解委员会调解医疗纠纷，需要进行医疗损害鉴定以明确责任的，由医患双方共同委托医学会或者司法鉴定机构进行鉴定，也可以经医患双方同意，由医疗纠纷人民调解委员会委托鉴定。医学会或者司法鉴定机构接受委托从事医疗损害鉴定，应当由鉴定事项所涉专业的临床医学、法医学等专业人员进行鉴定；医学会或者司法鉴定机构没有相关专业人员的，应当从专家库中抽取相关专业专家进行鉴定。

医学会或者司法鉴定机构开展医疗损害鉴定，应当执行规定的标准和程序，尊重科学，恪守职业道德，对出具的医疗损害鉴定意见负责，不得出具虚假鉴定意见。医疗损害鉴定的具体管理办法由国务院卫生、司法行政部门共同制定。鉴定费预先向医患双方收取，最终按照责任比例承担。医疗损害鉴定专家库由设区的市级以上人民政府卫生、司法行政部门共同设立。专家库应当包含医学、法学、法医学等领域的专家。聘请专家进入专家库，不受行政区域的限制。

医学会、司法鉴定机构作出的医疗损害鉴定意见应当载明并详细论述下列内容：是否存在医疗损害以及损害程度；是否存在医疗过错；医疗过错与医疗损害是否存在因果关系；医疗过错在医疗损害中的责任程度。咨询专家、鉴定人员有下列情形之一的，应当回避，当事人也可以以口头或者书面形式申请其回避：是医疗纠纷当事人或者当事人的近亲属；与医疗纠纷有利害关系；与医疗纠纷当事人有其他关系，可能影响医疗纠纷公正处理。

（十）行政调解机制

医患双方申请医疗纠纷行政调解的，应当向医疗纠纷发生地县级人民政府卫生主管部门提出申请。卫生主管部门应当自收到申请之日起五个工作日内作出是否受理的决定。当事人已经向人民法院提起诉讼并且已被受理，或者已经申请医疗纠纷人民调解委员会调解并且已被受理的，卫生主管部门不予受理；已经受理的，终止调解。卫生主管部门应当自受理之日起三十个工作日内完成调解。需要鉴定的，鉴定时间不计入调解期限。超过调解期限未达成调解协议的，视为调解不成。

卫生主管部门调解医疗纠纷需要进行专家咨询的，可以从专家库中抽取专家；医患双方认为需要进行医疗损害鉴定以明确责任的，依法进行鉴定。医患双方经卫生主管部门调解达成一致的，应当签署调解协议书。医疗纠纷人民调解委员会及其人民调解员、卫生主管部门及其工作人员应当对医患双方的个人隐私等事项予以保密。

三、医疗事故

医疗事故是行政法概念，专指医疗机构及其医务人员在医疗活动中，违反医疗卫生管理法律、行政法规、部门规章和诊疗护理规范、常规，过失造成患者人身损害的事故。

（一）医疗事故分级

《医疗事故处理条例》规定，根据对患者造成的伤害，医疗事故分为四级。一级医疗事故为造成患者死亡、重度残疾的；二级医疗事故为造成患者中度残疾、器官组织损伤导致严重功能障碍的；三级医疗事故为造成患者轻度残疾、器官组织损伤导致一般功能障碍的；四级医疗事故为造成患者明显人身损害的其他后果的。为了科学划分医疗事故等级，正确处理医疗事故争议，保护患者和医疗机构及其医务人员的合法权益，根据《医疗事故处理条例》，卫生部又制定了《医疗事故分级标准（试行）》，对医疗事故的等级进行了细化，并将医疗事故从一级乙等至三级戊等与伤残等级一至十级相对应。

（二）医疗事故的构成要件

医疗事故的构成要件包括以下五个方面：医疗事故的主体是医疗机构及其医务人员；医疗行为的违法性；造成了患者人身损害的不良后果；医疗机构和医务人员主观上具有过失；医疗机构及其医务人员的过失行为与患者的损害之间具有因果关系。

（三）医疗事故的报告

医疗事故发生后，相关部门及时掌握情况有利于事故的妥善、及时处理。根据《医疗事故处理条例》规定，发生医疗事故的，医疗机构应当按照规定向所在地卫生健康行政部门报告。发生下列重大医疗过失行为的，医疗机构应当在12小时内向所在地卫生健康行政部门报告：①导致患者死亡或者可能为二级以上的医疗事故。②导致3人以上人身损害后果。③国务院卫生健康行政部门和省、自治区、直辖市人民政府卫生健康行政部门规定的其他情形。

四、医疗损害

医疗损害是民法上的概念，专指患者在诊疗活动中受到的人身损害与财产损害。

（一）医疗损害的分类

《中华人民共和国民法典》中的医疗损害包括三种。①医疗技术损害：是指医疗机构及医务人员从事病情检验、诊断、治疗方法的选择，治疗措施的执行，病情发展过程的追踪，以及术后护理等医疗行为中，存在不符合当时医疗水平，或者未尽合理注意义务的过失行为所造成的损害。②缺陷医疗产品造成的损害：即因药品、消毒药剂、医疗器械的缺陷，或者输入不合格的血液给患者造成的损害。③医疗伦理损害：是指医务机构和医务人员违背医疗良知和医疗伦理的要求，违背医疗机构和医务人员的告知或保密义务，具有医疗伦理过错，造成患者人身损害以及其他合法权益损害的医疗损害。包括未尽说明义务的损害、不必要诊疗的损害和侵害患者隐私的损害。

（二）医疗损害的构成要件

通常将医疗损害的构成要件归纳为三要件：患者的损害；医疗机构及医务人员的医疗过错；医疗过错行为与损害后果之间的因果关系。

本章小结

1. 医事管理法律制度应归入医事法范畴，而医事法则属于卫生法下的子概念。医事法，是指在卫生法中主要调整医疗服务法律关系的法律法规的总称，其基本原则包括患者至上原则、意思自治原则、不伤害原则、公平正义原则。

2. 知情同意是医疗活动中的一项基本规则，离开了患方的知情同意，医疗行为就失去了其合法基础。要掌握我国知情同意和紧急救治立法的流变趋势。

3. 医师必须遵守执业规则，但又要在特殊情况下，以医事管理基本原则作出变通。医疗注意义务，是指医务人员在实施医疗行为时谨慎行事，以避免损害发生的作为或不作为义务。要掌握我国对医疗过错判断标准的流变趋势。

4. 医疗服务管理重点应关注特殊医疗技术、人类辅助生殖、人类遗传资源临床应用和人体器官移植的管理。我国已经建立比较完善的医疗纠纷预防和处理法律制度，要清晰区分医疗事故与医疗损害的概念。

（王　岳）

第九章 药事管理法律制度

学习目标

1. 掌握　药事管理的概念；药品的概念及标准；疫苗的概念及特殊管理措施；药品与疫苗核心价值、目标和规制路径的区别。

2. 熟悉　药事监管主体的变迁和规制机理；医疗机构药事管理的法律规制；案例分析的思路。

3. 了解　药品研究与注册管理的法律规制；药品生产、经营、上市后管理的法律规制；药事管理法律制度的发展史。

药品安全责任重于泰山。保障药品安全是推动药品产业发展的重大经济问题，是保障人民群众生命安全的重大民生问题，是推动药品产业创新的重大技术问题。为了加强药品管理，保证药品质量，推动合理用药，规范医疗服务行为，保障公众用药安全与合法权益，我国出台了一系列药事管理法律和规章制度，充分按照相关法律制度规定和要求开展工作，对于提高我国药事管理水平具有重要意义。

第一节　概　　述

一、药品的定义及标准

药品（medicine）是指用于预防、治疗、诊断人的疾病，有目的地调节人的生理机能并规定有适应症或者功能主治、用法和用量的物质，包括中药、化学药和生物制品等。2019年8月26日，中华人民共和国第十三届全国人民代表大会常务委员会第十二次会议修订通过《中华人民共和国药品管理法》（以下简称《药品管理法》），规定在中华人民共和国境内从事药品研制、生产、经营、使用和监督管理活动，适用本法。

国务院药品监督管理部门颁布的《中华人民共和国药典》和其他药品标准为国家药品标准，药品应当符合国家药品标准。经国务院药品监督管理部门核准的药品质量标准高于国家药品标准的，按照经核准的药品质量标准执行；没有国家药品标准的，应当符合经核准的药品质量标准。列入国家药品标准的药品名称为药品通用名称。已经作为药品通用名称的，该名称不得作为药品商标使用。只有符合国家药品标准的药品，才是合格药品，方可生产、经营和使用。

二、药事与药事管理的概念

药事通常是指与药品有关的事项，根据《药品管理法》关于适用范围、管理对象及主要内容的规定，“药事”是指与药品的研发、生产、经营、使用、价格、广告、信息、监督等活动有关的事项。

药事管理（pharmacy administration）是指对药学事业的综合管理，广义上来说它是人类管理活动的一部分，是运用管理科学的基本原理和研究方法对药学事业各部分的活动进行研究，总结其管理活动规律，并用以指导药学事业健康发展的社会活动。药事管理有宏观与微观之分。宏观的药事管理是指国家对药品及药事的监督管理。微观的药事管理是指药事各部门内部的管理，包括人员管理、财务管理、物资设备管理、药品质量管理、技术管理、药学信息管理、药学服务管理等工作。

2015年5月29日，中共中央政治局就健全公共安全体系进行第二十三次集体学习，习近平总书记在主持学习时强调，要牢固树立安全发展理念，努力为人民安居乐业、社会安定有序、国家长治久安编织全方位、立体化的公共安全网，要切实加强食品药品安全监管，用最严谨的标准、最严格的监管、最严厉的处罚、最严肃的问责，加快建立科学完善的食品药品安全治理体系。这体现了国家对药品安全的高度重视。2016年实施的《“健康中国2030”规划纲要》中，对完善药品供应保障体系、加强药品安全监管、促进医药产业发展做了详细的规划。在全面深化改革和法治政府建设的时代背景下，法律制度创新与药品监管改革如影随形。

三、药事管理法律制度的发展史

我国是世界上最早采用法律手段对药品进行管理的国家之一，早在封建时期就有对药品管理的规定。如唐代《唐律疏议》书云：“合和御药，误不入本方，及题封误，蛊毒以毒药药人，医违方诈疗病，医合药不如方。”这就是关于医药管理方面的刑律。

中华人民共和国成立以来，尤其是改革开放后，与药事管理有关的立法工作受到持续重视，药事管理法律制度建设经历了一个逐步完善的过程。

1978年十一届三中全会后，国家逐步提出建设社会主义法治国家的目标，在药品管理领域，1978年国务院颁布了新时期第一个纲领性药品管理文件——《药政管理条例（试行）》，卫生部和其他有关部门也颁布了一系列配套行政法规和部门规章，这些法规和规章在当时发挥了极大的作用，但同时也存在执法主体、法律责任不明确等问题。1984年9月20日，第六届全国人民代表大会常务委员会第七次会议通过了《药品管理法》，这是我国第一部全面的、综合性的药品管理法律，是我国药品管理立法历史上的里程碑，标志着我国药品管理进入法制化管理阶段。《药品管理法》于2001年、2019年进行了两次修订，其间于2013年、2015年进行了两次修正。

为保证《药品管理法》的有效实施，国务院及各部委又先后颁布了一系列行政法规和部门规章。1989年2月27日，《中华人民共和国药品管理法实施办法》发布，现已被2002年8月4日国务院公布的《中华人民共和国药品管理法实施条例》代替，并于2016年2月6日、2019年3月2日完成修订。2019年6月29日，第十三届全国人民代表大会常务委员会第十一次会议通过了《中华人民共和国疫苗管理法》（以下简称《疫苗管理法》），适用于在中华人民共和国境内从事疫苗研制、生产、流通和预防接种及其监督管理活动。这是我国对疫苗管理进行的专门立法，也是目前全世界第一部综合性的疫苗管理法，其回应了人民群众期待，着力解决疫苗管理中存在的突出问题。

药事相关法律、法规、规章以及技术标准相继出台，使我国药事管理的法律制度体系逐渐完善。目前，我国已经形成了以《药品管理法》《疫苗管理法》等法律为基础，以《医疗器械监督管理条例》《血液制品管理条例》等行政法规、《药品注册管理办法》《药物临床试验质量管理规范》等各部委的规章、《江苏省药品监督管理条例》《湖南省药品和医疗器械流通监督管理条例》等地方各级人民代表大会制定的地方性法规为重要组成部分的相对完整的药事管理法律体系，国家药品监管部门还出台了药品监管科学行动计划，实现了有法可依，有章可循。

四、我国药事监管主体

目前，我国药事监管实行分级管理，药品监管机构设到省一级，药品经营销售等行为的监管，由市县市场监管部门统一承担。

国家药品监督管理局主管全国药品监督管理工作，其主要职责如下：负责药品（含中药、民族药，下同）、医疗器械和化妆品安全监督管理；拟定监督管理政策规划，组织起草法律法规草案，拟定部门规章，并监督实施；研究拟订鼓励药品、医疗器械和化妆品新技术新产品的管理与服务政策；负责药品、医疗器械和化妆品标准管理；组织制定、公布国家药典等药品、医疗器械标准，组织拟订化妆品标准，组织制定分类管理制度，并监督实施；参与制定国家基本药物目录，配合实施国家基本药物制度；负责药品、医疗器械和化妆品注册管理；制定注册管理制度，严格上市审评审批，完善审评审批服务便利化措施，并组织实施；负责药品、医疗器械和化妆品质量管理；制定研制质量管理规范并监督实施。制定生产质量管理规范并依职责监督实施。制定经营、使用质量管理规范并指导实施；负责药品、医疗器械和化妆品上市后风险管理；组织开展药品不良反应、医疗器械不良事件和化妆品不良反应的监测、评价和处置工作；依法承担药品、医疗器械和化妆品安全应急管理工作；负责执业药师资格准入管理；制定执业药师资格准入制度，指导监督执业药师注册工作；负责组织指导药品、医疗器械和化妆品监督检查；制定检查制度，依法查处药品、医疗器械和化妆品注册环节的违法行为，依职责组织指导查处生产环节的违法行为；负责药品、医疗器械和化妆品监督管理领域对外交流与合作，参与相关国际监管规则和标准的制定等。

省级药品监督管理部门是省级人民政府的工作机构，在本辖区内履行法定的药品监督管理职能。市、县药品监督管理机构作为同级政府的工作机构，可根据需要设置，保证其相对独立的依法履行职责，保证其对药品研究、生产、流通、使用全过程的有效监管。

知识拓展

1949年，卫生部设立药政处，负责药品监督管理职能，这是国家药品监督管理部门的雏形。1978年，国家医药管理总局成立。1998年，国家药品监督管理局正式成立。2003年，国家药品监督管理局改为国家食品药品监督管理局。2013年，国家食品药品监督管理局和国务院食品安全委员会办公室合并为国家食品药品监督管理总局。2018年，国家药品监督管理局单独组建，由国家市场监督管理总局管理。这是由大部制改革向“大市场–专药品”模式发展的探索。

第二节　药品研究与注册管理

一、药品研究管理

从事药品研制活动，应当遵守《药物非临床研究质量管理规范》《药物临床试验质量管理规范》，保证药品研制全过程持续符合法定要求。非临床安全性评价研究和临床试验是其重要组成部分。

根据《药物非临床研究质量管理规范》，非临床安全性评价研究，是指为评价药物安全性，在实验室条件下用实验系统进行的试验，包括安全药理学试验、单次给药毒性试验、重复给药毒性试验、生殖毒性试验、遗传毒性试验、致癌性试验、局部毒性试验、免疫原性试验、依赖性试验、毒代动力学试验以及与评价药物安全性有关的其他试验。开展药物非临床研究，应当符合国家有关规定，有与研究项目相适应的人员、场地、设备、仪器和管理制度，保证有关数据、资料和样品的真实性。

根据《药物临床试验质量管理规范》，临床试验是指以人体（患者或健康受试者）为对象的试验，意在发现或验证某种试验药物的临床医学、药理学以及其他药效学作用、不良反应，或者试验药物的吸收、分布、代谢和排泄，以确定药物的疗效与安全性的系统性试验。开展药物临床试验，应当在具备相应条件的临床试验机构进行；应当按照国务院药品监督管理部门的规定如实报送研制方法、质量指标、药理及毒理试验结果等有关数据、资料和样品，经国务院药品监督管理部门批准。国务院药品监督管理部门应当自受理临床试验申请之日起六十个工作日内决定是否同意并通知临床试验申办者，逾期未通知的，视为同意。其中开展生物等效性试验的，报国务院药品监督管理部门备案。自2019年12月1日起，药物临床试验机构实施备案管理。2019年12月1日以前已经受理但尚未完成审批的临床试验机构资格认定申请，不再继续审批，按照规定进行备案。

二、药品注册管理

在中国境内上市的药品，应当经国务院药品监督管理部门批准，取得药品注册证书；但是，未实施审批管理的中药材和中药饮片除外。实施审批管理的中药材、中药饮片品种目录由国务院药品监督管理部门会同国务院中医药主管部门制定。

申请药品注册，应当提供真实、充分、可靠的数据、资料和样品，证明药品的安全性、有效性和质量可控性。对申请注册的药品，国务院药品监督管理部门应当组织药学、医学和其他技术人员进行审评，对药品的安全性、有效性和质量可控性，以及申请人的质量管理、风险防控和责任赔偿等能力进行审查；符合条件的，颁发药品注册证书。国务院药品监督管理部门在审批药品时，对化学原料药一并审评审批，对相关辅料、直接接触药品的包装材料和容器一并审评，对药品的质量标准、生产工艺、标签和说明书一并核准。

对治疗严重危及生命且尚无有效治疗手段的疾病以及公共卫生方面急需的药品，

药物临床试验已有数据显示疗效并能预测其临床价值的，可以附条件批准，并在药品注册证书中载明相关事项。

（一）药品注册分类

根据《药品注册管理办法》，药品注册按照中药、化学药和生物制品等进行分类注册管理。中药注册按照中药创新药、中药改良型新药、古代经典名方中药复方制剂、同名同方药等进行分类。化学药注册按照化学药创新药、化学药改良型新药、仿制药等进行分类。生物制品注册按照生物制品创新药、生物制品改良型新药、已上市生物制品（含生物类似药）等进行分类。

中药、化学药和生物制品等药品的细化分类和相应的申报资料要求，由国家药品监督管理局根据注册药品的产品特性、创新程度和审评管理需要组织制定，并向社会公布。

境外生产药品的注册申请，按照药品的细化分类和相应的申报资料要求执行。

（二）药品的一致性评价

药品的一致性评价，是国家对于仿制药质量的要求，即仿制药品要与原研药品的质量和疗效一致。《国家药品安全“十二五”规划》中提出，要全面提高仿制药质量，药品生产企业必须按《药品注册管理办法》要求，将其生产的仿制药与被仿制药进行全面对比研究，作为申报再注册的依据。我国上市的仿制药品种繁多，数量庞大，质量参差不齐，疗效大相径庭，与原研药的品质存在一定差距。进行仿制药的一致性评价，能够提升我国制药行业整体水平，促进医药产业升级和结构调整，增强在世界医药领域的竞争力，保障人们用药的安全性和有效性。

（三）药品审评审批制度改革

近年来，我国医药产业快速发展，药品医疗器械质量和标准不断提高，较好地满足了公众用药需要。但与此同时，药品和医疗器械审评审批中存在的问题也日益突出，如药品注册申请资料质量不高，审评过程中需要多次补充完善，严重影响审评审批效率；仿制药重复建设、重复申请，市场恶性竞争，部分仿制药质量与国际先进水平存在较大差距；临床急需新药的上市审批时间过长，药品研发机构和科研人员不能申请药品注册，影响药品创新的积极性等。

针对此类现象，国务院于2015年发布了《关于改革药品医疗器械审评审批制度的意见》，就药品和医疗器械审评审批制度的改革提出了突破性的意见，2019年新版《药品管理法》第二十七条规定：“国务院药品监督管理部门应当完善药品审评审批工作制度，加强能力建设，建立健全沟通交流、专家咨询等机制，优化审评审批流程，提高审评审批效率。”

根据《关于改革药品医疗器械审评审批制度的意见》，我国药品审评审批制度改革的主要任务有以下几点：提高药品审批标准；推进仿制药质量一致性评价；加快创新药审评审批；开展药品上市许可持有人制度试点；落实申请人主体责任；及时发布药品供求和注册申请信息；改进药品临床试验审批；严肃查处注册申请弄虚作假行为；简化药品审批程序，完善药品再注册制度；改革医疗器械审批方式；健全审评质量控制体系；全面公开药品医疗器械审评审批信息。

而要实现上述任务目标，就需要制定完善的保障措施来解决改革过程中可能出现的挑战：首先，及时总结药品上市许可持有人制度试点、药品注册分类改革试点进展情况，加快法律法规修订。其次，要调整收费政策。整合归并药品医疗器械注册、审批、登记收费项目。按照收支大体平衡原则，提高药品医疗器械注册收费标准，定期调整。对小微企业申请创新药品医疗器械注册收费给予适当优惠。收费收入纳入财政预算，实行收支两条线管理。审评审批工作所需经费通过财政预算安排。再次，要加强审评队伍建设。改革事业单位用人制度，面向社会招聘技术审评人才，实行合同管理，其工资和社会保障按照国家有关规定执行。根据审评需要，外聘相关专家参与有关的技术审评，明确其职责、保密责任及利益冲突回避等制度。建立首席专业岗位制度，科学设置体现技术审评、检查等特点的岗位体系，明确职责任务、工作标准和任职条件等，依照人员综合能力和水平实行按岗聘用。推进职业化的药品医疗器械检查员队伍建设。健全绩效考核制度，根据岗位职责和工作业绩，适当拉开收入差距，确保技术审评、检查人员引得进、留得住。通过政府购买服务委托符合条件的审评机构、高校和科研机构参与医疗器械和仿制药技术审评、临床试验审评、药物安全性评价等技术性审评工作。最后，加强对改革工作的协调指导，及时研究解决改革中遇到的矛盾和问题，各地区也要加强对改革的组织领导。

优化药品审评审批制度，是行政法效能原则的要求，这有助于提高审评审批效率，使得药品监督管理部门在追求公正合法的同时，也能及时、高效地实现行政任务，不断提高工作质量和工作效率；这是对药物创新的积极鼓励，有助于推动我国医药产业进步，全面提升药品质量；同时，这也是对公众需求的迅速回应，有助于推动药品可及性，尽量满足公众获取最新治疗手段的需求，保护和促进公众健康。

三、药品上市许可持有人

药品上市许可持有人制度，是《药品管理法》的核心制度、基本制度，2019年新修订的《药品管理法》为其专门设立了第三章“药品上市许可持有人”。

药品上市许可持有人是指取得药品注册证书的企业或者药品研制机构等。药品上市许可持有人应当依照规定，对药品的非临床研究、临床试验、生产经营、上市后研究、不良反应监测及报告与处理等承担责任。其他从事药品研制、生产、经营、储存、运输、使用等活动的单位和个人依法承担相应责任。药品上市许可持有人的法定代表人、主要负责人对药品质量全面负责。药品上市许可持有人应当建立药品质量保证体系，配备专门人员独立负责药品质量管理。药品上市许可持有人应当对受托药品生产企业、药品经营企业的质量管理体系进行定期审核，监督其持续具备质量保证和控制能力。

第三节 药品生产与经营管理

一、药品生产管理

（一）从事药品生产活动的基本条件

从事药品生产活动应具备以下条件：①有依法经过资格认定的药学技术人员、工程技术人员及相应的技术工人。②有与药品生产相适应的厂房、设施和卫生环境。③有能对所生产药品进行质量管理和质量检验的机构、人员及必要的仪器设备。④有保证药品质量的规章制度，并符合药品生产质量管理规范要求。

（二）药品生产许可

从事药品生产活动，应当经所在地省、自治区、直辖市人民政府药品监督管理部门批准，取得药品生产许可证。无药品生产许可证的，不得生产药品。药品生产许可证应当标明有效期和生产范围，到期重新审查发证。

（三）药品生产质量的管理

药品应当按照国家药品标准和经药品监督管理部门核准的生产工艺进行生产。生产、检验记录应当完整准确，不得编造。中药饮片应当按照国家药品标准炮制；国家药品标准没有规定的，应当按照省、自治区、直辖市人民政府药品监督管理部门制定的炮制规范炮制。省、自治区、直辖市人民政府药品监督管理部门制定的炮制规范应当报国务院药品监督管理部门备案。不符合国家药品标准或者不按照省、自治区、直辖市人民政府药品监督管理部门制定的炮制规范炮制的，不得出厂、销售。

生产药品所需的原料、辅料，应当符合药用要求、药品生产质量管理规范的有关要求。生产药品，应当按照规定对供应原料、辅料等的供应商进行审核，保证购进、使用的原料、辅料等符合规定要求。直接接触药品的包装材料和容器，应当符合药用要求，符合保障人体健康、安全的标准。对不合格的直接接触药品的包装材料和容器，由药品监督管理部门责令停止使用。

药品生产企业应当对药品进行质量检验。不符合国家药品标准的，不得出厂。药品生产企业应当建立药品出厂放行规程，明确出厂放行的标准、条件。符合标准、条件的，经质量受权人签字后方可放行。

案例讨论

【案例】2006年，某市部分患者使用某公司生产的克林霉素磷酸酯葡萄糖注射液后，出现一系列不良的临床症状。导致这起不良事件的主要原因是该公司此批次注射液未按批准的工艺参数灭菌，影响了灭菌效果。最终，此次事件导致全国16个省区报告病例93例，死亡11人。本案涉事公司涉嫌触犯《中华人民共和国刑法》第一百四十二条生产、销售劣药罪，最终有关部门根据相关法律法规对该公司进行了处罚。

【讨论】本案发生的根本原因是政府在药品监管的过程中可能存在监管不到位的现象。如何看待如果离开了药品监管部门的规制，药品市场可能存在的失灵现象？

（四）药品包装管理

首先，药品包装应当适合药品质量的要求，方便储存、运输和医疗使用。发运中药材应当有包装。在每件包装上，应当注明品名、产地、日期、供货单位，并附有质量合格的标志。

其次，药品包装应当按照规定印有或者贴有标签并附有说明书。标签或者说明书应当注明药品的通用名称、成份、规格、上市许可持有人及其地址、生产企业及其地址、批准文号、产品批号、生产日期、有效期、适应症或者功能主治、用法、用量、禁忌、不良反应和注意事项。标签、说明书中的文字应当清晰，生产日期、有效期等事项应当显著标注，容易辨识。

此外，麻醉药品、精神药品、医疗用毒性药品、放射性药品、外用药品和非处方药的标签、说明书，应当印有规定的标识。

（五）药品委托生产制度改革

旧版《药品管理法》对药品委托生产设定了较多限制，而2019年新版《药品管理法》通过全面推进药品上市许可持有人制度，放宽了对委托方资格的限定，使药品上市许可持有人，如企业高等院校、科研院所等，在未来都有可能成为药品生产委托方，充分激发了市场活力。药品委托生产是一种资源共享及双方受益的生产形式，改革的目的在于促使整个药品行业的生产资源得到合理配置，促进整个行业的科技进步和发展。作为市场主体之间的商业行为，确立药品委托生产关系应当遵循最基本的自愿原则，无须事前获得政府监管部门的许可。但药品属于特殊的产品，直接关乎消费者的生命和健康，因此，在充分发挥委托生产优势的同时，应当以"质量控制体系"为核心，签订并严格履行质量协议，以确保药品的安全性、有效性和质量可控性。《药品管理法》还对不得委托生产的药品作出了规定。

二、药品经营管理

（一）从事药品经营活动的基本条件

从事药品经营活动应当具备以下条件：①有依法经过资格认定的药师或者其他药学技术人员。②有与所经营药品相适应的营业场所、设备、仓储设施和卫生环境。③有与所经营药品相适应的质量管理机构或者人员。④有保证药品质量的规章制度，并符合国家药品经营质量管理规范要求。

（二）药品经营许可

从事药品批发活动，应当经所在地省、自治区、直辖市人民政府药品监督管理部门批准，取得药品经营许可证。从事药品零售活动，应当经所在地县级以上地方人民政府药品监督管理部门批准，取得药品经营许可证。无药品经营许可证的，不得经营药品。药品经营许可证应当标明有效期和经营范围，到期重新审查发证。

药品监督管理部门实施药品经营许可，除符合上述基本条件外，还应当遵循方便群众购药的原则。

（三）药品经营企业的质量管理

从事药品经营活动，应当遵守药品经营质量管理规范，建立健全药品经营质量管理体系，保证药品经营全过程持续符合法定要求。国家鼓励、引导药品零售连锁经营。从事药品零售连锁经营活动的企业总部，应当建立统一的质量管理制度，对所属零售企业的经营活动履行管理责任。药品经营企业的法定代表人、主要负责人对本企业的药品经营活动全面负责。

药品经营企业购销药品，应当有真实、完整的购销记录。购销记录应当注明药品的通用名称、剂型、规格、产品批号、有效期、上市许可持有人、生产企业、购销单位、购销数量、购销价格、购销日期及国务院药品监督管理部门规定的其他内容。药品经营企业零售药品应当准确无误，并正确说明用法、用量和注意事项；调配处方应当经过核对，对处方所列药品不得擅自更改或者代用。对有配伍禁忌或者超剂量的处方，应当拒绝调配；必要时，经处方医师更正或者重新签字，方可调配。药品经营企业销售中药材，应当标明产地。依法经过资格认定的药师或者其他药学技术人员负责本企业的药品管理、处方审核和调配、合理用药指导等工作。

药品经营企业应当制定和执行药品保管制度，采取必要的冷藏、防冻、防潮、防虫、防鼠等措施，保证药品质量。药品入库和出库应当执行检查制度。

案例讨论

【案例】2008年某医院6名患者使用某制药厂生产的中药注射液之后出现严重不良反应，其中3例死亡。检验结果显示，某制药厂生产的中药注射液部分批号的部分样品有被细菌污染的问题。后经调查发现该药厂销售经理张某因部分注射液外包装及药瓶破损、受污染，向制药厂申请新包装，制药厂质量保证部部长王某等审批通过并提供了新包装，张某更换包装后将该批注射液销售给了医院。

【讨论】本案中，制药厂更换药品标签包装的行为严重违反了我国药品管理法及药品标签管理法的相关规定，反映了我国药品（注射液）市场的不规范。但个案问题不代表全貌，该如何找出针对性措施，提高中药注射剂的用药安全？

（四）网络经营药品的质量管理

药品上市许可持有人、药品经营企业通过网络销售药品，应当遵守药品经营的有关规定。具体管理办法由国务院药品监督管理部门会同国务院卫生健康主管部门等部门制定。疫苗、血液制品、麻醉药品、精神药品、医疗用毒性药品、放射性药品、药品类易制毒化学品等国家实行特殊管理的药品不得在网络上销售。

药品网络交易第三方平台提供者应当按照国务院药品监督管理部门的规定，向所在地省、自治区、直辖市人民政府药品监督管理部门备案。第三方平台提供者应当依法对申请进入平台经营的药品上市许可持有人、药品经营企业的资质等进行审核，保证其符合法定要求，并对发生在平台的药品经营行为进行管理。

第三方平台提供者发现进入平台经营的药品上市许可持有人、药品经营企业有违反规定行为的，应当及时制止并立即报告所在地县级人民政府药品监督管理部门；发现严重违法行为的，应当立即停止提供网络交易平台服务。

三、药品质量管理规范

《药品生产质量管理规范》（GMP）和《药品经营质量管理规范》（GSP）是药品生产企业和药品经营企业质量管理体系的一部分，是药品生产、经营管理和质量控制的基本要求。旧版《药品管理法》将药品GMP认证和GSP认证作为法定的强制性认证。但这一认证制度存在实施不灵、认证烦琐、认证程序重复和监管活动重复等缺陷。因此，2019年新版《药品管理法》规定，从事药品生产活动，应当遵守药品生产质量管理规范，建立健全药品生产质量管理体系，保证药品生产全过程持续符合法定要求。从事药品经营活动，应当遵守药品经营质量管理规范，建立健全药品经营质量管理体系，保证药品经营全过程持续符合法定要求。由此，药品GMP认证和药品GSP认证被取消，但仍要求药品生产经营全过程持续符合法定要求。这有助于减少相对人守法负担，有助于更好发挥药品生产经营企业在政策执行网络中的能动作用。

推行药品审评审批制度，改革药品委托生产制度，取消药品认证制度，都是强化事中事后监管的规制，这彰显了简政放权的改革理念，将更好地确保药品安全、有效、可及。在深化简政放权、减少事前监管、转变监管理念的背景下，有必要将关口后移，加强事中事后监管，这有助于减少监管成本，聚焦监管重心，让“好钢用在刀刃上”。

四、药品上市后管理

（一）许可持有人的风险管理职责

药品上市许可持有人应当制定药品上市后风险管理计划，主动开展药品上市后研究，对药品的安全性、有效性和质量可控性进行进一步确证，加强对已上市药品的持续管理。

对附条件批准的药品，药品上市许可持有人应当采取相应风险管理措施，并在规定期限内按照要求完成相关研究；逾期未按照要求完成研究或者不能证明其获益大于风险的，国务院药品监督管理部门应当依法处理，直至注销药品注册证书。

（二）不良反应监测

药品上市许可持有人应当开展药品上市后不良反应监测，主动收集、跟踪分析疑似药品不良反应信息，对已识别风险的药品及时采取风险控制措施。药品上市许可持有人、药品生产企业、药品经营企业和医疗机构应当经常考察本单位所生产、经营、使用的药品质量、疗效和不良反应。发现疑似不良反应的，应当及时向药品监督管理部门和卫生健康主管部门报告。对已确认发生严重不良反应的药品，由国务院药品监督管理部门或者省、自治区、直辖市人民政府药品监督管理部门根据实际情况采取停止生产、销售、使用等紧急控制措施，并应当在五日内组织鉴定，自鉴定结论作出之日起十五日内依法作出行政处理决定。

（三）停止生产、销售及召回政策

药品存在质量问题或者其他安全隐患的，药品上市许可持有人应当立即停止销售，告知相关药品经营企业和医疗机构停止销售和使用，召回已销售的药品，及时公开召回信息，必要时应当立即停止生产，并将药品召回和处理情况向省、自治区、直辖市人民政府药品监督管理部门和卫生健康主管部门报告。药品生产企业、药品经营企业和医疗机构应当配合。

（四）药品上市后评价

药品上市许可持有人应当对已上市药品的安全性、有效性和质量可控性定期开展上市后评价。必要时，国务院药品监督管理部门可以责令药品上市许可持有人开展上市后评价或者直接组织开展上市后评价。经评价，对疗效不确切、不良反应大或者因其他原因危害人体健康的药品，应当注销药品注册证书。已被注销药品注册证书的药品，不得生产或者进口、销售和使用。已被注销药品注册证书、超过有效期等的药品，应当由药品监督管理部门监督销毁或者依法采取其他无害化处理等措施。

知识拓展

县级以上人民政府应当制定药品安全事件应急预案。药品上市许可持有人、药品生产企业、药品经营企业和医疗机构等应当制定本单位的药品安全事件处置方案，并组织开展培训和应急演练。发生药品安全事件，县级以上人民政府应当按照应急预案立即组织开展应对工作；有关单位应当立即采取有效措施进行处置，防止危害扩大。

五、药品质量法律责任

有下列情形之一的，为假药：①药品所含成分与国家药品标准规定的成分不符。②以非药品冒充药品或者以他种药品冒充此种药品。③变质的药品。④药品所标明的适应证或者功能主治超出规定范围。

有下列情形之一的，为劣药：①药品成分的含量不符合国家药品标准。②被污染的药品。③未标明或者更改有效期的药品。④未注明或者更改产品批号的药品。⑤超过有效期的药品。⑥擅自添加防腐剂、辅料的药品。⑦其他不符合药品标准的药品。

案例讨论

【案例】2018年王某之父在某地肿瘤医院入住治疗期间，某主任医师向王某推荐了未经批准的进口药“卡博替尼”，并让其自行购买。后王某父亲去世，王某将该主任医师和肿瘤医院告上了法庭。

【讨论】本案的争议点在于，没有经过批准进口的药品到底算不算“假药”。依照旧版《药品管理法》有关规定，“卡博替尼”为必须批准而未经批准进口的药品，属于“假药”。此事件引发了社会的广泛关注，并推动《药品管理法》加快进入修改议程。2019年新版《药品管理法》修订后，对何谓假药劣药作出了新的规定：进口国内未批的境外合法新药不再按假药论处。请问通过这一事件，你如何看待“假药”定义的修改呢?

第四节　医疗机构药事管理

一、药品采购存储管理

医疗机构购进药品，应当建立并执行进货检查验收制度，验明药品合格证明和其他标识；不符合规定要求的，不得购进和使用。

医疗机构应当有与所使用药品相适应的场所、设备、仓储设施和卫生环境，制定和执行药品保管制度，采取必要的冷藏、防冻、防潮、防虫、防鼠等措施，保证药品质量。

二、处方管理

（一）处方权的获取及取消

医疗机构应当按照有关规定，对本机构执业医师和药师进行麻醉药品和精神药品使用知识和规范化管理的培训。执业医师经考核合格后取得麻醉药品和第一类精神药品的处方权，药师经考核合格后取得麻醉药品和第一类精神药品调剂资格。

医师取得麻醉药品和第一类精神药品处方权后，方可在本机构开具麻醉药品和第一类精神药品处方，但不得为自己开具该类药品处方。药师取得麻醉药品和第一类精神药品调剂资格后，方可在本机构调剂麻醉药品和第一类精神药品。

试用期人员开具处方，应当经所在医疗机构有处方权的执业医师审核并签名或加盖专用签章后方有效。进修医师由接收进修的医疗机构对其胜任本专业工作的实际情况进行认定后授予相应的处方权。

医疗机构应当对出现超常处方3次以上且无正当理由的医师提出警告，限制其处方权；限制处方权后，仍连续2次以上出现超常处方且无正当理由的，取消其处方权。

医师出现下列情形之一的，处方权由其所在医疗机构予以取消：被责令暂停执业；考核不合格离岗培训期间；被注销、吊销执业证书；不按照规定开具处方，造成严重后果的；不按照规定使用药品，造成严重后果的；因开具处方牟取私利。

（二）处方的管理

医疗机构应当根据本机构性质、功能、任务，制定药品处方集，并应当加强对本机构处方开具、调剂和保管的管理。

处方由调剂处方药品的医疗机构妥善保存。普通处方、急诊处方、儿科处方保存期限为1年，医疗用毒性药品、第二类精神药品处方保存期限为2年，麻醉药品和第一类精神药品处方保存期限为3年。

处方保存期满后，经医疗机构主要负责人批准、登记备案，方可销毁。

（三）医疗机构的处方监督管理责任

第一，医疗机构应当坚持安全有效、经济合理的用药原则，遵循药品临床应用指导原则、临床诊疗指南和药品说明书等合理用药，对医师处方、用药医嘱的适宜性进行审核。医疗机构以外的其他药品使用单位，应当遵守有关医疗机构使用药品的规定。

依法经过资格认定的药师或者其他药学技术人员调配处方，应当进行核对，对处方所列药品不得擅自更改或者代用。对有配伍禁忌或者超剂量的处方，应当拒绝调配；必要时，经处方医师更正或者重新签字，方可调配。

第二，医疗机构应当按照经药品监督管理部门批准并公布的药品通用名称购进药品。同一通用名称药品的品种，注射剂型和口服剂型各不得超过2种，处方组成类同的复方制剂1~2种。因特殊诊疗需要使用其他剂型和剂量规格药品的情况除外。

第三，医疗机构应当建立处方点评制度，填写处方评价表，对处方实施动态监测及超常预警，登记并通报不合理处方，对不合理用药及时予以干预。

三、制剂管理

（一）配制制剂许可要求

医疗机构配制制剂，应当经所在地省、自治区、直辖市人民政府药品监督管理部门批准，取得医疗机构制剂许可证。无医疗机构制剂许可证的，不得配制制剂。医疗机构制剂许可证应当标明有效期，到期重新审查发证。

（二）配制制剂质量管理规范

医疗机构配制的制剂，应当是本单位临床需要而市场上没有供应的品种，并应当经所在地省、自治区、直辖市人民政府药品监督管理部门批准；但是，法律对配制中药制剂另有规定的除外。

医疗机构配制制剂，应当有能够保证制剂质量的设施、管理制度、检验仪器和卫生环境。医疗机构配制制剂，应当按照经核准的工艺进行，所需的原料、辅料和包装材料等应当符合药用要求。

医疗机构配制的制剂应当按照规定进行质量检验；合格的，凭医师处方在本单位使用。

（三）医疗机构制剂使用规定

经国务院药品监督管理部门或者省、自治区、直辖市人民政府药品监督管理部门批准，医疗机构配制的制剂可以在指定的医疗机构之间调剂使用。医疗机构配制的制剂不得在市场上销售。

四、药物临床应用管理

药物临床应用管理是对医疗机构临床诊断、预防和治疗疾病用药全过程实施监督管理。医疗机构应当遵循安全、有效、经济的合理用药原则，尊重患者对药品使用的知情权和隐私权。

根据《医疗机构药事管理规定》，医疗机构对药物临床应用的管理应该遵循如下规制：医疗机构应当依据国家基本药物制度，抗菌药物临床应用指导原则和中成药临床应用指导原则，制定本机构基本药物临床应用管理办法，建立并落实抗菌药物临床应用分级管理制度；应当建立由医师、临床药师和护士组成的临床治疗团队，开展临床合理用药工作；应当遵循有关药物临床应用指导原则、临床路径、临床诊疗指南和药品说明书等合理使用药物；对医师处方、用药医嘱的适宜性进行审核；应当配备临床药师；临床药师应当全职参与临床药物治疗工作，对患者进行用药教育，指导患者安全用药；应当建立临床用药监测、评价和超常预警制度，对药物临床使用安全性、有效性和经济性进行监测、分析、评估，实施处方和用药医嘱点评与干预；医疗机构应当建立药品不良反应、用药错误和药品损害事件监测报告制度；应当结合临床和药物治疗，开展临床药学和药学研究工作，并提供必要的工作条件，制订相应管理制度，加强领导与管理。

五、药事管理组织

（一）药事管理与药物治疗学委员会

二级以上医院应当设立药事管理与药物治疗学委员会；其他医疗机构应当成立药事管理与药物治疗学组。

二级以上医院药事管理与药物治疗学委员会委员由具有高级技术职务任职资格的药学、临床医学、护理和医院感染管理、医疗行政管理等人员组成。

成立医疗机构药事管理与药物治疗学组的医疗机构由药学、医务、护理、医院感染、临床科室等部门负责人和具有药师、医师以上专业技术职务任职资格人员组成。

医疗机构负责人任药事管理与药物治疗学委员会（组）主任委员，药学和医务部门负责人任药事管理与药物治疗学委员会（组）副主任委员。

（二）药事管理与药物治疗学委员会的职责

药事管理与药物治疗学委员会（组）应当建立健全相应工作制度，日常工作由药学部门负责。其具体职责如下：贯彻执行医疗卫生及药事管理等有关法律、法规、规章。审核制定本机构药事管理和药学工作规章制度，并监督实施；制定本机构药品处方集和基本用药供应目录；推动药物治疗相关临床诊疗指南和药物临床应用指导原则的制定与实施，监测、评估本机构药物使用情况，提出干预和改进措施，指导临床合理用药；分析、评估用药风险和药品不良反应、药品损害事件，并提供咨询与指导；建立药品遴选制度，审核本机构临床科室申请的新购入药品、调整药品品种或者供应企业和申报医院制剂等事宜；监督、指导麻醉药品、精神药品、医疗用毒性药品及放射性药品的临床使用与规范化管理；对医务人员进行有关药事管理法律法规、规章制度和合理用药知识的教育培训；向公众宣传安全用药知识。

第五节　特殊药品管理与疫苗的管理

一、特殊药品管理

特殊药品管理不善或使用不当，容易造成对人体健康、公共卫生和社会治安的危害。我国《药品管理法》规定，国家对疫苗、血液制品、麻醉药品、精神药品、医疗用毒性药品、放射性药品、药品类易制毒化学品等实行特殊管理，对这些特殊药品的研制、生产、运输、销售和使用等分别制定了管理办法。

疫苗，是指为预防、控制疾病的发生、流行，用于人体免疫接种的预防性生物制品，包括免疫规划疫苗和非免疫规划疫苗。《疫苗管理法》规定国家对疫苗实行最严格的管理制度。

血液制品，是特指各种人血浆蛋白制品。《血液制品管理条例》规定国务院卫生行政部门对全国的原料血浆的采集、供应和血液制品的生产、经营活动实施监督管理。

麻醉药品和精神药品，是指列入麻醉药品目录、精神药品目录（以下称目录）的药品和其他物质。《麻醉药品和精神药品管理条例》规定国家对麻醉药品药用原植物以及麻醉药品和精神药品实行管制。除另有规定的外，任何单位、个人不得进行麻醉药品药用原植物的种植以及麻醉药品和精神药品的实验研究、生产、经营、使用、储存、运输等活动。

医疗用毒性药品，是指毒性剧烈、治疗剂量与中毒剂量相近，使用不当会致人中毒或死亡的药品。《医疗用毒性药品管理办法》是为加强医疗用毒性药品的管理，防止中毒或死亡事故的发生而制定。

放射性药品是指用于临床诊断或者治疗的放射性核素制剂或者其标记药物，凡在中华人民共和国领域内进行放射性药品的研究、生产、经营、运输、使用、检验、监督管理的单位和个人都必须遵守《放射性药品管理办法》。

易制毒化学品分为三类：第一类是可以用于制毒的主要原料，第二类、第三类是可以用于制毒的化学配剂。按照《易制毒化学品管理条例》对易制毒化学品的生产、经营、购买、运输和进口、出口实行分类管理和许可制度。

二、疫苗管理

一般药品是针对患病人群的治疗疾病的物质，而疫苗是针对健康人群以预防疾病的生物制品，属于特殊管理药品，针对疫苗的一些特殊规定在《疫苗管理法》里进行了规制。

从法理上说《药品管理法》是一般法，《疫苗管理法》是特别法。两部法的关系在《疫苗管理法》中已经作出了明确的规定:《疫苗管理法》有规定的，首先适用《疫苗管理法》，疫苗管理法没有规定的，适用《药品管理法》。《疫苗管理法》中规定，国家对疫苗实行最严格的管理制度，坚持安全第一、风险管理、全程管控、科学监管、社会共治。

《药品管理法》作为一般法，基本原则都是适用疫苗的，但疫苗管理比普通药品更加严格、全面，在制度设计中充分体现了药品食品领域“四个最严”（最严谨的标准、最严格的监管、最严厉的处罚、最严肃的问责）的要求。国家对疫苗的特殊管理体现在以下几方面。

（一）落实各方责任

1. 进一步强化企业主体责任 要求疫苗上市许可持有人加强疫苗全生命周期质量管理，对疫苗的安全性、有效性和质量可控性负责。

2. 进一步明确地方政府属地责任 国务院和省、自治区、直辖市人民政府建立部门协调机制，统筹协调疫苗监督管理有关工作，定期分析疫苗安全形势，加强疫苗监督管理，保障疫苗供应。

县级以上地方人民政府对本行政区域疫苗监督管理工作负责，统一领导、组织、协调本行政区域疫苗监督管理工作。

要求县级以上人民政府将疫苗安全工作和预防接种工作纳入本级国民经济和社会发展规划，加强疫苗监督管理能力建设，建立健全疫苗监督管理工作机制。

3. 进一步明晰相关部门监管职责 国务院药品监督管理部门负责全国疫苗监督管理工作。国务院卫生健康主管部门负责全国预防接种监督管理工作。国务院其他有关部门在各自职责范围内负责与疫苗有关的监督管理工作。省、自治区、直辖市人民政府药品监督管理部门负责本行政区域疫苗监督管理工作。

设区的市级、县级人民政府承担药品监督管理职责的部门负责本行政区域疫苗监督管理工作。县级以上地方人民政府卫生健康主管部门负责本行政区域预防接种监督管理工作。县级以上地方人民政府其他有关部门在各自职责范围内负责与疫苗有关的监督管理工作。

药品监督管理部门依法对疫苗研制、生产、储存、运输以及预防接种中的疫苗质量进行监督检查。卫生健康主管部门依法对免疫规划制度的实施、预防接种活动进行监督检查。

4. 其他主体职责 各级人民政府及其有关部门、疾病预防控制机构、接种单位、疫苗上市许可持有人和疫苗行业协会等应当通过全国儿童预防接种日等活动定期开展疫苗安全法律、法规以及预防接种知识等的宣传教育、普及工作。

新闻媒体应当开展疫苗安全法律、法规以及预防接种知识等的公益宣传，并对疫苗违法行为进行舆论监督。有关疫苗的宣传报道应当全面、科学、客观、公正。

疫苗行业协会应当加强行业自律，建立健全行业规范，推动行业诚信体系建设，引导和督促会员依法开展生产经营等活动。

（二）强化各环节监管措施

1. 建立健全疫苗全生命周期质量管理体系 疫苗上市许可持有人应当加强疫苗全生命周期质量管理，对疫苗的安全性、有效性和质量可控性负责。从事疫苗研制、生产、流通和预防接种活动的单位和个人，应当遵守法律、法规、规章、标准和规范，保证全过程信息真实、准确、完整和可追溯，依法承担责任，接受社会监督。

2. 实行疫苗全程电子追溯制度 疫苗管理实行“一物一码”实名制，一旦发生问题立刻明确问题所在环节，从而责任到人。

国务院药品监督管理部门会同国务院卫生健康主管部门制定统一的疫苗追溯标准和规范，建立全国疫苗电子追溯协同平台，整合疫苗生产、流通和预防接种全过程追溯信息，实现疫苗可追溯。疫苗上市许可持有人应当建立疫苗电子追溯系统，与全国疫苗电子追溯协同平台相衔接，实现生产、流通和预防接种全过程最小包装单位疫苗可追溯、可核查。疾病预防控制机构、接种单位应当依法如实记录疫苗流通、预防接种等情况，并按照规定向全国疫苗电子追溯协同平台提供追溯信息。

3. 要求疫苗上市许可持有人建立完整的生产质量管理体系 对疫苗生产实行严格准入制度。要求生产过程持续地符合核定的工艺和质量控制标准，按照规定对疫苗生产的全过程进行审核和检验。并采用电子化手段记录生产、检验数据，确保生产全过程持续符合法定要求。

4. 疫苗批签发要求逐批进行资料审核和抽样检验 每批产品上市前都应经过批签发机构的审核和检验，批签发检验项目和检验频次根据疫苗质量风险评估情况动态调整。批签发发现质量风险的立即采取风险控制措施。

对疫苗进行质量跟踪分析，持续提升质量控制标准。建立疫苗质量回顾分析和风险报告制度，每年报告生产流通、上市后研究和风险管理等情况。

5. 实行“疫苗责任强制保险制度” 疫苗上市许可持有人应当按照规定投保疫苗责任强制保险。因疫苗质量问题造成受种者损害的，保险公司在承保的责任限额内予以赔付。

6. 确保疫苗接种安全有效 对接种单位的设置、人员资质及冷链作出严格规定，并要求医疗卫生人员在接种前、接种时、接种后严格按照要求提供预防接种服务。

7. 生物安全管理制度 疫苗研制、生产、检验等过程中应当建立健全生物安全管理制度，严格控制生物安全风险，加强菌毒株等病原微生物的生物安全管理，保护操作人员和公众的健康，保证菌毒株等病原微生物用途合法、正当。疫苗研制、生产、检验等使用的菌毒株和细胞株，应当明确历史、生物学特征、代次，建立详细档案，保证来源合法、清晰、可追溯；来源不明的，不得使用。

案例讨论

【案例】2017年，某生物科技有限公司和某生物制品公司生产的各一批次百白破疫苗效价指标不符合标准规定，被主管部门责令查明流向，并要求立即停止使用不合格产品。经检查，某生物科技有限公司生产的该批次疫苗全部销往某省疾病预防控制中心；某生物制品公司生产的疫苗销往某市和某省疾病预防控制中心。

【讨论】疫苗从研发到上市流通的全过程中，如何从立法–执法–司法–守法四环节进行规制？通过此次事件，如何深刻理解习近平法治思想贯彻落实到全面依法治国各方面和全过程，更好地转化为全面建设社会主义法治国家的生动实践？试分析公共卫生法治保障体系中，药品和疫苗的分配机制如何达到健康公平的目标。

（三）进一步强调信息公开

1. 信息共享机制 国务院药品监督管理部门会同国务院卫生健康主管部门等建立疫苗质量、预防接种等信息共享机制。要求监管部门及时公布批准疫苗的说明书、标签内容和上市销售疫苗的批签发结果。

2. 要求疫苗上市许可持有人建立信息公开制度 按规定及时公开疫苗产品信息、说明书和标签、药品相关质量管理规范执行情况、批签发情况、召回情况、接受检查和处罚情况以及投保疫苗责任强制保险情况等信息。《疫苗管理法》明确了不履行公开义务的法律责任，如疫苗上市许可持有人未按照规定建立信息公开制度的，由省级以上人民政府药品监督管理部门责令改正，给予警告。拒不改正的，处一定数额的罚款。情节严重的，责令停产停业整顿，并处罚款。

3. 实行疫苗安全信息统一公布制度 疫苗安全风险警示信息、重大疫苗安全事故及其调查处理信息和国务院确定需要统一公布的其他疫苗安全信息，由国务院药品监督管理部门会同有关部门公布。全国预防接种异常反应报告情况，由国务院卫生健康主管部门会同国务院药品监督管理部门统一公布。

4. 强调风险信息沟通交流　要求公布重大疫苗安全信息时要及时、准确、全面，按照规定进行科学评估，作出必要的解释说明。省级以上药监部门、卫生健康主管部门等应当按照科学、客观、及时、公开的原则，组织疫苗上市许可持有人、疾病预防控制机构、接种单位、新闻媒体、科研单位等，就疫苗质量和预防接种等信息进行交流沟通。

（四）鼓励疫苗创新

国家支持疫苗基础研究和应用研究，促进疫苗研制和创新，将预防、控制重大疾病的疫苗研制、生产和储备纳入国家战略。支持疫苗产业发展和结构优化，鼓励疫苗生产规模化、集约化，不断地提升疫苗生产工艺和质量水平。支持多联多价疫苗等新型疫苗的研制，组织疫苗上市许可持有人、科研单位、医疗机构联合攻关，研制疾病预防控制急需的疫苗。鼓励疫苗上市许可持有人加大研制和创新资金的投入，优化生产工艺，提升质量控制水平，推动疫苗的技术进步。对于创新的疫苗实行优先审评审批。

知识链接

面对新冠肺炎疫情，习近平总书记强调，战胜疫情离不开科技支撑，要综合多学科力量加快科研攻关，在坚持科学性、确保安全性的基础上加快疫苗研发进度，力争早日取得突破，尽快拿出切实管用的研究成果。2020年12月31日，国药集团中国生物新冠灭活疫苗已获得国家药品监督管理局批准附条件上市。

（五）进一步强化监管能力建设

《疫苗管理法》明确规定国家建设中央和省级两级职业化、专业化药品检查员队伍，加强对疫苗的监督检查。要抓好质量管理体系建设，全力做好疫苗国家监管体系（NRA）评估工作。经过2011年和2014年两次通过世界卫生组织疫苗国家监管体系评估，中国国家疫苗监管体系更加完善，监管工作更加规范，监管效能不断提高。

（六）进一步严格责任追究

严格责任追究体现了“四个最严”的根本要求。对履职不力的地方人民政府和不履行或者不有效履行监督检查职责的药品监督管理部门、卫生健康主管部门的责任人员，规定了严厉的处理措施。对假疫苗、劣疫苗，对数据造假、资料造假，骗取公众信任，对违反有关质量管理规范、运输管理规范，特别是运输过程中冷链的管理规范的违法者，均应依法严肃处理。

法律责任强调处罚到人，除“法定代表人”“主要负责人”“直接负责的主管人员”等之外，还包括“关键岗位人员”“其他责任人员”等。

提高违法成本，如由现行法规中处以货值2~5倍罚款等民事处罚，上升到处以15倍以上、50倍以下罚款，5~15日行政拘留，10年至终身禁入市场等处罚。

强化信用惩戒，建立信用记录制度，严重违法行为均纳入全国信用信息共享平台，公示疫苗上市许可持有人及相关人员的严重失信信息，实施联合惩戒。

本章小结

1. 药事管理（pharmacy administration）是指对药学事业的综合管理。我国已经形成了以《药品管理法》等法律为基础的药事管理法律体系。

2. 从事药品研制活动，应当遵守《药物非临床研究质量管理规范》《药物临床试验质量管理规范》等。根据《药品注册管理办法》，我国积极实施药品审评审批制度改革，仿制药注册需要开展药品一致性评价等。

3. 药品的生产经营需要具备基本的条件，取得生产经营许可，按照生产和经营质量管理规范进行。

4. 医疗机构药品管理涉及采购、处方管理、制剂管理、药物临床应用管理、药事管理组织体系建设等内容。

5. 我国对疫苗、血液制品、麻醉药品、精神药品、医疗用毒性药品、放射性药品、药品类易制毒化学品等实行特殊管理。

（胡汝为）

第十章　健康相关产品法律制度

学习目标

1. 掌握　医疗机构血液管理的职责、血站的采供血要求的相关法律规定。

2. 熟悉　医疗器械生产、经营和使用管理的相关规定。

3. 了解　食品生产、经营和管理相关规定以及食品安全事故处置的具体要求。

卫生健康事业是一项复杂的系统工程，涉及面广，相关产业体系庞大。健康相关产品是卫生健康系统正常运转必不可少的基础物质要素。健康相关产品种类繁多，从食品、血液制品、医疗器械与用品到保健食品、化妆品、饮用水和消毒产品等，每一种产品都对公众健康产生重要影响，需要建立完善的法律制度和规范，才能保证卫生健康工作可持续发展。我国的健康相关产品法律制度，在实践探索中不断完善，学习者全面了解相关产品的法律规定和要求，有利于更好地依法依规开展工作。

第一节　健康相关产品概述

一、健康相关产品的概念和特征

（一）健康相关产品的概念

健康相关产品，广义上是指一切与人体生命健康相关的产品；狭义上是指能够直接或间接影响人体健康状态，并非对人体疾病起直接治疗作用的产品，包括食品、保健品、饮用水、消毒产品等。

（二）健康相关产品的特征

1. 依附于健康内涵的属性 健康是指人身体上、心理上和社会上的完好状态或正常状态，是人类对美好生活的追求。健康相关产品是与维护人的健康相关，保障自然人得以高质量生存的产品，带有以人的生命健康为追求的属性，其质量的好坏直接影响人的生命和健康。

2. 依附于产品质量的严格责任 健康相关产品属于产品，但由于直接与人体健康相关联，当出现质量问题对人体健康会产生直接损害性，因此，对健康相关产品的质量要求必须更加严格，出现质量不合格，特别是造成严重健康损害时，更多适用无过错归责原则和惩罚性赔偿。

3. 功能上的多样性和正作用 健康相关产品在功能上既可防治疾病，也可对人体的生理机能进行调节与改善，既可迅速改变人体生理功能，也可缓慢改变，而且大多在正常使用情形下对人体生理功能起正作用。

二、健康相关产品命名原则

（一）合法性原则

对健康相关产品的命名必须符合国家有关法律、法规、规章、标准、规范的规定，禁止使用：①消费者不易理解的专业术语及地方方言。②虚假、夸大和绝对化的词语，如“特效”“高效”“奇效”“广谱”“第×代”等。③庸俗或带有封建迷信色彩的词语。④已经批准的药品名。⑤外文字母、汉语拼音、符号等（表示型号的除外），如为注册商标或必须用外文字母、符号的，需在说明书中用中文说明。⑥非药品广告不得涉及药品的宣传。

（二）真实性原则

健康相关产品的命名应反映产品的真实属性，简明、易懂，符合中文语言习惯；名称由商标名、通用名、属性名三部分组成，器械类产品名称还应当有产品型号。健康相关产品的商标名、通用名、属性名、产品型号必须符合下列要求：①商标名应当符合国家有关法规的规定，一般采用产品的注册商标。健康相关产品不得使用有夸大功能或误导消费者的商标。②通用名应当准确、科学，可以是表明主要原料、主要功效成分或产品功能的文字，但不得使用明示或暗示治疗作用的文字。③属性名应当表明产品的客观形态，不得使用抽象名称。但消费者已知晓其属性的传统产品，可省略属性名，如口红、胭脂、眼影等。④产品型号应当反映该产品的特点，如材质、体积、容量、先进程度等。

第二节　食品安全法律制度

一、概述

（一）食品及食品安全概念

食品，指各种供人食用或者饮用的成品和原料，以及按照传统既是食品又是中药材的物品，但是不包括以治疗为目的的物品。

食品安全，指食品无毒、无害，符合应当有的营养要求，对人体健康不造成任何急性、亚急性或者慢性危害。

（二）食品安全法制建设历程

1995年10月30日，第八届全国人民代表大会常务委员会第十六次会议通过了《中华人民共和国食品卫生法》，明确了食品卫生监督执法的主体是各级政府卫生行政机关，强化了其执法责任。2009年，《中华人民共和国食品安全法》（以下简称《食品安全法》）及其实施条例陆续出台，标志着我国食品安全法制建设进入一个全新的历史阶段。2015年4月24日，第十二届全国人民代表大会常务委员会第十四次会议对《食品安全法》进行了修订；2018年12月29日，第十三届全国人民代表大会常务委员会第七次会议《关于修改〈中华人民共和国产品质量法〉等五部法律的决定》对其进行了第二次修订；2021年4月29日，第十三届全国人民代表大会常务委员会第二十八次会议《关于修改〈中华人民共和国道路交通安全法〉等八部法律的决定》对其进行了第三次修订。

（三）《食品安全法》的适用范围

《食品安全法》适用范围包括：在中华人民共和国境内从事食品生产和加工，食品销售和餐饮服务；食品添加剂的生产经营；用于食品的包装材料、容器、洗涤剂、消毒剂和用于食品生产经营的工具、设备的生产经营；食品生产经营者使用食品添加剂、食品相关产品；食品的贮存和运输；对食品、食品添加剂、食品相关产品的安全管理；食用农产品的市场销售、有关质量安全标准的制定、有关安全信息的公布；部分农业投入品的管理等。

二、食品安全风险监测与评估

（一）食品安全风险监测

食品安全风险监测，是通过系统和持续地收集食源性疾病、食品污染以及食品中有害因素的监测数据及相关信息，并进行综合分析和及时通报的活动。2010年卫生部等五部门联合发布《食品安全风险监测管理规定》，首次对食品安全风险监测进行了法律意义上的界定与约束。

（二）食品安全风险评估及其流程

食品安全风险评估，指运用科学方法，根据食品安全风险监测信息、科学数据以及有关信息，对食品、食品添加剂、食品相关产品中生物性、化学性和物理性危害，对人体健康可能造成不良影响所进行的科学评估，包括危害识别、危害特征描述、暴露评估、风险特征描述等。

食品安全风险评估的工作流程：国务院卫生行政部门负责组织食品安全风险评估工作，成立由医学、农业、食品、营养、生物、环境等方面的专家组成的食品安全风险评估专家委员会进行食品安全风险评估，并及时将食品安全风险评估结果通报国务院有关部门，评估结果由国务院卫生行政部门公布，并由国家食品安全风险评估专家委员会负责解释。

三、食品安全标准与食品检验

（一）食品安全标准概念、体系及内容

食品安全标准是指为了保证食品安全，对食品生产经营过程中影响食品安全的各种要素以及各关键环节所规定的统一技术要求。我国食品安全标准体系由食品安全国家标准、地方标准和企业标准组成。

食品安全标准包括八项内容：①食品、食品添加剂、食品相关产品中的致病性微生物，农药残留、兽药残留、生物毒素、重金属等污染物质以及其他危害人体健康物质的限量规定。②食品添加剂的品种、使用范围、用量。③专供婴幼儿和其他特定人群的主辅食品的营养成分要求。④对与卫生、营养等食品安全要求有关的标签、标志、说明书的要求。⑤食品生产经营过程的卫生要求。⑥与食品安全有关的质量要求。⑦与食品安全有关的食品检验方法与规程。⑧其他需要制定为食品安全标准的内容。

（二）食品检验及食品检验机构

食品检验是指食品检验机构根据有关国家标准，对食品原料、辅助材料、成本质量和安全性进行的检验，包括对食品理化指标、卫生指标、外观特性及外包装、内包装、标识等进行的检验。

食品检验机构是指按照国家有关认证认可的规定取得资质认定后，从事食品检验活动的组织。食品检验实行食品检验机构与检验人负责制，由食品检验机构和检验人对出具的食品检验报告负责。

四、食品生产经营管理

（一）食品生产经营企业管理

1. 食品生产经营要求　食品生产经营应当符合食品安全标准，并符合下列要求：①具有与生产经营的食品品种、数量相适应的食品原料处理和食品加工、包装、贮存等场所，保持该场所环境整洁，并与有毒、有害场所以及其他污染源保持规定的距离。②具有与生产经营的食品品种、数量相适应的生产经营设备或者设施，有相应的消毒、更衣、盥洗、采光、照明、通风、防腐、防尘、防蝇、防鼠、防虫、洗涤以及处理废水、存放垃圾和废弃物的设备或者设施。③有专职或者兼职的食品安全专业技术人员、食品安全管理人员和保证食品安全的规章制度。④具有合理的设备布局和工艺流程，防止待加工食品与直接入口食品、原料与成品交叉污染，避免食品接触有毒物、不洁物。⑤餐具、饮具和盛放直接入口食品的容器，使用前应当洗净、消毒，炊具、用具用后应当洗净，保持清洁。⑥贮存、运输和装卸食品的容器、工具和设备应当安全、无害，保持清洁，防止食品污染，并符合保证食品安全所需的温度、湿度等特殊要求，不得将食品与有毒、有害物品一同贮存、运输。⑦直接入口的食品应当使用无毒、清洁的包装材料、餐具、饮具和容器。⑧食品生产经营人员应当保持个人卫生，生产经营食品时，应当将手洗净，穿戴清洁的工作衣、帽等；销售无包装的直接入口食品时，应当使用无毒、清洁的容器、售货工具和设备。⑨用水应当符合国家规定的生活饮用水卫生标准。⑩使用的洗涤剂、消毒剂应当对人体安全、无害。⑪法律、法规规定的其他要求。

2. 食品生产经营许可制度　国家对食品生产经营实行许可制度。从事食品生产、食品销售、餐饮服务，应当依法取得许可。但是，销售食用农产品和仅销售预包装食品的，不需要取得许可。仅销售预包装食品的，应当报所在地县级以上地方人民政府食品安全监督管理部门备案。

3. 食品生产经营进货、出厂查验记录制度

（1）食品生产进货查验记录制度：食品生产者采购食品原料、食品添加剂、食品相关产品，应当查验供货者的许可证和产品合格证明；无法提供合格证明的食品原料，应当按照食品安全标准进行检验，不符合食品安全标准的不得采购或者使用。

食品生产企业应当建立食品原料、食品添加剂、食品相关产品进货查验记录制度，如实记录食品原料、食品添加剂、食品相关产品的名称、规格、数量、生产日期或者生产批号、保质期、进货日期等内容，并保存相关凭证。记录和凭证保存期限不得少于产品保质期满后六个月；没有明确保质期的，保存期限不得少于两年。

（2）食品出厂查验记录制度：食品生产企业应当建立食品出厂检验记录制度，查验出厂食品的检验合格证和安全状况，如实记录食品的名称、规格、数量、生产日期或者生产批号、保质期、检验合格证号、销售日期等内容，并保存相关凭证。

食品、食品添加剂、食品相关产品的生产者，应当按照食品安全标准对所生产的食品、食品添加剂、食品相关产品进行检验，检验合格后方可出厂或者销售。

4. 食品添加剂的生产管理

（1）食品添加剂及其许可制度：食品添加剂，指为改善食品品质和色、香、味，以及为防腐、保鲜和加工工艺的需要而加入食品中的人工合成或者天然物质，包括营养强化剂。

生产许可：国家对食品添加剂生产实行许可制度。从事食品添加剂生产，应当具有与所生产食品添加剂品种相适应的场所、生产设备或者设施、专业技术人员和管理制度，并且生产食品添加剂应当符合法律、法规和食品安全国家标准。

三新许可：利用新的食品原料生产食品，或者生产食品添加剂新品种、食品相关产品新品种，应当向国务院卫生行政部门提交相关产品的安全性评估材料。国务院卫生行政部门应当自收到申请之日起六十日内组织审查；对符合食品安全要求的，准予许可并公布；对不符合食品安全要求的，不予许可并书面说明理由。

（2）食品添加剂的使用要求：食品添加剂应当在技术上确有必要且经过风险评估证明安全可靠，方可列入允许使用的范围；有关食品安全国家标准应当根据技术必要性和食品安全风险评估结果及时修订。食品生产经营者应当按照食品安全国家标准使用食品添加剂。

5. 标签和说明书管理要求 标签应当标明下列事项：①名称、规格、净含量、生产日期。②成分或者配料表。③生产者的名称、地址、联系方式。④保质期。⑤产品标准代号。⑥贮存条件。⑦所使用的食品添加剂在国家标准中的通用名称。⑧生产许可证编号。⑨法律、法规或者食品安全标准规定应当标明的其他事项。

食品和食品添加剂的标签、说明书，不得含有虚假内容，不得涉及疾病预防、治疗功能，由生产经营者对其提供的标签、说明书的内容负责。如果食品和食品添加剂与其标签、说明书的内容不符，不得上市销售。

（二）食品广告管理

食品广告的内容应当真实合法，不得含有虚假内容，不得涉及疾病预防、治疗功能。食品生产经营者对食品广告内容的真实性、合法性负责。县级以上人民政府食品安全监督管理部门和其他有关部门以及食品检验机构、食品行业协会不得以广告或者其他形式向消费者推荐食品。消费者组织不得以收取费用或者其他牟取利益的方式向消费者推荐食品。

五、食品安全预防处置与监督管理

（一）食品安全事故的预防与处置

1. 食品安全事故应急预案及其等级 食品安全事故应急预案是指经过一定程序制定的开展食品安全事故应急处理工作的事先指导方案。国务院负责制定国家食品安全事故应急预案；县级以上地方政府根据有关法律法规的规定和上一级人民政府食品安全事故应急预案，同时考虑到本地区的实际情况制定该行政区域的食品安全事故应急预案，报上一级政府备案；食品生产经营企业制定本企业食品安全事故处置方案，定期检查企业的各项食品安全防范措施落实的情况，及时消除食品安全事故隐患。

2. 食品安全事故报告责任主体及时限

（1）食品安全事故报告责任主体：主体为报告责任单位和报告责任人。报告责任单位：①食品种植、养殖、生产、加工、流通企业及餐饮单位。②食品检验机构、科研院所以及与食品安全有关的单位。③重大食品安全事故发生（发现）单位。④地方各级食品安全综合监管部门和有关部门。报告责任人：①行使职责的地方各级食品安全综合监管部门和相关部门的工作人员。②从事食品行业的工作人员。③消费者。④接收患者进行诊疗的单位。

（2）食品安全事故报告时限要求：地方人民政府和食品安全综合监管部门接到重大食品安全事故报告后，应当立即向上级人民政府和上级食品安全综合监管部门报告，并在2小时内报告至省级人民政府。地方人民政府和食品安全综合监管部门也可以直接向国务院及相关部门报告。事故发生地人民政府或有关部门应在知悉重大食品安全事故后1小时内作出初次报告。国务院主管部门和相关部门、事故发生地的省（区、市）人民政府在接到重大食品安全事故报告后，应当在2小时内向国务院报告。

3. 食品安全事故的处置 食品安全事故，指食物中毒、食源性疾病、食品污染等源于食品，对人体健康有危害或者可能有危害的事故。按照《国家食品安全事故应急预案》规定，食品安全事故共分四级，即特别重大食品安全事故、重大食品安全事故、较大食品安全事故和一般食品安全事故。事故等级的评估核定，由县级以上食品安全监督管理部门会同有关部门依照有关规定进行。

（1）一般性食品安全事件的处置：对于一般性食品安全事件，通常进行食品召回。食品召回，指食品生产者按照规定程序，对由其生产原因造成的某一批次或类别的不安全食品，通过换货、退货、补充或修正消费说明等方式，及时消除或减少食品安全危害的活动。

食品召回分为主动召回和责令召回两种：①主动召回。食品生产者发现其生产的食品不符合食品安全标准或者有证据证明可能危害人体健康的，应当立即停止生产，召回已经上市销售的食品，通知相关生产经营者和消费者，并记录召回和通知情况。②责令召回。食品生产经营者未依照食品安全法规定召回或者停止经营的，县级以上人民政府主管部门可以责令其召回或者停止经营。食品生产企业接到责令召回通知书后，立即停止生产，并召回不符合食品安全标准的食品。

（2）食品安全事故的处置原则：食品安全事故处置遵循四项原则。①以人为本，减少危害。把保障公众健康和生命安全作为应急处置的首要任务，最大限度减少食品安全事故造成的人员伤亡和健康损害。②统一领导，分级负责。按照“统一领导、综合协调、分类管理、分级负责、属地管理为主”的应急管理体制，建立快速反应、协同应对的食品安全事故应急机制。③科学评估，依法处置。有效使用食品安全风险监测、评估和预警等科学手段；充分发挥专业队伍的作用，提高应对食品安全事故的水平和能力。④居安思危，预防为主。坚持预防与应急相结合，常态与非常态相结合，做好应急准备，落实各项防范措施，防患于未然。建立健全日常管理制度，加强食品安全风险监测、评估和预警。加强宣教培训，提高公众自我防范和应对食品安全事故的意识和能力。

（二）食品安全监管部门及监管措施

县级以上人民政府食品安全监督管理部门根据食品安全风险监测、风险评估结果和食品安全状况等，确定监督管理的重点、方式和频次，实施风险分级管理。其履行食品安全监督管理职责，有权采取下列措施：①进入生产经营场所实施现场检查。②对生产经营的食品、食品添加剂、食品相关产品进行抽样检验。③查阅、复制有关合同、票据、账簿以及其他有关资料。④查封、扣押有证据证明不符合食品安全标准或者有证据证明存在安全隐患以及用于违法生产经营的食品、食品添加剂、食品相关产品。⑤查封违法从事生产经营活动的场所。也可采取责任约谈、建立食品安全信用档案和奖励举报人等措施。

（三）食品安全信息公布、上报、通报

1. 食品安全信息公布主体 国家建立统一的食品安全信息平台，实行食品安全信息统一公布制度，由国务院食品安全监督管理部门统一公布。食品安全风险警示信息和重大食品安全事故及其调查处理信息的影响限于特定区域的，也可以由有关省、自治区、直辖市人民政府食品安全监督管理部门公布。

2. 食品安全信息报告及通报　县级以上地方人民政府食品安全监督管理、卫生行政、农业行政部门获知依照规定需要统一公布的信息，应当向上级主管部门报告，由上级主管部门立即报告国务院食品安全监督管理部门；必要时，可以直接向国务院食品安全监督管理部门报告。

县级以上人民政府食品安全监督管理、卫生行政、农业行政部门应当相互通报获知的食品安全信息。县级以上人民政府食品安全监督管理部门发现可能误导消费者和社会舆论的食品安全信息，应当立即组织有关部门、专业机构、相关食品生产经营者等进行核实、分析，并及时公布结果。

第三节　血液管理法律制度

一、概述

（一）血液的概念

血液是指全血、血液成分和特殊血液成分。它是一种复杂的维持生命不可缺少的物质，被视为活力与健康之源，承载着每一个独一无二的生命，在临床医学领域中为拯救生命、治疗疾病发挥着其他药物不可替代的作用。血液管理法律法规所称的血液是指用于临床的全血或成分血。

（二）血液管理相关立法

为保证医疗临床用血需要和安全，保障献血者和用血者身体健康，规范公民献血及血站采供血活动，我国制定并修订了一系列血液及血液制品管理的相关法律规范。1978年，国务院批转了卫生部《关于加强输血工作的请示报告》。1996年12月30日，国务院发布了《血液制品管理条例》（2016年修订）。1997年12月29日，全国人民代表大会常务委员会发布了《中华人民共和国献血法》（以下简称《献血法》）。随后，卫生部根据《献血法》先后制定并发布了《脐带血造血干细胞库管理办法（试行）》（1999年）、《临床输血技术规范》（2000年）、《医疗机构临床用血管理办法》（2012年）等配套规章。2001年，国家质量监督检验检疫总局制定了《献血者健康检查要求》等血液制品管理相关的卫生标准。为确保血液安全，规范血站执业行为，卫生部制定了《血站基本标准》（2000年修订）、《单采血浆站基本标准》（2000年修订）。此外，配套的血站管理规范也进行了相应修订：《血站质量管理规范》（2010年修订）、《单采血浆站管理办法》（2016年修订）、《血站管理办法》（2017年修订）、《血站技术操作规程（2019版）》等。

二、无偿献血法律制度

（一）无偿献血的主体

国家实行无偿献血制度，提倡18~55周岁的健康公民自愿献血。《献血者健康检查要求》（GB 18467—2011）规定，对既往无献血反应、符合健康检查要求的多次献血者主动要求再次献血的，年龄可延长至60周岁。

（二）无偿献血的标准

《献血法》规定，血站对献血者每次采集血液量一般为200ml，最多不得超过400ml，两次采集间隔期不少于6个月。

无偿献血的血液必须用于临床，不得买卖。血站、医疗机构不得将无偿献血的血液出售给单采血浆站或者血液制品生产单位。

（三）无偿献血的组织机构

地方各级人民政府领导本行政区域内的献血工作，统一规划并负责组织、协调有关部门共同做好献血工作。县级以上各级人民政府卫生行政部门监督管理献血工作。各级红十字会依法参与、推动献血工作。各级人民政府采取措施广泛宣传献血的意义，普及献血的科学知识，开展预防和控制经血液途径传播的疾病的教育。新闻媒介应当开展献血的社会公益性宣传。

知识拓展

为鼓励更多的人无偿献血，促进全球血液安全规划的实施，世界卫生组织、红十字会与红新月会国际联合会、国际献血组织联合会、国际输血协会将2004年6月14日定为第一个世界献血者日（World Blood Donor Day，WBDD）。

三、血站管理法律制度

（一）血站的概念

血站是采集、提供临床用血的机构，是不以营利为目的的公益性组织。分为一般血站和特殊血站。一般血站包括血液中心、中心血站和中心血库。特殊血站包括脐带血造血干细胞库和国家卫生行政部门根据医学发展需要批准、设置的其他类型血库。

（二）血站的执业登记

血站申请办理执业登记必须填写《血站执业登记申请书》。省级人民政府卫生行政部门在受理登记申请后，应组织有关专家或者委托技术部门，对申请单位进行技术审查，在接到技术审查报告后二十日内对申请事项进行审核。审核合格的，予以执业登记，发给《血站执业许可证》及其副本。没有取得《血站执业许可证》的，不得开展采供血活动。

《血站执业许可证》有效期为三年，有效期满前三个月，血站应当办理再次执业登记，并提交《血站再次执业登记申请书》及《血站执业许可证》。未办理再次执业登记手续或者被注销《血站执业许可证》的血站，不得继续执业。

（三）血站的职责

1. 血液中心的职责　血液中心应当设置在直辖市、省会市、自治区首府市，应当具有较高综合质量评价的技术能力。主要职责：①按照省级人民政府卫生行政部门的要求，在规定范围内开展无偿献血者的招募、血液的采集与制备、临床用血供应以及医疗用血的业务指导等工作。②承担所在省、自治区、直辖市血站的质量控制与评价。③承担所在省、自治区、直辖市血站的业务培训与技术指导。④承担所在省、自治区、直辖市血液的集中化检测任务。⑤开展血液相关的科研工作。⑥承担卫生行政部门交办的任务。

2. 中心血站的职责　中心血站应当设置在设区的市。主要职责：①按照省级人民政府卫生行政部门的要求，在规定范围内开展无偿献血者的招募、血液的采集与制备、临床用血供应以及医疗用血的业务指导等工作。②承担供血区域范围内血液储存的质量控制。③对所在行政区域内的中心血库进行质量控制。④承担卫生行政部门交办的任务。

3. 中心血库的职责　中心血库应当设置在中心血站服务覆盖不到的县级综合医院内。主要职责：按照省级人民政府卫生行政部门的要求，在规定范围内开展无偿献血者的招募、血液的采集与制备、临床用血供应以及医疗用血业务指导等工作。

（四）采血要求

1. 人员要求　血站应当为献血者提供安全、卫生、便利的条件和良好的服务。在采血前，血站应当按照国家有关规定对献血者进行免费健康检查和血液采集，并对献血者身份进行核对并登记。血站采集血液应当遵循自愿和知情同意的原则，对献血者履行规定的告知义务。应当建立献血者信息保密制度，为献血者保密。

2. 质量要求　血站开展采供血业务应当实行全面质量管理，严格遵守《中国输血技术操作规程》《血站质量管理规范》和《血站实验室质量管理规范》等技术规范和标准。采血必须由具有采血资格的医务人员进行，对献血者每次采集血液量一般为200ml，最多不得超过400ml，两次采集间隔期不得少于6个月。严格禁止血站违反规定对献血者超量、频繁采集血液。

3. 感染程序报告要求 血站应当建立对有易感染经血液传播疾病危险行为的献血者献血后的报告工作程序、献血屏蔽和淘汰制度。血站使用的药品、体外诊断试剂、一次性卫生器材应当符合国家有关规定。血站应当保证所采集的血液由具有血液检测实验室资格的实验室进行检测。对检测不合格或者报废的血液，血站应当严格按照有关规定处理。

4. 保存期的要求 血液检测的全血标本的保存期应当与全血有效期相同；血清（浆）标本的保存期应当在全血有效期满后半年。献血、检测和供血的原始记录应当至少保存10年。

（五）供血要求

血液的包装、储存、运输应当符合《血站质量管理规范》的要求。血液包装袋上应当标明：血站的名称及其许可证号；献血编号或者条形码；血型；血液品种；采血日期及时间，或者制备日期及时间；有效日期及时间；储存条件。

血站应当保证发出的血液质量符合国家有关标准，其品种、规格、数量、活性、血型无差错；未经检测或者检测不合格的血液，不得向医疗机构提供。血站剩余成分血浆由省、自治区、直辖市人民政府卫生行政部门协调血液制品生产单位解决。血站剩余成分血浆以及因科研或者特殊需要用血而进行的调配所得的收入，全部用于无偿献血者用血返还费用，不得挪作他用。

（六）法律责任

血站非法采血、出售无偿献血血液或非法组织他人卖血的，县以上地方卫生行政部门予以取缔，没收非法所得，并处十万元以下罚款。构成犯罪的，依法追究刑事责任。医疗机构出售无偿献血血液的，亦要承担同样的法律责任。

血站违反操作规程采血，县以上地方卫生行政部门责令其改正，对其主管人员和直接责任人员予以行政处分；若给献血者造成健康损害的，应依法赔偿；构成犯罪的，依法追究刑事责任。

临床用血的包装、储运、运输不符合国家卫生标准和要求的，县以上地方卫生行政部门责令其改正，予以警告，可并处一万元以下罚款。

血站向医疗机构供应不符合标准和要求的血液的，县以上地方卫生行政部门责令其改正，情节严重，造成或可能造成经血液传播传染病危险的，限期整顿，对其主管人员和直接责任人员予以行政处分；构成犯罪的，依法追究刑事责任。

根据《中华人民共和国民法典》的规定，因药品、消毒产品、医疗器械的缺陷，或者输入不合格的血液造成患者损害的，患者可以向药品上市许可持有人、生产者、血液提供机构请求赔偿，也可以向医疗机构请求赔偿。患者向医疗机构请求赔偿的，医疗机构赔偿后，有权向负有责任的药品上市许可持有人、生产者、血液提供机构追偿。

四、医疗机构临床用血法律制度

（一）医疗机构临床用血的概念

医疗机构临床用血是指医疗机构将依法采集的供血者的全血或成分血输注给患者的一种重要医疗措施。医疗机构不得使用原料血浆，除批准的科研项目外，不得直接使用脐带血。

（二）医疗机构临床用血组织机构职责

1. 临床用血专家委员会的主要职责　①协助制订国家临床用血相关制度、技术规范和标准。②协助指导全国临床用血管理和质量评价工作，促进提高临床合理用血水平。③协助临床用血重大安全事件的调查分析，提出处理意见。④承担有关临床用血管理的其他任务。

2. 临床用血管理委员会的职责　临床用血管理委员会或者临床用血管理工作组应当履行以下职责：①认真贯彻临床用血管理相关法律、法规、规章、技术规范和标准，制订本机构临床用血管理的规章制度并监督实施。②评估确定临床用血的重点科室、关键环节和流程。③定期监测、分析和评估临床用血情况，开展临床用血质量评价工作，提高临床合理用血水平。④分析临床用血不良事件，提出处理和改进措施。⑤指导并推动开展自体输血等血液保护及输血新技术。⑥承担医疗机构交办的有关临床用血的其他任务。

3. 输血科及血库的主要职责　①建立临床用血质量管理体系，推动临床合理用血。②负责制订临床用血储备计划，根据血站供血的预警信息和医院的血液库存情况协调临床用血。③负责血液预订、入库、储存、发放工作。④负责输血相关免疫血液学检测。⑤参与推动自体输血等血液保护及输血新技术。⑥参与特殊输血治疗病例的会诊，为临床合理用血提供咨询。⑦参与临床用血不良事件的调查。⑧根据临床治疗需要，参与开展血液治疗相关技术。⑨承担医疗机构交办的有关临床用血的其他任务。

（三）医疗机构临床用血管理规范

1. 医疗机构临床用血计划　医疗机构应当科学制订临床用血计划，建立临床合理用血的评价制度，提高临床合理用血水平。

2. 医务人员职责 医务人员应当认真执行临床输血技术规范，严格掌握临床输血适应证，根据患者病情和实验室检测指标，对输血指征进行综合评估，制订输血治疗方案。

3. 临床用血申请 医疗机构应当建立临床用血申请管理制度：①同一患者一天申请备血量少于800ml的，由具有中级以上专业技术职务任职资格的医师提出申请，上级医师核准签发后，方可备血。②同一患者一天申请备血量在800~1600ml的，由具有中级以上专业技术职务任职资格的医师提出申请，经上级医师审核，科室主任核准签发后，方可备血。③同一患者一天申请备血量达到或超过1600ml的，由具有中级以上专业技术职务任职资格的医师提出申请，科室主任核准签发后，报医务部门批准，方可备血。以上三项不适用于急救用血。

4. 签署临床输血治疗知情同意书 在输血治疗前，医师应当向患者或者其近亲属说明输血目的、方式和风险，并签署临床输血治疗知情同意书。因抢救生命垂危的患者需要紧急输血，且不能取得患者或者其近亲属意见的，经医疗机构负责人或者授权的负责人批准后，可以立即实施输血治疗。

5. 临时采集血液必须同时符合的条件 医疗机构应当制订应急用血工作预案。为保证应急用血，医疗机构可以临时采集血液，但必须同时符合以下条件：①危及患者生命，急需输血。②所在地血站无法及时提供血液，且无法及时从其他医疗机构调剂血液，而其他医疗措施不能替代输血治疗。③具备开展交叉配血及乙型肝炎病毒表面抗原、丙型肝炎病毒抗体、人类免疫缺陷病毒抗体和梅毒螺旋体抗体的检测能力。④遵守采供血相关操作规程和技术标准。医疗机构应当在临时采集血液后10日内将情况报告县级以上人民政府卫生行政部门。

案例讨论

【案例】 怀孕3个月的吴某，因脾破裂做腹腔手术急需大量A型血，某三级医院与市中心血站联系，血站告知在1小时内将血送到。由于情况危急，医师一边给吴某进行手术，一边打电话催促血站送血。由于天黑路远，血站的血迟迟未到。吴某的弟弟两次提出要给姐姐献血，该医院却以无法确保用血安全为由，拒绝采集患者亲友的血液。当血站的送血员赶到时，吴某已因失血过多身亡。

【讨论】 医院的做法是否正确？紧急情况下亲人之间是否可以直接献血？

第四节　医疗器械与用品管理法律制度

一、医疗器械概述

（一）医疗器械的概念及分类管理

1. 医疗器械的概念　医疗器械，是指直接或者间接用于人体的仪器、设备、器具、体外诊断试剂及校准物、材料以及其他类似或者相关的物品，包括所需要的计算机软件；其效用主要通过物理等方式获得，不是通过药理学、免疫学或者代谢的方式获得，或者虽然有这些方式参与但是只起辅助作用。

2. 医疗器械分类管理　国家对医疗器械按照风险程度实行分类管理，主要分为三类：第一类是风险程度低，实行常规管理可以保证其安全、有效的医疗器械；第二类是具有中度风险，需要严格控制管理以保证其安全、有效的医疗器械；第三类是具有较高风险，需要采取特别措施严格控制管理以保证其安全、有效的医疗器械。评价医疗器械风险程度，应当考虑医疗器械的预期目的、结构特征、使用方法等因素。

（二）医疗器械监督管理立法

为了加强对医疗器械的监督管理，保证医疗器械安全有效，保障人体健康和生命安全，国务院于2000年1月4日发布了《医疗器械监督管理条例》(以下简称《条例》)，自同年4月1日起施行。这是中华人民共和国成立以来我国第一部关于医疗器械监督管理的行政法规，标志着我国医疗器械进入了依法监督管理的新阶段。自《条例》实施后，我国相继制定了《医疗器械注册管理办法》等一系列的法规。近年来经过不断修改和完善，2020年12月21日第3次修订的《医疗器械监督管理条例》颁布，已基本形成了一套较为科学的医疗器械管理法律体系。

二、医疗器械的产品与生产管理

（一）医疗器械的产品管理

1. 医疗器械注册与备案　医疗器械注册与备案的分类管理：第一类医疗器械实行产品备案管理，备案人向所在地设区的市级人民政府负责药品监督管理的部门提交备案资料。第二类、第三类医疗器械实行产品注册管理。从事第二类医疗器械生产的，应当向所在地省、自治区、直辖市人民政府药品监督管理部门申请生产许可并提交其符合规定条件的有关资料以及所生产医疗器械的注册证。申请第三类，医疗器械产品注册，应当向国务院药品监督管理部门提交注册申请资料。医疗器械注册申请人、备案人应当确保提交的资料合法、真实、准确、完整和可追溯。

注册有效期：医疗器械注册证有效期为五年。有效期届满需要延续注册的，应当在有效期届满六个月前向原注册部门提出延续注册的申请。

2. 医疗器械临床试验 开展医疗器械临床试验，应当按照医疗器械临床试验质量管理规范的要求，在具备相应条件的临床试验机构进行，并向临床试验申办者所在地省、自治区、直辖市人民政府药品监督管理部门备案。接受临床试验备案的药品监督管理部门应当将备案情况通报临床试验机构所在地同级药品监督管理部门和卫生主管部门。

进行医疗器械临床评价，可以根据产品特征、临床风险、已有临床数据等情形，通过开展临床试验，或者通过对同品种医疗器械临床文献资料、临床数据进行分析评价，证明医疗器械安全、有效。

按照国务院药品监督管理部门的规定，进行医疗器械临床评价时，已有临床文献资料、临床数据不足以确认产品安全、有效的医疗器械，应当开展临床试验。

医疗器械临床试验机构实行备案管理。医疗器械临床试验机构应当具备的条件以及备案管理办法和临床试验质量管理规范，由国务院药品监督管理部门会同国务院卫生主管部门制定并公布。

第三类医疗器械临床试验对人体具有较高风险的，应当经国务院药品监督管理部门批准。国务院药品监督管理部门审批临床试验，应当对拟承担医疗器械临床试验的机构的设备、专业人员等条件，以及该医疗器械的风险程度、临床试验实施方案、临床受益与风险对比分析报告等进行综合分析，并自受理申请之日起六十个工作日内作出决定并通知临床试验申办者。逾期未通知的，视为同意。准予开展临床试验的，应当通报临床试验机构所在地省、自治区、直辖市人民政府药品监督管理部门和卫生主管部门。

开展医疗器械临床试验，应当按照规定进行伦理审查，向受试者告知试验目的、用途和可能产生的风险等详细情况，获得受试者的书面知情同意；受试者为无民事行为能力人或者限制民事行为能力人的，应当依法获得其监护人的书面知情同意。

3. 医疗器械说明书、标签管理 医疗器械应当有说明书、标签。说明书、标签的内容应当与经注册或者备案的相关内容一致，确保真实、准确。第二类、第三类医疗器械还应当标明医疗器械注册证编号。由消费者个人自行使用的医疗器械还应当具有安全使用的特别说明。

（二）医疗器械的生产管理

1. 生产企业的条件 从事医疗器械生产活动，应当具备下列条件：①有与生产的医疗器械相适应的生产场地、环境条件、生产设备以及专业技术人员。②有能对生产的医疗器械进行质量检验的机构或者专职检验人员以及检验设备。③有保证医疗器械质量的管理制度。④有与生产的医疗器械相适应的售后服务能力。⑤符合产品研制、生产工艺文件规定的要求。

2. 生产企业的备案和许可　从事第一类医疗器械生产的，应当向所在地设区的市级人民政府负责药品监督管理的部门备案，在提交符合上述生产条件的有关资料后即完成备案。

从事第二类、第三类医疗器械生产的，应当向所在地省、自治区、直辖市人民政府药品监督管理部门申请生产许可并提交符合上述生产条件的有关资料以及所生产医疗器械的注册证。对符合规定条件的，准予许可并发给医疗器械生产许可证。

医疗器械生产许可证有效期为五年。有效期届满需要延续的，依照有关行政许可的法律规定办理延续手续。

3. 产品质量的管理

（1）质量管理体系：生产企业应当按照医疗器械生产质量管理规范，建立健全与所生产医疗器械相适应的质量管理体系并保证其有效运行。

（2）产品技术规范：企业应严格按照经注册或者备案的产品技术要求组织生产，保证出厂的医疗器械符合强制性标准以及经注册或者备案的产品技术要求。

三、医疗器械的经营、使用与广告管理

（一）医疗器械的经营管理

1. 经营企业的条件　应当有与经营规模和经营范围相适应的经营场所和贮存条件；具有与经营的医疗器械相适应的质量管理制度和质量管理机构或者人员。

2. 经营企业的备案和许可

（1）备案：从事第二类医疗器械经营的，由经营企业向所在地设区的市级人民政府负责药品监督管理的部门备案并提交符合上述条件的有关资料。

（2）许可：从事第三类医疗器械经营的，经营企业应当向所在地设区的市级人民政府负责药品监督管理的部门申请经营许可并提交符合上述条件的有关资料。

受理经营许可申请的药品监督管理的部门应当对申请资料进行审查，必要时组织核查，并自受理申请之日起二十个工作日内作出决定。对符合规定条件的，准予许可并发给医疗器械经营许可证；对不符合规定条件的，不予许可并书面说明理由。

医疗器械经营许可证有效期为5年。有效期届满需要延续的，依照有关行政许可的法律规定办理延续手续。

医疗器械注册人、备案人经营其注册、备案的医疗器械，无须办理医疗器械经营

许可或者备案。

3. 经营行为的规范

（1）进货查验记录制度：医疗器械经营企业、使用单位购进医疗器械时，应当查验供货者的资质和医疗器械的合格证明文件，建立进货查验记录制度。

（2）销售记录制度：从事第二类、第三类医疗器械批发业务以及第三类医疗器械零售业务的经营企业，还应当建立销售记录制度。进货查验记录和销售记录应当真实、准确、完整和可追溯，并按照国务院药品监督管理部门规定的期限予以保存。国家鼓励采用先进技术手段进行记录。

（3）安全运输贮存制度：运输、贮存医疗器械，应当符合医疗器械说明书和标签标示的要求；对温度、湿度等环境条件有特殊要求的，应当采取相应措施，保证医疗器械的安全、有效。

（二）医疗器械的使用管理

医疗器械使用单位应当有与在用医疗器械品种、数量相适应的贮存场所和条件。医疗器械使用单位应当加强对工作人员的技术培训，按照产品说明书、技术操作规范等要求使用医疗器械。

医疗器械使用单位配置大型医用设备，应当符合国务院卫生主管部门制定的大型医用设备配置规划，与其功能定位、临床服务需求相适应，具有相应的技术条件、配套设施和具备相应资质、能力的专业技术人员，并经省级以上人民政府卫生主管部门批准，取得大型医用设备配置许可证。

（三）医疗器械的广告管理

医疗器械广告的内容应当真实合法，以经负责药品监督管理的部门注册或者备案的医疗器械说明书为准，不得含有虚假、夸大、误导性的内容。

发布医疗器械广告，应当在发布前由省、自治区、直辖市人民政府确定的广告审查机关对广告内容进行审查，并取得医疗器械广告批准文号；未经审查，不得发布。

第五节　其他健康相关产品法律制度

一、其他健康相关产品的范围

其他健康相关产品，是健康相关产品中除食品、血液制品和医疗器械之外的保健品、化妆品、涉及饮用水卫生安全产品和消毒产品。

二、保健食品法律制度

（一）保健食品的概念

保健食品，指表明具有特定保健功能的食品，即适宜于特定人群食用，具有调节机体功能，不以治疗疾病为目的的食品。

国务院卫生行政部门对保健食品、保健食品说明书实行审批制度。

（二）保健食品的审批

凡声称具有保健功能的食品必须经国务院卫生行政部门审查确认。研制者应向所在地的省级卫生行政部门提出申请。经初审同意后，报国务院卫生行政部门审批。对审查合格的保健食品发给《保健食品批准证书》，批准文号为“卫食健字（　）第×号”。获得《保健食品批准证书》的食品准许使用国务院卫生行政部门规定的保健食品标志。

保健食品必须符合下列要求：①经必要的动物和人群功能试验，证明其具有明确、稳定的保健作用。②各种原料及其产品必须符合食品卫生要求，对人体不产生任何急性、亚急性或慢性危害。③配方的组成及用量必须具有科学依据，具有明确的功效成分。如在现有技术条件下不能明确功效成分，应确定与保健功能有关的主要原料名称。④标签、说明书及广告不得宣传疗效作用。

（三）保健食品的生产经营

在生产保健食品前，食品生产企业必须向所在地的省级卫生行政部门提出申请，经省级卫生行政部门审查同意并在申请者的卫生许可证上加注“××保健食品”的许可项目后方可进行生产。

未经国务院卫生行政部门审查批准的食品，不得以保健食品名义生产经营；未经省级卫生行政部门审查批准的企业，不得生产保健食品。

（四）保健食品标签、说明书及广告宣传

保健食品标签和说明书必须符合国家有关标准和要求，并标明下列内容：①保健作用和适宜人群。②食用方式和适宜的食用量。③贮藏方式。④功效成分的名称及含量。因在现有技术条件下，不能明确功效成分的，则须标明与保健功能有关的原料名称。⑤保健食品批准文号。⑥保健食品标识。⑦有关标准或要求所规定的其他标签内容。

保健食品的标签、说明书和广告内容必须真实，符合其产品质量要求。不得有暗

示可使疾病痊愈的宣传。

（五）保健食品的监督管理

根据《中华人民共和国食品卫生法》以及国务院卫生行政部门有关规章和标准，各级卫生行政部门应加强对保健食品监督、监测及管理。国务院卫生行政部门对已经批准生产的保健食品可以组织监督抽查，并向社会公布抽查结果。

国务院卫生行政部门可根据以下情况确定对已经批准的保健食品进行重新审查：①科学发展后，对原来审批的保健食品的功能有认识上的改变。②产品的配方、生产工艺以及保健功能受到可能有改变的质疑。③保健食品监督监测工作需要。经审查不合格者或不接受重新审查者，撤销其《保健食品批准证书》；合格者，原证书仍然有效。

三、化妆品法律制度

（一）化妆品的概念及分类管理

化妆品，是指以涂擦、喷洒或者其他类似方法，施用于皮肤、毛发、指甲、口唇等人体表面，以清洁、保护、美化、修饰为目的的日用化学工业产品。

国家按照风险程度对化妆品、化妆品原料实行分类管理。化妆品分为特殊化妆品和普通化妆品，国家对特殊化妆品实行注册管理，对普通化妆品实行备案管理。化妆品原料分为新原料和已使用的原料。国家对风险程度较高的化妆品新原料实行注册管理，对其他化妆品新原料实行备案管理。

（二）化妆品的注册和备案

申请化妆品新原料注册或者进行化妆品新原料备案，应当提交下列资料：①注册申请人、备案人的名称、地址、联系方式。②新原料研制报告。③新原料的制备工艺、稳定性及其质量控制标准等研究资料。④新原料安全评估资料。注册申请人、备案人应当对所提交资料的真实性、科学性负责。

化妆品注册申请人、备案人应当具备下列条件：①是依法设立的企业或者其他组织。②有与申请注册、进行备案的产品相适应的质量管理体系。③有化妆品不良反应监测与评价能力。

（三）化妆品的生产经营

从事化妆品生产活动，应当具备下列条件：①是依法设立的企业。②有与生产的化妆品相适应的生产场地、环境条件、生产设施设备。③有与生产的化妆品相适应的技术人员。④有能对生产的化妆品进行检验的检验人员和检验设备。⑤有保证化妆品质量安全的管理制度。

从事化妆品生产活动，应当向所在地省、自治区、直辖市人民政府药品监督管理部门提出申请，提交符合规定条件的证明资料，并对资料的真实性负责。省、自治区、直辖市人民政府药品监督管理部门应当对申请资料进行审核，对申请人的生产场所进行现场核查，并自受理化妆品生产许可申请之日起三十个工作日内作出决定。对符合规定条件的，准予许可并发给化妆品生产许可证；对不符合规定条件的，不予许可并书面说明理由。化妆品生产许可证有效期为五年。有效期届满需要延续的，依照《中华人民共和国行政许可法》的规定办理。

（四）化妆品的监督管理

负责药品监督管理的部门对化妆品生产经营进行监督检查时，有权采取下列措施：①进入生产经营场所实施现场检查。②对生产经营的化妆品进行抽样检验。③查阅、复制有关合同、票据、账簿以及其他有关资料。④查封、扣押不符合强制性国家标准、技术规范或者有证据证明可能危害人体健康的化妆品及其原料、直接接触化妆品的包装材料，以及有证据证明用于违法生产经营的工具、设备。⑤查封违法从事生产经营活动的场所。

负责药品监督管理的部门对化妆品生产经营进行监督检查时，监督检查人员不得少于2人，并应当出示执法证件。监督检查人员对监督检查中知悉的被检查单位的商业秘密，应当依法予以保密。被检查单位对监督检查应当予以配合，不得隐瞒有关情况。负责药品监督管理的部门应当对监督检查情况和处理结果予以记录，由监督检查人员和被检查单位负责人签字；被检查单位负责人拒绝签字的，应当予以注明。

四、涉及饮用水卫生安全产品法律制度

（一）相关概念

涉及饮用水卫生安全的产品，是指凡在饮用水生产和供水过程中与饮用水接触的联接止水材料、塑料及有机合成管材、管件、防护涂料、水处理剂、除垢剂、水质处理器及其他新材料和化学物质。

（二）卫生许可审批制度

国家对供水单位和涉及饮用水卫生安全的产品实行卫生许可制度。生产涉及饮用水卫生安全产品的单位和个人，必须按规定向政府卫生主管部门申请办理产品卫生许可批准文件，取得批准文件后，方可生产和销售。任何单位和个人不得生产、销售、使用无批准文件的产品。

（三）卫生安全评估监督制度

涉及饮用水卫生安全的产品，应当按照有关规定进行卫生安全性评价，符合卫生标准和卫生规范要求。

利用新材料、新工艺和新化学物质生产的涉及饮用水卫生安全产品应当取得国务院卫生主管部门颁发的卫生许可批准文件；除利用新材料、新工艺和新化学物质外生产的其他涉及饮用水卫生安全产品，应当取得省级人民政府卫生主管部门颁发的卫生许可批准文件，该许可文件的有效期为4年。

五、消毒产品法律制度

（一）消毒产品的概念

消毒产品，包括消毒剂、消毒器械（含生物指示物、化学指示物和灭菌物品包装物）、卫生用品和一次性医疗用品。新消毒产品，是指新材料、新工艺技术和新杀菌原理生产的消毒剂和消毒器械。

（二）消毒产品的生产经营

1. 消毒产品的卫生许可 消毒剂、消毒器械和卫生用品生产企业从事消毒产品的生产，应取得营业执照以及所在地省级卫生行政部门发放的卫生许可证。省级卫生行政部门应当自受理消毒产品生产企业的申请之日起二十日内作出是否批准的决定。对符合《消毒产品生产企业卫生规范》要求的，发给卫生许可证；对不符合要求的，不予批准，并说明理由。

2. 消毒产品的出厂及进货检验制度 消毒产品的生产应当符合国家有关规范、标准和规定，对生产的消毒产品应当进行检验，不合格者不得出厂。医疗卫生机构购进消毒产品必须建立并执行进货检查验收制度。

3. 消毒产品的命名及标签规范 消毒产品的命名、标签（含说明书）应当符合国家卫生健康委员会的有关规定。消毒产品的标签（含说明书）和宣传内容必须真实，不得出现或暗示对疾病的治疗效果。

4. 禁止生产经营的消毒产品 ①无生产企业卫生许可证或新消毒产品卫生许可批准文件的。②产品卫生安全评价不合格或产品卫生质量不符合要求的。

（三）消毒产品的监督

消毒产品生产企业应当按照国家卫生标准和卫生规范要求对消毒产品理化指标、微生物指标、杀灭微生物指标、毒理学指标等进行检验。不具备检验能力的，可以委托检验。

消毒产品的检验活动应当符合国家有关规定。检验报告应当客观、真实，符合有关法律、法规、标准、规范和规定。检验报告在全国范围内有效。

本章小结

1. 广义的健康相关产品是指一切与人体生命健康相关的产品；狭义上是指能够直接或间接改变人体健康状态，并非对人体疾病起直接治疗作用的产品。

2. 食品是指各种供人食用或者饮用的成品和原料，以及按照传统既是食品又是中药材的物品，但是不包括以治疗为目的的物品。食品安全是指食品无毒、无害，符合应当有的营养要求，对人体健康不造成任何急性、亚急性或者慢性危害。食品安全法律制度包括食品安全风险监测与评估、食品安全标准与食品检验、食品生产经营管理、食品安全预防处置与监督管理等。

3. 血液是指全血、血液成分和特殊血液成分。血液管理法律制度包括无偿献血法律制度、血站管理法律制度、医疗机构临床用血法律制度等。

4. 医疗器械是指直接或者间接用于人体的仪器、设备、器具、体外诊断试剂及校准物、材料以及其他类似或者相关的物品。国家对医疗器械按照风险程度实行分类管理。相关法律制度包括医疗器械的产品与生产管理、医疗器械的经营、使用与广告管理等。

5. 保健食品指表明具有特定保健功能的食品，即适宜于特定人群食用，具有调节机体功能，不以治疗疾病为目的的食品。国务院卫生行政部门对保健食品、保健食品说明书实行审批制度。

6. 化妆品是指以涂擦、喷洒或者其他类似方法，施用于皮肤、毛发、指甲、口唇等人体表面，以清洁、保护、美化、修饰为目的的日用化学工业产品。国家按照风险程度对化妆品、化妆品原料实行分类管理。

7. 涉及饮用水卫生安全的产品是指凡在饮用水生产和供水过程中与饮用水接触的联接止水材料、塑料及有机合成管材、管件、防护涂料、水处理剂、除垢剂、水质处理器及其他新材料和化学物质。国家对供水单位和涉及饮用水卫生安全的产品实行卫生许可制度。

8. 消毒产品，包括消毒剂、消毒器械、卫生用品和一次性医疗用品。国家对消毒剂、消毒器械和卫生用品实行卫生许可制度。

（石　悦）

第十一章　公共卫生应急管理

学习目标

1. 掌握　公共卫生应急的概念、原则、制度。
2. 熟悉　公共卫生应急管理物资保障规制。
3. 了解　国境卫生检疫、公共场所、学校卫生应急管理。

我国在抗击2003年“非典”疫情后，基本建立了较为完善的公共卫生应急体系和法律制度体系。在抗击全球新冠肺炎疫情过程中，以现行的《突发事件应对法》《中华人民共和国传染病防治法》《突发公共卫生事件应急条例》等公共卫生应急法律制度体系为核心，坚持人民至上、生命至上，联防联控、群防群控，形成了系统全面的卫生应急机制，新冠肺炎疫情防控取得了重大阶段性成果。同时，新冠肺炎疫情防控也凸显了现行卫生应急法律制度体系存在的短板和弱项，我国修改完善了传染病防治法、野生动物保护法等法律法规，将生物安全纳入国家安全体系。卫生应急工作关系国家安全和社会的长治久安，确保人民群众生命安全和身体健康，是中国共产党治国理政的一项重大任务，认真了解学习相关法律制度，不折不扣地履行个人的权利和义务，关系到每个人的切身利益。

第一节　概　　述

一、基本概念

应急管理均与公共卫生、公共安全、公共健康密切相关。公共卫生应急管理是指为降低突发事件的危害、维护公众健康，基于可能对公共健康造成损害的突发事件的原因、过程和后果的分析，有效集成社会各方面的相关资源，对相关事件进行有效预警、控制和处理的动态过程。

二、基本原则

（一）全社会动员原则

我国公共卫生应急管理体系包含公共卫生应急管理组织机构体系、应急管理运作机制和管理支持系统三大部分，主要由各级人民政府、卫生健康行政部门负责组建，医疗机构、疾病预防控制机构、卫生监督机构和出入境检验检疫机构等均是突发公共卫生事件应急处置的专业技术机构。参与主体不同，其参与的职责也不同。政府应急管理的全社会参与原则表现为政府在公共卫生应急管理中的立法职责、应急处理职责、信息发布职责、物资保障职责等；公共卫生应急专业机构主要包括疾控机构、医疗机构及其他卫生机构。《突发公共卫生事件应急条例》对相关部门在预防与应急准备、报告及信息发布、应急处理方面的权利义务均作出了明确规定；公民的应急管理参与职责体现在配合政府卫生行政部门和有关机构采取医学措施，做好个人健康防护。

（二）权利限制与权利自由平衡原则

我国现行《中华人民共和国宪法》规定了公民的人格尊严不受侵犯、对公民合法的私有财产权和健康权、对公民人身自由的保护等，其中对公民的自由权利和对自由权利的限制的规定为应急管理提供了法律依据。《中华人民共和国突发事件应对法》《中华人民共和国传染病防治法》《中华人民共和国动物防疫法》及配套法规中，均有公共卫生应急管理中关于权利限制和权利自由的规定。

《中华人民共和国突发事件应对法》对公民权利保护的规定凸显了公共卫生应急管理中的权利限制和自由体现为一种辩证的平衡关系。第一，此法坚持了比例性原则，即政府在应急管理中，为了维护社会和国家的整体秩序和利益，需要对公民的某些权利进行限制或者增加公民的义务，但限制应当维持一个“度”，既要合法，又要有效应急。例如，《中华人民共和国突发事件应对法》第十一条规定“有关人民政府及其部门采取的应对突发事件的措施，应当与突发事件可能造成的社会危害的性质、程度和范围相适应；有多种措施可供选择的，应当选择有利于最大程度地保护公民、法人和其他组织权益的措施”，第十二条规定了公民有对被征用的财产在应急管理结束后要求返还或获得补偿和救济的权利。第二，对公民权利的保护贯穿于此法规定的各项制度和整个应急处置过程之中。

案例讨论

【案例】2020年3月31日，《科学》在线发表了一篇报告性论文，回溯了新冠肺炎疫情在中国的传播形势，以及管控措施如何最大限度地降低了疫情传播。该研究由北京师范大学田怀玉团队联合英国牛津大学、美国普林斯顿大学、中国军事医学科学院等15个中外团队完成。研究得出了以下具有借鉴性的结论：关闭离鄂离汉通道使新冠病毒传播到中国其他城市的时间平均推迟了2.91天；在疫情暴发后，越早开始进行严格管控的城市报告的病例就越少；管控市内的公共交通、关闭娱乐场所、禁止公共聚集显著降低了感染病例数量；关闭离鄂离汉通道以及全国性的应急响应和防控措施使确诊病例数减少了数十万。

【讨论】无论从疫情的控制速度、投入人力和财力的性价比，还是为全国疫情全面控制争取的时间、提供的经验来讲，阻击新冠肺炎疫情的武汉保卫战都是成功的。试分析这一案例中体现了哪些应急的原则？

三、公共卫生应急法律制度体系

我国应急管理体系涉及错综复杂相互交织的多个方面，但其核心要素是“一案三制”，主要包括应急预案和应急管理体制、机制、法制四个要素，已初步形成以《中华人民共和国传染病防治法》《中华人民共和国突发事件应对法》等为骨干的全方位、多层级、宽领域的应急法律体系。国家制定出台了以《国家突发公共事件总体应急预案》为总纲，由专项预案、部门预案、31个省区市总体预案、企事业单位应急预案和重大活动应急预案组成的应急预案体系。

上述法律、法规和预案对预防、控制和消除突发公共卫生事件的危害，保障公众身体健康与生命安全，维护正常的社会秩序提供了法律保障和依据。突如其来的新冠肺炎疫情，对我国现行的应急管理法律体系是一次考验，对我国突发事件相关法律也提出了相应的挑战。面对此次疫情暴露出的一些问题，也推动了相关法律的修订工作。

知识链接

在我国应急体系中，国务院是最高行政领导机构，应急管理部是应急管理工作的主要责任部门。同时，国务院安全生产委员会、国家防汛抗旱总指挥部等也有专门分工，共同履行国家应急管理职能。应急管理法律体系方面，以《中华人民共和国传染病防治法》《中华人民共和国突发事件应对法》为基础，《中华人民共和国防震减灾法》《中华人民共和国水法》《中华人民共和国安全生产法》《中华人民共和国消防法》《中华人民共和国食品安全法》《中华人民共和国国家安全法》《破坏性地震应急条例》等几十部单行法与之并存。应急预案体系以《国家突发公共事件总体应急预案》为总纲，加上25件国务院专项预案、80件国务院部门预案、31个省区市总体预案、企事业单位应急预案和重大活动应急预案，共6个部分组成，国家应急管理体系和应急法律体系已初步建成。

第二节 公共卫生风险防范制度

一、监测预警制度

监测与预警是控制、降低及减少突发事件危害的关键所在，是对可能导致公共安全受到威胁的有关公共事件的评估，监测突发公共事件发生可能，将未来可能爆发的危机遏止于发生的初始阶段。

2003年，“非典”事件的暴发给中国公共卫生体系造成了强烈震撼。2004年，中国疾控中心建立了覆盖全国各级医疗卫生机构的传染病和突发公共卫生事件直报系统，并逐步健全相应的监测制度。《中华人民共和国传染病防治法》规定，由国家卫生行政部门制定国家监测规划和方案，省、自治区、直辖市卫生相关部门根据国家规划和方案，制定本辖区传染病监测计划和工作方案，各级疾病预防控制机构对传染病的发生、流行及影响其发生、流行的因素进行监测。

二、风险评估制度

（一）风险评估概念

风险评估是基于科学知识和科学方法的风险分析，属于自然科学的研究范围，是多因素、多灾种、多环节和全过程的研究，是通过风险识别、风险分析和风险评价，对突发公共卫生事件风险或其他突发事件的公共卫生风险进行评估，并提出风险管理建议的过程。

风险评估兴起于20世纪70年代几个工业发达国家。我国于20世纪80年代开始环境风险评价研究。1990年国家环保局要求对重大环境污染事故隐患进行风险评价。但是我国目前开展的环境风险评价多是预测事故的概率风险，而对事故后果评价的研究却很少，对实时风险评估的研究则更少。

加强风险评估是当前国内外加强应急管理的发展趋势，开展风险评估和应急资源调查，既能为编制应急预案提供依据，又能确保应急响应时对资源的有效有序调度。

（二）风险评估法律规定

突发事件公共卫生风险评估应当遵循属地管理、分级负责、多方参与、科学循证的原则，确保评估工作科学、规范、及时开展。各级卫生行政部门负责建立健全突发事件公共卫生风险评估工作制度和工作机制，负责风险评估工作的组织管理、督导检查以及评估结果信息的通报和发布；各级疾病预防控制机构负责职责范围内的突发事件公共卫生风险相关信息的监测、分析和风险评估，并指定专人负责做好相关技术保障；其他相关医疗卫生机构依据职责开展相关突发事件公共卫生风险评估；各级卫生行政部门可根据风险评估工作的实际需要，指定或委托其他专门机构开展相关的突发事件公共卫生风险评估。

突发事件公共卫生风险评估分为日常风险评估和专题风险评估。日常风险评估主要是根据常规监测收集的信息、部门通报的信息、国际组织及有关国家（地区）通报的信息等，对突发公共卫生事件风险或其他突发事件的公共卫生风险开展初步、快速的评估。专题风险评估主要针对国内外重要突发公共卫生事件、大型活动、自然灾害和事故灾难等，开展全面、深入的专项公共卫生风险评估，具体情形包括：日常风险评估中发现的可能导致重大突发公共卫生事件的风险；国内发生的可能对本辖区造成危害的突发公共卫生事件；国外发生的可能对我国造成公共卫生风险和危害的突发事件；可能引发公共卫生危害的其他突发事件；大型活动等其他需要进行专题评估的情形。

三、报告制度

（一）报告制度的内涵

突发公共卫生事件报告是应急管理报告的主要内容，涉及传染病疫情报告、食物中毒、职业中毒等。其中，传染病疫情报告制度最为典型。

传染病疫情报告制度是指各级医疗、防疫机构按照专业分工，承担责任范围内突发传染病疫情监测、信息报告与管理工作。《中华人民共和国传染病防治法》《突发公共卫生事件应急条例》《突发公共卫生事件与传染病疫情监测信息报告管理办法》《传染病信息报告工作管理规范》《传染病监测信息网络直报工作与技术指南》等规定了我国传染病疫情报告制度和主要规定。

（二）国际报告制度的相关规定

《国际卫生条例》对传染病监测和通报进行了规定，其中，通报是缔约国履行国际义务，世界卫生组织制定应对全球疫情策略的重要环节。《国际卫生条例》规定了在传染病暴发时各国必须及时、迅速、充分地向世界卫生组织通报；在传染病流行期间各国必须定期向世界卫生组织通报疫情；重视港口、机场等机构对传染病防治工作的作用。

（三）我国报告制度的时限要求

《突发公共卫生事件与传染病疫情监测信息报告管理办法》规定：责任报告单位和责任疫情报告人发现甲类传染病和乙类传染病中的肺炭疽、严重急性呼吸综合征等按照甲类管理的传染病人或疑似病人时，或发现其他传染病和不明原因疾病暴发时，应于2小时内将传染病报告卡通过网络报告；未实行网络直报的责任报告单位应于2小时内以最快的通讯方式（电话、传真）向当地县级疾病预防控制机构报告，并于2小时内寄送出传染病报告卡。对其他乙、丙类传染病病人、疑似病人和规定报告的传染病病原携带者在诊断后，应于24小时内进行网络报告；未实行网络直报的责任报告单位应于24小时内寄送出传染病报告卡。县级疾病预防控制机构收到无网络直报条件责任报告单位报送的传染病报告卡后，应于2小时内通过网络进行直报。

《突发公共卫生事件应急条例》规定：国家建立突发事件应急报告制度。国务院卫生行政主管部门制定突发事件应急报告规范，建立重大、紧急疫情信息报告系统。发生或者可能发生传染病暴发、流行；或发生或者发现不明原因的群体性疾病；或发生传染病菌种、毒种丢失；或发生或者可能发生重大食物和职业中毒事件的，省、自治区、直辖市人民政府应当在接到报告1小时内，向国务院卫生行政主管部门报告；国务院卫生行政主管部门对可能造成重大社会影响的突发事件，应当立即向国务院报告。同时还规定了医疗机构和医务人员的应急报告义务和报告时限。

（四）我国公共卫生事件报告主体及职责

县级以上地方卫生行政部门对本行政区域突发公共卫生事件与传染病疫情监测信息报告实施监督管理。各级各类医疗机构、疾病预防控制机构、采供血机构均为责任报告单位；其执行职务的人员和乡村医生、个体开业医生均为责任疫情报告人，必须按照传染病防治法的规定进行疫情报告，履行法律规定的义务。此外，任何单位和个人必须按照规定及时如实报告突发公共卫生事件与传染病疫情信息，不得瞒报、缓报、谎报或者授意他人瞒报、缓报、谎报。

四、应急救助制度

疾病应急救助制度是指由政府或相关部门以疾病应急救助基金补助的方式，对在中国境内发生急重危伤病、需要急救但身份不明确或无力支付相应费用的患者进行的救助。特殊群体的急救欠费由政府“买单”，而不是让医院自身承担费用和风险，这样既能促进医疗机构的健康运转，也有利于营造和谐的医患关系。

（一）疾病应急救助资金筹措

各省（区、市）、市（地）政府组织设立本级疾病应急救助基金。省级基金主要承担募集资金、向市（地）级基金拨付应急救助资金的功能。市（地）级基金主要承担募集资金、向医疗机构支付疾病应急救治医疗费用的功能。省（区、市）、市（地）政府要将疾病应急救助基金补助资金纳入财政预算安排，中央财政对财力困难地区给予补助，并纳入财政预算安排。疾病应急救助基金来源包括财政投入和社会捐助等多渠道。

（二）疾病应急救助资金管理和使用

根据《国务院办公厅关于建立疾病应急救助制度的指导意见》（国办发〔2013〕15号），基本医保管理部门要保障参保患者按规定享受基本医疗保险待遇。民政部门要协助基金管理机构共同做好对患者有无负担能力的鉴别工作；公安机关要积极协助医疗机构和基金管理机构核查患者的身份。基金管理机构负责向医疗机构支付疾病应急救治医疗费用，对经常承担急救工作的定点医疗机构，可采取先部分预拨后结算的办法减轻医疗机构的垫资负担。

（三）疾病应急救助对象

救助对象是在中国境内发生急重危伤病、需要急救但是身份不明确或无力支付相应费用的患者。应急救助的救助范围是救助对象实际发生的急救医疗费用。对于急救医疗费用，根据情况先由责任人、工伤保险和基本医疗保险等各类保险、公共卫生经费，以及医疗救助基金、道路交通事故社会救助基金等渠道支付。无上述渠道或上述渠道费用支付有缺口，由疾病应急救助基金给予补助。

（四）疾病应急救治

各级各类医疗机构及其工作人员必须及时、有效地对急重危伤患者施救，不得以任何理由拒绝、推诿或拖延救治。

（五）疾病应急救助基金的监管

疾病应急救助基金管理遵循公开、透明、专业化、规范化的原则，疾病应急救助基金使用、救助的具体事例、费用以及审计报告等向社会公示，接受社会监督。

第三节 公共卫生应急响应制度

一、应急处置主体

突发公共卫生事件，是指突然发生，造成或者可能造成社会公众健康严重损害的重大传染病疫情、群体性不明原因疾病、重大食物和职业中毒以及其他严重影响公众健康的事件。通常而言，公共卫生突发事件都是突然发生的，而且还具有公共性，需要依靠政府公共权力来发挥作用，通过对资源的优化配置以及协调处理才能完善应对措施。

政府的应急处理责任体现在应急事件爆发事前、事中、事后全过程。在事件爆发前，政府应进行公共卫生危机管理的知识系统和管理计划的系统建设，完善预防机制，以预防突发公共卫生事件突然爆发所导致的巨大冲击力；在事件发生时要充分发挥现有资源的积极作用，使事件所形成的消极影响减少到最小，保证人民群众的健康利益和其他权益，促进社会的稳定和谐；事件结束后，积极做好善后处理工作，总结经验，恢复因突发事件造成的健康损失和其他损失。应急处置的全过程应以公众健康权保护为根本宗旨。

二、信息发布制度

政府信息公开在行政程序制度中具有重要的地位，它不只是保障公民知情权的重要手段，也是妥善应对和解决突发事件的重要方式。《中华人民共和国政府信息公开条例》规定，行政机关应当将主动公开的政府信息，通过政府公报、政府网站、新闻发布会以及报刊、广播、电视等便于公众知晓的方式公开。政府部门在处理公共卫生突发事件时，要保证事件信息的公开化、透明化。政府部门必须坚持“第一时间”原则，畅通信息发布渠道，快速反应，将事件整个发展情况通过法定的途径向社会大众及时公布，让公众能实时了解当前事件的进展和趋势，有助于公众做好防护措施，保持心理、情绪的稳定，同时发挥全社会的共同力量来解决当前遇到的困境。

在政府信息公开中，新闻媒体作为重要的信息载体，要以“公开、透明”为原则。

政府、媒介、公众构成政府信息公开三个基本要素，在应急事件处置过程中，政府是信息发布主体，媒介是信息发布手段，公众是信息发布客体。作为信息公开的平台，媒体在突发公共事件处置中起到工具和桥梁作用，担负的是传播、引导、监督等责任。

三、传染病强制检测制度

《中华人民共和国传染病防治法》第十二条规定：中华人民共和国领域内的一切单位和个人，必须接受疾病预防控制机构、医疗机构有关传染病的调查、检验、采集样本、隔离治疗等预防、控制措施，如实提供有关情况。

检测工作主要由各级疾病预防控制机构承担，具体职责是开展传染病实验室检测、诊断、病原学鉴定。其中，国家、省级疾病预防控制机构负责对传染病发生、流行以及分布进行监测，对重大传染病流行趋势进行预测，提出预防控制对策，参与并指导对暴发的疫情进行调查处理，开展传染病病原学鉴定，建立检测质量控制体系，开展应用性研究和卫生评价。设区的市和县级疾病预防控制机构负责传染病预防控制规划、方案的落实，组织实施免疫、消毒、控制病媒生物的危害，普及传染病防治知识，负责本地区疫情和突发公共卫生事件监测、报告，开展流行病学调查和常见病原微生物检测。

四、传染病强制隔离制度

（一）强制隔离定义

隔离是一种限制人身自由的行政强制措施，是行政机关或被授权的特定机构依法实施的一种行政措施。无论被隔离人是否自愿，被隔离者必须无条件予以服从，否则就要受到相应的行政处罚，甚至被追究刑事责任。

（二）强制性法律规定

《中华人民共和国传染病防治法》第三十九条对不执行隔离措施的相关处罚作出有关规定：拒绝隔离治疗或者隔离期未满擅自脱离隔离治疗的，可以由公安机关协助医疗机构采取强制隔离治疗措施。《突发公共卫生事件应急条例》规定：在突发事件中需要接受隔离治疗、医学观察措施的病人、疑似病人和传染病病人密切接触者，在卫生行政主管部门或者有关机构采取医学措施时应当予以配合；拒绝配合的，由公安机关依法协助强制执行。

（三）隔离实施主体及法律职责

县级以上人民政府对已经发生甲类传染病病例的场所或者该场所内特定区域的人

员，可以实施隔离措施，并同时向上一级人民政府报告；接到报告的上级人民政府应当及时作出是否批准的决定。上级人民政府作出不予批准决定的，实施隔离措施的人民政府应当立即解除隔离措施。在隔离期间，实施隔离措施的人民政府应当对被隔离人员提供生活保障；对传染病暴发、流行区域内流动人口，突发事件发生地的县级以上地方人民政府应当做好预防工作，落实有关卫生控制措施；对传染病病人和疑似传染病病人，应当采取就地隔离、就地观察、就地治疗的措施。

医疗机构发现甲类传染病时，应当及时采取下列措施：①对病人、病原携带者，予以隔离治疗，隔离期限根据医学检查结果确定。②对疑似病人，确诊前在指定场所单独隔离治疗。③对医疗机构内的病人、病原携带者、疑似病人的密切接触者，在指定场所进行医学观察和采取其他必要的预防措施。

（四）新冠肺炎疫情期间强制隔离措施

最高人民法院、最高人民检察院、公安部、司法部联合下发的《关于依法惩治妨害新型冠状病毒感染肺炎疫情防控违法犯罪的意见》，强调了新冠肺炎确诊病人或疑似病人不遵守强制隔离规定，擅自脱逃，且进入公共场所或公共交通工具的恶劣行为，按“以危险方法危害公共安全罪”加重处罚。同时，《上海市人民代表大会常务委员会关于全力做好当前新型冠状病毒感染肺炎疫情防控工作的决定》中规定，受强制隔离治疗的新冠肺炎病人如逃离医院，不仅应依法严格追究法律责任，而且以信用“黑名单”的方式，将其失信信息录入公共信用信息平台，加大对拒不接受隔离违法行为的处罚力度。新冠肺炎病人因不接受隔离治疗，引起病毒传播并造成严重后果的，按过失以危险方法危害公共安全罪处以刑罚。新冠肺炎病人在隔离治疗时，以暴力、威胁等方法抗拒隔离措施的，以“妨碍公务罪”罪名定罪。

第四节　公共卫生应急物资保障制度

一、定义和重要意义

应急物资保障是国家应急管理体系建设的重要内容。卫生应急物资涉及面广、品种繁多，以保障生命救援和公众身体健康为主要目标，主要包括医疗救护设备、救治药品、医疗器械和生活必需品等，是有效预防、及时控制和消除突发公共卫生事件危害的重要支撑。公共卫生应急物资保障的意义如下。

（一）有利于有效应对各种突发公共卫生事件

在处置较大和一般突发公共卫生事件时，建立一套应急物资保障智能化平台，设置合理的应急物资储备点，融入国家统一的应急物资保障体系，省市县统一联动，才能使应急物资保障在关键时刻调得出、用得上，做到机动、节约、高效。在处置重大及以上突发公共卫生事件时，做到条块互通，应急物资能够得到政府层面的支持和保障，确保各类应急队伍拉得出、打得响，有效应对各种突发公共卫生事件。

（二）有利于各专业岗位得到规范的个人防护

由于各种突发公共卫生事件的性质和等级不同，加上疾病预防控制机构、医疗机构等专业机构流调、采样、消杀、实验室检测等以及医疗救治专业岗位的特殊性，各种人员个人防护物资的种类和数量有较大的差别。应急物资保障智能化平台的建立，可以根据突发公共卫生事件的性质和等级，确定各专业岗位个人防护物资的种类和数量，结合省市应急仓储和应急物资储备点的物资种类和数量，上下联动，使各专业岗位能够得到规范的个人防护。

（三）有利于专业设备得到维护和更新

在处置重大及以上突发公共卫生事件时，专业设备使用频次急剧增加，专业设备维护和更新是应急工作的薄弱环节。通过应急物资保障智能化平台等多种方式，可以把实验室及消杀等专用设备纳入应急管理体系，完善设备维护和替代制度，根据设备使用时间、维护记录及状态综合考虑，确定设备使用的应急等级而及时更新。

（四）有利于提高医疗救援能力，保护人民身体健康和生命安全

突发公共事件的发生，首先会对人民生命安全和健康状况造成严重威胁，应急管理要以落实和完善应急预案为基础，以提高预防和处置突发公共事件能力为重点，最大限度地减少突发公共事件及其造成的人员伤亡和危害。医疗救援应急物资储备是医疗救援物资保障的关键环节，“时效性”决定了在突发事件发生初期物资储备可能产生最大的效果。合理的应急物资储备品种、数量和分布能使应急部门在第一时间快速作出反应，启动物资保障预案，进行物资的筹集、配置、调度，保证医疗救援所需物质，并以最快的速度保护人民群众的生命安全。

二、法律规制

（一）政府应急管理物资保障职责

物资保障是公共卫生应急管理中重要的基础和支撑。政府及相关行政部门在公共

卫生应急事件的不同阶段，都承担着物资保障的责任和义务。统一的应急物资保障体系是国家应急管理体系建设的重要内容，是精准布局推进国家应急管理体系和能力现代化的重要支撑，是应对和处置突发公共事件的物资基础保障，是决定突发事件应急处置成败的关键因素。健全统一的应急保障体系，需要从产能保障、调度机制、储备体系各个环节不断完善相关工作机制和应急预案，确保高效率统筹协调、高标准运行保障、高质量督促检查。

应急物资在事故即将发生前用于控制事故发生，或事故发生后用于疏散、抢救、抢险等，包括应急救援的工具、物品、设备、器材、装备等一切相关物资。应急物资保障体系包括应急物资的采购、储备、调拨等流程环节和处理程序。应急物资要求专人专账管理，定期检查、更新和清理，在突发事件发生时迅速调配，协助处理突发事件。

（二）公共卫生应急物资保障的法律规定

在卫生应急物资保障法律与制度体系建设方面，《中华人民共和国突发事件应对法》明确国家建立健全应急物资储备保障制度，完善重要应急物资的监管、生产、储备、调拨和紧急配送体系。《中华人民共和国传染病防治法》《中华人民共和国基本医疗卫生与健康促进法》要求国家建立中央与地方两级医药储备，用于保障重大灾情、传染病疫情及其他突发事件等应急需要。此外，国家制定并出台了一系列涉及公共卫生领域应急物资保障内容的行政法规、部门规章，以及《国家物资储备应急预案》《国家医药储备应急预案》等专项预案和部门预案。国家发展改革委发布的《应急保障重点物资分类目录（2015年）》按“目标–任务–作业分工–保障物资”4个层次，将应急保障关键物资划分成3个大类、16个中类、65个小类，提升了应急准备的针对性和有效性。根据《国家医药储备管理办法》，医药储备实行品种控制、总量平衡的动态储备，工业和信息化部负责协调全国的医药储备工作。要加强储备药品和医疗器械的入库、出库管理和质量管理。

（三）公共卫生应急物资保障法律责任

县级以上人民政府有关部门不履行传染病防治和保障职责的法律责任：由本级人民政府或者上级人民政府有关部门责令改正，通报批评；造成传染病传播、流行或者其他严重后果的，对负有责任的主管人员和其他直接责任人员，依法给予行政处分；构成犯罪的，依法追究刑事责任。

国务院有关部门、县级以上地方人民政府及其有关部门在物资保障中造成传染病传播、流行或者对社会公众健康造成其他严重危害后果的法律责任：依法给予行政处分；构成犯罪的，依法追究刑事责任。

在突发事件发生期间，散布谣言、哄抬物价、欺骗消费者，扰乱社会秩序、市场秩序的法律责任：由公安机关或者有关主管部门依法给予行政处罚；构成犯罪的，依法追究刑事责任。

截留、挪用、私分或者变相私分应急救援资金、物资的法律责任：根据情节对直接负责的主管人员和其他直接责任人员依法给予处分。

第五节　其他公共卫生应急管理法律规定

一、国境卫生检疫应急管理

（一）相关概念

国境卫生检疫应急管理是指针对国境卫生检疫突发公共卫生事件，政府和其他公共单位、部门通过应用各种科学有效的手段，所采取的事前预防、事发应对、事中处置和善后恢复的一系列措施，解决、减轻甚至预防突发事件给人民群众生命财产和经济社会带来的影响的相关活动。

（二）相关法律规定

国境口岸发现检疫传染病、疑似检疫传染病，或者有人非因意外伤害而死亡并死因不明，国境口岸有关单位和交通工具的负责人，应当立即向国境卫生检疫机关报告，并申请临时检疫。

国境卫生检疫机关对检疫传染病染疫人必须立即将其隔离，隔离期限根据医学检查结果确定；对检疫传染病染疫嫌疑人应当将其留验，留验期限根据该传染病的潜伏期确定。因患检疫传染病而死亡的尸体，必须就近火化。

（三）意义

国境卫生检疫应急管理，是防止传染病传播的健康屏障，在保障人类生命安全的环节中，是检疫监测传染病和突发公共卫生事件预警的首要渠道；在保障国际旅行和对外贸易安全中，是防止有害因子输出的终端。国境卫生检疫应急管理在国际安全中具有安全屏障作用、国际预警作用及危机管理的核心作用。国境卫生检疫能把握危机前兆，从而采取措施将危险因素消灭在萌芽状态；在危机发生时，能及时作出预警、评估、判断和处置，实现危机有效控制，并能提供善后意见。总之，国境卫生检疫应急管理在保护人民群众的身体健康、维护国家的安全稳定、促进社会经济的快速发展方面发挥着巨大的作用。

二、公共场所应急管理

（一）相关概念

公共场所是为公众提供工作、学习、经济、文化、社交、娱乐、体育、参观、医疗、卫生、休息、旅游等满足部分生活需求所使用的一切公用建筑物、场所及其设施的总称。根据功能的不同，国务院在《公共场所卫生管理条例》中，将典型公共场所分为7类28种。

公共场所具有人群密集、危机事件的传播速度极快、设备及物品供公众重复使用，易造成公共卫生事件的传播等特点。公共场所突发事件一旦发生，将严重威胁人民群众的生命财产安全、社会的稳定和国家的安全。

公共场所突发事件是指在典型公共场所发生的具有代表性的突发事件，具体包括火灾、爆炸事故、交通事故、食物中毒、打架斗殴、化学毒剂泄漏等。公共场所应急机制一直是应急管理研究的热点问题，当前学者主要从突发事件应急管理全生命周期的角度对应急机制进行分类和总结。我国《国家突发公共事件总体应急预案》将应急机制分为预测与预警、应急处置、恢复与重建、信息发布四个部分。

（二）相关法律规定

公共场所经营者应当制定公共场所危害健康事故应急预案或者方案，定期检查公共场所各项卫生制度、措施的落实情况，及时消除危害公众健康的隐患。

在传染病疫情暴发期间，卫生健康行政部门和卫生监督机构在传染病疫情防控期间的一项重要监督工作职责，是通过卫生监督指导公共场所等人群密集场所做好传染病防控，消除传染病传播的风险和隐患。

公共场所经营单位应建立健全传染病疫情防控的组织机构，制定本单位传染病疫情防控工作预案，明确公共场所经营单位法人或经营主体负责人为疫情防控第一责任人，并设置负责传染病疫情防控的部门，由专（兼）职卫生管理人员负责本单位的传染病疫情防控工作。

三、学校卫生应急管理

学校突发公共卫生事件指在学校内突然发生，造成或可能造成师生员工健康严重损害的重大传染病疫情、群体性不明原因疾病、重大食物或职业中毒以及其他严重影响师生员工身心健康的公共卫生事件。

学校应急管理是指当学校出现突发事件时，各级管理者为了能尽快地解决突发事件，使校园秩序能够尽快恢复，以确保学校师生以及职工能照常进行学习研究和工作而采取的有针对性的一系列措施。

学校卫生应急管理是包括对事前、事中和事后整个卫生应急工作的计划、组织、领导、实施与评价等活动的总称。学校是人员密集型场所，是学生的聚集地，一旦学校出现疫情，后果存在不确定性。因此，应及早预防，提前做好疫情防控应急管理预案。

本章小结

1. 公共卫生应急管理是指为降低突发事件的危害、维护公众健康，基于可能对公共健康造成损害的突发事件的原因、过程和后果的分析，有效集成社会各方面的相关资源，对相关事件进行有效预警、控制和处理的动态过程。

2. 我国公共卫生应急管理坚持全社会动员、权利限制与权利自由平衡等原则，以《中华人民共和国传染病防治法》《中华人民共和国突发事件应对法》等为骨干，几十部单行法为核心，形成全方位、多层级、宽领域的应急法律体系。

3. 公共卫生应急管理风险防范包括监测预警制度、风险评估制度、报告制度等。

4. 公共卫生应急管理响应制度包括公共卫生应急信息发布制度、疾病的强制检测制度、疾病的强制隔离制度等。

5. 公共卫生应急物资保障是国家应急管理体系建设的重要内容，主要包括医疗救护设备、救治药品、医疗器械和生活必需品应急储备与保障等。

6. 国境卫生检疫应急管理、公共场所应急管理、学校卫生应急管理等专项卫生应急管理进一步细化了重点领域的卫生应急法律制度。

（杨淑娟）

第十二章　卫生监督执法

学习目标

1. 掌握　行政执法的概念；卫生监督的概念与性质。
2. 熟悉　卫生监督的分类；卫生监督的主要手段与程序。
3. 了解　卫生监督体系形成的历程。

卫生监督是卫生行政主体执行国家卫生法律规范，维护群众健康权益，建设健康中国的重要保障，是中国特色社会主义法治体系的重要组成部分。卫生监督具有较强的行政性、专业性、技术性，是推进卫生健康治理体系和治理能力现代化的重要支撑。卫生监督是行政执法在卫生领域的具体体现。我国的行政执法经历了从无法可依到有法可依再到严格规范公正文明的综合行政执法的演进历程，作为行政执法组成部分的卫生监督必将随着我国综合行政执法改革的推进而不断完善。

第一节　概　　述

一、相关概念

（一）行政执法及综合行政执法

1. 行政执法的概念　行政执法即法的适用活动，指行政主体（国家行政机关和法律、法规授权的组织）依法实施行政法律规范，对具体事件进行处理，并对行政相对人权利与义务产生法律效果的行政行为。一般认为，行政行为既包括抽象行政行为，也包括具体行政行为。而这里所讲的行政执法，则主要指具体行政行为。具体行政行为是指行政主体将具有普遍约束力的行为规范运用于特定行政相对人并产生法律效果的行为，如行政处罚、行政强制等。

2. 综合行政执法的概念 综合行政执法，是指为解决行政部门职能交叉及职能分散，通过重新调整行政权配置，依法成立或依法授权一个行政机关综合行使原本由两个或两个以上相关的行政机关所具有的行政职权，以一个整体执法主体的名义承担法律责任的一种行政执法制度。中国特色社会主义法治体系建设的新十六字方针是“科学立法、严格执法、公正司法、全民守法”，其中“严格执法”即严格行政执法，这是法治的重要环节，而综合行政执法是完善行政执法的重要举措。

（二）卫生监督与卫生综合监督执法

1. 卫生监督的概念 即卫生行政执法，是指卫生行政主体执行国家卫生法律规范，维护公共卫生和医疗秩序，保护人民健康及相关权益，对特定的卫生行政相对人所采取的能直接产生法律效果的卫生行政执法行为。

2. 卫生综合监督执法 是指依行政法治原则和卫生监督的技术性特点，将国家卫生法律规范赋予卫生行政主体的各项职责，实行综合管理，改变单一专业运作，依照执法责任制原则划分职能，明确责任，将卫生监督的日常工作和现场监督任务交付行使卫生监督职责的卫生行政主体的执行机构（卫生综合监督执法机构）具体实施的行政执法行为。整合后的卫生综合监督执法机构负责监督检查卫生法律规范的贯彻落实情况，依法开展公共场所卫生、饮用水卫生、学校卫生、职业卫生、放射卫生、医疗服务、传染病防治、计划生育和中医药服务等综合监督行政执法工作，查处违法行为。

二、卫生监督的性质

（一）国家意志性

卫生监督是国家为保障公民健康权的实现，维护正常、有序的卫生健康秩序，以法律形式确立的一项卫生健康基本制度。法本身就是国家意志的体现，因此以法的形式确立的卫生监督制度自然体现了国家意志，是国家意志在卫生健康事业中的体现。《中华人民共和国基本医疗卫生与健康促进法》第九十四条规定：县级以上地方人民政府卫生健康主管部门及其委托的卫生健康监督机构，依法开展本行政区域医疗卫生等行政执法工作。《中华人民共和国职业病防治法》规定：国家实行职业卫生监督制度。

（二）行政性

行政是国家行政机关对国家公共事务的决策、组织、管理和调控。卫生监督是国家行政的一种重要形式。从卫生监督的概念可知，它是卫生行政主体适用卫生法律规范处理社会卫生事务的活动，体现的是国家行政职能即行政权的行使。因此，卫生监督必须自始至终遵循行政的基本原则和规律，坚持行政的合法性、合理性及信赖保护等行政行为的基本原则。

（三）技术性

技术性是卫生监督执法区别于其他许多行政执法的显著特点。卫生监督的目的无法用简单的行政行为实现，必须依赖于大量的技术手段和技术规范来实现。卫生监督的许多实际工作，如判定是否合法，是以检测检验数据作为判定标准的，如公共场所的空气质量数据，就成为公共场所卫生监督的重要依据。没有这些数据，会很难甚至不能完成卫生监督工作。正因为卫生监督的技术性，所以在综合行政执法改革中，卫生监督是独立的专业性执法，未并入新成立的五大综合行政执法队伍中。

第二节　卫生监督的分类

对卫生监督进行分类研究，是为了更加深入地理解和掌握卫生监督制度，以正确引导卫生监督实践。

一、按卫生监督过程分类

1. 预防性卫生监督　指卫生行政主体依据卫生法律规范对新建、扩建、改建的建设项目所开展的设计卫生审查和竣工验收以及其他卫生行政许可的执法活动。例如，卫生行政主体依据《医疗机构管理条例》对拟开办医疗机构申请进行受理、审查，对符合设置条件的颁发医疗机构执业许可证。其主要任务是审查许可申请人是否具备或符合卫生许可的基本条件，从源头上进行把控，确保医疗质量与安全。

2. 经常性卫生监督　指卫生行政主体定期或不定期地对管辖范围内的卫生行政相对人遵守卫生法律规范的情况进行的日常监督执法活动。例如，卫生行政主体对行政相对人的资质、法律制度的落实等情况进行检查。

二、按卫生法律规范拘束的程度分类

1. 羁束卫生监督　指凡是卫生法律规范对卫生监督行为的内容、形式、程序、范

围、手段等做了较详细、具体和明确规定的卫生监督行为。卫生行政主体实施羁束卫生监督执法，必须严格依法进行，没有自行斟酌、选择、裁量的余地。卫生行政主体违反羁束规定，构成违法的应承担违法的后果。

2. 自由裁量卫生监督 指卫生法律规范在规定行为的内容、形式、程序、范围和手段等方面留有一定的选择余地或幅度，或者只做原则规定，可以由卫生行政主体根据对法律规范的理解和对行政相对人的现实状况的了解给予综合考虑，所采取的卫生监督行为。

三、按卫生行政主体的主动性分类

1. 依职权卫生监督 指根据卫生法律规范赋予的职权，不待卫生行政相对人的申请而由卫生行政主体主动作出的卫生监督行为。因其是不待请求而主动为之的行为，故又称为主动监督行为。如卫生监督检查、卫生行政处罚等。

2. 依申请卫生监督 指卫生监督机关只有在卫生行政相对人申请的条件下，才能依法采取的卫生监督行为。如审批、发放卫生许可证的行为。

区分依职权和依申请卫生监督行为的意义在于，不依法定职权主动进行卫生监督将构成行政失职；而对依申请的卫生监督行为，只要当事人不提出申请，卫生行政主体并无责任，只有在当事人提出申请，卫生行政主体不予答复，才构成不履行或拖延履行法定职责的责任。

四、按是否必须具备一定的法定形式分类

1. 要式卫生监督 指必须依据法定方式进行或必须具备一定的法定形式，才能产生法律效力和后果的卫生监督行为。例如，卫生行政处罚必须以书面形式并加盖公章才有效。

2. 非要式卫生监督 指卫生法律规范未规定一定具体方式或形式，允许卫生行政主体依据情况自行选择适当方式或形式进行的卫生监督执法行为。这类行为无论是采用口头形式、书面形式，还是电话、电子邮件等各种其认为适当的形式，都可以生效。

第三节　卫生监督体系

建设科学高效的卫生监督体系不只是深化卫生监督体制改革及应对有关职能调整

转变的必然要求，更是对全方位全周期保障人民健康的有力支撑。卫生监督体系的基本框架应该包括执法主体、执法人员、执法手段、设备配置、具体职权、执法程序、技术支撑等方方面面的内容。在此仅就卫生监督体系最关键的执法主体的架构建立历程进行介绍。

一、防疫监督一体化时期

防疫监督一体化时期主要指卫生防疫机构承担卫生监督职能时期（1949—1977年）。中华人民共和国成立后，为贯彻“预防为主”的卫生工作方针，1953年1月全国各省、市、区、县普遍建立卫生防疫站。1954年《第一届全国工业卫生会议决议》提出：应逐步建立卫生监督制度。1954年，卫生部颁布《卫生防疫站暂行办法和各级卫生防疫站组织编制规定》，明确规定了卫生防疫站的任务是预防性、经常性卫生监督和传染病管理。由此开创了我国由卫生防疫机构履行卫生监督职责的局面。

二、探索试点时期

探索试点时期主要指1978—1995年。党的十一届三中全会以后，我国卫生法制建设得到了迅速发展。然而，随着我国社会主义市场经济体制的建立与依法治国方针的确立，原体制下的弊端逐渐暴露出来：卫生监督与有偿技术服务不分，执法公正性受到很大影响；政事不分，淡化了卫生监督的执法属性；卫生监督队伍本身也存在队伍分散、多头执法，难以形成监管合力等诸问题。这些都表明原体制已不适应新的卫生监督工作的需要，卫生监督体制改革迫在眉睫。1990年5月，中华人民共和国成立后第一次全国卫生监督工作会议召开，会议提出逐步建立“中国卫生监督体系”。之后，历年全国卫生工作会议和全国卫生监督工作计划的要点，都把改革卫生监督体制作为一项重点工作内容进行安排部署，许多省、市开始了卫生监督体制改革的试点工作，这一时期，几个省在省级卫生行政部门设置了卫生监督职能处室。

三、建设发展时期

建设发展时期主要指1996—2002年。1996年卫生部印发《关于进一步完善公共卫生监督执法体制的通知》，力求科学划分行政管理行为和业务技术行为，解决执法主体与执法队伍分离的状况，这标志着我国卫生监督体制改革正式启动。1997年《中共中央、国务院关于卫生改革与发展的决定》指出：到2000年，初步建立起有中国特色的包括医疗卫生服务、医疗保障、卫生执法监督的卫生体系。首次明确了三大卫生体系的概念，卫生执法监督体系成为中国特色的卫生体系的重要组成部分。

2000年《关于卫生监督体制改革的意见》指出：组建统一的卫生监督机构，行使卫生监督职权；将原来由各卫生事业单位承担的各项卫生监督职能集中，根据实际情况，对原有机构适当加以精简、归并、调整，组建卫生监督所，专职承担卫生监督任务。卫生监督所是同级卫生行政部门在其辖区内，依据国家法律、法规行使卫生监督职权的执行机构。明确了卫生监督所是卫生执法机构的执行机构，解决了执法主体由卫生防疫站向卫生行政部门的转变。

四、初步形成时期

卫生监督体系初步形成时期（2003—2011年），我国公共卫生工作得到大力发展。2003年我国发生“非典”疫情，卫生工作受到了严峻的考验。“非典”之后，党中央、国务院总结抗击疫情的经验教训，提出争取用3年时间，基本建成覆盖城乡、功能完善的疾病预防体系、医疗救助体系和卫生监督体系。卫生监督事业改革和发展迎来难得的历史性发展机遇。

2005年1月，卫生部发布《关于卫生监督体系建设的若干规定》，明确制定了卫生监督的职责。至此，卫生监督工作内容从以“五大卫生”为支撑的卫生监督管理改革转型为涵盖公共卫生监督和医疗卫生监督两大方面。2006年，卫生部在卫生监督执法司的基础上组建卫生监督局，从组织结构上进一步加强卫生监管职能。

2009年发布的《中共中央　国务院关于深化医药卫生体制改革的意见》，明确提出要建立包括公共卫生监督在内的专业卫生服务网络，要求加强卫生监督服务，健全卫生监督执法体系，加强城乡卫生机构能力建设等。一个从中央到省、市、县四级，并且逐渐覆盖农村地区的卫生监督体系框架基本形成。

五、卫生综合监督体系建设时期

卫生综合监督建设时期，我国卫生监督执法体系进一步完善（2012年至今）。党的十八大以后，我国进入全面建设小康社会的新时期，全面改革不断推进深化，2013年12月国家卫生计生委出台了《关于切实加强综合监督执法工作的指导意见》，明确要求各地组建综合监督执法局，标志着卫生监督体系向卫生综合监督执法体系过渡正式拉开帷幕。

2015年国家卫生计生委等六部门印发《关于进一步加强卫生计生综合监督行政执法工作的意见》，强调指出：全面推进依法治国，推进健康中国建设，建设人民满意卫生计生事业，整合卫生计生行政执法资源，强化卫生计生综合监管职能，完善和健全综合监督行政执法体系，推进卫生计生综合执法，确保卫生计生法律法规的有效落实。

同时指出：卫生计生、中医药行政部门应整合卫生、计生现有行政执法机构和职责，明确行政执法工作任务。整合后的卫生计生综合监督行政执法机构负责监督检查卫生计生法律法规的落实情况，依法开展公共场所卫生、饮用水卫生、学校卫生、医疗卫生、职业卫生、放射卫生、传染病防治、计划生育和中医服务等综合监督行政执法工作，查处违法行为。之后，很多省份陆续出台了加强卫生综合监督执法工作的实施意见，提出建立省、市、县、乡四级卫生综合监督行政执法机构和队伍，特别强调了乡级卫生监督执法机构和卫生监督协管员的职责。执法重心下移，这与国家的综合行政执法改革的要求相一致。

2016年国务院印发《"十三五"卫生与健康规划》，将加强卫生计生综合监督执法体系建设纳入规划重点推进的任务中。具体内容包括：改革和完善综合监督行政执法工作，整合执法资源，健全完善监督执法体系，推动执法重心下移。完善常态化监管机制，加强事中事后监管，实行"双随机"抽查机制，加强全行业监管等，这些规划内容为推进卫生综合监督执法工作起到重要作用。

2018年7月，国务院办公厅印发《关于改革完善医疗卫生行业综合监管制度的指导意见》，强调要建立职责明确、分工协作、科学有效的综合监管制度。2021年8月，中共中央、国务院印发《法治政府建设实施纲要（2021—2025年）》。这一系列文件的出台，为我国卫生综合监督执法改革指明了方向。

第四节　卫生监督手段与程序

一、卫生监督手段

具体的卫生监督手段很多，以下仅就几种主要手段进行介绍。

（一）卫生行政许可

卫生行政许可，是指卫生行政主体根据公民、法人或其他组织的申请，经依法审查，准予其从事特定卫生活动的行为。卫生行政许可的范围包括了公共场所卫生许可、生活饮用水卫生许可、医疗机构执业许可等。

卫生行政许可的特征：卫生行政许可是依申请并对申请依法进行审查的具体行政行为，也是卫生行政主体赋予卫生行政相对人某种法律资格或者法律权利的行政行为。同时，卫生行政许可是要式行政行为，卫生行政许可应以正规的文书、格式、日期、印章等形式予以批准，必须有正式的法律文件。

卫生行政许可的原则：合法、公开、公平、公正、便民、效率、信赖保护。

（二）卫生监督检查

卫生监督检查，是指卫生行政主体基于卫生行政职权，依法对卫生行政相对人是否遵守卫生法律规范，执行卫生行政命令、决定的情况进行了解、监督和检查的行政行为。卫生监督检查是卫生监督执法的重要环节，是卫生监督执法最常采用的执法措施。目前强调加强事中事后监管，实行“双随机”抽查机制，以加强全行业监管。

卫生监督检查的特征：卫生行政主体是卫生监督检查主体；卫生监督检查的对象是卫生行政相对人；卫生监督检查的内容是卫生行政相对人遵守卫生法律规范的情况，也包括卫生行政相对人对卫生行政决定、命令的执行情况。卫生监督检查必须依法进行。卫生监督检查的目的是为了防止和纠正卫生行政相对人的违法行为，保障卫生法律规范的实施和卫生行政管理目标的实现。

卫生监督检查的方式：检查、听取汇报、调阅审查、调查、查验、鉴定、勘验、统计分析等。

（三）卫生行政强制

依据《中华人民共和国行政强制法》的规定，行政强制包括行政强制措施和行政强制执行。

卫生行政强制措施是指卫生行政主体在行政管理过程中，为制止违法行为、防止证据损毁、避免危害发生、控制危险扩大等情形，依法对公民的人身自由实施暂时性限制，或者对公民、法人或者其他组织的财物实施暂时性控制的行为。

卫生行政强制执行是指卫生行政主体或者卫生行政主体申请人民法院，对不履行行政决定的公民、法人或者其他组织，依法强制履行义务的行为。

行政强制的基本原则：法定原则、比例原则、教育与强制相结合原则、平衡原则、正当法律程序原则等。

行政强制措施的种类：限制公民人身自由；查封场所、设施或者财物；扣押财物；冻结存款、汇款；其他行政强制措施。

（四）卫生行政处罚

卫生行政处罚，是指卫生行政主体依法对违反卫生行政管理秩序的公民、法人或者其他组织，以减损权益或者增加义务的方式予以惩戒的行为。

卫生行政处罚的特征：卫生行政处罚的主体是卫生行政机关及法律、法规授权组织；卫生行政处罚的对象是卫生行政相对人；卫生行政处罚的前提是卫生行政相对人实施了违反卫生法律规范的行为。行政处罚的性质是一种以减损权益或者增加义务的方式予以惩戒的行政行为。

卫生行政处罚的种类：警告、通报批评；罚款、没收违法所得、没收非法财物；暂扣许可证件、降低资质等级、吊销许可证件；限制开展生产经营活动、责令停产停业、责令关闭、限制从业；行政拘留；法律、行政法规规定的其他行政处罚。

知识拓展

新修订的《中华人民共和国行政处罚法》将行政执法"三项制度"上升为法律规范，确立了其法律地位。所谓行政执法"三项制度"是指行政执法公示制度、执法全过程记录制度、重大执法决定法制审核制度。"三项制度"聚焦行政执法的源头、过程和结果三个关键环节，是提高政府治理效能的重要抓手，对切实保障人民群众合法权益、推进国家治理体系和治理能力现代化具有重要意义。卫生监督中应特别关注我国行政执法改革和法治政府建设的一系列举措。

二、卫生监督程序

卫生监督程序是针对卫生监督行为而言的，是为规范卫生监督行为，避免卫生行政相对人的权利因卫生行政主体的随意判断受到侵害而制定的。其具体是指卫生行政主体实施卫生监督行为时所应遵守的方式、步骤、时限和顺序等要素所构成的一个行为连续过程。目前，我国尚未制定专门的行政程序法，具体程序分散在规范行政行为的单行的行政法律规范中。

（一）卫生行政许可程序

（1）申请：卫生行政相对人向卫生行政主体提出申请是卫生许可的前提。

（2）受理：是指卫生行政主体经对卫生行政相对人提出的申请进行形式审查，根据不同情况依法分别作出处理。

（3）决定：卫生行政主体受理行政许可申请进行审查后，应当在法定期限，按照规定程序作出行政许可决定。

（二）卫生监督检查程序

1. 监督检查前准备　准备工作是实施监督检查的一个重要环节。卫生监督员应根据现场检查的对象、内容和目的，做好各项监督检查准备工作。如佩戴监督员胸章、携带监督证件；准备必要的法律文书及表格；携带检查工具，采样、取证器材等。

2. 现场监督检查 主要包括：进入现场，监督员进入现场不得少于两人；表明身份；说明理由；查阅或索取资料（调查取证）；告知卫生行政相对人相应的权利；保守秘密等。

3. 监督检查后处理 卫生监督员根据监督检查结果填写“监督记录”，完成监督检查后应向卫生行政相对人通报卫生监督检查结果，并要求卫生行政相对人在《现场检查笔录》上签字。

（三）卫生行政强制程序

因为卫生行政强制执行的主体多为人民法院，所以在此主要涉及卫生行政强制措施程序。

1. 一般程序 行政强制措施实施前需向卫生行政机关负责人报告并经批准；由两名以上卫生行政执法人员实施；出示执法身份证；通知当事人到场；当场告知当事人采取行政强制措施的理由、依据及当事人依法享有的权利、救济途径；听取当事人的陈述和申辩；制作现场笔录；现场笔录由当事人和卫生行政执法人员签名或者盖章，当事人拒绝的，在笔录中予以注明；当事人不到场的，邀请见证人到场，由见证人和卫生行政执法人员在现场笔录上签名或者盖章；法律、法规规定的其他程序。

2. 特殊程序 限制人身自由：行政强制措施实施当场或事后立即通知当事人家属；紧急情况当场实施的返回后立即报批；不得超期。

查封、扣押：查封、扣押对象的“三个不得”——与违法行为无关的不得、生活必需品不得、重复查封不得。需当场交付决定书和清单。卫生行政主体或其委托的第三人保管查封、扣押的财产，费用由卫生行政主体承担。

冻结：实施主体需法律明确规定有冻结权的卫生行政主体。冻结期限与查封、扣押期限基本相同，不同之处在于冻结的例外期限只能由法律例外规定，行政法规不可以规定。

（四）卫生行政处罚程序

1. 一般规定 新修订的《中华人民共和国行政处罚法》增加了许多相应内容：一是强调信息公示，即行政处罚的主体、立案依据、实施程序和救济渠道等信息应当公示；二是对电子技术监控设备记录违法事实提出了严格要求；三是行政处罚应当由具有行政执法资格的执法人员实施且执法人员不得少于两人；四是当事人认为执法人员与案件有直接利害关系或者有其他关系可能影响公正执法的，有权申请回避；五是当事人有权进行陈述和申辩，行政机关不得因当事人陈述、申辩而给予更重的处罚。

案例讨论

【案例】某市卫健委卫生综合监督局接到群众举报，反映有人在该市某大酒店房间开展微雕和除皱手术。卫生执法人员立即与公安、市场监管等部门一同赶赴现场，对现场进行了有效控制，并及时调取了宾馆的监控录像和有关人员证据，查明某医疗美容有限公司非法在宾馆开展医疗美容活动的事实。

【讨论】开展医疗美容的机构和人员应具备什么条件？如果你是查办该案的卫生监督员，该如何进行卫生监督？

2. 简易程序　卫生行政处罚的简易程序又称当场处罚程序，指卫生行政处罚主体对于事实清楚、情节简单、后果轻微的卫生行政违法行为，当场作出卫生行政处罚决定的程序。

适用简易程序的卫生行政处罚必须符合以下条件：违法事实确凿；对该违法行为处以行政处罚有明确、具体的法定依据；处罚较为轻微，即对个人处以200元以下的罚款或者警告，对法人或者其他组织处以3000元以下的罚款或者警告。

卫生行政执法人员当场作出行政处罚决定的，应遵守以下程序：出示执法证件，表明执法人员身份；告知作出行政处罚决定的事实、理由和根据；听取当事人的陈述和申辩；填写预定格式、编有号码的卫生行政处罚决定书；将卫生行政处罚决定书当场交付当事人。

3. 普通程序　是卫生行政主体进行行政处罚的基本程序。

普通程序的适用范围：处罚较重或情节复杂的案件，以及当事人对执法人员给予当场处罚的事实认定有分歧而无法作出行政处罚决定的案件。

普通程序的具体内容：立案；调查取证；告知处罚事实、理由、依据和有关权利；听取陈述、申辩或者举行听证会；作出卫生行政处罚决定，进行重大案件的法制审查。

本章小结

1. 卫生监督具有较强的行政性、专业性、技术性，是推进卫生健康治理体系和治理能力现代化的重要支撑，是我国行政执法的重要组成部分。

2. 卫生监督按过程分为预防性和经常性卫生监督，按卫生法律规范拘束程度分为羁束和自由裁量卫生监督，按卫生行政主体的主动性分为依职权和依申请卫生监督，按是否必须具备一定的法定形式分为要式和非要式卫生监督。

3. 我国卫生监督体系发展经历了防疫监督一体化时期、探索试点时期、建设发展时期、初步形成时期和卫生综合监督建设时期，卫生监督体系将随着我国综合行政执法改革的推进而不断完善。

4. 卫生监督主要手段包括卫生行政许可、卫生监督检查、卫生行政强制、卫生行政处罚。

（贾红英）

第十三章　医学研究法律制度

学习目标

1. 掌握　医学研究的伦理规定和要求；受试者权利保护的规定和要求。

2. 熟悉　医学研究伦理审查的内容、标准和基本程序。

3. 了解　医学研究的概念和类型。

医学研究是人类卫生健康事业进步的阶梯。1928年英国微生物学家弗莱发现了青霉素，20世纪70年代屠呦呦发现青蒿素等，这些研究发现挽救了无数人的生命，大大推动了人类发展的历史进程。医学科技同样是一把双刃剑，基因技术、克隆技术、移植技术等冲击着人类的价值观，未来的医学科技发展可能超出当前的想象。因此，建立科学规范的医学研究制度，明确医学研究活动的规范和准则，对于卫生健康事业乃至人类的发展至关重要。

第一节　概　述

一、医学研究的概念

医学研究是指以人体为研究对象的生物医学研究，即在生物学、医学领域内，以自然人作为研究对象，以验证科学推理或者假定为方法，进行新药物、新医疗设备、新治疗方法试验的研究行为，又被称为“涉及人的生物医学研究”“人体试验”或者“临床试验”。2016年10月，国家卫生计划生育委员会颁布的《涉及人的生物医学研究伦理审查办法》第三条将其称为“涉及人的生物医学研究”，包括采用现代物理学、化学、生物学、中医药学和心理学等方法对人的生理、心理行为、病理现象、疾病病因和发病机制，以及疾病的预防、诊断、治疗和康复进行研究的活动；医学新技术或者医疗新产品在人体上进行试验研究的活动；采用流行病学、社会学、心理学等方法收集、记录、使用、报告或者储存有关人的样本、医疗记录、行为等科学研究资料的活动。

医学研究的目的是为临床治疗提供新的药物、器械和方法。医学研究与临床治疗在目的、性质、内容、参与者的权利义务和规范方法上均有重大差异。一般认为临床治疗是能够确定取得疗效的过程，而试验是对参与者没有确定的治疗的创新研究过程。然而，医学本身就是一种经验的和具有很大不确定性的科学，作为医学研究对象的人和疾病的情况又是千差万别的，所谓确定的疗效也只不过是相对的。这就使对试验和常规治疗的界定成为一个重要问题。

对于两者的界限，一般有主观和客观两种观点。主观观点认为，区别试验和治疗的标准主要取决于医生的目的。然而，对于医生目的的判断往往具有不确定性，特别是在试验和治疗同时进行的情况下，有时医生不得不基于治疗患者的目的采用一些疗效不确定的试验性方法。此时，医生既有治疗的目的，也有试验的目的。客观观点认为，试验不同于治疗，对于受试者而言具有风险却缺乏治疗利益。因此，判断一种行为是治疗还是试验，应当从客观属性入手。

编者认为，在界定研究和治疗的过程中，必须将保护受试者的权利确定为最高的目标。由于医学研究与常规治疗相比对于医生的注意义务要求标准更高，因此，在研究和治疗兼而有之的情况下，应当适用更高的标准。

二、医学研究的类型

（一）干预性研究和观察性研究

根据是否对受试者造成生理上或者心理上的干预，医学研究可以分为干预性研究和观察性研究。干预性研究是对受试者生理上和心理上具有实际干预行为的试验，根据对受试者干预性程度和时间的长短，又可以分为持续干预性研究和短暂干预性研究。观察性研究，是单纯以观察受试者，或者利用受试者的病例记录来进行分析的试验，一般不会对受试者的身体和心理造成直接的干预，但是有时基于一定试验目的也会对受试者的生活造成一定影响，如要求受试者按照试验要求调整饮食习惯等。

（二）对照组、安慰剂、设盲和随机化研究

对照组是在研究中不接受新药物或者疗法的患者组。安慰剂是不含任何药理成分的制剂。使用安慰剂的目的，在于与试验中的新药对照比较，同时避免试验组与对照组的受试者因为心理因素影响药物疗效有损试验结果准确性。设盲研究是为了避免受

试者和研究者由于所使用治疗方法的不同引起不同的心理暗示而影响治疗和研究效果，同时也避免研究者在数据收集、分析和研究时先入为主而设计的方法。随机化研究是为了保证分组的合理性，避免人为将某一类受试者归入某一组，而根据统计学原理将患者“随机化”分入不同组别的方法。

对照组、安慰剂、设盲和随机化研究，是保证医学研究结果的准确性、科学性的重要方法，但在伦理上也最具有争议性。对照组、安慰剂会引发与医学研究的有利原则和受试者的自主决定权相关的问题。因为有利原则要求试验者应当尽可能使受试者的利益最大化和风险最小化，而安慰剂的使用往往并不一定符合受试者利益。

三、医学研究的相关主体

（一）研究者和研究机构

研究者是指基于科学背景和医疗经验而进行医学研究的医生或者科学家、科学工作者。现代生物医学研究主要是在各种研究机构中进行。研究机构内试验者一般均以团队的形式出现，其中独立或者带领团队开展研究并对研究活动负责的人为主要研究者。主要研究者是研究方案的制定者，并对整个团队的研究行为负责。

医学研究涉及人的生命健康安全，研究者必须具有并保持医学上的能力和资格，同时研究者和研究机构必须在研究的全过程中保持研究所需的必要条件。作为生物医学研究的主体，研究者和研究机构在研究中负有以下义务。

1. 为受试者提供适当的医疗服务　依照《药物临床试验质量管理规范》第十七条规定，在临床试验和随访期间，对于受试者出现与试验相关的不良事件，包括有临床意义的实验室异常时，研究者和临床试验机构应当保证受试者得到妥善的医疗处理，并将相关情况如实告知受试者。研究者意识到受试者存在合并疾病需要治疗时，应当告知受试者，并关注可能干扰临床试验结果或者威胁受试者安全的合并用药。

2. 遵守法律和伦理规范，保护受试者合法权益　研究者和研究机构开展研究应当遵守法律、法规和伦理的要求，保护受试者合法权益。特别是要遵守有关伦理审查的要求，充分保护患者的知情同意权和其他各项权利。

3. 制定和执行符合科学原则的研究方案　研究者和研究机构应当根据科学原则制定和执行研究方案。《药物临床试验质量管理规范》第二十条对于研究者应当遵守的试验方案作出了明确的要求。

（二）申办者

申办者，也称为出资人、发起人，是指发起、资助、监督医学研究，并承受试验的结果和承担相应责任的人。申办者可以是政府、企业，也可以是非政府组织或者个人。

申办者是研究的发动者，同时也是研究的最终受益者，其通过委托研究者和研究机构开展研究实现其研究目的。申办者应当建立临床试验的质量管理体系以涵盖临床试验的全过程，包括临床试验的设计、实施、记录、评估、结果报告和文件归档，并基于风险进行质量管理。

（三）受试者

受试者，是参与医学研究，以自身对于研究过程产生的生理上或者心理上的反应作为评估研究结论依据的自然人。受试者既包括患有目标疾病的患者，也包括为确定新药的安全性而参与试验的健康者。在现代社会中，任何强制、欺骗、利诱他人成为受试者的行为都是不符合伦理的，科学研究的伦理与法律规范的核心问题就是为了保护受试者的权利。其中特别值得关注的是弱势受试者的利益保护。弱势受试者，指维护自身意愿和权利的能力不足或者丧失的受试者，其自愿参加临床试验的意愿，有可能被试验的预期获益或者拒绝参加可能被报复而受到不正当影响。弱势受试者一般包括如下三种人群。

第一，因自然、生理原因应当受到特殊保护的人。例如，女性由于其与男性生理上的差异，在某些方面处于较易受损害的地位，特别是女性还有生育后代的使命，将女性作为试验对象不仅可能对女性本身造成损害，而且有可能影响女性正在孕育或者将来要孕育的子女的健康，因而妇女应当获得特殊保护。

第二，因生理上的原因其自我决定能力受到限制或者完全丧失的人。例如，欠缺自主决定能力的精神病患者，以及在紧急情况下因疾病或者事故丧失了自主决定能力的人。此时，对这类人身体的决定权必须交由他人行使。为保障这些无能力人的合法权利，法律必须对其予以特别保护。

第三，因社会原因其自我决定能力受到限制或者约束的人。例如，研究者的学生和下级、申办者的员工、军人、犯人等，他们因为各种社会关系，其自我决定能力受到限制，应当特别关注这类人参与研究的自愿性和必要性。

案例讨论

【案例】1905年，医生威廉·佛莱切（William Fletcher）为了研究脚气病的病因，在位于吉隆坡的一个收容所对其中的精神病患者进行了试验。他安排一半人只吃没有经过特殊处理的米，而让另一半人吃经过特别处理而含有维生素B_1的大米。在吃未经处理大米的小组的120人中，43人换上脚气病，其中18人死亡。而在另一组的123人无人死亡，且只有2人得了脚气病。这个试验证明了脚气病与维生素B_1缺乏之间的关系。

【讨论】您怎样看待这位医生的行为？

第二节　医学研究的伦理与法律原则

一、医学研究伦理的产生与纽伦堡法则

西方医学奠基人希波克拉底为学医之人订立的誓词确立了“首先避免伤害”（primum non nocere）原则。但早期的医学研究往往以囚犯、仆人等“下等人”为试验对象，并未经过受试者的同意，甚至会利用受试者在认识和同意能力上的缺陷进行研究。

人类历史上第一个医学相关立法是1900年12月29日德国普鲁士邦有关医学研究的法令。该法令规定，医学研究只有在有行为能力的成年人在被充分告知试验不良结果的基础上作出同意时才能进行。

1946年美国军事法庭对第二次世界大战期间因为进行医学研究而犯下战争罪行的纳粹医生和官员进行了“纳粹医生案件”审判，揭示了纳粹德国从1939年9月到1945年4月这些被告“领导、参与、被命令、被教唆、自愿参与并实际实施了一系列违反受试者意愿的人体试验计划和活动”。由于在审判过程中，有关医学研究的伦理规范成为控辩双方的争论焦点。为此，法庭传唤美国医生利奥·亚历山大（Leo Alexander）和安德鲁·艾维（Andrew Ivy）作为专家证人出庭作证。两位医生根据珀西瓦尔（Percival）博蒙特（Beaumont）和伯纳德（Bernard）对人体试验伦理的论述和实践，向法庭提供了有关人体试验的伦理要求的证词。法庭根据其证词，在判决书中列举了10项允许医学人体试验的原则，被称为“纽伦堡法则”（Nuremberg Code），内容包括：受试者的自愿同意绝对必要；试验应该是可能为社会带来富有成效的结果的，用其他研究方法或手段是无法达到的，其性质不是轻率和不必要的；试验应该立足于动物实验的结果，以及对疾病的自然研究和相关问题有所了解的基础上，其参加试验的结果应证实原有的结果；试验必须力求避免在肉体上和精神上造成痛苦和创伤；有理由相信会造成死亡或残疾的试验不得进行，进行试验的医生自己也作为受试者的试验不在此限；试验的危险性不能超过试验所预期解决的医学问题的重要性；对于受试者可能

遭受的最低程度的创伤、残疾和死亡的可能性，必须做好充分准备并有足够应对能力；试验只能由在科学上适格的人进行。进行试验的人员在试验的每一阶段都需保持最高水平的医学技能和护理水平；试验过程中，受试者如果认为其身体或者精神已无法继续承受试验，有权利随时终止试验；在试验的任何阶段，当主持试验的科学家认为即使其按照善意、最高技能和审慎判断的标准继续试验也有可能造成受试者创伤、残疾和死亡时，应当随时终止试验。

二、医学研究国际规范

第二次世界大战结束后，纽伦堡法则逐渐为医学、伦理和法学界所知悉并接受。1964年6月第18届世界医学大会在芬兰赫尔辛基制定通过了《关于以人体为对象的生物医学研究国际伦理指导原则》（*Ethical Principles for Medical Research Involving Human Subjects*），即《赫尔辛基宣言》（*World Medical Association Declaration of Helsinki*），第一次以国际医学组织伦理规则的形式规范了医学研究应当遵守的伦理原则，并逐步形成了目前的国际伦理和法律规范体系。

（一）世界医学大会《赫尔辛基宣言》

世界医学大会是代表各国医生的国际组织，1964年世界医学大会通过了《赫尔辛基宣言》，并先后对其进行了多次修订，现行有效的为2013年版。由于世界医学大会在专业领域内巨大的影响力和《赫尔辛基宣言》所规定原则的重要价值，《赫尔辛基宣言》成为世界各国制定各自的法律、法规和伦理规范的主要伦理依据。2013年版的《赫尔辛基宣言》分为一般原则、风险、负担和获益、科学要求和研究方案、研究伦理委员会、隐私和保密、知情同意、安慰剂使用、试验后规定以及临床实践中未经证明的干预措施等部分，共37条。

（二）医学研究国际组织理事会相关指南

医学研究国际组织理事会（The Council for International Organizations of Medical Sciences，CIOMS）是世界卫生组织和联合国教科文组织在1949年成立的非政府组织。1993年，CIOMS和世界卫生组织共同制定了《涉及人的生物医学研究的各项国际伦理指南》（*International Ethical Guidelines for Biomedical Research Involving Human Subjects*）。该指南包含了21条进行生物医学研究时必须遵循的伦理方针，其中特别关注了以弱势人群为对象和在发展中国家进行的医学研究。

（三）人用药物登记技术要求国际协调会议相关指南

人用药物登记技术要求国际协调会（International Conference on Harmonisation of

Technical Requirements for Registration of Pharmaceuticals for Human Use，ICH）是由欧洲、日本和美国药品登记管理机构和医药界专家为研究药品登记科学和技术问题建立的专门组织。1996年，该协调会制定了《优良临床试验指南》（*Guidelines for Good Clinical Practice*），对于药品医学研究领域所必须遵循的伦理规则作出了规定。

（四）世界卫生组织相关指南

2000年，世界卫生组织发布了《评审生物医学研究的伦理委员会工作指南》（*Operational Guidelines for Ethics Committees That Review Biomedical Research*）。该指南为生物医学研究的伦理评审质量和一致性作出了贡献，使各国的伦理委员会得以据此建立自己的运行程序。该指南成为当前许多国家制定本国伦理委员会评审规则的参考依据。

（五）联合国教科文组织相关宣言

2005年，联合国教育科学和文化组织发布了《世界生物伦理与人权宣言》（*Universal Declaration on Bioethics and Human Rights*）。该宣言“是为了结合有关的社会、法律和环境因素来论述以人为对象的医学、生命科学及相关技术所带来的各种伦理问题”。

（六）联合国相关公约

联合国《公民及政治权利国际公约》（*International Covenant on Civil and Political Rights*）第七条规定，任何人均不得加以酷刑或施以残忍的、不人道的或侮辱性的待遇或刑罚，特别是对任何人均不得未经其自由同意而施以医药或科学试验。

三、我国法律规范

我国现行立法中对医学研究的规定，见于《中华人民共和国医师法》（1998年制定《中华人民共和国执业医师法》，2021年为《中华人民共和国医师法》所取代）、《中华人民共和国药品管理法》（1984年制定，2001年、2019年两次修订）以及《中华人民共和国疫苗管理法》中。《中华人民共和国医师法》第二十六条规定：医师开展药物、医疗器械临床试验和其他医学临床研究应当符合国家有关规定，遵守医学伦理规范，依法通过伦理审查，取得书面知情同意。《中华人民共和国药品管理法》第十九条至第二十三条、《中华人民共和国疫苗管理法》第十六条至第十八条对于药品和疫苗临床试验研究进行了规范。《中华人民共和国民法典》对于医学研究受试者的权利给予了特别保护。《中华人民共和国民法典》人格权编将医学研究受试者权利保护规定在第二章“生命权、身体权和健康权”中，第一千零八条规定了临床试验需遵守的相关规则，从而在民事基本法上建立了以伦理审查和知情同意为核心的医学研究受试者保护机制。

在行政法规和部门规章层面上，2003年，国家食品药品监督管理局颁布了《药物临床试验质量管理规范》，对药物临床试验中应当遵循的伦理原则和审查程序作出了规定。2020年4月，国家药品监督管理局会同国家卫生健康委员会组织修订了《药物临床试验质量管理规范》。新的管理规范对于药物临床试验全过程的质量标准，包括方案设计、组织实施、稽查、记录、分析、总结和报告做了具体的规范。

对于医学研究的伦理审查，2007年1月卫生部发布了《涉及人的生物医学研究伦理审查办法（试行）》，第一次系统地对医学研究伦理审查问题进行了规范。2016年该办法为《涉及人的生物医学研究伦理审查办法》所取代。

四、医学研究的伦理原则

根据《赫尔辛基宣言》等国际伦理规范和我国相关立法的规定，医学研究应当遵循以下伦理原则。

（一）受试者利益优先原则

医学研究以受试者的利他主义为基础。受试者参与研究使自己的生命、身体、健康处于可能遭受损害的风险中，以此推动医学的研究与发展。为此，必须优先保护受试者的利益，才能保证此种利他行为能够受到保护和鼓励，同时避免将受试者仅仅作为实现科学目标的手段。因此，医学研究受试者的权利应当处于绝对优先地位，而不仅是优先于研究者、研究机构或者申办者的利益。

（二）正当目的原则

正当目的原则要求医学研究应当具有实现人类福祉的目的。《赫尔辛基宣言》指出："医学的进步是以研究为基础的，这些研究必然包含了涉及人类受试者的研究。""涉及人类受试者的医学研究，其基本目的是了解疾病的起因、发展和影响，并改进预防、诊断和治疗干预措施（方法、操作和治疗）。即使对当前最佳干预措施也必须通过研究，不断对其安全性、效果、效率、可及性和质量进行评估。医学研究应符合的伦理标准是，促进并确保对所有人类受试者的尊重，并保护他们的健康和权利。"

（三）科学性原则

医学研究必须具有确实可靠的科学基础。缺乏科学依据支撑，没有基础研究和动物研究作为基础，不得以人为对象开展科学研究。同时，为保障研究执行上的科学性，研究必须由具有科学上适格的人员开展。在研究方案的设计和执行中，必须遵循科学原则，对研究的风险、负担与收益进行评估。

（四）知情同意原则

人类历史上对于受试者权利侵害的惨痛教训告诉我们，受试者参与医学研究必须建立在自主同意的基础之上。《赫尔辛基宣言》指出："个人以受试者身份参与医学研究必须是自愿的。尽管与家人或社区负责人进行商议可能是恰当的，但是除非有知情同意能力的个人自由地表达同意，不然他/她不能被招募进入研究项目。"而此种同意，并不能简单理解为同意的意思表达，而是应当建立在对于受试者充分告知和说明的基础之上。同时，在取得受试者的知情同意时，应当考虑和关注弱势受试者在作出知情同意时的特殊需求，对其作出相应的保护。

（五）合规性原则

科学研究必须严格遵守伦理与法律规范。《赫尔辛基宣言》第十条规定："医生在开展涉及人类受试者的研究时，必须考虑本国伦理、法律、法规所制定的规范和标准，以及适用的国际规范和标准。本宣言所阐述的任何一项受试者保护条款，都不能在国内或国际伦理、法律、法规所制定的规范和标准中被削减或删除。"

知识拓展

根据《中华人民共和国疫苗管理法》的规定，疫苗在注册申请前必须开展临床试验。试验应经国务院药品监督管理部门依法批准，由符合国务院药品监督管理部门和国务院卫生健康主管部门规定条件的三级医疗机构或者省级以上疾病预防控制机构实施或者组织实施。疫苗临床试验申办者应当制定临床试验方案，建立临床试验安全监测与评价制度，审慎选择受试者，合理设置受试者群体和年龄组，并根据风险程度采取有效措施，保护受试者合法权益。开展疫苗临床试验，应当取得受试者的书面知情同意；受试者为无民事行为能力人的，应当取得其监护人的书面知情同意；受试者为限制民事行为能力人的，应当取得本人及其监护人的书面知情同意。

第三节　医学科研伦理审查法律制度

一、概述

伦理审查是医学研究中用于保障研究的合规性、保护受试者权利的主要机制，是指开展涉及人的医学研究前，必须由独立的机构对研究方案进行审查，以保障其设计和执行符合伦理和法律规范的要求。

《赫尔辛基宣言》第二十三条规定:“人体试验进行前，试验方案必须提交给一个试验伦理委员会以作出审查、评论、指引和批准。该委员会应当运行透明，独立于试验者、发起人和其他任何不正当影响，并具有适当的能力。审查中必须考虑到进行试验的一个或者多个国家的法律、规定以及可以适用的国家规则和标准，但不得因此降低或者取消本宣言对于受试者的保护。该委员会必须有权监督研究的开展，研究者必须向其提供监督的信息，特别是关于严重不良事件的信息。未经该委员会的审查和批准，不可对研究方案进行修改。研究结束后，研究者必须向委员会提交结题报告，包括对研究发现和结论的总结。”

二、审查机构

医学伦理研究的伦理审查有内部审查和外部审查两种模式。内部审查模式以美国为代表。美国的机构审查委员会（Institutional Review Board，IRB）是指由机构所选任的，负责在生物医学试验开始前进行审查，以及定期重新审查的委员会或其他群体，其目的主要是为了保护受试者的权利和福祉。IRB的设立主体是机构，即指任何公立、私立的实体或者组织，包括联邦、州和其他单位，主要是进行医学研究的医院、医学院和研究机构。此外，还允许成立独立的营利性IRB，以及多个研究机构共同设立的IRB。

外部审查模式的代表是荷兰。荷兰建立了中央人体试验委员会（Central Committee Research Involving Human Subjects，CCMO）和医学伦理审查委员会（Medical Ethics Review Committee，MERC）。MERC负责对除法律规定应由CCMO审查的试验以外的其他试验进行审查，CCMO则是全国性医学研究伦理审查主管机构，负责对MERC进行认证，审查MERC章程的制定和修改，以及其成员的任命，监督MERC遵守规定，并制定相应的指导性规范，登记所有MERC的决定，并以年报的形式予以公布。当事人对于MERC的决定不服的，还可以向CCMO提出上诉，CCMO可以推翻MERC的决定。对于CCMO作出的决定可以向高等上诉法院行政审判庭提出诉讼。CCMO和MERC具有公法上的行政主体地位。

我国《涉及人的生物医学研究伦理审查办法》规定:“国家医学伦理专家委员会、国家中医药伦理专家委员会负责对涉及人的生物医学研究中的重大伦理问题进行研究，提供政策咨询意见，指导省级医学伦理专家委员会的伦理审查相关工作。省级医学伦理专家委员会协助推动本行政区域涉及人的生物医学研究伦理审查工作的制度化、规范化，指导、检查、评估本行政区域从事涉及人的生物医学研究的医疗卫生机构伦理委员会的工作，开展相关培训、咨询等工作。”第七条规定:“从事涉及人的生物医学研究的医疗卫生机构是涉及人的生物医学研究伦理审查工作的管理责任主体，应当设立伦理委员会，并采取有效措施保障伦理委员会独立开展伦理审查工作。医疗卫生机构未设立伦理委员会的，不得开展涉及人的生物医学研究工作。”整体而言，我国采用了机构内部审查模式，同时辅以外部监督。

三、审查内容和标准

（一）伦理审查的内容

对于医学研究伦理审查中所审查的内容，《涉及人的生物医学研究伦理审查办法》第二十条作了规定，重点应包括：研究者的资格、经验、技术能力等是否符合试验要求；研究方案是否科学，并符合伦理原则的要求；中医药项目研究方案的审查，还应当考虑其传统实践经验；受试者可能遭受的风险程度与研究预期的受益相比是否在合理范围之内；知情同意书提供的有关信息是否完整易懂，获得知情同意的过程是否合规恰当；是否有对受试者个人信息及相关资料的保密措施；受试者的纳入和排除标准是否恰当、公平；是否向受试者明确告知其应当享有的权益，包括在研究过程中可以随时无理由退出且不受歧视的权利等；受试者参加研究的合理支出是否得到了合理补偿，受试者参加研究受到损害时，给予的治疗和赔偿是否合理、合法；是否有具备资格或者经培训后的研究者负责获取知情同意，并随时接受有关安全问题的咨询；对受试者在研究中可能承受的风险是否有预防和应对措施；研究是否涉及利益冲突；研究是否存在社会舆论风险；需要审查的其他重点内容。

（二）伦理审查原则和标准

《涉及人的生物医学研究伦理审查办法》第十八条规定，涉及人的生物医学研究应当符合以下伦理原则：知情同意原则；控制风险原则；免费和补偿原则；保护隐私原则；依法赔偿原则；特殊保护原则。

对于批准项目所应达到的标准，《涉及人的生物医学研究伦理审查办法》第二十二条规定：“伦理委员会批准研究项目的基本标准是：坚持生命伦理的社会价值；研究方案科学；公平选择受试者；合理的风险与受益比例；知情同意书规范；尊重受试者权利；遵守科研诚信规范。”

四、审查流程

（一）伦理审查申请

《涉及人的生物医学研究伦理审查办法》第十九条规定，涉及人的生物医学研究项目的负责人作为伦理审查申请人，在申请伦理审查时应当向负责项目研究的医疗卫生机构的伦理委员会提交下列材料：伦理审查申请表；研究项目负责人信息、研究项目所涉及的相关机构的合法资质证明以及研究项目经费来源说明；研究项目方案、相关资料，包括文献综述、临床前研究和动物实验数据等资料；受试者知情同意书；伦理委员会认为需要提交的其他相关材料。

（二）审查程序

《涉及人的生物医学研究伦理审查办法》规定的审查程序如下。

1. 回避程序 第二十一条规定，伦理委员会委员与研究项目存在利害关系的，应当回避；伦理委员会对与研究项目有利害关系的委员应当要求其回避。

2. 表决和批准程序 第二十三条规定，伦理委员会作出决定应当得到伦理委员会全体委员的1/2以上同意。经过表决后，伦理委员会应当对审查的研究项目作出批准、不批准、修改后批准、修改后再审、暂停或者终止研究的决定，并说明理由。

3. 简易程序 第二十四条规定，对已批准研究项目的研究方案作较小修改且不影响研究的风险受益比的研究项目和研究风险不大于最小风险的研究项目可以申请简易审查程序。简易审查程序可以由伦理委员会主任委员或者由其指定的一个或者几个委员进行审查。

4. 不良事件报告程序 第二十六条规定，在项目研究过程中，项目研究者应当将发生的严重不良反应或者严重不良事件及时向伦理委员会报告；伦理委员会应当及时审查并采取相应措施，以保护受试者的人身安全与健康权益。

5. 跟踪审查 第二十七条规定，对已批准实施的研究项目，伦理委员会应当指定委员进行跟踪审查。

（三）多中心研究伦理审查

多中心研究是指根据研究方案的要求在多个不同研究机构和试验地点进行的医学研究。多中心研究，提高了研究的效率，也增大了伦理审查和监管的难度，特别是需要确保不同研究机构在伦理规范上的一致性。

（四）跨境研究伦理审查

医学研究的全球化推动了跨境医学研究的发展。跨境医学研究，是指由境外申办人申办，委托境内研究机构和研究者开展的医学研究。跨境研究对于受试者提供照顾的水平和标准、知情同意的保护、风险与收益的分配等多个方面存在伦理规制难题。为此需要建立双重伦理审查制度，即研究方案经过境外伦理审查机构批准的同时，必须经过我国伦理审查机构的审查批准。

第四节　医学科研中的受试者权利保护

如前所述，受试者权利优先是医学研究的首要原则。根据伦理与法律规范，受试者享有广泛权利。

一、生命健康权

自然人的生命和健康是最基本的权利需求。《世界人权宣言》（*Universal Declaration of Human Rights*）第三条规定："人人有权享有生命、自由和人身安全。"《中华人民共和国民法典》第一千零二条和第一千零四条明确规定了自然人享有生命权和健康权。自然人的生命健康权有以下特点。《中华人民共和国基本医疗卫生与健康促进法》第四条规定："国家和社会尊重、保护公民的健康权。"

（一）生命权包括生命安全和生命尊严

生命权不仅保障生命的存在和延续，更保障生命能够获得尊重，维持人生存的尊严。对于受试者而言，尊重受试者有尊严的生命是医学研究的最优先目标。

（二）健康包括身体健康和心理健康

人的健康不仅限于肉体上的健康，也包括精神的健康。在医学研究中，除了应当保护受试者身体健康外，也应当关注受试者的心理健康，避免给受试者带来不必要的精神痛苦。

（三）生命健康权不仅是一种消极权利

传统观念上，生命健康主要表现为一种消极的权利，民事主体对他人生命健康仅负有不侵害义务，而没有主动保护的义务。但《中华人民共和国民法典》第一千零五条规定："自然人的生命权、身体权、健康权受到侵害或者处于其他危难情形的，负有法定救助义务的组织或者个人应当及时施救。"该条规定明确了负有法定救助义务者对他人生命健康的施救义务。在医学研究中，研究者、研究机构与申办者对于受试者的生命健康负有积极保护的义务。当研究可能对受试者的生命健康造成严重损害时，研究者、研究机构或者申办者有义务及时采取适当措施，防止损害的发生。

（四）建立生命健康损害救济机制

对于因研究者过失造成的生命健康损害，根据《中华人民共和国民法典》第一千一百六十五条过错责任的规定，应当由研究者承担。即使试验者对损害没有过失，但该损害也不能由受试者自行承担。

二、身体权

《中华人民共和国民法典》第一千零三条规定了自然人享有身体权。身体完整和行动自由是身体权的主要内容。相较于生命健康权以生命、健康为物质载体的权利，身体权则更多地强调自然人对自己身体的自主性，即依据自己的自主意志决定自己身体状态的权利。这里所说的身体，不仅指外在形体器官、组织等有形的肉体，也包括人在心理上、精神上的完整性与不受外界操控的主体地位。身体自主权，是私法自治与人的私事自己决定权的重要组成部分。康德认为，人的特性就是“受道德法则约束的一个有理性的人的自由”，作为主体的人的自由体现为自我规治，即自主。不尊重人的自主权利就是把人物化。“自主”并不是我们行动的结果，也不是由外在的法律所赋予的权利，而是我们作为一个自由的人所内含的特质，不可侵犯，不可减损，不可让渡。在不危及社会公共道德及社会公共利益的前提下，任何人都有权决定自己的私人事务。

在医学研究领域，任何人均有权自主地决定是否参加医学研究，也有权决定在试验的任何阶段退出。需要指出的是，个人的身体权不是绝对的，仍然要受到社会公共道德和公共利益的约束。任何人不得参与违反社会公共道德和公共利益的研究，如目的或者手段不人道的研究，即使是出于其个人的自愿。例如，在人体克隆为社会伦理道德所接受前，任何以克隆人为目的的研究都是被禁止的，即使获得了受试者的同意。

三、受试者的隐私权与个人信息

（一）隐私权与个人信息的概念

依据《中华人民共和国民法典》第一千零三十二条和第一千零三十四条规定，隐私是自然人的私人生活安宁和不愿为他人知晓的私密空间、私密活动、私密信息。个人信息，则是指以电子或者其他方式记录的能够单独或者与其他信息结合识别特定自然人的各种信息，包括自然人的姓名、出生日期、身份证件号码、生物识别信息、住址、电话号码、电子邮箱、健康信息、行踪信息等。

医学研究广泛涉及受试者的隐私和个人信息，研究的过程、资料以及结果，都可能包含有受试者个人的隐私。在很多情况下，受试者参加试验本身也构成一种隐私。

（二）个人信息处理的基本原则

依据《中华人民共和国个人信息保护法》第五条规定，研究者、研究机构和申办者在处理患者的个人信息时，应当遵循合法、正当、必要等原则。

合法性原则是指个人信息的处理必须经过信息主体的同意，或者有法律的明确依据。《中华人民共和国个人信息保护法》第十三条对此有详细规定。

正当性原则是指处理个人信息的目的、方式、程序必须具有正当性，并向信息主体告知。《中华人民共和国个人信息保护法》第十七条对于告知的内容和方式加以了明确规范。在医学研究中，当涉及对受试者相关信息的收集和处理时，应当向受试者明示处理的目的、方法和范围。

必要性原则是指应当根据信息处理的目的，在最小限度内收集和处理个人信息。亦即在信息处理上应当遵循最小化的原则，避免超出信息处理的目的过度收集信息。因此，研究者、研究机构以及申办者在收集和处理受试者信息时，不得超出必要的范围。同时，在研究方案中，应当根据研究的实际需要，确定收集和处理的受试者个人信息的保存期限。超出该期限的，应当不再保存，并及时告知受试者。

（三）作为敏感个人信息的特殊处理

《中华人民共和国个人信息保护法》第二十八条引入了敏感个人信息的概念，即“一旦泄露或者非法使用，容易导致自然人的人格尊严受到侵害或者人身、财产安全受到危害的个人信息，包括生物识别、宗教信仰、特定身份、医疗健康、金融账户、行踪轨迹等信息，以及不满十四周岁未成年人的个人信息”。医学研究中所涉及的生物识别信息、受试者健康状况与所接受医疗的情况，以及未满十四周岁的受试者的信息均属于敏感个人信息。

根据《中华人民共和国个人信息保护法》的规定，收集敏感个人信息除了应当遵循个人信息处理的一般规则外，还应当遵循以下特殊规则：第一，具有特定目的和充分必要性；第二，取得信息主体的单独同意；第三，向信息主体的充分告知。

四、知情同意权

（一）知情同意权的含义

知情同意原则是当今世界在医学和医学研究领域被广泛认可的基本原则，是在医学研究领域内被首先提出的。《纽伦堡法则》在第1条中确认“受试者的自愿同意是绝对必要的”，并将之作为医学研究各项原则的核心。“知情同意”意味着对受试者个体自主决定权的尊重，试验者在对受试者进行试验前必须获得法律或者规范意义上有效的同意。

（二）研究者的告知义务

试验者对受试者履行告知义务，是知情同意权的前提。

1. 告知内容 《涉及人的生物医学研究伦理审查办法》第三十六条规定，知情同意书主要包括：研究目的、基本研究内容、流程、方法及研究时限；研究者基本信息及研究机构资质；研究结果可能给受试者、相关人员和社会带来的益处，以及给受试者可能带来的不适和风险；对受试者的保护措施；研究数据和受试者个人资料的保密范围和措施；受试者的权利，包括自愿参加和随时退出、知情、同意或不同意等；受试者在参与研究前、研究后和研究过程中的注意事项。

2. 告知的形式 决定着有关试验的信息不仅被受试者所获得，而且被受试者所理解。在这个过程中，不仅应当向受试者提供信息，更重要的是提高受试者的理解能力，其中一个重要的方面就是知情同意书应当以作为普通人的预期受试者能够理解的语言制作，并且应当根据他们的特殊要求进行必要和及时的解释。对此，《涉及人的生物医学研究伦理审查办法》第三十五条和我国《药物临床试验质量管理规范》都有明确规定。

3. 告知程度 主要有3种不同的判断标准：第一种标准是“合理试验者标准”（reasonable professional standard），即以在相同情况下一个合理的试验者所应当告知受试者的信息作为标准；第二种是“合理受试者标准”（reasonable subject standard），即以一个合理的受试者在同样情况下所需要获得的信息作为标准；第三种是“主观标准”（subjective standard），即所提供的信息应当满足每一个具体的受试者在作出判断时所需要的信息。从保护受试者的角度看，主观标准最能够保证每一个受试者充分获得其所需要的信息。然而，对于试验者而言，在招募受试者时要求他们预先知晓每一个受试者的特殊需要是不现实的。因此，较为可行的方法是首先以合理的受试者为标准，确定在招募受试者时所需要的告知范围，在受试者招募过程中，根据每一个潜在受试者的具体情况加以修正。

（三）受试者的同意能力

知情同意制度以受试者自主、理性地决定参与试验作为试验行为合理性的依据，其前提是受试者应当具有作出理性决定的能力，也就是同意能力。法律上的能力，是指进行某种行为的资格，如民事权利能力、民事行为能力和刑事责任能力等。作出参与人体试验的决定的能力，是一种行为能力，是以自身的行为参与法律行为并承担相应后果的资格。这种资格是与行为人的心智发育和成熟程度以及心理状态相联系的。在同意能力的认定上，《药物临床试验质量管理规范》规定：受试者为无民事行为能力的，应当取得其监护人的书面知情同意；受试者为限制民事行为能力的人的，应当取得本人及其监护人的书面知情同意。当监护人代表受试者知情同意时，应当在受试者可理解的范围内告知受试者临床试验的相关信息，并尽量让受试者亲自签署知情同意书和注明日期。

（四）知情同意的例外

1. 知情同意的保留　是指在医学研究中，由于医学研究的目的和性质要求，无法向受试者揭示全部试验信息，而不履行知情同意的例外情况。《涉及人的生物医学研究伦理审查办法》第三十九条规定，以下情形经伦理委员会审查批准后，可以免除签署知情同意书：利用可识别身份信息的人体材料或者数据进行研究，已无法找到该受试者，且研究项目不涉及个人隐私和商业利益的；生物样本捐献者已经签署了知情同意书，同意所捐献样本及相关信息可用于所有医学研究的。

2. 对照组试验、安慰剂试验中的知情同意权　对照组试验、安慰剂试验可能违背受试者意愿。对于对照组试验，特别是消极对照组和安慰剂对照组试验在使用上的限制，《赫尔辛基宣言》第三十三条对此做了详细规定：在不存在被证明有效的干预措施的情况下，使用安慰剂或不予干预是可以被接受的。

3. 紧急情况下的试验性治疗　是指当患者处于不立即实施试验性医疗行为其生命可能遭受重大危险的紧急状态时，医生有权在没有获得患者的知情同意的情况下实施试验性治疗行为。依照《中华人民共和国民法典》第一千二百二十条与《药品临床试验质量管理规范》的规定，在危及患者生命的紧急情况下，当进行试验性治疗对于患者具有重大的潜在治疗利益，或者对于患者疾病的研究具有重大意义时，患者因丧失意识而无法作出有效的知情同意，也无法通过有权代表患者的人获得同意的，医生/试验者可以在试验方案经过伦理审查和批准后，对患者进行试验性治疗。这种试验应当尽可能快地取得患者/受试者或者有权代表的同意。患者/受试者或者其有权代表反对继续进行试验性治疗的，应当在保障受试者安全的前提下停止试验。

（五）弱势受试者的特殊保护

对于弱势受试者，其知情同意权应当获得特殊保护。

对未成年人参与医学研究，《药物临床试验质量管理规范》规定："儿童作为受试者，应当征得其监护人的知情同意并签署知情同意书。当儿童有能力作出同意参加临床试验的决定时，还应当征得其本人同意，如果儿童受试者本人不同意参加临床试验或者中途决定退出临床试验时，即使监护人已经同意参加或者愿意继续参加，也应当以儿童受试者本人的决定为准，除非在严重或者危及生命疾病的治疗性临床试验中，研究者、其监护人认为儿童受试者若不参加研究其生命会受到危害，这时其监护人的同意即可使患者继续参与研究。在临床试验过程中，儿童受试者达到了签署知情同意的条件，则需要由本人签署知情同意之后方可继续实施。"

精神病人、智力障碍者等缺乏行为能力者参与医学研究，《药物临床试验质量管理规范》规定："受试者为无民事行为能力的，应当取得其监护人的书面知情同意；受试者为限制民事行为能力的人的，应当取得本人及其监护人的书面知情同意。当监护人代表受试者知情同意时，应当在受试者可理解的范围内告知受试者临床试验的相关信息，并尽量让受试者亲自签署知情同意书和注明日期。"

本章小结

1. 医学研究是指以人体为研究对象的生物医学研究，即在生物学、医学领域内，以自然人作为研究对象，以验证科学推理或者假定为方法，进行新药物、新医疗设备、新治疗方法试验的研究行为。

2. "纽伦堡法则"列出了10项医学人体试验的基本原则。《赫尔辛基宣言》第一次以国际医学组织伦理规则的形式提出了医学研究应当遵守的伦理原则，以此为基础逐步形成了国际伦理和法律规范体系。

3. 国际基本的医学研究伦理原则包括受试者利益优先原则、正当目的原则、科学性原则、知情同意原则、合规性原则。

4. 医学研究伦理审查是保障研究的合规性、保护受试者权利的主要机制。国际医学伦理研究的伦理审查有内部审查和外部审查两种模式。我国采用了机构内部审查模式，同时辅以外部监督。

5. 根据医学研究伦理与法律规范，受试者享有生命健康权、身体权、隐私权与个人信息保护、知情同意权等广泛权利。

（满洪杰）

第三篇

卫生政策与改革发展

Part 3

第十四章　卫生政策理论基础

学习目标

1. 掌握　卫生政策的价值目标与主要措施；卫生政策分析的框架；卫生政策评价的方法。

2. 熟悉　卫生政策的理论依据；卫生政策制定、执行、分析和评价的过程。

3. 了解　影响卫生政策执行的因素；卫生政策的发展特点。

政策理论的价值在于它能帮助描述和评价政策过程，以便更好地理解并能够解释政策的作用及其发生作用的过程。因此，通过学习和研究卫生政策的基本理论，可以帮助更加深入、透彻地认识卫生政策，熟悉政策制定、执行和分析等过程的特点与相应方法，进而更加有效地指导实践工作。本章对卫生政策理论做总体性介绍，包括理论依据、制定、执行、分析和评价等。

第一节　卫生政策基本理论

卫生决策、卫生政策制定是体现社会基本价值观、国际发展理念的过程。理解卫生决策，首先需要了解社会发展价值观、国际卫生发展价值观以及最新的发展理念，才能提出适宜的卫生政策发展目标和战略、策略、措施等。因此，本节重点阐述我国卫生政策的基本价值目标、卫生政策的基础理论以及所表达的价值理念，最后阐述卫生政策具体表现形式，分析与价值理念、价值目标以及战略措施的对应关系。

一、卫生决策的理论依据

（一）社会发展价值观与发展目标

坚持以人为本是社会发展的前提和归宿，政府制定的众多政策最终是为了人的发展。卫生健康不仅是以物为导向的经济发展的结果，更重要的是作为一种基本能力和基本价值，它本身即是社会发展的对象和目标。因此，改善本国人口的健康状况，维护民众的健康权利，是整个社会发展的基础。任何一个政府都要制定卫生政策，充分利用有限的卫生资源，采取最有效的卫生措施，最大限度地满足人民对健康的需求，是制定卫生政策的主要目的，进而推动人的发展，实现整个社会发展。

卫生事业发展实践也一再表明，在某些公共卫生领域，诸如疾病预防控制、食品、职业、环境安全及妇幼保健等，维护民众健康体现了社会发展与卫生发展目标的统一。新冠肺炎疫情则进一步说明，没有公共卫生安全，就没有社会安全。国家和政府需要将卫生健康的发展目标与社会的发展目标有机整合，才能够真正实现经济社会可持续发展。

（二）卫生政策价值观与发展目标

制定卫生政策，需要基于整体社会的发展目标以及重大的卫生发展目标，明确基本的价值观、方法论。深化医药卫生体制改革，加快医药卫生事业发展，适应人民群众日益增长的医药卫生服务需求，不断提高人民群众健康素质，是促进经济社会全面协调可持续发展的必然要求，是维护社会公平正义、提高人民生活质量的重要举措，是全面建设小康社会和构建社会主义和谐社会的一项重大任务。2009年我国新一轮医改强化了政府在医疗卫生领域的主导地位，力求改变卫生领域过度市场化的倾向，重新体现医疗卫生公共产品的属性，体现了社会和卫生发展的基本目标。尤其是党的十八大以来，政府在公共卫生领域的职责不断强化。2016年《“健康中国2030”规划纲要》明确了“健康优先、改革创新、科学发展、公平公正”四项核心原则，同时也提出了到2020年、2030年需要实现的5大领域13项指标的目标，这将作为我国制定一系列卫生政策的基本目标、主要依据等。

二、卫生决策的基本理论与价值理念

（一）公共政策理论

公共政策理论包括马克思主义公共政策理论、传统公共政策理论和行为主义公共政策理论。

马克思主义强调社会存在决定社会意识，公共政策应立足于现实、着眼于未来。因此，社会主义国家在制定公共政策时，必须从本国的实际情况出发，客观地考察和估计本国的社会性质、政治经济情况以及当前社会面临的主要矛盾、所要解决的主要问题等。“从群众中来，到群众中去”，是加强党和群众的密切联系而提出的我党的工作方法，它也是我们社会主义国家制定公共政策的基本方法。

传统公共政策理论提出的科层制是一种权力依职能和职位进行分工和分层，以规则为管理主体的组织体系和管理方式。也就是说，它既是一种组织结构，又是一种管理方式，为现代社会的组织管理提供了有效的工具。

行为主义公共政策理论提倡用科学的方法和观点研究公共政策制定和解决公共问题，强调对政策现实的实际考察，通过多种角度分析政策现象，广泛运用社会科学和自然科学的研究成果，着眼于公共政策形成过程的研究。

（二）政治学理论

政治学是现代公共政策学发展的基础之一，公共政策学的发展最初是蕴藏在传统的政治学之中，并吸收了其他相关理论而逐步发展成为一门独立的学科。

政治学是一门以研究政治行为、政治体制以及政治相关领域为主的社会科学学科。狭义的政治学研究国家的活动、形式和关系及其发展规律；广义的政治学研究在一定经济基础之上的社会公共权力的活动、形式和关系及其发展规律。政治学是一门独立的学科，它要求人们以客观政治关系为研究对象，以科学态度和科学方法从事研究，其研究的科学成果和结论对于人们认识政治现象，掌握政治规律起着巨大的指导作用。政治学理论之所以对政策科学如此重要，是因为政策的制定都必须遵循特定的规律，而规律的制订和维持，尤其是形成宏观政策，在一定程度上需要政治上的领导力和决断力。

党的十八大以来，在习近平新时代中国特色社会主义思想指导下，无论是在卫生领域还是其他民生领域，党和政府提出一系列新理念、新思想、新战略，出台一系列重大方针政策，推出一系列重大举措。党的十九大报告指出，要实施健康中国战略，深化医药卫生体制改革，为人民群众提供全方位全周期的健康服务，必须贯彻落实以人民健康为中心的发展思想，全面建立中国特色基本医疗卫生制度、医疗保障制度和优质高效的医疗卫生服务体系。

（三）社会学理论

在社会学中，社会变迁理论着重于某一特定的社会整体结构的变化、特定社会结构要素或社会局部变化的研究。社会变迁这一概念比社会发展、社会进化具有更广泛的含义，包括一切方面和各种意义上的变化。社会变迁理论在卫生领域主要表现在社会变迁带来的卫生政策方针、策略的改变和卫生性质的改变，以及卫生事业发展过程中人群健康状况的改变，也都可以从社会变迁中找到理论依据。例如，我国农村合作医疗制度的发展，从中华人民共和国成立初期的兴起与鼎盛，到改革开放后经济转型期的衰落与解体，再到新时期的重构与发展，人口、经济、文化、技术和社会结构的变迁影响一直贯穿于农村合作医疗制度的发展历程中。

（四）经济学理论

公共政策在一些情况下具有提高效益的潜力。公共物品、外部性、自然垄断和信息不对称是四种公认的市场失灵，而它们就是传统经济中公共部门干预私有经济行为背后的原因。它们表明要通过集体行动来提高市场效率是可能的。因此，伴随着对分配价值的追求，它们构成了公共政策最普遍的理论基础。

1. 公平性理论 健康公平性是指每一位社会成员均应有公平的机会达到其最佳的健康状态。公平应建立在非歧视的规则约束中来保障过程公平，并在可行的范围内去调整结果失衡和缩小起点差异，使社会分配收敛于结果公平。2009年开始的一系列“新医改”政策就充分体现了公平优先的卫生政策价值取向，例如，建立以政府主导的卫生发展模式，建立覆盖全体居民的基本医疗保险制度，完善基层医疗卫生服务体系建设，免费向全体居民提供均等化的基本公共卫生服务，从而实现“人人享有基本卫生保健”。

2. 效率理论 效率是各国政府卫生部门追求的一个重要政策目标，也是卫生服务部门经济学评价的重要原则之一。医疗卫生服务效率是指在有限的医疗卫生人力、财力和物力资源下，实现医疗卫生服务系统产出的最大化，是所有卫生服务相关制度与卫生服务运行各要素的适应程度。

3. 福利经济理论 是现代西方经济理论的一个重要组成部分。福利又可称为社会福利，它是由国家以及各种社会团体通过各种公共福利设施、津贴、补助、社会服务以及举办各种集体福利事业来增进群体福利，以提高社会成员生活水平和生活质量的社会保险、社会救助和社会保障形成的。

（五）伦理学理论

伦理学理论在卫生领域主要包含医学伦理学和公共卫生伦理学。传统医学伦理学探究的是与医学研究和医疗实践相关的行动规范。新世纪以来，越来越多的伦理学家认识到，传统医学伦理学已经不适用于解决公共卫生领域的伦理学问题，开始探索公共卫生伦理学的伦理框架。公共卫生伦理学主要关注群体层次的伦理学问题，特别是政府、公共卫生机构及其成员、医疗机构及其成员、公民的义务和责任等问题。

知识拓展

新时期，我国的社会背景与经济发展条件均发生了很大的变化。所以，在新形势下，我国许多理论研究对于卫生政策的制定都具有重大影响。例如，人力资本理论，健康和教育是人力资本的两大基石，也是个人经济生产力的基础；社会资本理论，有利于营造良好的卫生投资环境，合理利用社会卫生资源，促进卫生事业可持续发展；政策科学理论对公共政策与社会保障功能的阐述，对宏观卫生政策的理论体系具有重要作用；医学模式转变的理论对今后卫生服务的发展、宏观卫生政策的制定具有重要作用。

三、卫生政策的主要表现形式

政策措施主要是为实现政策目标而服务的各项外在表现形式，公共政策的现象形态主要指公共政策静态的表面形式。从这个意义上说，政策表现为静态的文本——政府关于公共领域政策措施组成的文本的总合，也就是一定的政治实体——执政党的政府关于公共领域政治决策的结果，如措施、方针、法律、规定、规划、准则、计划、方案、纲要、条例、细则等用文本的形式表达出来而形成的。

公共政策的现象形态一般有四个层次：单项政策文本，如农民“减负”政策等；某一领域的政策文本的集合，如卫生政策、教育政策等；一个国家总体政策文本的总合，即一个国家的基本政策，是前述两个层次为具体政策的主导性政策；元公共政策文本，即表达关于公共政策制定和实施的价值观、方法论等有关文本形式。

我国的卫生政策是由党和政府研究制定并组织实施。具体来说，就是政策执行者通过建立组织机构，运用各种政策资源，采取解释、宣传、实验、实施、协调与监控等各种行为，将政策观念形态的内容转化为实际效果，从而实现既定政策目标的过程。国家的元政策、基本政策更多以卫生工作方针、指导思想的形式体现。领域政策则包罗了众多的具体性政策，如公立医院改革等。随着医学模式向社会－心理－生物综合模式的转变，医学社会化与生产社会化、生活社会化同步发展，卫生政策又具有广泛的社会性质，需要依靠多部门的力量，综合运用多种政策工具，发挥政府、市场、社会等多方的作用，共同解决社会卫生问题。

第二节　卫生政策制定

制定卫生政策的目的是针对健康影响因素，制定干预措施，改善健康环境，提高健康水平。卫生政策制定的程序可简化为问题及原因确认、政策制定、政策实施、政策评价及调整。

一、问题及原因确认

卫生问题众多，不同发展阶段人们关注的热点不同，受社会经济发展的影响，优先需要解决的问题也不同。因此，一是要确定影响健康的主要问题和优先要解决且能解决的问题；二要分析原因。确定优先要解决的问题之后，要分析问题产生的原因，并遴选出主要原因；三是寻求根源，进一步分析原因背后的深层次矛盾。

由于政策制定者、专家、公众受伦理观和专业领域等的影响，确定的问题可能不一致，对产生问题的原因的认识可能会有差异。所以，进行问题确认和根源分析时，应遵循客观、准确、深刻的原则；态度应客观，不能受狭隘的部门利益影响，也不能受各自的学术门派左右；问题要准确，不能以偏概全，应抓住主要矛盾；分析应有深度，找出深层次的根源，特别是体制、机制性的问题。

二、政策制定

（一）“PESCET”决策环应用

“PESCET”决策环是指基于理论和实证基础上的“PESCET”决策要素，即政治（politics）、经济（economy）、社会（society）、文化（culture）、伦理（ethics）和科技（technology）的运用。制定卫生政策时，应在理论和实证的基础上，充分考虑政治、经济、社会、文化、医学伦理、科学技术等因素及其相互影响，多维度、多因素地分析问题，找出关键影响因素，提出解决途径，采取相应措施，以期制定出符合实际的政策决定。

（二）3M调控因子应用

政策调控手段是政策制定的核心和着力点，可归纳为3M调控因子（money、management、mechanism），即筹资与支付、规制与监管、激励与控制的应用。

其中，筹资包括资金来源、各渠道的比例、资金结构性分配等，筹资政策决定了卫生事业的发展路径，筹资渠道和支付方式对服务行为有较大的影响。规制指管理和技术等方面的法律法规、规章制度、操作指南等；监管指从准入到服务操作等各个环节的监督管理。规制是服务质量的基础，监管是服务质量的保证。激励与制约是影响卫生服务效率和质量的重要因素。调控措施是否有效，直接影响所制定政策的效果。保证调控措施的有效性，首先要遵循卫生事业的内在规律，从体制、机制着手，同时还要求调控措施具有可测量性。

三、政策实施

中国幅员辽阔、人口众多、地区经济发展不平衡，政策实施应当遵循分类指导、分层负责、试点先行的原则。执行力的大小是影响政策目标实现的重要因素。执行力取决于政治强度、部门认识统一性、社会认同度、管理能力等。主要领导重视、政治强度大，各政府部门认识一致、形成合力，社会包括医务人员共同拥护、积极参与，各级管理部门具有较高的管理能力和管理手段，政策目标才能成为现实并达到最优状态。

四、政策评价及政策调整

政策效果的评价要坚持客观、科学、全面的原则，需要有科学的态度、一定的时间和科学的数据。评价大致可以分为三个层次：宏观层次，如健康水平、风险保障等；中观层次，如效率、质量和可及性等；微观层次，如岗位绩效考核等。评价目的是改进和完善政策，因此，要对评价结果进行深入分析，并提出调整的建议。评价结果分析和政策调整建议提出的过程，可以看作是新一轮政策制定循环的开始。

知识拓展

卫生政策制定存在一定的“局限性”。全民对健康的高度关注以及不同需求，难免造成卫生政策出现“众口难调”的局面。“大卫生”的特点决定了决策中协调的必要性和难度，政策制定的过程实际是各部门、各利益集团博弈的过程。因此，政策是各方协商妥协的产物，难以做到完美无缺。每个领域要解决的问题很多，成因复杂，在一个特定时期内，不可能一下解决，只能循序渐进。因此，不能指望一个政策文件解决所有的问题。政策是在一定的历史和国情条件下推行的现实政策。因此，政策不会永恒不变，而会随着认识的变化和时代的发展而调整。

第三节　卫生政策执行

政策方案经制定并公布之后，便进入政策执行阶段。政策执行是在政策制定完成后，将政策规定的内容变成现实的过程，是为实现预期目标而重新调整行为模式的动态过程。

一、卫生政策执行的步骤

（一）制定实施计划

制定实施计划是把政策方案规定的内容转化为可操作实施计划的过程，应把握如下原则：第一，责任明确原则，应当明确各项执行工作的目标、时间、执行人员、考核标准；第二，指标合理原则，实施计划各项指标应当依据客观的资料和科学的方法。

实施计划包含执行策略设计、执行工作设计和工作流程设计。其中，执行策略是关于实现政策目标和落实各项措施基本路径的规定。工作设计是根据政策执行策略，分别形成达成政策目标的措施，确定各项执行工作与所需时间、资源等要素之间的关系，形成政策实施计划。工作流程具体表现为依照执行工作与时间之间的关系排列的执行工作“线路图”，其中表明了各项执行工作在不同时间段上的“前后”关系，以及在同一时间段内各项工作“左右”之间的关系。

（二）配置执行资源

政策实施计划完成之后，明确了达成政策目标所需要进行的工作和配套的资源，在具体展开执行工作之前，首先需要确认所需资源是否落实到位，进而开展配置工作。

常见的执行资源包括有形资源和无形资源两类：有形资源包括执行组织（制度）、执行人员、财力和物力；无形资源包括信息和权威，其中权威资源的配置俗称“一把手工程”，领导的重视是推进工作的必要条件。同时，在配置执行资源的过程中要遵循系统性原则、人本原则、有效性原则和动态性原则。

（三）管控政策实施

协调实际上是对执行机构的一种“润滑”和“维修”。为了使执行机构与社会环境更好地协调，提高执行机构的适应性，可以建立联络机构和联络员，增强对外部的联系和信息沟通，及时了解环境的变化，及时调整执行计划。

控制的基本思想在于发现偏离政策实施计划的行为，给予纠正措施，使执行工作按照实施计划进行。控制的基本程序可分为三个阶段：一是确立标准；二是衡量绩效；三是纠正偏差。其中，标准是检查和衡量工作及成果的规范和尺度；衡量绩效是用预定的标准对实际工作的成效和进度进行检查、衡量和比较，找出偏差；纠正偏差首先要找出偏差产生的原因，然后再选择适当的措施，这样才能保证纠偏措施的针对性和有效性。

案例讨论

【案例】2021年7月，由人力资源和社会保障部等五部门联合印发的《关于深化公立医院薪酬制度改革的指导意见》要求各地进一步巩固和推广福建省三明市等地的试点成果，强调要建立适应我国医疗行业特点的公立医院薪酬制度，调动医院和医务人员积极性。公立医院薪酬制度改革同调动医务人员的积极性密切相关。充分落实公立医院的分配自主权，使医院在核定的薪酬总量内，可以采取多种方式自主分配，赋予了医院更大的改革空间。同时，拓宽公立医院薪酬制度改革的经费渠道，逐步提高诊疗、护理、手术等技术服务收入在医疗收入中的比例，增加医院的可支配收入，为薪酬制度改革提供了资金保障。

【讨论】如何才能保障薪酬制度改革取得预期的目标？

二、影响卫生政策执行的因素

在将政策意图转化为政策现实的执行链条中，无疑会有大量因素干扰政策执行过程。从政策科学的角度看，执行偏差是指政策执行主体因为局部利益而忽略公共利益，在执行政策过程中偏离公共政策预期目标和既定路径的现象。执行偏差在现实中普遍存在，“上有政策、下有对策”，地方或职能部门采取“选择性执行”或者“象征性合作”策略，导致政策执行的表面化、扩大化、异化或停滞化。具体来说，卫生政策在执行过程中通常存在合法性与正当性设定的偏差、执行资源配置的偏差、基层单位的执行能力建设偏差和政策执行的规制偏差等。所以，政策在具体实施过程中，容易出现政策目标偏离、政策内容失真、政策行为更加隐蔽等一系列问题，而这些问题可导致政策实施的“变形”和“走样”，进而妨碍政策效能的发挥。

第四节　卫生政策分析与评价

卫生政策分析是指运用多学科方法，分析政策进程中不同利益相关者之间的相互关系，这对于理解既往政策以及政策制定具有重要意义。

一、卫生政策分析

（一）卫生政策分析的框架

1. 阶段启发式框架 阶段启发式框架（stages heuristic model framewonk）将公共政策进程分成四个阶段：议程设置、规划、实施和评估。议程设置提出了政策制定者关注的一些问题，并将问题进行分类排序；规划阶段，立法机构和其他决策团体制定和通过政策法案；实施和评估阶段，政府部门实施政策，并对政策作用进行评估。阶段启发式框架为研究人员提供了一种统筹考虑公共政策进程的简单实用的方法，并帮助研究人员将研究定位在合理的框架内。

2. 政策三角框架 考虑到政策制定过程中四个阶段之间的相互作用，从政治经济学的角度制定了政策三角框架（policy triangle framework）。该框架对许多国家的卫生政策研究产生了重要影响，并被广泛应用于卫生改革、心理健康和生殖健康等领域。

3. 网络分析框架 网络框架（network framework）通常用来描述系统各要素和参与者群体间的相互作用。政策网络是某一政策领域内具有共同兴趣的参与者集群，并且决定着政策的成败。政策共同体是由具有统治力的核心成员加上外围的其他成员组成，并将价值观不一致但具有共同政策目标的诸多群体聚集在一起。网络分析体现了通过决策共享和资源交换来实现共同政策目标的过程。

（二）卫生政策分析的过程

1. 确定政策目标 目标是决策者所追求的或政策分析所要达成的目的。在政策分析中，不能将目标看作是既定的、现成的东西，在规划方案之前，政策分析者要帮助决策者澄清并最终确定解决政策问题的目标。因此，决策者应尽可能明确地表达想要达到的目的，分析者的任务是要使政策目标及其达到目标的方案更加明晰。

2. 寻找备选方案 备选方案是决策者用来解决政策问题、达成政策目标可供利用的手段、措施或办法。依政策问题的不同性质，备选方案可以表现为政策、策略或各种行动过程。从政策实践上看，找到尽可能多的备选方案，才有可能充分比较和择优，为科学决策和提高政策质量创造条件。

3. 预测方案结果　政策分析中的预测可以界定为一种程序或方法，它是依据先前各阶段掌握的信息或知识，对备选政策方案的未来前景作出估计、推测或判断。预测在政策分析过程中不仅可以提供关于政策的未来变化及结果的信息，构成政策方案评价、比较与选择的基础，还可以加深对政策问题、目标和方案的认识。

4. 选择政策方案　在政策方案选择中，必须注意政治上可行的方案和技术上优越的方案之间的差别。同时，还须注意资源与时间上的可行性。有些方案从政治上和技术上考虑都是可行的，但受人力、物力、财力以及时间的制约，这类方案也是行不通的。因此，在选择政策方案时，一定要以可利用的资源为前提，"可行的"政策往往比"最好的"政策更重要。

5. 评估政策效果　评估政策效果必须首先建立社会评估标准。一般认为，我国的社会评估标准主要有以下几点：第一，公益属性；第二，技术属性；第三，绩效属性；第四，评估标准的回应性。同时，评估标准也是动态的发展过程，不同时期其评估标准也在不断变化。

二、卫生政策评价

政策评价是指按照一定的价值标准，由具备专业资质的评价者作为主体，运用公认的科学研究方法，排除政策执行过程中环境等非政策因素的干扰，对政策的效益、效率及价值进行判断的过程，并以此作为决策变化、政策改造和制定新政策的依据。

（一）主要类型

根据政策评价的不同特性，可将其分为四大类：第一，根据评价方式的不同，分为正式评价和非正式评价；第二，根据评价主体的不同，分为内部评价和外部评价；第三，根据评价时间的不同，分为事前评价、执行评价和事后评价；第四，根据评价内容的不同，分为政策影响评价、政策效率评价和政策效益评价。

（二）基本方法

1. 简单"前-后"对比分析法　是将政策执行前和政策执行后的两种情况进行比较。这种方法简便明了，但无法确定政策实施前后的效果差异，即该项政策的效果是由政策本身引起的，还是其他因素造成的。

2. "投射-实施后"对比分析法　是将政策执行前的趋势线投射到政策执行后的评价时点上，并将该时点与政策执行后的实际情况进行对比，以确定政策的效果。这种方式更加准确，比前一种方式更进一步，但困难在于如何详尽地收集政策执行前的相关资料、数据，以建立起政策执行前的趋向线。

3. 政策“有－无”对比分析法 是有对照的对比分析，在政策执行前和政策执行后两个时点上，分别就实施政策和未实施政策两种情况进行前后对比，然后再比较两个对比的结果，以确定政策效果。该方法的优点是可以在评价中对不同政策目标或其他政策要素的情况进行比较，较精确地测量出一项政策的效果。

4.“控制对象－实验对象”对比分析法 评价者将政策执行前后同一评价对象分为两组，一组为实验组，对其施加政策影响，一组为控制组，不对其施加政策影响，然后比较这两组在政策执行之后的情况，以确定政策的效果。这种分析方式排除了非政策因素的影响，所得到的政策效果较为准确，但需要政策执行部门的大力支持和配合。

（三）步骤与流程

1. 确定评价主体 对于政策评价而言，客观公正是最基本的原则，同时也是操作的最大难点。影响政策评价客观公正的原因有两方面：一是政策评价的政治敏感性；二是评价主体的价值取向和评价综合能力。由于卫生事业与每个群众的切身利益息息相关，政策评价的政治敏感性尤其突出。评价主体的价值取向和评价综合能力决定着政策评价的方向、指标体系的选择以及评价工作的系统规范。因此，选择合适的、有相应评价资质的主体至关重要。

2. 制订评价方案 制订评价方案的流程步骤包括四步：第一，系统收集相关信息。围绕待评价卫生政策的形式内容，运用定性、定量等社会调查方法，全面系统地收集待评价政策在制定和实施阶段等环节的各种信息。第二，构建特定的评价指标体系。明确所构建的指标与待评估政策的联系，确保每一个指标都可以通过相应的资料收集方法获得。第三，完成评价实施计划。结合前两步信息，同时明确资料收集对象、指标测量方法、拟采用的分析方法、时间、经费及人员安排等。第四，落实评级实施及分析阶段所需要的资源。确保所必需的人力、物资、资金准备落实到位。

3. 挑选和培训评价人员 是执行政策评价过程中不可缺少的一步，也是最容易被忽视的一步。由于一项评价计划的执行不可能靠一己之力，必须是团队合作完成，因此，挑选和培训团队人员就非常必要，有时会直接影响整个评估项目的质量和结果。人员培训的主要目的是使评价人员对评价任务和要求有统一的认识和了解，从而确保调研结果的信效度。

4. 实施评价方案 包括两个主要任务：第一，收集所需资料；第二，综合分析资料。收集资料除了利用现有资料和采用实验法获得外，最常用的就是开展社会调查。在政策评价中，社会调查常用的两类方法是定性访谈和问卷调查。对评价资料进行综合分析包括建立数据库进行资料录入、原始数据库的整理和描述性统计、对统计指标进行综合分析以量化表达政策效果等。

5. 提交评价报告　评价报告需要注意两点：第一，报告是否客观公正地完成了既定计划的目标、指标体系和评价内容；第二，报告格式是否规范。政策评价报告格式上一般包括内容摘要、政策背景简述、政策主体特征简述、政策评价计划和实施过程简述、主要结论和建议以及附录几部分。评价报告不同于科研文章，不强调创新，而是重视是否如实反映政策效果与不足。

第五节　卫生政策发展

卫生政策发展是卫生政策制定的延续。政策制定过程是形成、分析、理解和调整政策的一个连续过程。任何一项公共政策都必须在政策制定过程中才能确定和实现它的价值。政策必须解决特定的政策问题，实现它既定的目标，才能体现政策存在的意义。而解决政策问题，实现政策目标是通过动态的、连续的过程完成的。

一、卫生政策的动态发展

卫生政策是以主体的认识与实践活动为主要内容的一个具体过程。在政策科学理论中，一般是把政策过程（或一个政策周期）划分为政策制定、政策执行、政策评价、政策监督、政策终结五部分。其中，政策制定包括目标设计、方案与对策的设计、政策方案的合法化等具体方面，最终产生一个体现政策目标与政策价值的具有合法性的政策文本；政策执行就是政策目标与政策价值的实现过程，在这个过程中，使政策目标转化为政策活动的客观结果；政策评价包括政策评估和政策监控，政策评估是对政策结果或政策效果的评价；政策监督则是对政策全过程的评价，是对卫生政策问题界定、政策制定和政策实施过程进行某种价值判断，并在此基础上进行政策修正。

二、卫生政策的连续发展

一方面，政策问题经政策制定、政策实施到政策结束是一个前后顺序相接的连续过程，但这个过程不是简单的线性的，而是复杂的和多层次的，是一个复杂的“政策圆圈”，存在着多重反馈圆环；另一方面，一个政策圆圈结束以后，并不代表政策过程完全的终结，而是政策过程与政策环境相互作用下开始对政策结果的新评价和政策文本的修正，在此基础上开始新的政策过程，从一个政策周期到另一个政策周期，社会结构或社会利益格局发生着相应的变化。

三、卫生政策的协同发展

卫生政策遵循客观的发展规律，不同历史时期均把握循序渐进的原则，将宏观制度的构建演变为微观个体的健康塑造，互动式、相向而行地推动政策布局与循序渐进的统一。民主革命时期，党和政府加强环境型政策宣传的作用，发动群众进行卫生运动，改善环境卫生；计划经济时期，政府强化环境型政策中法规管制的使用，把基层卫生工作作为政权建设和社会发展的一部分，主导三级医疗预防保健网的建设和合作医疗制度；计划经济向市场经济转型时期，医疗卫生领域进一步发挥了市场机制的作用。新一轮医改后，党和政府进一步强调医疗卫生事业的公益性，强化公共卫生服务、基础设施建设。

“十三五”以来，按照实施“健康中国”战略要求，中央和地方不断加大投入力度，医疗卫生服务体系不断健全，基本医疗卫生服务公平性、可及性不断提升，人民健康水平持续提高。强调在“深化医药卫生体制改革”“持续推进健康中国行动”和“加快建立医防融合机制”等方面持续重点发力，深刻认识到“十四五”时期卫生健康工作面临的新形势、新任务和新要求，体现出了卫生政策的前瞻性与先导性。

新时代，中国卫生政策要立足社会经济发展的阶段性特征，利用各项政策工具内在特点，循序渐进地探索构建医疗卫生事业的整体性政策框架。

本章小结

1. 卫生政策的目的是保障人民群众的健康利益得到公正地实现，最大限度地满足人民对健康的需求。

2. 卫生政策的理论支撑体系包括公共政策理论、政治学理论、社会学理论、经济学理论和伦理学理论等。

3. 卫生政策的制定过程包括问题及原因确认、政策制定、政策实施、政策评价及调整。

4. 政策执行的步骤包括制定实施计划、配置执行资源、管控政策实施。

5. 卫生政策的分析框架包括阶段启发式框架、政策三角框架、网络分析框架。分析过程包括确定政策目标、寻找备选方案、预测方案结果、选择政策方案、评估政策效果。

6. 政策评价的方法主要有简单“前–后”“投射–实施后”、政策“有–无”和“控制对象–实验对象”等对比分析法。政策评价的步骤包含确定评价主体、制订评价方案、挑选和培训评价人员、实施评价方案、提交评价报告。

7. 卫生政策发展是卫生政策制定的过程，它具有动态性和连续性的特点，遵循客观规律，不同历史时期均要把握循序渐进的原则。

（姚　岚）

第十五章　卫生政策体系与理念

学习目标

1. 掌握　卫生政策的层次和表现形式；新时代卫生工作方针的基本内容；健康中国战略的基本理念。

2. 熟悉　卫生工作方针的制定原则和卫生健康发展战略的作用。

3. 了解　我国现阶段卫生健康发展战略和人类卫生健康共同体战略。

我国结合基本国情、居民健康需要和卫生健康事业发展的基本规律，在不同历史时期探索制定了一系列卫生与健康政策，形成了较为完整的卫生健康政策体系。这些卫生与健康政策的制定与实施，保障了人民健康水平的不断提升，推动了我国卫生与健康事业的持续发展，为实现中华民族的伟大复兴奠定良好的健康基石。研究探讨我国卫生政策体系（system of health policy）的发展历程、表现形式、主要内容和基本理念，可以为今后我国卫生政策的正确制定、合理实施以及有计划、高质量地推进卫生事业发展提供经验借鉴。

第一节　卫生政策体系概述

卫生健康是重要的民生领域，我国已形成了较为完整的卫生政策体系。

健康是促进人的全面发展的必然要求，是经济社会发展的基础条件，是民族昌盛和国家富强的重要标志。要把人民健康放在优先发展的战略地位，加快推进健康中国建设，全方位、全周期保障人民健康。这体现了中国共产党和中国政府坚持以人民为中心的卫生健康价值观，将成为今后一定时期内我国卫生政策的重要目标。

卫生工作方针和卫生发展战略是制定卫生政策体系的总指引。

卫生工作方针是国家指导卫生健康事业发展、制定各项具体卫生政策的基本依据。我国的卫生工作方针具有鲜明的时代特征，不同时期的卫生工作方针都是在特定历史背景下产生和发展的，反映了当时最迫切需要解决的历史问题。实践证明，中华人民共和国成立以来制定的卫生工作方针能够指引特定时期卫生健康工作的方向和道路，促进中国卫生健康事业的发展。

卫生发展战略是根据卫生健康事业发展的基础条件，人民健康面临的突出问题，对卫生健康事业作出全局性、规律性、长远性、方向性、原则性的谋划。卫生发展战略通常包括战略目标、战略重点、战略对策等要素，是卫生健康事业发展的纲领，需要通过具体卫生政策，转化为行动计划或项目，指导各项具体工作。

案例讨论

【案例】柳叶刀全球可持续发展时代高质量卫生系统委员会（the Lancet Global Health Commission on High Quality Health Systems in the SDG Era）2018年撰文指出，高质量的卫生系统需要具备的三个显著的特征是公平、有韧性和高效率，实现高质量发展的基础是有效的卫生治理、高效的卫生机构、优质的卫生人力、良好的基础设施和健康的人群。世界卫生组织指出，新冠肺炎疫情对人类健康产生了广泛的影响，阻碍了全球实现全民健康覆盖（UHC）的发展目标。

【讨论】在新冠肺炎疫情流行以及后疫情时代，如何建设和完善卫生健康政策体系，推动后疫情时代卫生系统高质量发展？

具体卫生政策涉及卫生健康事业的各个方面、各个领域，具体卫生政策相互衔接，共同作用，推动实现卫生健康事业管理的最终目标。结合卫生政策的内容，按卫生体系设计可分为公共卫生服务、医疗服务、医疗保障、药品供应保障等政策，按体系要素可分为卫生法制、卫生经济、卫生管理、卫生人才、卫生科技等政策。也可根据要解决的政策问题和政策目标分成特定的政策群，例如，针对各类卫生机构的管理政策，包括财政投入政策、价格政策、运行机制、管理体制、人事薪酬政策等。

第二节　卫生工作方针

中华人民共和国成立以来，我国针对居民健康需要、卫生与健康事业发展的突出矛盾和问题，以及吸收和采纳国际先进发展经验，制定了不同历史背景下的卫生工作方针。实践证明，这些卫生工作方针对各个特定时期卫生健康工作的开展具有重要的指导意义，确保卫生健康事业发展始终坚持正确的方向。

一、卫生工作方针的制定原则

（一）明确我国卫生健康事业的属性

我国卫生事业是政府实行一定福利政策的社会公益事业，公益性是卫生事业的本质属性，这个性质是我们认识和实践的起点，也是制定卫生改革和发展的方针、战略、具体政策，以及合理配置医疗卫生资源的基本依据。中国卫生改革与建设的实践经验证明，卫生事业发展不能脱离其福利性和公益性属性。

（二）突出卫生健康事业的地位

在社会经济体系中，我国卫生事业通过提供医疗、预防、保健和康复等服务来提高人民健康水平和提升健康人力资本水平，促进社会生产力的发展，进而促进社会经济稳定可持续发展。

（三）明确卫生改革的正确导向

现代市场经济是市场机制与政府宏观调控机制的有机结合。以市场为导向的卫生改革会引发卫生服务公平和效率失衡、卫生资源不合理配置与使用等一系列后果，从而影响到卫生事业的本质属性和良性发展。因此，卫生改革的正确导向应该是强化以计划为主的宏观调控职能，政府要通过制订一定的卫生福利政策使广大人民群众始终能够得到质优价廉的卫生健康服务。同时，需要发挥市场机制微观调控功能。在基本医疗服务领域，政府要有所为，坚持政府主导，落实领导责任、保障责任、管理责任、监督责任，通过多种方式为人民提供基本医疗服务；在非基本医疗卫生服务领域，市场要有活力，鼓励社会力量提供服务，满足群众多样化、差异化、个性化的健康需求。

（四）突出卫生工作的重点

卫生工作方针是卫生政策体系的基本政策，是制定各项具体卫生政策的依据和指导原则。因此，卫生工作方针应与人民健康需求相适应，针对卫生与健康事业发展的突出矛盾和问题，在对卫生健康事业发展的内外部环境进行充分论证分析的基础上制定，能够突出当期及后续较长时期内医疗卫生工作的重点。

二、卫生工作方针的历史沿革

（一）中华人民共和国成立初期卫生工作方针

20世纪50年代初期，我国烈性、急性传染病广泛流行，全国卫生资源匮乏，人民健康水平低下。党中央根据卫生问题的调查结果和老解放区、苏联等卫生工作的经验，结合卫生事业发展方向和中华人民共和国成立初期党中央有关政策，以及基于当时发展工业体系和农业体系的需要，在1950年8月第一届全国卫生会议上，确定了中国卫生工作的三大原则："面向工农兵，预防为主，团结中西医"。1952年12月，结合爱国卫生运动开展经验，第二届全国卫生会议将"卫生工作与群众运动相结合"列入中国卫生工作原则，从而形成"面向工农兵，预防为主，团结中西医，卫生工作与群众运动相结合"的四大卫生工作方针。

（二）改革开放时期卫生工作方针

改革开放后，为适应社会经济和医学科技快速发展需要，1990年5月，《中国卫生发展与改革纲要（1991—2000年）》明确了我国卫生工作的基本方针是"贯彻预防为主，依靠科技进步，动员全社会参与，中西医协调发展，为人民健康服务"。1991年4月，第七届全国人民代表大会第四次会议将卫生工作方针修改为"贯彻预防为主，依靠科技进步，动员全社会参与，中西医并重，为人民健康服务"。1997年1月，《中共中央、国务院关于卫生改革与发展的决定》明确提出新时期的卫生工作方针为"以农村为重点，预防为主，中西医并重，依靠科技与教育，动员全社会参与，为人民健康服务，为社会主义现代化建设服务"，确定了农村作为我国卫生工作的重点，极大地改善了我国农村卫生服务设施，提升了我国农村卫生服务水平。

（三）新时代卫生与健康工作方针

进入21世纪以来，我国卫生健康事业迅猛发展，但与此同时，伴随着城镇化、工业化和人口老龄化，生态环境、疾病谱和生活方式不断地发生变化，我国面临着急慢性疾病威胁并存、多种健康危险因素交织的复杂局面，既存在发达国家面临的卫生健康问题，也存在发展中国家面临的卫生健康问题。为适应新形势、新需求和新任务，2016年全国卫生与健康大会上明确了新时代我国卫生与健康的工作方针是"以基层为重点，以改革创新为动力，预防为主，中西医并重，将健康融入所有政策，人民共建共享"。卫生与健康工作方针将卫生工作扩展到健康领域，融入了新的健康价值观，同时与国际卫生健康治理理念进一步融合，提出健康融入所有政策，并且强调了共建共享，重视个人在维护自身健康中的作用。

第三节　中国卫生健康发展战略

卫生健康发展战略是国家经济社会发展战略的重要组成部分，并与国家经济社会发展战略保持协同。制定符合我国国情的卫生健康发展战略，是提高人民健康水平，促进经济社会发展，以及维护社会和谐稳定的重要内容。

一、卫生健康发展战略的作用

（一）推动经济发展和社会进步

卫生健康发展战略是国家发展战略不可分割的重要组成部分，它与社会经济发展相互依存和制约、互为因果和前提。卫生健康发展战略树立大卫生、大健康理念，将卫生健康战略融入社会经济发展之中，从而创造出有利于人民健康的社会、经济和生活环境，并通过人民健康水平的提高来推动社会经济发展。

（二）指导卫生事业科学发展

战略能够为组织明确正确的定位，对于一个组织来说，没有战略就等于没有了方向。卫生健康事业的发展需要引入战略管理的思想，通过卫生健康发展战略明确卫生健康事业发展的方向，协调卫生健康管理活动的各项内容，指引卫生健康事业整体更好更快地发展。

（三）促进卫生健康事业目标实现

卫生健康发展战略的制定可以使管理者顺应客观规律和客观形势的发展需要，以目标为导向，使管理者从应付被动局面转变为从容开拓和创造未来的主动局面，从而促进卫生健康事业目标的实现。

（四）体现卫生健康事业发展重点

卫生健康发展战略反映的是卫生健康事业在一个较长时期所要达到的主要目标和实现这些目标的主要途径。制定卫生健康发展战略，既要对卫生健康事业发展全局进行通盘考虑，又必须分清主次和轻重缓急，抓住卫生健康事业发展的关键和重点，解决好影响全局的关键问题。

（五）提高国民健康素质

卫生健康发展战略以解决危害城乡居民健康的主要问题为重点，通过实施切实可行的国家健康行动计划，加强对影响国民的重大和长远健康问题的有效干预，维护和增进人民健康福祉。

二、中国卫生健康发展战略的历史沿革

为响应世界卫生组织（WHO）的卫生健康发展战略，中国政府在20世纪80年代就承诺要实现“2000年人人享有卫生保健”（health for all by the year 2000）全球卫生发展战略目标；1988年进一步明确实现该战略目标是2000年中国社会经济总目标的重要组成部分。2007年，中国政府对全面建设小康社会提出了新要求，把“人人享有基本医疗卫生服务、提高全民健康水平”作为加快发展卫生健康事业和全面改善人民生活的重要目标。2008年，中国政府正式提出了“健康中国2020”战略，该战略以提高人民群众健康为目标，以解决危害城乡居民健康的主要问题为重点，坚持预防为主、中西医并重、防治结合的原则，采用适宜技术，以政府为主导，动员全社会参与，切实加强对影响国民健康的重大和长远卫生问题进行有效干预，确保到2020年实现人人享有基本医疗卫生服务的重大战略目标。

2015年10月，党的十八届五中全会明确提出推进健康中国建设，从“五位一体”总体布局和“四个全面”战略布局出发，对当前和今后一个时期更好保障人民健康作出了制度性安排。2016年10月，中共中央、国务院印发《“健康中国2030”规划纲要》，从广泛的健康影响因素入手，提出“普及健康生活、优化健康服务、完善健康保障、建设健康环境、发展健康产业”五方面的战略任务。2017年，党的十九大报告指出，“人民健康是民族昌盛和国家富强的重要标志”，将“健康中国建设”作为国家战略，提高到优先发展的地位。推进健康中国建设，是全面建成小康社会、基本实现社会主义现代化的重要基础，是全面提升中华民族健康素质、实现人民健康与经济社会协调发展的国家战略，是积极参与全球健康治理、构建人类卫生健康命运共同体、履行2030年可持续发展国际承诺的重大举措。

三、健康中国战略的核心要义

（一）以人民健康为中心的价值观

把人民健康放在优先发展的战略位置是实施健康中国战略的根本要求。党的十八大以来，以习近平同志为核心的党中央把维护人民健康摆在更加突出的位置，强调各级党委和政府要增强责任感和紧迫感，把人民健康放在优先发展的战略地位，作为实现“两个一百年”奋斗目标的重要保障。“人民健康优先”彰显了卫生健康事业的核心

价值，是党的根本宗旨和执政理念在卫生健康领域的集中体现。

（二）以大卫生、大健康为理念的健康观

党的十八大以来，党中央从健康影响因素的广泛性、社会性、整体性出发，强调树立“大卫生、大健康”理念，努力全方位、全周期保障人民健康。新健康观大大超越了传统的疾病防治范畴，推动健康发展方式从“以治病为中心”向“以人民健康为中心”转变，由疾病治疗全面向健康促进发展，将健康作为制定实施各项公共政策的重要考量，力求将各种健康危害因素降到最低。

（三）以改革创新为动力的发展观

当前卫生健康服务供给侧既有经济和社会发展阶段等客观条件限制造成的整体发展不平衡不充分问题，也存在卫生系统本身在运行模式、服务能力和效率上的缺陷，不能适应当前公众和今后可持续发展的需要。因此，只有坚持政府主导，发挥市场机制作用，冲破思想观念束缚，清除体制机制障碍，发挥科技创新和信息化引领支撑作用，才能形成具有中国特色、促进全民健康的制度体系，推动卫生健康事业的高质量发展，满足人民群众对美好健康生活的向往，夯实中华民族伟大复兴的健康之基。

（四）将健康融入所有政策的战略观

“将健康融入所有政策”是世界卫生组织（WHO）最早提出并倡导的理念，它是针对健康社会决定因素，采取跨部门行动的一种策略。2016年8月召开的全国卫生与健康大会提出把“将健康融入所有政策”作为新时期卫生与健康工作方针之一。《“健康中国2030”规划纲要》把“将健康融入所有政策”作为深化体制机制改革的重要内容之一，要求“加强各部门各行业的沟通协作，形成促进健康的合力。全面建立健康影响评价评估制度，系统评估各项经济社会发展规划和政策、重大工程项目对健康的影响，健全监督机制。畅通公众参与渠道，加强社会监督。”

（五）共建共享全民健康的治理观

“共建共享、全民健康”，是建设健康中国的战略主题。而共建共享是建设健康中国的基本路径，维护健康、促进健康将成为国家、社会、家庭及个人的共同责任与行动，需要凝聚全社会共识，统筹政府、社会和个人三个层面，对包括行为和环境的健康影响因素持续发力。同时，全民健康是建设健康中国的根本目的，强调公平公正，逐步缩小城乡、地区、人群间基本健康服务和健康水平的差异，实现全民健康覆盖，推动在全球人口最多的国家实现公众健康状况的持续改善。

知识拓展

为落实健康中国战略，2019年7月，国务院印发《关于实施健康中国行动的意见》，瞄准建设健康中国的目标，围绕疾病预防和健康促进两大核心，在全国部署了15个专项行动。在全方位干预健康影响因素方面，实施健康知识普及行动、合理膳食行动、全民健身行动、控烟行动、心理健康促进行动、健康环境促进行动。在维护全生命周期健康方面，实施妇幼健康促进行动、中小学健康促进行动、职业健康保护行动、老年健康促进行动。在防控重大疾病方面，实施心脑血管疾病、癌症、慢性呼吸系统疾病、糖尿病防治行动，以及传染病及地方病防控行动等。

第四节　国际卫生健康发展战略

人类对公共卫生与健康的需求具有明显的时代性，随着社会经济发展，以及健康问题带来的新挑战，国际卫生健康发展战略的内涵在不断地发展演变。面对全球公共卫生突发事件的非传统挑战，中国呼吁各国携起手来共同构建人类卫生健康共同体，这既是对人类命运共同体理念的升华，更为国际社会战胜新冠肺炎疫情提供了迫切需要的战略理念。

一、国际卫生健康发展战略的历史沿革

近五十年来，世界卫生组织倡导的全球卫生发展目标和策略是国际卫生健康发展战略的经典案例。20世纪70年代，WHO提出“2000年人人享有卫生保健”（health for all by the year 2000）的全球战略目标，这项发展战略成为各国政府、组织和机构在发展卫生健康事业过程中所要遵循的行动方针。1978年，国际初级卫生保健大会发表的《阿拉木图宣言》提出：初级卫生保健（primary health care，PHC）是实现上述目标的基本策略和途径。

2000年，联合国千年首脑会议公布了引领世界卫生健康发展进程的联合国千年发展目标，提出了至2015年全球所要达到的具体目标，包括降低儿童死亡率、改善孕产妇保健、抗击艾滋病和疟疾、确保环境的可持续发展、消除极端贫穷和饥饿等8个领域。2005年，第58届世界卫生大会提出了全民健康覆盖（Universal Health Coverage，UHC）的概念，即所有个体和社区都获得所需的卫生服务，而不会陷入经济困难，它涵盖全

方位高质量基本卫生服务，从健康促进到预防、治疗、康复和姑息治疗。推进全民健康覆盖是实现卫生领域千年发展目标和人人享有卫生保健目标的基本路径和重要保障。

2013年，第八届国际健康促进大会发表的《赫尔辛基宣言》指出，将健康融入所有政策（Health in All Policies，HiAP）是一种以改善人群健康和健康公平为目标的公共政策制定方法，要求在制定公共政策时需要系统地考虑公共政策可能带来的健康影响，寻求多部门间协作，以避免政策对健康造成不利影响。2015年，联合国发展峰会把健康列为“2030年可持续发展议程”的核心指标，表明“健康促进”是全人类和各国政府共同应有的担当与责任。

2020年3月，习近平总书记提出要打造“人类卫生健康共同体”，中国将公共卫生问题放在构建人类命运共同体的时代背景下进行阐释，凸显了全球共同应对公共卫生领域非传统挑战的重要性。

二、人类卫生健康共同体战略

（一）现实意义与时代价值

习近平主席在第73届世界卫生大会视频会议开幕式上发表题为《团结合作战胜疫情共同构建人类卫生健康共同体》的致辞强调，新冠肺炎疫情是第二次世界大战结束以来最严重的全球公共卫生突发事件，国际社会应当加强全球公共卫生治理，有效开展联防联控和国际合作。习近平主席呼吁各国携起手来共同构建人类卫生健康共同体，这是对全球携手应对突发疫情、拯救共同家园的重要宣示。

中国在打赢新冠肺炎疫情防控阻击战中所彰显出的中国力量、中国担当、中国精神，既是中国人民的民族财富，也是人类命运共同体的共同财富，指引着人类前行的方向。人类卫生健康共同体是这一时代的理论精华，其对人类社会的整体认知、对人类健康生命权的高度重视、对世界团结协作的积极倡导，都将成为引领人类社会进步的科学真理，成为推动时代进步的重要力量。

（二）中国行动

打造“健康丝绸之路”。打造“健康丝绸之路”，拓展共建“一带一路”新空间是人类卫生健康共同体理念的初步体现。中国政府不仅维护本国公民的生命健康权，而且尊重世界人民享有平等的生命健康权，积极贯彻和落实联合国2030年可持续发展议程，将卫生领域合作列入“一带一路”建设的重要内容。近年来，我国与“一带一路”沿线国家和WHO等国际组织共同打造“健康丝绸之路”，在深化卫生政策协调与对话、加强传染病联防联控、提高突发公共卫生事件应急管理能力等方面取得了积极成果，有力地推动了相关国家卫生健康事业发展。

推动完善全球公共卫生治理。维护全球公共卫生安全是国际社会的共同责任，新冠肺炎疫情是对全球公共卫生治理体系的一次集中考验，人类卫生健康共同体理念为世界各国寻求合作“最大公约数”提供思想基础和理论根源。在突发公共卫生事件来临时，任何一个国家都无法独善其身，构建人类卫生健康共同体才是应对全球公共卫生危机的正确选择，各国唯有团结协作、凝聚共识，才能提升有效应对突发公共卫生事件的全球公共卫生治理水平。疫情暴发初期，中国人民通过艰苦卓绝的努力，为世界各国防控疫情争取了宝贵时间，并积极开展知识分享和全方位援助。例如，中国科学家第一时间分离鉴定出病毒毒株并向WHO共享新冠病毒全基因组序列，为全球开展疫苗、诊断、药物研究提供了重要基础。

加强国际宏观政策协调促进共同发展。全球蔓延的新冠肺炎疫情对世界经济的影响深远，传导机制在经济全球化与经济一体化中发挥重要作用，一个环节出现问题，其影响就会多重传导。习近平主席在二十国集团领导人应对新冠肺炎特别峰会上强调，疫情对全球生产和需求造成全面冲击，各国应该联手加大宏观政策对冲力度，防止世界经济陷入衰退。只有加强国际宏观经济政策协调，才能将疫情给经济社会带来的负面影响降到最低。当前，我国积极与世界各国开展良性互动，重申坚定不移地推进改革开放，持续放宽市场准入门槛，不断优化营商环境，为维护世界经济繁荣稳定贡献中国力量。

本章小结

1. 卫生工作方针和卫生发展战略是制定卫生政策体系的总指引。具体卫生政策涉及卫生健康事业的各个方面、各个领域，具体卫生政策相互衔接，共同作用，推动实现卫生健康事业管理的最终目标。

2. 新时代我国卫生与健康工作方针是：“以基层为重点，以改革创新为动力，预防为主，中西医并重，将健康融入所有政策，人民共建共享”。

3. 健康中国的核心要义包括以人民健康为中心，大卫生、大健康理念，以改革创新为动力，将健康融入所有政策，全民共建共享等。

4. 人类卫生健康共同体战略是全球共同应对公共卫生领域非传统挑战的重要治理理论，是我国打造“健康丝绸之路”的扩展和延伸，对于推动完善全球公共卫生治理、协调国际宏观政策、促进共同发展具有重要意义。

（姚建红）

第十六章　公共卫生政策

学习目标

1. 掌握　公共卫生的概念、特征与功能；公共卫生服务管理的概念和意义；公共卫生服务体系的组成。
2. 熟悉　公共卫生服务管理和公共卫生工作的内容。
3. 了解　公共卫生全球治理的概念、特点与主体。

健康中国建设是国家重大发展战略，公共卫生在健康中国建设中具有重要地位和作用。强化大卫生、大健康理念，必须坚持预防为主的工作方针，建立完善的公共卫生政策，健全公共卫生服务体系，开展慢性病防控、健康促进和教育，加强重点人群健康服务和影响健康的环境问题治理，全面提高人民健康水平，并携手共同应对全球的公共卫生问题，促进全球健康。

第一节　公共卫生的基本理论与概念

一、公共卫生的概念与内涵

（一）概念

公共卫生（public health）诞生于人类与疾病对抗的过程中，致力于维护和促进公众健康，提高人类生活质量。随着时代的发展，公共卫生的概念与内涵也在不断地变化和延伸。

公共卫生是通过评价、政策发展和保障措施来预防疾病、延长人的寿命和促进人的身心健康的一门科学与艺术，是一项有组织、需要多学科共同努力的社会性事业。公共卫生的使命是维护公众的健康，具体内容包括对重大疾病，尤其是传染病（如结核病、艾滋病、严重急性呼吸综合征、新冠肺炎等）的预防、控制和治疗；对食品、药品、公共环境卫生的监督管制，以及相关的卫生宣传、健康教育、免疫接种等。

（二）内涵

1. 公共卫生是一项社会事业　随着疾病谱的转变，许多疾病的防治措施需要医疗技术和社会因素的综合干预。医学模式已从传统的生物医学模式转变为生物–心理–社会医学模式，尤其强调社会因素的决定性作用。早在经验医学时期，人们就注意到了社会因素对疾病的影响。1986年11月，在加拿大渥太华召开的第一届国际健康促进大会发布了《渥太华宪章》（*Ottawa Charter for Health Promotion*），列出了8个健康的关键社会决定因素：安全、社会保障、教育、食品安全、收入、生态环境、可持续的资源、社会公正。可见，公共卫生事业的发展需要全社会各部门各领域的共同协作努力。

2. 公共卫生致力于促进公众健康　2016年全国卫生与健康大会强调：没有全民健康，就没有全面小康。健康是促进人的全面发展的必然要求，是经济社会发展的基础条件。国家和社会尊重、保护公民的健康权。公共卫生通过预防疾病、健康保护和健康促进等措施，努力达到人人健康的目的。

3. 公共卫生服务于全体社会成员　公共卫生的服务对象是群体，如针对全体人群的预防接种等措施，都旨在维护和改善公众的健康。公共卫生通过有组织地动员社会各方面力量共同努力来改善环境卫生、开展健康教育和健康促进，从而达到人群健康的目的。

4. 公共卫生需要适时性、持久性政策的支持　卫生政策对维护公众健康、促进社会的和谐稳定发展有着至关重要的意义。公共卫生是一项社会事业，需要社会各方面、各领域的参与和支持。与此同时，公共卫生不是一项收益快、见效快的事业，需要各方持续性地努力，所以政策的支持与引导就显得尤为重要。社会政策包括医疗保障、教育、健康、脱贫、环境以及公共住房等，这些问题与公众的健康息息相关。

二、公共卫生的特征与功能

（一）特征

1. 社会公正　公共卫生事业本质上是一项“人人需要、共同受益”的社会公益事业，它关系到每个人的生命全周期。在卫生服务领域，保证卫生服务利用的社会公正性也是世界各国普遍关注的问题。公共卫生事业的社会公正性包括公众在社会利益获得上的公正性，以及在社会负担分配时的公正性。根据社会公正的原则，公共卫生应该向全人群提供公平可及、系统连续的覆盖全生命周期的卫生健康服务。

2. 基于科学 公共卫生对科学的依赖性更强，注重基于循证证据的科学决策，以提高有限卫生资源的配置效率和技术效率。公共卫生的科学性还表现在公共卫生人才队伍以流行病学为核心，与预防医学、临床医学、基础医学、社会医学等诸多学科紧密相连，协同作战。

3. 全社会参与 公共卫生是一项社会事业，其宗旨是改善全人群健康水平。想要实现这一宗旨，就必须有公众和社会各部门的广泛参与。健康不仅是个人的健康，还是一个地区、一个社会的健康。公众不仅是自身健康的第一责任人，还需要积极配合参与到整个社会的公共卫生事业当中。在此过程中，参与者往往也会受益，这也是公共卫生有别于其他公共事业的特点。

4. 外部效应 外部效应是一个经济学专业术语，指一部分人对某种产品的消费可以对不消费这种产品的人发生间接影响，如果这种影响是有益的就称作是正外部效应，如果这种影响是不利的就称为负外部效应。公共卫生具有显著的正外部效应，如预防接种，在一个社区范围内一部分人接种了麻疹疫苗，接种者患麻疹的可能性会大大降低，从而使社区发病率下降，那么非接种者受到传染的机会也会减少，结果是接种者受益，不接种者也受益。

（二）功能

1. 预防和控制疾病与伤残 预防、控制疾病与伤残是公共卫生最基本的功能，早期公共卫生的出现也是为了帮助人们战胜传染病。随着时代的发展，新发传染病、非传染性慢性疾病、意外伤害事件、突发公共卫生事件等不断出现，这就要求公共卫生做好流行病学调查，及时采取预防和控制措施，并做好应急预案和物资技术储备等工作。

2. 改善与健康相关的自然和社会环境 人类的健康受到经济、社会、文化和环境等诸多因素的影响，改善与健康息息相关的自然和社会环境是公共卫生的基本功能之一，即为提高人群的健康水平制定一系列综合性干预策略和措施，从群体水平上提高公众健康，并为之做长远考虑。

3. 监测人群健康状况 随着疾病谱的转变，监测内容不再仅是传染病，还包括非传染性慢性疾病、伤害、行为危险因素等。公共卫生监测有助于预测健康相关事件的发展趋势并及时发出预警，正确评估卫生服务需求，确定高危人群，赋能卫生决策等。

4. 提供预防保健和必要的医疗服务　预防保健服务包括免疫规划、健康教育、健康促进、妇幼保健，以及对特殊人群如人类免疫缺陷病毒（HIV）感染者实施“四免一关怀”政策等。必要的医疗服务是通过政府及有关部门建立适宜的健康保障制度、合理配置卫生资源，对公众提供传染病救治等医疗服务。

5. 健康促进与教育　随着健康内涵的不断深入，公共卫生的使命不仅仅是疾病预防，还包括健康教育和健康促进，如开展青少年肥胖、近视、脊柱侧弯防治，实施公共场所禁烟政策，对青少年进行生活技能和急救技能教育等，以提高公众的健康素养。

第二节　公共卫生服务体系

一、公共卫生体系概述

根据WHO的定义，卫生体系（health system）是指所有以维护、促进、恢复健康为基本目标的组织。除此之外，我国卫生体系的目标还包括健康筹资。其广义的定义是指所有与健康有关的组织或者机构，狭义的定义为传统的卫生组织。

我国的卫生体系是基于我国行政区划构建的多层级矩阵型体系，由3部分构成：一是卫生行政体系，由管理卫生事务的卫生行政机构构成；二是卫生服务体系，是指由卫生服务机构组成的体系；三是卫生第三方组织，是对我国卫生行政体系以及卫生服务体系的有益补充。

公共卫生体系（public health system）是指以维护和促进公众健康为根本目的的公共卫生活动所涉及的相关法律、法规、政策、机构组织和具体措施等要素的系统集合，是在一定权限范围内提供必要公共卫生服务的公立、私立、志愿组织的总体。而我国公共卫生体系主要包括公共卫生行政体系、公共卫生服务体系和公共卫生科研体系等，具体指各级卫生行政部门、疾病预防控制机构、卫生监督机构、医疗救治机构和公共卫生研究机构等。

公共卫生服务体系是我国居民公共卫生服务的主要提供机构或组织，是我国公共卫生体系最重要的组成部分，因此，下面重点详细介绍我国公共卫生服务体系的组成情况。

案例讨论

【**案例**】新冠肺炎疫情不但是1918年大流感以来，也是第二次世界大战结束以来全球最严重的传染病大流行，其防控的复杂性、艰巨性，以及对全球经济社会发展的冲击前所未有。在此次疫情防控行动中，我国有效遏制了本土疫情，取得了抗击新冠肺炎疫情的阶段性重大战略成果，这其中，公共卫生服务体系发挥了重要作用，作出了巨大贡献，奋战在一线的医护人员和公共卫生从业人员成为了整个社会的健康守护者。以社区为基础的公共卫生服务体系对我国新冠肺炎疫情防控起到了关键性作用。抗击新冠肺炎疫情，是对国家治理体系和治理能力的一次大考，也暴露出我们在公共卫生方面还存在一些不足和短板。

【**讨论**】如何补齐公共卫生的短板？如何进一步完善我国重大疫情防控体制机制，健全国家公共卫生体系，增强应对突发重大公共卫生事件的能力？

二、公共卫生服务体系的组成

公共卫生服务体系（public health service system）由专业公共卫生服务网络和医疗服务体系中的公共卫生服务功能部分组成。专业公共卫生服务机构主要提供疾病预防控制、健康教育、妇幼保健、精神卫生、院前急救、采供血等公共卫生服务，包括疾病预防控制中心、专科疾病防治机构、妇幼保健机构、健康教育机构、急救中心（站）、采供血机构、卫生监督机构、计划生育技术服务机构等。除专业公共卫生机构，根据我国卫生机构的职能界定，综合医院也要提供一定的公共卫生服务，如疾病预防、传染病报告、应急救治等。城市社区卫生服务中心（站）和农村乡镇卫生院、村卫生室等基层医疗卫生服务体系，承担着城乡居民的医疗、预防、保健、康复等综合性卫生服务和日常性公共卫生服务，也是我国公共卫生服务体系的重要组成部分，更是我国城乡居民基本公共卫生服务的主要提供者。公共卫生服务体系在落实我国预防为主的卫生工作方针，尽可能使群众少得病方面发挥着重要作用。

公共卫生服务体系根据服务内容又可划分成诸多子体系，如疾病预防控制体系、妇幼保健服务体系、采供血服务体系、精神卫生服务体系和卫生监督体系等。现将有关的几个子体系说明如下。

（一）疾病预防控制体系

我国疾病预防控制体系是指全国卫生系统内与疾病预防控制相关的部门及机构，

包括卫生健康行政部门、疾病预防控制业务机构、专科疾病防治机构、疾病预防控制相关的医疗机构与基层医疗卫生机构等，由国家、省、市、县、社区等多个层次的机构组织起来的工作体系。

作为综合性的疾病预防控制机构，我国疾病预防控制中心（Center for Disease Control and Prevention）承担着疾病预防与控制、突发公共卫生事件应急处置、疫情及健康相关因素信息管理、健康危害因素监测与干预、实验室检测检验与评价、健康教育与健康促进、技术管理与应用研究指导等7项职责，其最终目的是为了保障公民健康，其定位是服务于社会和公众，因此是政府公共服务的重要组成部分。2014年，中央编办、财政部和国家卫生计生委联合下发的《关于疾病预防控制中心机构编制标准的指导意见》指出，县级以上各级人民政府在本辖区内设立1个疾病预防控制中心。

面对突如其来的新冠肺炎疫情，国家明确要求优化完善疾病预防控制机构职能设置，健全以国家、省、市、县四级疾病预防控制中心和各类专科疾病防治机构为骨干，医疗机构为依托，基层医疗卫生机构为网底，军民融合、防治结合的疾病预防控制体系，建立上下联动的分工协作机制。

知识拓展

根据《中华人民共和国传染病防治法》第七条："各级疾病预防控制机构承担传染病监测、预测、流行病学调查、疫情报告以及其他预防、控制工作。"针对21世纪迄今为止最严重的全球性危机新冠肺炎疫情，疾病预防控制机构在传染病防控中发挥了重要作用：通过制定健康教育和宣传方案，对公众提供健康防护知识指引；开展流行病学调查和疫苗接种工作；强化应急队伍配置和应急预案方案管理；加强实验室建设，开展核酸检测和病例样本病毒全基因组序列测定和分析，发挥疾病预防控制机构实验室在此次疫情防控中的重要技术支撑作用；时刻聚焦疫情防控需求，在病毒溯源和传播机制、病例监测和风险评估、疫情研判和防控策略等方面加强人员与技术投入。

（二）妇幼保健服务体系

我国妇幼保健服务体系以妇幼保健专业机构为核心，以城乡基层医疗卫生机构为基础，以大中型综合医疗机构和相关科研教学机构为技术支撑，为妇女儿童提供全生命周期的医疗卫生保健服务。2019年，全国共有省、市、县三级妇幼保健机构3080个，妇产医院807个，儿童医院228个，床位33.8万张，从业人员近64万；全国危重孕产妇救治中心3369个，危重新生儿救治中心3070个。我国妇幼卫生信息系统逐步完善，已建立妇幼卫生年报系统和世界上规模最大的妇幼卫生监测网络，实施出生缺陷监测、孕产妇死亡监测、5岁以下儿童死亡监测、危重孕产妇监测和儿童营养健康监测。妇幼卫生信息为各级政府制定卫生政策，特别是妇幼卫生政策提供了科学依据。

妇幼保健专业机构包括妇幼保健院（所/站）、妇产（科）医院、儿童医院、计划生育技术服务机构及妇幼卫生专业研究机构等。这些机构受同级卫生行政部门领导和上一级妇幼卫生机构的业务指导，各级妇幼卫生专业机构应承担保健、临床、科学研究、教学和健康教育等任务。妇幼卫生工作的基层组织包括：街道、乡镇卫生院设妇幼保健室（防保组），村至少有1名女乡村医生或接生员负责妇幼卫生工作；厂矿、企事业单位根据女职工的数量，设妇幼保健所、站、室或专业人员，在业务上受当地妇幼卫生机构指导。

（三）采供血服务体系

采供血机构分为血站和单采血浆站。我国采供血机构设置规划以满足临床用血及特殊血液成分需要为目的，对机构、采供血量、人员和设备等卫生资源进行统筹规划、合理配置，构建与当地经济发展水平、人口、医疗资源、区域医疗机构设置规划以及临床用血需求相适应的有效、经济、布局合理的采供血服务体系，以改善和提高卫生综合服务能力和资源利用效率。

在省、自治区人民政府所在地的城市和直辖市，规划设置相应规模的血液中心。在设区的市级人民政府所在地的城市，规划设置一所相应规模的中心血站。在血液中心或中心血站3个小时车程内不能提供血液的县（市），可根据实际需要在县级医疗机构内设置一所中心血库，其任务是完成本区域的采供血任务。

血液中心和中心血站可根据服务区域实际需要，设立非独立的分支机构、固定采血点、储血点。固定采血点、储血点不得进行血液检测。

第三节　公共卫生服务管理

一、公共卫生服务管理的概念

公共卫生服务（public health service）指为保障社会公众健康，以政府为主导的有关机构、团体和个人有组织地向社会提供疾病预防与控制、妇幼保健、健康教育与健康促进、卫生监督等公共服务的行为和措施。公共卫生服务管理（public health service management）是指依据国家法律法规和相关政策及人民群众对公共卫生服务的需求，应用管理科学的理论、知识和方法，研究公共卫生活动的组织结构、服务体系、运行特点、运行机制及发展规律，侧重于研究合理配置公共卫生服务资源，提高人民群众的健康水平和生活质量。公共卫生服务管理有别于公共卫生管理，后者旨在从政府层面强调卫生行政组织的管理职责，研究对象侧重于公共卫生政策、公共卫生组织、公共卫生计划与评价等。

二、公共卫生服务管理的意义

通过公共卫生服务管理促进公共卫生服务逐步均等化，是一项关注人人健康、惠及城乡居民的民生工程，做好此项工作，具有如下意义。

（一）有利于政府领导、部门协同、群众参与

在管理上，政府行政管理研究自我发展完善的规律性问题，往往只局限于自身组织，而公共卫生服务管理则研究政府卫生行政组织，以及与公众健康密切相关的“准”公共部门的管理及其规律性问题。从这个意义上说，公共卫生服务管理是卫生行政管理的外延与拓展。加强公共卫生服务管理，有利于提高政府对公共卫生的重视程度，加强政府对公共卫生事业的领导，促进多部门之间的协作，促进社区与全人群参与，实现公共卫生事业的社会化，为公共卫生事业的快速平稳发展奠定基础。

（二）有利于提高群体健康意识

公共卫生服务管理是面对人群的管理，其有效手段是公众参与。公共卫生服务管理的深入发展必然走全民健康的道路，正如习近平总书记提出的“没有全民健康，就没有全面小康”。而人群健康意识的提高是全民健康水平的基础和前提。

（三）有利于提高群体自我健康管理意识

公共卫生服务管理强调个人在自我健康方面的责任、权利和义务，强调个人与群体的自我健康管理。《国务院关于实施健康中国行动的意见》提出，实施健康中国行动，倡导健康文明的生活方式，每个人是自己健康的第一责任人。各种公共卫生活动和管理可以促使人们自觉行动起来，为保护和增进自身健康采取行动。

（四）有利于统一规划、规范行为，实现管理的标准化

公共卫生服务管理依靠科学的管理思想和手段，通过对一个国家或一定区域公共卫生事业存在的主要问题和面临的发展形势进行系统分析，制定规划，确定发展目标，

确保公共卫生活动的有效、有序进行。在公共卫生服务管理过程中，公共卫生相关规范和标准必定成为公共卫生行动的指南和准则。随着公共卫生规范和标准的不断改进与完善，公共卫生服务的科学性、系统性、完整性，以及规范化和标准化程度必然不断增强。

三、公共卫生服务管理的内容

随着学科的发展和相互渗透，公共卫生服务管理的内容不断丰富和发展，包括疾病预防与控制管理、卫生健康监督管理、妇幼保健管理、计划免疫管理、采供血管理、医疗急救及救助管理、突发公共卫生事件应急管理等。以下着重介绍疾病预防与控制管理、妇幼保健管理及卫生健康监督管理方面的内容。

（一）疾病预防与控制管理

疾病预防与控制管理是指一个国家或地区依据法律法规和相关政策组织卫生资源，对影响人群健康的重大疾病采取有效的预防与控制措施，消除或减少其对居民健康的影响，提高人群健康水平的过程。疾病预防与控制管理的对象包括急慢性传染病和职业病、地方病，以及心脑血管病、肿瘤、糖尿病等非传染性慢性疾病，也包括因环境污染所致公害病，自然灾害所致疾病，还包括现代社会常见的心理疾病、意外伤害和中毒等。因此，疾病预防与控制管理可分为传染病预防控制管理、慢性病预防控制管理、地方病预防控制管理、寄生虫病预防控制管理、职业病预防控制管理和突发公共卫生事件应急管理等。疾病预防与控制管理的主要内容包括现场调查、防治策略与措施制定、疾病监测与效果评价三个方面。

依据疾病预防与控制管理相关法律制度和政策文件，采取相应的防控策略和措施，进行疾病预防控制管理，主要法律制度和规范性文件包括《中华人民共和国传染病防治法》《中华人民共和国职业病防治法》《国家职业病防治规划（2016—2020年）》《“十三五”全国地方病防治规划》《中华人民共和国国境卫生检疫法》《中国防治慢性病中长期规划（2017—2025年）》《“健康中国2030”规划纲要》《健康中国行动（2019—2030年）》等。

作为疾病预防控制管理的业务部门，疾病预防控制机构所需基本建设、设备购置等发展建设支出由政府根据公共卫生事业发展需要足额安排，所需人员经费、公用经费和业务经费根据人员编制、经费标准、服务任务完成及考核情况由政府预算全额安排，按照规定取得的服务收入上缴财政专户或纳入预算管理。

（二）妇幼保健管理

妇女儿童健康是全民健康的基石，是衡量社会文明进步的标尺，是人类可持续发展的基础和前提。中国共产党和中国政府历来高度重视妇女儿童健康，将其作为保护妇女儿童权益，促进妇女儿童全面发展的重要基础性工作。中国政府签署了多项国际妇女儿童保护公约，深入贯彻实施《中华人民共和国母婴保健法》《中国妇女发展纲要（2021—2030年）》和《中国儿童发展纲要（2021—2030）》。我国始终坚持以妇女儿童为中心，努力为全体妇女儿童提供公平可及和系统连续的妇幼健康服务，不断完善政策制度和服务链条，开展“降低孕产妇死亡率、消除新生儿破伤风”项目，实施妇幼公共卫生服务项目，推广普及妇幼卫生适宜技术，逐步实现从胎儿到生命终点的全程健康服务和保障。

妇幼保健管理（maternal and child health care management）是指妇幼卫生机构运用现代医学和社会科学的基本理论、技能和方法，研究妇女儿童身体健康、心理行为及生理发育特征的变化及其规律，分析影响妇女儿童健康的环境因素和社会因素，制定保健措施，动员社会力量，有效控制危险因素，保护和促进妇女儿童身心健康的过程。

妇幼保健管理内容包括妇幼保健管理的法律与政策、妇幼保健组织体系管理、妇幼健康管理（孕产保健、儿童保健、妇女保健、生殖保健、出生缺陷综合防治等）、妇幼保健信息管理及其他。其中，孕产期保健服务形成了包括产前检查、产前筛查与诊断、高危孕产妇筛查与管理、住院分娩、产后访视和产后康复在内的一整套全方位孕产期保健服务。儿童保健服务主要包括加强危重新生儿救治、规范新生儿访视服务、实施7岁以下儿童系统管理、开展儿童疾病防治和改善儿童营养行动等。

作为妇幼保健服务的主要提供机构，妇幼保健机构是具有公共卫生性质的公益性事业单位，围产保健、妇女保健、儿童保健、计划生育技术服务、出生缺陷预防等基本公共卫生服务费用由各级财政承担。妇幼保健机构所需基本建设、设备购置等发展建设支出经费由政府根据公共卫生事业发展需要足额安排，所需人员经费、公共经费和业务经费根据人员编制、经费标准、服务任务完成及考核情况，由政府预算全额安排，并随着经济社会发展相应提高保障标准。

（三）卫生监督管理

卫生监督管理（health supervision management）是国家卫生行政机构或行政性组织依据法律、法规对社会公共卫生事务进行监督管理的一种行政行为，是国家行政权力的重要组成部分。卫生监督的行政性是其最根本的属性，其性质属于国家监督，是国家行政监督的一部分，同时也是国家行政管理的重要环节。卫生监督的概念有四层含义：监督的主体必须是卫生行政部门，或由法律授权的卫生监督机关，卫生行政部门设立卫生监督机构和卫生监督员，行使卫生监督职责；监督的依据是卫生法律、法规和规章的规定，对涉及人民群众健康的各种行为或活动所实施的卫生行政执法行为；监督的对象是卫生监督的相对人——公民、法人和其他组织；监督的目的是维护正常的公共卫生和医疗服务秩序，保护人民群众健康及其相关法定权益。

卫生监督的功能主要包括制约、规范、预防和促进四个方面。我国卫生监督呈现法律性、政策性、专业性和技术性高度统一的特点，具体表现在卫生监督具有行政性与专业性、健康权与合法权益保护性、监督范围和手段的合法性、监督范围的广泛性和准确性。

卫生监督的职责可概括为：①加强市场监督，凡是涉及与人民健康和生命有关的事情都应依法监督，包括学校卫生监督、公共场所卫生监督、饮用水卫生监督、市场医疗行为监督、预防性卫生审查等；②对医疗单位和医疗行为进行监督，包括医院感染防控监督、传染病防治监督检查等；③卫生系统内部执法行为的管理；④对卫生执法队伍执法行为的监督。

第四节　公共卫生工作

一、爱国卫生运动

（一）起源与发展

爱国卫生运动是由政府组织，全社会参与，以改善城乡环境卫生、增强群众卫生意识、消除和减少健康危险因素、倡导健康生活方式、预防疾病、促进人民健康为目的的群众性、社会性卫生活动。

中华人民共和国成立初期，各种急、慢性传染病，寄生虫病和地方病肆虐，使人民的健康和生命遭受极大的威胁，国家针对当时传染病肆虐的形势，贯彻预防为主的卫生工作方针，开展群众性卫生运动，成立中央防疫委员会。在1952年12月召开的全国卫生工作会议上，为防御抗美援朝战争中的细菌战，中央防疫委员会改名为爱国卫生运动委员会。同时，国家把“卫生工作与群众运动相结合”定为卫生工作的一项方针。爱国卫生运动是我们党把群众路线运用于卫生防病工作的成功实践，是贯彻预防为主方针的伟大创举。1989年，国务院颁布的《关于加强爱国卫生工作的决定》明确了爱国卫生工作的基本方针和方法。

党的十八大以来，爱国卫生运动进一步强化党和政府领导，组织发动群众开展了一系列活动，有效改善了城乡环境卫生状况，群众健康素养显著提升，疾病防控取得显著成效。当前，爱国卫生工作仍存在一些薄弱环节，城乡区域发展不平衡不充分的问题仍然突出，工作方式方法比较单一，信息化程度还不高，基层机构能力弱化。新冠肺炎疫情防控暴露出爱国卫生工作在环境卫生长效管理、群众组织动员和健康素养提升等方面仍存在短板。

（二）总体目标

为继承和发扬爱国卫生运动的优良传统，充分发挥爱国卫生运动的制度优势、组织优势、文化优势和群众优势，将爱国卫生运动与传染病、慢性病防控等紧密结合，全面改善人居环境，加快形成文明健康、绿色环保的生活方式，有效保障人民群众健康，2020年11月国务院发布《关于深入开展爱国卫生运动的意见》提出新时代爱国卫生运动的总体目标："公共卫生设施不断完善，城乡环境面貌全面改善，文明健康、绿色环保的生活方式广泛普及，卫生城镇覆盖率持续提升，健康城市建设深入推进，健康细胞建设广泛开展，爱祖国、讲卫生、树文明、重健康的浓厚文化氛围普遍形成，爱国卫生运动传统深入全民，从部门到地方、从社会到个人、全方位多层次推进爱国卫生运动的整体联动新格局基本建立，社会健康综合治理能力全面提高。"

（三）主要工作任务

当前，我国现阶段爱国卫生运动的主要工作内容和任务如下。

完善公共卫生设施，改善城乡人居环境：推进城乡环境卫生综合整治；加快垃圾污水治理；全面推进厕所革命；切实保障饮用水安全；强化病媒生物防治。

开展健康知识科普，倡导文明健康、绿色环保的生活方式：培养文明卫生习惯；倡导自主自律健康生活；践行绿色环保生活理念；促进群众心理健康。

加强社会健康管理，协同推进健康中国建设：大力推进卫生城镇创建；全面开展健康城市建设；加快健康细胞示范建设等。

二、健康促进与教育

（一）健康教育的内涵

长期以来，国内外学者对健康教育（health education）有不同的论述。1998年，WHO把健康教育定义为"一种有组织、有计划的主动学习活动，包括提高健康素养和健康知识的传播活动，以及有益于个体和社区健康的生命技能的开发"。

有学者认为，健康教育是以传播、教育、干预为手段，以帮助个体和群体改变不健康行为和建立健康行为为目标，以促进健康为目的所进行的一系列活动过程。也有学者将健康教育定义为：通过信息传播和行为干预，帮助个人和群体掌握卫生保健知识，树立健康观念，自愿采纳有益于健康的行为和生活方式的教育活动与过程，其目的是消除或减轻影响健康的危险因素，预防疾病，促进健康和提高生活质量。

综上所述，健康教育是以健康为中心的全民性教育，旨在通过健康知识和技能的传播，影响人们的认识态度和价值观念，鼓励树立正确的健康意识，养成积极的社会心理态度，提高自我保健能力，培养健康的生活方式，减少不健康的行为，消除危险因素，预防疾病，促进健康。它是面向全民，解决主要卫生、体质问题的一项长期策略，是有计划、有组织、有系统的教育活动。

（二）健康促进的内涵

1984年，WHO欧洲区域办事处提出了健康促进（health promotion）的概念：健康促进是把健康教育和有关组织的政治和经济干预结合起来，促使行为和环境改变，以改善和保护人们健康的一种综合策略。1986年，在加拿大渥太华举办的第一届全球健康促进大会发表了《渥太华宪章》（*Ottawa Charter for Health Promotion*），明确指出：健康促进是促使人们维护和提高他们自身健康的过程，是协调人类与环境的战略，它规定个人与社会对健康各自所负的责任。由此可见，健康促进对人类健康和公共卫生工作具有战略高度的意义。

自首届全球健康促进大会举办以来，为了实现人人享有初级卫生保健的目标，WHO先后专门召开了九次国际性健康促进会议，对实现人类共同目标的策略进行了认真探讨。其中，2013年6月在芬兰赫尔辛基召开的第八届全球健康促进大会，其主题是“将健康融入所有政策”（Health in All Policies），围绕“将健康融入所有政策”策略的理论基础、国家和地区经验、筹资与分配、减少健康不公平等分主题进行了广泛交流与研讨。世界卫生组织前任总干事陈冯富珍在大会中强调，健康的社会决定因素非常广泛，其他部门的政策会对健康产生深刻的影响，应对健康问题必须充分运用“将健康融入所有政策”的策略，借助多部门力量，防止健康政策受商业利益的影响。第九届全球健康促进大会于2016年11月在中国上海举行，此届大会以“可持续发展中的健康促进”为主题，以“人人享有健康，一切为了健康”口号，以“推动将健康促进融入联合国2030全球可持续发展议程，重振健康促进在21世纪的发展”为总目标，顺应了世界卫生健康发展新趋势，也为卫生健康事业发展指明了方向。

（三）健康促进与健康教育的关系

健康教育与健康促进都是以增进人们的健康为最终目标，两者关系非常密切，但同时两者又有区别。

健康教育是健康促进不可缺少的一个部分，并且深深根植于健康促进中，健康促进离不开健康教育。没有健康教育，健康促进就会变成类似于环境整治的社会工程；没有健康促进，健康教育的效果便无法实现和持久。

健康促进是从健康教育的理论上发展和完善起来的。在概念上，健康促进比健康教育更加宽泛和完整。健康教育主要是通过教育的手段，来改进人们的知识和信念，从而促进行为的改变。健康促进是综合使用健康教育、健康保护和预防性措施来实现增加健康的有利因素，避免健康的不利因素，充分体现措施的综合性和多学科性。在理论框架上，健康教育是以知识信念行为为基础，而健康促进则是建立在“生态-群体-健康”的框架之上。

（四）健康促进的行动领域

1986年发表的《渥太华宪章》明确指出了健康促进的五大行动领域：制定能够促进健康的公共政策、创造有利于健康的支持环境、强化社区行动、发展个人技能、调整卫生服务方向。

1. 制定促进健康的公共政策 由于健康促进的含义已超出卫生保健的范畴，所以要求非卫生部门也要实行健康促进公共政策，如住房政策、教育政策、生态环境政策、食品安全政策等。因此，应把健康问题提到各部门、各级政府和组织的决策议程上，践行“将健康融入所有政策”新时代卫生健康工作方针，建立健康影响评估制度，制定出更有利于健康的政策与法规。

2. 创造健康支持环境 人类生产、生活及生态环境与其生存和健康息息相关。健康促进必须创造安全、满意和愉快的生活和工作环境。各系统在评估快速变化的环境对健康的影响时，要采取相应措施以保证社会和自然环境向有利于健康的方向发展。

3. 加强社区行动 社区行动体现了自下而上的群众参与，包括确定优先问题、作出决策、设计策略及其实施等。这需要充分发动社区力量，合理利用社区资源，形成灵活的工作机制，不断增强社区自我帮助和社会支持，提高解决健康问题的能力，这也是个体和社区增权赋能的过程。其中，确定健康问题和需求是社区行动的出发点，社区群众的参与是社区行动的核心。

4. 发展个人技能 通过提供健康信息传播与教育提高人民的健康知识和技能，以及提高其作出健康选择的能力，使人们能够更好地维护自己的健康和生存环境，有准备地应对人生各阶段可能出现的健康问题。学校、家庭、工作单位、社区、医疗卫生机构和其他社会机构都有责任在发展个人技能方面提供帮助。

5. 调整卫生服务发展方向 健康促进中的卫生服务责任应由个人、社会团体、卫生专业人员、卫生部门等机构和政府共同分担。社会整体必须共同努力，建立一个促进健康的卫生保健系统，实现卫生健康发展方式从“以治病为中心”向“以健康为中心”转变、“以医院为重点”向“以基层为重点”转变。

三、国家基本公共卫生服务项目

（一）国家基本公共卫生服务项目的概念与意义

国家基本公共卫生服务项目是促进基本公共卫生服务逐步均等化和深化医药卫生体制改革的重要内容，也是我国政府针对当前城乡居民存在的主要健康问题，以儿童、孕产妇、老年人、慢性疾病患者为重点人群，面向全体居民免费提供的最基本的公共卫生服务。开展服务项目所需资金主要由政府承担，城乡居民可直接受益。

基本公共卫生服务项目覆盖我国14亿人口，与人民群众的生活和健康息息相关，是中华人民共和国成立以来覆盖范围最大、受益人群最广的一项公共卫生干预策略和长期制度安排。实施项目可促进居民健康意识的提高和不良生活方式的改变，逐步树立起自我健康管理的理念；可以减少主要健康危险因素，预防和控制传染病及慢性病的发生和流行；可以提高公共卫生服务和突发公共卫生服务应急处置能力，建立起维护居民健康的第一道屏障，对于提高居民健康素质有重要促进作用。

（二）国家基本公共卫生服务项目的演变

针对我国当前面临的慢性病患者人数快速增加、社会老龄化程度不断加深、新旧传染病防控形势依然严峻等主要公共卫生问题，国家从2009年开始启动并部署9项基本公共卫生服务项目，包括建立居民健康档案、健康教育、预防接种、传染病防治、慢性病管理、重性精神疾病管理、儿童保健、孕产妇保健和老年人保健等。2011年，国家将卫生监督协管服务纳入公共卫生服务项目，包括公共卫生事件应急处置和食品安全信息报告、职业卫生咨询指导等，同时其他公共卫生服务项目内容也有所扩展和完善。2013年，中医药健康管理服务被纳入公共卫生服务项目，开展老年人中医体质辨识和儿童中医调养服务。2015年，新增加结核病患者健康管理服务，开展可疑者推介转诊，对患者进行随访管理，监督其规范服药。2017年，增加免费提供避孕药具、健康素养促进行动两项公共卫生服务项目，总数量达到14项。

根据医改实施方案，国家基本公共卫生服务项目所需费用纳入政府预算安排。2009年人均基本公共卫生服务经费标准不低于15元。2011—2018年，人均基本公共卫生服务项目的经费补助标准从25元逐步提高到55元。2019年人均基本公共卫生服务经费补助标准提高至69元。2020年人均基本公共卫生服务经费补助标准为74元，新增5元经费全部落实到乡村和城市社区，统筹用于社区卫生服务中心（站）、乡镇卫生院和村卫生室等基层医疗卫生机构开展新冠肺炎疫情防控的人员经费、公用经费等支出，加强基层疫情防控经费保障和提高疫情防控能力，强化基层卫生防疫。2021年人均基本公共卫生服务经费补助标准为79元，新增5元统筹用于基本公共卫生服务和基层医疗卫生机构疫情防控工作。

（三）现行国家基本公共卫生服务项目内容

现行国家基本公共卫生服务项目包括14项内容（表16-1）：居民健康档案管理、健康教育、预防接种、0~6岁儿童健康管理、孕产妇健康管理、老年人健康管理、慢性病患者健康管理（包括高血压患者健康管理和2型糖尿病患者健康管理）、严重精神障碍患者管理、肺结核患者健康管理、中医药健康管理、传染病及突发公共卫生事件报告和处理、卫生计生监督协管、免费提供避孕药具、健康素养促进。

表16-1　国家基本公共卫生服务项目一览表

序号	类 别	服务对象	项目及内容
1	建立居民健康档案	辖区内常住居民，包括居住半年以上非户籍居民	①建立健康档案；②健康档案维护管理
2	健康教育	辖区内常住居民	①提供健康教育资料；②设置健康教育宣传栏；③开展公众健康咨询服务；④举办健康知识讲座；⑤开展个体化健康教育
3	预防接种	辖区内0~6岁儿童和其他重点人群	①预防接种管理；②预防接种；③疑似预防接种异常反应处理
4	儿童健康管理	辖区内常住的0~6岁儿童	①新生儿家庭访视；②新生儿满月健康管理；③婴幼儿健康管理；④学龄前儿童健康管理
5	孕产妇健康管理	辖区内常住的孕产妇	①孕早期健康管理；②孕中期健康管理；③孕晚期健康管理；④产后访视；⑤产后42天健康检查
6	老年人健康管理	辖区内65岁及以上常住居民	①生活方式和健康状况评估；②体格检查；③辅助检查；④健康指导
7	慢性病患者健康管理（高血压）	辖区内35岁及以上常住居民中原发性高血压患者	①检查发现；②随访评估和分类干预；③健康体检
	慢性病患者健康管理（2型糖尿病）	辖区内35岁及以上常住居民中2型糖尿病患者	①检查发现；②随访评估和分类干预；③健康体检
8	严重精神障碍患者管理	辖区内常住居民中诊断明确、在家居住的严重精神障碍患者	①患者信息管理；②随访评估和分类干预；③健康体检
9	结核病患者健康管理	辖区内确诊的常住肺结核患者	①筛查及推介转诊；②第一次入户随访；③督导服药和随访管理；④结案评估
10	中医药健康管理	辖区内65岁及以上常住居民和0~36个月儿童	①老年人中医体质辨识；②儿童中医调养

续 表

序号	类 别	服务对象	项目及内容
11	传染病和突发公共卫生事件报告和处理	辖区内服务人口	①传染病疫情和突发公共卫生事件风险管理；②传染病和突发公共卫生事件的发现和登记；③传染病和突发公共卫生事件相关信息报告；④传染病和突发公共卫生事件的处理
12	卫生计生监督协管	辖区内居民	①食源性疾病及相关信息报告；②饮用水卫生安全巡查；③学校卫生服务；④非法行医和非法采供血信息报告；⑤计划生育相关信息报告
13	免费提供避孕药具	①省级卫生部门作为本地区免费避孕药具采购主体依法实施避孕药具采购；②省、地市、县级计划生育药具管理机构负责免费避孕药具存储、调拨等工作	
14	健康素养促进行动	①健康促进县（区）建设；②健康科普；③健康促进医院和戒烟门诊建设；④健康素养和烟草流行监测；⑤12320热线咨询服务；⑥重点疾病、重点领域和重点人群的健康教育	

四、国家重大公共卫生服务项目

我国针对严重威胁妇女、儿童、老年人等脆弱人群和某些地区居民的传染病、地方病等重大疾病和主要健康危险因素，设立和实施了国家重大公共卫生服务项目。

（一）2018年及以前实施的国家重大公共卫生服务项目

2018年及以前，国家重大公共卫生服务项目主要包括降低孕产妇死亡率、消除新生儿破伤风的“降消”项目，农村孕产妇住院分娩补助项目，农村妇女乳腺癌、宫颈癌检查项目，预防艾滋病、梅毒和乙肝母婴阻断项目，艾滋病患者的“四免一关怀”项目，国家免疫规划项目，15岁以下人群补种乙肝疫苗项目，农村改水改厕项目，增补叶酸预防神经管缺陷项目，百万贫困白内障患者复明工程，以及消除燃煤型氟中毒危害项目等。

（二）2018年后实施的国家重大公共卫生服务项目

2018年，国务院办公厅印发的《医疗卫生领域中央与地方财政事权和支出责任划分改革方案》明确了全国性或跨区域的重大传染病防控等重大公共卫生服务，主要包括纳入国家免疫规划的常规免疫及国家确定的群体性预防接种和重点人群应急接种所需疫苗和注射器购置，艾滋病、结核病、血吸虫病、包虫病防控，精神心理疾病综合管理，重大慢性病防控管理模式和适宜技术探索等内容，上划为中央财政事权，由中央财政承担支出责任。

第五节　公共卫生全球治理

一、公共卫生全球治理的概念

公共卫生全球治理是世界各国通过积极的公共卫生外交和多边谈判，在全球公共卫生危机的认识方面达成共识并采取集体行动，通过国际公共卫生机制来解决全球公共卫生危机的过程，其目的是为了确保全球公共卫生安全，为国际社会提供更多的全球卫生公共产品。

二、公共卫生全球治理的特点

（一）治理机制的灵活性

公共卫生全球治理具有灵活的机制，与公共卫生全球治理相关的国际机制可以分为正式的和非正式的（或倡议性的）治理机制。如《国际卫生条例》《烟草控制框架公约》《关税与贸易总协定》《禁止生物武器公约》这些正式的全球卫生治理机制所作出的决定对成员国具有一定的约束力。例如，世界卫生组织《国际卫生条例（2005）》规定，成员国有法定义务向世界卫生组织通报“对人类构成或可能构成严重危害的任何病症或医疗状况，无论其病因或来源如何。”非正式的国际机制利用其灵活性，也在全球卫生治理议程设置方面发挥着日益重要的作用。作为倡议性的国际合作机制，金砖国家和二十国集团通过领导人峰会或卫生部长级会议所发布的有关全球卫生的共同宣言，塑造了全球卫生治理议程。例如，在新冠肺炎疫情全球肆虐之时，二十国集团在2020年3月26日召开了领导人特别峰会，为全球合力抗疫和稳定世界经济提振了信心并指明了方向。

（二）治理层次的多维化

公共卫生全球治理的多层次性体现在它既可以是在国家层面上，也可以是在地区层面上和全球层面上。在全球层面，世界卫生组织、联合国艾滋病规划署以及世界银行等机构，成为全球卫生治理的主要多边合作平台。在地区层面，世界各国通过开展区域性卫生合作，促进卫生治理。在国家层面，诸多国家纷纷推出全球卫生战略，例如，面对突如其来的新冠肺炎疫情，2020年3月中国政府提出的构建人类卫生健康共同体理念弥合了全球公共卫生治理的价值分歧；特朗普政府在2019年5月发布的《全球卫生安全战略》，成为美国全球传染病控制政策的纲领性文件。这些多层次的公共卫生全球治理相互补充，构成了公共卫生全球治理的多维图景。

（三）治理行为主体的多元化

公共卫生全球治理的行为主体具有多元性，其行为主体包括政府组织、非政府组织、跨国公司等。政府间国际组织，诸如世界卫生组织在全球卫生治理中发挥重要的协调作用，专业技术权威和决策模式维护了其在全球卫生治理中的合法性领导地位。一些基金会等非政府组织以其信息获取和资金筹集优势，也在全球卫生治理中发挥着日益重要的作用。多元行为主体的共同参与，促进了全球卫生治理。

（四）治理对象的多样化

公共卫生全球治理的对象是指影响全球公共卫生的问题，这些问题并不局限于某一国或地区之内，具有跨国性甚至全球性，往往需要国际社会共同努力才能解决。目前，公共卫生全球治理对象呈现多样化的特点，而且随着新的威胁不断产生，治理对象的范围还在不断扩大。

三、公共卫生全球治理的行为主体

公共卫生全球治理需要国际社会中的各种治理行为主体通力合作，这种合力推动了全球卫生公共产品的提供（表16-2）。在全球化日益深入的大背景下，全球公共卫生治理涉及很多机构和组织，如世界卫生组织、世界贸易组织、国际人权组织、世界银行、国际货币基金组织，以及联合国粮农组织等，其中前三个在全球公共卫生治理中发挥了重要作用。

表16-2 公共卫生全球治理中的各种行为主体及其功能

行为主体		主要功能
政府组织	多边正式的政府间国际组织（如世界卫生组织、世界贸易组织等）	协调所属成员国的卫生部门、贸易部门开展公共卫生领域的国际合作；提供传染病跨国监测数据；制定国际公共卫生政策等
	以国家为主的行为主体（如美国的疾病控制与预防中心、中国的疾病预防控制中心等）	搜集国内的疫情信息、协调疫苗开发、负责国内的传染病的预防与控制等
非政府组织	全球公私合作伙伴关系（如抗击艾滋病、结核病和疟疾全球基金等）	整合全球公私部门在药品研制、资金等方面的资源等
	慈善基金会（如比尔及梅琳达·盖茨基金会、洛克菲勒基金会等）	寻求创新、可扩展的解决方案，以应对发展中国家的重大健康问题；关注发展中国家的家庭健康，疫苗接种等
	非政府间国际组织（如国际红十字会等）	针对特殊的全球卫生公共产品或全球行动给予支持或倡议等

本章小结

1. 公共卫生可以被理解为是一项有组织、需要多学科共同努力的社会性事业，其目的和核心是维护公众的健康。

2. 公共卫生的功能包括预防和控制疾病与伤残、改善与健康相关的自然和社会环境、监测人群健康状况、提供预防保健和必要的医疗服务、健康促进和教育。

3. 公共卫生服务体系由专业公共卫生机构、医院和基层卫生机构组成。随着学科的发展和相互渗透，公共卫生服务管理的内容不断丰富和发展。

4. 公共卫生工作主要包括爱国卫生运动、健康促进与教育、基本公共卫生服务等。

5. 国家基本公共卫生服务项目是我国政府针对当前城乡居民存在的主要健康问题，以儿童、孕产妇、老年人、慢性疾病患者为重点人群，面向全体居民免费提供的最基本的公共卫生服务。

6. 公共卫生全球治理是通过国际公共卫生机制来解决全球公共卫生危机的过程。

（冯芮华）

第十七章　基层卫生政策

学习目标

1. 掌握　基层卫生相关政策的基本内涵、功能定位及主要任务。
2. 熟悉　基层卫生相关政策的发展历程。
3. 了解　基层卫生相关政策的发展方向。

中华人民共和国成立以来，我国逐步建立了具有中国特色的基层卫生服务体系，为我国的卫生事业发展及人民群众健康状况的改善作出了巨大贡献。这期间出台了很多标志性的政策文件，对基层卫生服务体系的建设和发展起到了重要作用。由于我国的城乡二元经济结构，多数关于基层卫生的政策是将农村和城市分开制定的，目前统称基层卫生政策。农村乡镇卫生院、村卫生室和城市社区卫生服务中心（站）构成基层卫生服务体系，因而本章在介绍基层卫生政策的总体概况之后，将从城市的社区卫生服务、农村医疗卫生服务机构能力建设及县域医共体建设三个方面具体阐述基层卫生政策发展。

第一节　概　　述

基层医疗卫生机构是我国医疗卫生服务体系的网底，承担着城乡居民健康“守门人”的职责。在深化医药卫生体制改革中，基层成为改革的重点，并提出将“保基本、强基层、建机制”作为主要原则和路径，坚持以人为本，加强区域卫生规划，面向基层，缩小差距，改善公平，促进基层卫生改革发展。这已经成为新时期医改工作的重要内容。

本节主要介绍基层卫生政策发展概况，从体制机制和服务能力建设方面具体梳理基层卫生政策，明确新时期基层卫生发展方向。

一、基层卫生政策发展概况

中华人民共和国成立以来，基层卫生政策不断调整以满足人民日益变化和增长的卫生服务需求。基层卫生事业的发展离不开相应的政策支撑，基层卫生政策经过卫生事业发展验证，对基层卫生事业的发展起到指导和引领作用。

（一）中华人民共和国成立初期基层卫生政策

中华人民共和国成立后的30年，在经济发展水平不高的情况下，我国的健康领域取得了不凡的成就，主要得益于“预防为主”的方针得以贯彻落实。1965年6月，毛泽东主席作出“把医疗卫生工作的重点放到农村去”的重要指示，此后大批城市医务人员深入农村巡回医疗，卫生财政投入机制与基层卫生发展相适应，农村短缺的医疗卫生资源得到了补充。在城镇职工基本医疗保障方面，实行“公费医疗”和“劳保医疗”。这一时期，医疗卫生机构基本上是国家或集体所有与管理，国家对承担预防保健的机构实行全额拨款，对公立医院补助人头与发展经费，对集体所有制单位实行“民办公助”“社办公助”，并长期实行低于成本的医疗收费政策，切实减轻了群众负担，有效地维护了群众健康。

随着卫生政策的深入实施，这一时期的基层卫生取得了显著成绩。一是依托集体经济，建立了农村合作医疗制度，实行多种补偿模式，改变了农村“缺医少药”的落后面貌，农民患病后互助共济的作用得以适当发挥。二是建立了三级医疗卫生网，在城市地区，形成了市、区两级医院和街道门诊部（所）组成的医疗服务及卫生防疫体系；在农村，形成了以县医院为龙头、乡镇卫生院为枢纽、村卫生室为基础的农村三级医疗卫生服务体系。三是初步建立了一支不离乡土的赤脚医生队伍，他们是农村医疗卫生人员队伍的重要组成部分，对做好农村医疗卫生服务起到了重要的作用。

（二）经济转型时期基层卫生政策

在经济转型时期，我国实行对内改革对外开放政策。这一时期伴随综合国力的不断提升，基层卫生事业得到较快发展。我国以“县乡村三级卫生网、农村合作医疗、赤脚医生队伍”为三大法宝的“中国模式”得到广泛认可，被世界卫生组织作为典范向发展中国家推荐。1980年，卫生部发布《关于搞好三分之一左右县的卫生事业整顿建设的意见》，要求在县以下有重点地建设几个中心卫生院，并使其真正成为一定地区范围内的医疗卫生中心，重点加强部分乡镇卫生院建设，使其发挥带动和指导区域内其他乡镇卫生院的作用，此种以点带面的方式成为基层医疗卫生机构建设的重要模式。1997年发布的《中共中央　国务院关于卫生改革与发展的决定》（中发〔1997〕3号）

指出，新时期卫生工作的方针是：以农村为重点，预防为主，中西医并重，依靠科技与教育，动员全社会参与，为人民健康服务，为社会主义现代化建设服务。1999年7月，卫生部等10部门印发《关于发展城市社区卫生服务的若干意见》，明确提出建设社区卫生服务网络，积极发展城市社区卫生服务体系，推进社区卫生人才队伍建设，完善社区卫生发展政策环境等，为城市基层卫生服务的快速发展奠定了基础。在党和国家的政策指引下，基层医疗卫生机构以改革创新为动力，不断探索、总结和完善，基层卫生面貌发生了较大变化，机构数量与服务质量均有所提升，初步形成了较为完善的基层卫生服务网络体系。

（三）新医改实施阶段基层卫生政策调整

新医改实施阶段，基层卫生政策继续调整和完善。2003年以来，为了缩小城乡医疗卫生服务差距，保障农民的生命健康权利，保护农村人力资源，促进农村经济的发展，建立新型农村合作医疗制度成为改革的至要选择。国家推行了新型农村合作医疗制度，拉开了农村卫生改革的序幕，我国农村医疗卫生事业步入新的发展阶段。

2009年3月印发的《中共中央　国务院关于深化医药卫生体制改革的意见》（中发〔2009〕6号），强调在基本医疗卫生制度的发展过程中强化政府责任，主张不断增加投入，明确要建立覆盖城乡居民的基本医疗卫生制度，提出把基本医疗卫生制度作为公共产品向全民提供，人人享有基本医疗卫生服务的目标。本着“保基本、强基层、建机制”的原则发展基层医疗卫生服务体系，陆续出台社区卫生服务中心及乡镇卫生院的建设标准、服务能力标准等文件，加快基层医疗卫生机构的标准化建设进程，同时在财政补贴、人才队伍建设等方面给予政策上的倾斜和扶持，通过开展家庭医生签约服务、建设分级诊疗体系、推动医疗联合体建设等，带动基层医疗卫生服务能力提升，使基层医疗卫生服务体系不断完善。

二、基层卫生各项政策

基层卫生的发展需要相应卫生政策的支撑。在体制机制方面，政府从机构管理、运行补偿、人事薪酬以及绩效考核等多方面制定相关政策，促进基层卫生发展；在服务能力方面，通过开展“基层医疗卫生服务能力提升年活动”“优质服务基层行”活动，着力提高基层医疗卫生服务能力，逐步建立起符合我国基层医疗卫生机构特点的服务能力标准和评价体系。

（一）体制机制建设

1. 基层医疗卫生机构管理制度　2009年《中共中央　国务院关于深化医药卫生体制改革的意见》要求所有医疗卫生机构，不论所有制、投资主体、隶属关系和经营性质，均由所在地卫生行政部门实行统一规划、统一准入、统一监管。2010年，财政部、卫生部印发《基层医疗卫生机构财务制度》，明确了政府举办的基层医疗卫生机构是公益性事业单位，不以营利为目的，将其纳入了公共财政保障体系。基层卫生相关政策主要从医疗收入支出、货币资金管理制度、财务监督、编制管理、医疗机构收费项目和医保支付政策等多方面给出明确规定，以完善基层医疗卫生机构管理运行新机制。

2. 基层医疗卫生机构补偿制度　2010年《国务院办公厅关于建立健全基层医疗卫生机构补偿机制的意见》提出，政府办乡镇卫生院和城市社区卫生服务机构按国家规定核定的基本建设经费、设备购置经费、人员经费和其承担公共卫生服务的业务经费由政府负责，经常性收支差额补助由政府在年度预算中足额安排，先预拨后结算，并要求建立稳定补助渠道和长效补助机制。

部分地区在基层卫生综合改革中积极探索、勇于实践，允许基层医疗卫生机构在保持公益一类性质不变的前提下，实行公益一类财政供给、公益二类事业单位管理，完善了基层运行新机制。

3. 基层卫生人事制度　2013年《国务院办公厅关于巩固完善基本药物制度和基层运行新机制的意见》对基层卫生人事制度作出明确规定：合理核定编制总量，实行统筹安排、动态调整；明确基层医疗卫生机构的法人主体地位，落实其用人自主权；全面推行聘用制度和岗位管理制度，坚持竞聘上岗、按岗聘用、合同管理，建立能上能下、能进能出的竞争性用人机制，实行定编定岗不固定人员。2015年《国务院办公厅关于全面推开县级公立医院综合改革的实施意见》强调，县级公立医院综合改革是一项长期艰巨的任务，破除以药补医成果尚需巩固，管理体制和人事薪酬制度改革有待深化，医疗服务能力有待提高，改革的综合性和联动性有待增强，需要以问题为导向，进一步细化完善政策措施，提出要改革人事制度，在全面推行聘用制度、岗位管理制度的基础上推行公开招聘制度，变固定用人为合同用人。

4. 基层医疗卫生机构分配制度　2016年8月全国卫生与健康大会召开，习近平总书记在会上作出了“两个允许”的重要指示，即允许医疗卫生机构突破现行事业单位工资调控水平，允许医疗服务收入扣除成本并按规定提取各项基金后主要用于人员奖励。为贯彻落实“两个允许”的要求，基层医疗卫生机构绩效工资相关政策提出要统筹平衡与当地县区级公立医院绩效工资水平的关系，对基层医疗卫生机构的绩效工资总量和水平进行合理核定，扩大基层医疗卫生机构的内部分配自主权，基层医疗卫生机构可根据实际情况自行确定基础性绩效工资和奖励性绩效工资的比例。

综合来看，为促进基层医疗卫生机构发展，政府将新机制建设作为基层改革的关键环节。基层卫生综合改革将管理体制、补偿机制、人事和分配制度等体制机制作为重要内容予以推进，以切断“以药补医”的链条。

（二）服务能力建设

2015年，国家卫生计生委印发《关于进一步规范社区卫生服务管理和提升服务质量的指导意见》，以满足群众健康服务需求为导向，以提升社区卫生服务能力、提升居民感受度和服务质量为重点，提出了四个方面的具体措施：一是规范社区卫生服务机构设置与管理；二是加强社区基本医疗和公共卫生服务能力建设；三是转变服务模式，大力推进基层签约服务；四是加强社区卫生服务保障与监督管理。2017年，国家卫生计生委、国家中医药局联合印发《基层医疗卫生服务能力提升年活动实施方案》，要求以居民健康为中心，以问题为导向，围绕基层医疗卫生服务能力的薄弱环节，推动基层医疗卫生机构完善服务功能，提高服务能力，突出服务特色，改进服务质量，保障医疗安全，提升群众对基层医疗卫生机构的利用率和获得感。2017年，国家卫生计生委开展建设群众满意的乡镇卫生院和优质服务示范社区卫生服务中心活动，将其作为基层医疗卫生服务能力提升年活动的主要内容和重要抓手，以遴选一批群众满意的乡镇卫生院和优质服务示范社区卫生服务中心为目标，进一步夯实基层卫生服务网底，提升基层卫生服务能力。2018年，国家卫生健康委员会、国家中医药局印发《关于开展“优质服务基层行”活动的通知》，要求遵循“分级负责、严格标准、全面覆盖、公开公正”的原则，明确各级卫生健康行政部门的责任，细化工作任务措施；根据乡镇卫生院和社区卫生服务中心功能定位，制定了乡镇卫生院和社区卫生服务中心服务能力标准；动员和引导所有乡镇卫生院和社区卫生服务中心对照标准提升服务能力和改善服务质量，旨在使广大群众能够就近享有安全、有效、方便、经济的基本医疗卫生服务。

三、基层卫生发展方向

在新一轮医改中“强基层”的趋势仍在稳步推进，基层医疗卫生服务发展前途光明。

2021年《中共中央　国务院关于全面推进乡村振兴加快农业农村现代化的意见》提出继续坚持推进健康乡村建设的要求：提升村卫生室标准化建设和健康管理水平，推动乡村医生向执业（助理）医师转变，采取派驻、巡诊等方式提高基层卫生服务水平；提升乡镇卫生院医疗服务能力，选建一批中心卫生院；加强县级医院建设，持续提升县级疾控机构应对重大疫情及突发公共卫生事件能力；加强县域紧密型医共体建设，实行医保总额预算管理。2021年，国家卫生健康委员会印发《关于开展基层卫生健康综合试验区建设的通知》，要求在投入保障、管理体制、运行机制、服务模式等方面进一步改革创新，巩固完善“公益一类保障、公益二类管理”运行新机制，全面提升服务能力，打造基层医疗卫生健康工作样板，发挥示范作用，引领全国基层卫生健康工作高质量发展。同时，国家卫生健康委员会印发《关于做好村级医疗卫生巡诊派驻服务工作的通知》，规范村级医疗卫生巡诊、派驻和邻（联）村卫生室延伸服务工作，巩固实现“基本医疗有保障”工作成果。

国家对基层的一系列政策，如重视基层医疗卫生事业的公益性，重视基层诊所发展，让医疗先行推动乡村振兴，让优质医疗资源下沉转移到基层，促进医疗资源配置均衡和推进分级诊疗，更加清晰地绘制了基层卫生服务发展方向的蓝图。

第二节　社区卫生服务

社区卫生服务以解决社区主要卫生问题、满足居民基本医疗卫生服务需求为目的，建设以社区卫生服务中心为基础的新型城市医疗卫生服务体系，完善服务功能，以维护社区居民健康为中心，提供疾病预防控制等公共卫生服务、一般常见病及多发病的初级诊疗服务、慢性病管理和康复服务，是当前医药卫生体制改革的一项重要内容。本节主要介绍社区卫生服务相关政策的发展历程，明确社区卫生服务的实施方式，强调家庭医生在社区卫生服务中的作用。

一、社区卫生服务政策发展历程

自20世纪90年代后期开始，我国陆续采取多种政策措施支持城市社区卫生服务体系的发展，并逐步明确发展社区卫生服务的意义、目标、原则，同时采取多种措施推进社区卫生人才队伍建设，优化社区卫生发展环境。总体上看，这一过程大致可分为社区卫生服务起步阶段、政策制定和实施阶段、体系建设和发展阶段、功能完善阶段这四个阶段。

（一）起步阶段（1997—1999年）

这一阶段的主要任务是针对当前卫生领域出现的主要问题，根据社会发展要求，探索城市卫生服务体系的健康发展机制，开展城市社区卫生服务试点工作。

1997年1月《中共中央　国务院关于卫生改革与发展的决定》发布，第一次在中央文件中提出“改革城市卫生服务体系，积极发展社区卫生服务，逐步形成功能合理、方便群众的卫生服务网络。”同年年底，卫生部在济南召开全国社会卫生服务工作现场研讨会，社区卫生服务发展的序幕正式拉开。1999年6月，卫生部确定了北京、上海、天津、重庆、深圳、沈阳、济南、哈尔滨、成都、西安、武汉、保定12个城市为社区卫生服务联系点。1999年7月，卫生部等十部门印发《关于发展城市社区卫生服务的若干意见》，这是全国第一个发展社区卫生服务的政策文件，对发展社区卫生服务的重要意义、功能定位、社区卫生服务等基本概念和基本框架、发展路线、发展阶段目标、基本政策、部门职责等作出了阐释与规定，确立了中国城市社区卫生服务的奋斗目标。

（二）相关政策制定和实施阶段（2000—2005年）

这一阶段主要是在第一阶段经验的基础上，重点关注政策的完善与落实、社区卫生服务机构的建设、人员培训和推动、功能逐步健全等问题，确立社区卫生服务发展目标，促进社区卫生服务快速发展。

2000年，卫生部制定了《城市社区卫生服务机构设置原则》《城市社区卫生服务中心设置指导标准》和《城市社区卫 生服务站设置指导标准》，进一步明确了设置、审批社区卫生服务机构应遵循的基本原则，社区卫生服务中心（站）应具备的基本功能、基本设施、科室设置、人员配备和管理制度等。

2001年10月、12月卫生部相继出台了《城市社区卫生服务基本工作内容（试行）》《关于2005年城市社区卫生服务发展目标的意见》（以下简称《意见》）。《意见》提出了城市社区卫生服务发展的总体目标，到2005年，在全国大部分城市基本建成配套政策落实、服务网络健全、人力配置合理、服务功能完善、监督管理规范、筹资渠道畅通、适应社会需求的社区卫生服务体系框架，部分城市建成较为完善的社区卫生服务体系，为到2010年在全国建成较为完善的城市社区卫生服务体系奠定良好基础。

2002年8月，卫生部等十一部门印发《关于加快发展城市社区卫生服务的意见》，截至2002年底，全国31个省、自治区、直辖市开展社区卫生服务的城市已经由1997年发展初期的个别城市增加到358个，占全国城市总数的54%，建立了2406个社区卫生服务中心和9726个社区卫生服务站。2003年，卫生部、国家中医药管理局印发《社区卫生服务中心中医药服务管理基本规范》，对社区卫生服务中医药的业务建设、人员配备和人才培养，以及中医药基本服务内容做了具体的规定，为促进基层医疗卫生全面开展中医药服务奠定了良好基础。

（三）完善体系建设阶段（2006—2009年）

这一时期是在框架建设基本完成的基础上，进一步完善体系建设阶段。一方面，国家通过出台不同形式的文件给予社区卫生服务在政策上的支持；另一方面，国家鼓励地方改革探索，促使社区卫生服务工作在全国范围内进一步展开，体系更加健全。

1. 完善政策体系　2006年2月，《国务院关于发展城市社区卫生服务的指导意见》提出社区卫生服务机构设置合理，服务功能健全，人员素质较高，运行机制科学，监督管理规范，居民可以在社区享受到疾病预防等公共卫生服务和一般常见病、多发病的基本医疗服务的具体目标。2006年4月，《国务院关于加强和改进社区服务工作的意见》，更加注重整合社区资源，健全服务网络，创新服务方式，拓宽服务领域，强化服务功能，要求逐步建立覆盖社区全体成员、服务主体多元、服务功能完善、服务质量和管理水平较高的社区服务体系。

为完善社区卫生服务各项政策措施，2006年，中央编办、国家发展改革委、人事部、财政部、卫生部、劳动保障部、国家中医药局等部门先后制订了《关于印发〈城市社区卫生服务机构管理办法（试行）〉的通知》《关于印发〈城市社区卫生服务机构设置和编制标准指导意见〉的通知》等9个配套文件，在城市社区卫生服务机构设置和编制标准、促进社区卫生服务医疗保险政策、充分发挥中医药作用、加强城市社区卫生人才队伍建设、城市社区医疗服务机构管理和药品价格管理、城市社区卫生服务财政补助政策、充分发挥中医药在城市社区卫生服务中的作用、公立医院对口支援等方面提出了支持社区卫生服务发展的一系列具体规范和相关政策措施，为加快推进城市社区卫生服务工作提供了有力的制度保障，推动了社区卫生服务在全国范围的全面开展。

2. 工作全面展开　2007年6月，为推进各地区、各部门贯彻落实《国务院关于发展城市社区卫生服务的指导意见》及有关配套文件，深入总结、交流各地区社区卫生服务工作经验，推进全国社区卫生服务体系建设，国务院在成都举行全国城市社区卫生工作现场经验交流会议，要求认真总结经验，努力探索创新，抓住关键环节，加快城市社区卫生服务体系建设步伐，把城市社区卫生工作提高到一个新的水平；强调要通过发展社区卫生来影响和带动医院的改革、管理和发展，把公共卫生、农村卫生、医院服务等各个方面都改革好、发展好、管理好、建设好，为构建社会主义和谐社会作出应有的贡献。

2007年8月，全国社区卫生服务体系建设重点联系城市工作启动会议在北京召开，会议选定了29个工作基础较好、创新意识较强的重点联系城市。通过重点联系、政策支持和专家指导，针对社区卫生服务发展中的关键环节和难点问题，开展试点，积极探索，逐步健全社区卫生服务可持续发展的管理体制和运行机制。

2007年9月，为了保证社区卫生服务机构基本用药，规范社区诊疗行为，卫生部发布《关于印发〈社区卫生服务机构用药参考目录〉的通知》，对社区卫生服务机构基本用药的选择和管理的原则提出了具体的要求。

（四）功能完善阶段（2010年至今）

新一轮医药卫生体制改革重视基层医疗卫生服务体系建设，重点加强城市社区卫生服务中心建设，进一步完善基层医疗卫生机构补偿机制和运行机制，从而使我国社区卫生服务得到快速发展。

2010年，国家大力推进基层医疗卫生机构综合改革。2011年起，卫生部连续3年在全国范围内开展创建示范社区卫生服务中心活动，以创促建，加快推进社区卫生服务机构标准化建设，以及服务功能落实和服务绩效改善。2013年，《国务院办公厅关于巩固完善基本药物制度和基层运行新机制的意见》发布，对完善基本药物采购和配送，加强基本药物使用和监管，深化编制、人事和收入分配改革，完善稳定长效的多渠道补偿机制，进一步提升基层医疗卫生服务能力等方面提出改革任务。

2016年，习近平总书记在全国卫生与健康大会上提出“以基层为重点，以改革创新为动力，预防为主，中西医并重，将健康融入所有政策，人民共建共享”的卫生健康工作方针。为贯彻落实党中央、国务院的决策部署，“十三五”期间，坚持“保基本、强基层、建机制”原则，持续加强城乡基层医疗卫生服务体系和人才队伍建设，不断提升基本医疗和基本公共卫生服务能力，创新家庭医生签约服务，基层卫生健康工作取得显著进步。一是基层医疗卫生机构建设迈上新台阶。“优质服务基层行”活动在全国范围内开展，累计有13 060家乡镇卫生院和社区卫生服务中心达到基本标准，2744家达到推荐标准。2019年2月，国家卫生健康委员会印发《关于开展社区医院建设试点工作的通知》，指出开展社区医院建设试点工作是提升基层医疗卫生服务能力的有力抓手，全面开展社区医院建设。二是基层医疗卫生体制机制改革实现了新突破。推广基层医疗卫生机构“公益一类保障、公益二类管理”的运行新机制，继续深化基层卫生综合改革，完善绩效工资政策。三是基层医疗卫生服务内涵建设达到了新水平。创造性地开展家庭医生签约服务，通过长期处方、延伸处方、转诊绿色通道、医保报销优惠等举措，逐步提高签约服务吸引力，并以高血压、糖尿病为突破口，继续推进基层慢性病医防融合管理。

卫生事业的发展使我们意识到发展社区卫生服务对于构建新型城市卫生服务体系，更好地满足广大人民群众卫生服务需求具有重要意义。

知识拓展

社区卫生服务与医院服务的主要区别如下。第一，除了基本医疗服务之外，社区卫生服务提供大量的公共卫生服务，而医院主要提供医疗服务。第二，与医院相比，社区卫生服务是主动性服务。社区卫生服务是主动上门，提供随访、家庭病床等服务。第三，社区卫生服务体现出服务对象的广泛性，它是为社区全体居民提供服务，包括患病群体、亚健康人群、健康人群。第四，社区卫生服务体现出服务内容的综合性，除了基本医疗之外，还包括预防、保健、康复、健康教育、计划生育技术指导以及其他服务。第五，社区卫生服务体现出服务的连续性，医院则是一病一看，其回访追踪难以与社区卫生服务相比。

二、家庭医生服务

（一）家庭医生服务的内涵

家庭医生服务是社区卫生服务建设的重要组成部分，是由政府主导、社区参与、上级医疗卫生机构指导，以基层医疗卫生机构为依托，合理使用卫生资源和适宜技术，以解决社区主要问题、满足社区基本卫生需求为目的，融健康教育、预防、保健、康复、计划生育技术指导、基本医疗等为一体的，为家庭提供有效、经济、方便、综合、连续的基层医疗卫生服务。家庭医生服务不仅为社区居民提供了方便快捷的卫生健康服务，也对社区建设产生了积极的影响。

（二）家庭医生服务发展历程

1. 试点探索阶段（2008—2011年） 我国社区卫生服务体系的建立健全为社区卫生服务的发展奠定了基础。在基层医疗卫生服务取得了一定的成效之后，为进一步促进社区卫生服务发展，一些地方如上海长宁区开始深化社区卫生服务改革试点，实施家庭医生制度、提供家庭医生服务的理念逐渐为人们所熟知。至2011年，上海在长宁、闵行等10个区率先启动了家庭医生服务试点，开启了家庭医生签约服务的探索。

随着家庭医生服务概念的正式提出，工作重点是建设一支具备相应医疗服务能力的家庭医生队伍，进一步明确家庭医生服务的发展方向以及实施路径。这一时期虽然家庭医生服务制度尚未形成，但一系列的政策为家庭医生签约服务的开展和推广奠定了基础。

2. 逐步推广阶段（2011—2015年） 从2011年2月至2015年9月，卫生部、教育部等部门制定了多项家庭医生服务相关政策，主要围绕健全家庭医生制度、推进家庭医生签约服务、培训全科医生等方面开展家庭医生服务。

伴随社区卫生服务的不断发展，家庭医生服务的重要性日益凸显。我国开始从顶层对家庭医生政策进行整体设计，相继出台了一系列与我国实际情况相匹配的家庭医生相关政策。2011年发布的《国务院关于建立全科医生制度的指导意见》是一份我国家庭医生制度建设纲领性文件，使建立及完善我国家庭医生规范化培养、培养渠道、执业方式、激励方式和保障措施等均得以明确，家庭医生政策开始逐渐向全国展开，范围不断扩大。

3. 全面实施阶段（2016年至今） 2016年5月，国务院医改办等六部门联合印发《关于推进家庭医生签约服务的指导意见》，提出2016年开展家庭医生签约服务试点，重点在签约服务的方式、内容、收付费、考核、激励机制等方面实现突破，家庭医生签约服务成为基层卫生乃至医药卫生体制改革的重点内容。2017年，家庭医生签约服务成为深化医药卫生体制改革的阶段性目标任务之一，标志着家庭医生签约服务在我国全面推开。

这一时期，有关家庭医生的政策文件更加细致和具体化，可实施性明显提升，通过在优秀社区探索并建立示范性服务站点，加强家庭医生队伍建设，逐步扩展城市和农村家庭医生服务的范围，并大力推进“互联网+”签约服务，提升家庭医生签约服务规范管理水平及签约居民的就医可及性。

第三节　农村医疗卫生服务机构能力建设

农村基层医疗卫生服务体系以县级医院为龙头，以乡镇卫生院为骨干，以村卫生室为基础，承担着农村居民健康“守门人”的职责，发挥着保障农村居民健康权益公平性的重要职能。

一、县级医院服务能力建设

（一）县级医院的定位

县级医院坚持公益性质，在农村医疗卫生服务三级网中处于龙头地位，主要负责群众基本医疗问题及部分疑难杂症、急性病、危重病救治；接受乡村两级机构的转诊；承担乡村两级卫生技术人员的进修培训及业务技术指导任务；承担广大农民预防疾病和健康教育宣传的职责。县级医院是县域医疗的核心，是城乡医疗卫生服务体系的纽带，是政府向县域居民提供基本医疗卫生服务的重要载体，加强县级医院服务能力建设是实现医改目标的有力措施。

县级医院服务能力建设主要从医院基础设施建设、医院人才队伍建设、专科能力建设、医院管理体制创新、远程会诊、县域医疗服务一体化等方面展开。

（二）县级医院医疗服务能力基本标准

《国家卫生计生委办公厅关于印发县医院医疗服务能力基本标准和推荐标准的通

知》对县级医院应具备的服务能力标准有了明确的规定，主要包括部门设置、人员配置、医疗技术水平、医疗服务、设备设施、医疗质量与医疗安全、信息化建设七个方面。“十三五”期间，全国达到综合服务能力推荐标准的县级医院已经有740余家。

（三）县级医院综合能力提升

2021年10月，国家卫生健康委员会印发了《“千县工程”县医院综合能力提升工作方案（2021—2025）》，要求到2025年，全国至少1000家县医院达到三级医院医疗服务能力水平，明确了“千县工程”县医院综合能力提升工作的总体要求、重点任务、工作安排，对进一步巩固县医院综合能力建设积极成果，持续提升县医院综合能力具有重要意义。

二、乡镇卫生院服务能力建设

（一）乡镇卫生院的定位

乡镇卫生院是公益性、综合性的基层医疗卫生机构，承担着常见病和多发病的诊疗、基本公共卫生服务、计划生育技术服务、健康管理、危急重症患者的初步现场急救和转诊等功能任务，是农村医疗卫生服务体系的基础，是直接为群众提供基本医疗和基本公共卫生服务的窗口单位，乡镇卫生院服务能力的提升是进一步夯实基层卫生服务网底的关键一环。

（二）提升乡镇卫生院服务能力的政策措施

2017年，国家卫生计生委、国家中医药管理局印发《基层医疗卫生服务能力提升年活动实施方案》，提出从推进家庭医生签约服务、提升门诊医疗服务能力、提升急诊急救能力、加强住院能力建设、提高检验检查和药品服务能力、提高中医药服务能力、加强医疗质量安全管理、提升公共卫生服务成效、优化服务环境和居民体验以及提高信息化水平十个方面完善乡镇卫生院服务能力。

为进一步提升基层医疗卫生服务能力，改进服务质量，2018年，国家卫生健康委员会、国家中医药局印发《关于开展“优质服务基层行”活动的通知》，同时制订了《乡镇卫生院服务能力标准（2018年版）》和《社区卫生服务中心服务能力标准（2018年版）》，从功能任务和资源配置、基本医疗和公共卫生服务、业务管理和综合管理四个方面，确定了100条能力评价指标，其中基本条款88条、推荐条款12条（社区卫生服务中心基本条款80条、推荐条款10条）。开展此项活动的目的，旨在逐步建立起符合我国基层医疗卫生机构特点的服务能力标准和评价体系，力争使乡镇卫生院和社区卫生服务中心的服务能力达到基本标准，部分服务能力较强的乡镇卫生院和社区卫生服务中心达到推荐标准。2019年，国家卫生健康委员会办公厅印发了乡镇卫生院和社区卫生服务中心服务能力评价指南，进一步细化基层机构服务能力标准，指导各地基层机构开展自评自查和整改提升。

三、村卫生室服务能力建设

（一）村卫生室的定位

村卫生室是农村三级医疗卫生服务网的最基层单位，承担行政村的公共卫生服务及一般疾病的初级诊治、转诊服务以及一般康复等工作。村卫生室以保护农村居民健康为目标，其服务能力与农村居民的健康息息相关。

（二）村卫生室服务能力提升

2010年，卫生部印发《关于推进乡村卫生服务一体化管理的意见》，提出从机构的设置规划、人员的准入与执业管理、业务管理、药械管理、财务管理、绩效考核、乡村医生队伍建设七个方面加强村卫生室能力的建设。2019年，《中共中央　国务院关于坚持农业农村优先发展做好“三农”工作的若干意见》强调，通过加快标准化村卫生室建设，实施全科医生特岗计划，建立健全统一的城乡居民基本医疗保险制度来提高村卫生室服务能力。

知识拓展

新时期党的卫生与健康工作方针是“以基层为重点，以改革创新为动力，预防为主，中西医并重，将健康融入所有政策，人民共建共享。”方针强调以基层为重点，意味着要突破城乡二元结构，优化资源配置结构，建立整合型一体化的服务体系。在我国当前时代背景下，构建以人为本的整合型医疗卫生服务体系，就是要推进以县级医院为龙头、乡镇卫生院为枢纽、村卫生室为基础的县乡一体化管理改革。通过治理结构改革，充分发挥县级医院的城乡纽带作用和县域龙头作用，强化防治结合，整合基本公共卫生服务。在管理、服务、责任、利益方面形成县乡村三级医疗卫生机构分工协作机制。

四、乡村医生队伍建设

乡村医生是我国医疗卫生人员队伍的重要组成部分，是保障农村居民健康的重要力量，加强新时代乡村医生队伍建设，建设一支稳定、高素质的乡村医生队伍，是全面贯彻以基层为重点的新时期卫生与健康工作方针，促进乡村振兴和推进健康中国建设的重要基础和关键。2015年，国务院办公厅印发《关于进一步加强乡村医生队伍建设的实施意见》（以下简称《实施意见》），着力解决学历层次低，考取医师难；社会地位低，人才引进难；收入待遇低，队伍稳定难；保障水平低，保险衔接难；工作起点低，筹措经费难等乡村医生发展难题。《实施意见》主要内容包括明确乡村医生功能任务，加强乡村医生管理，优化乡村医生学历结构，提高乡村医生岗位吸引力，转变乡村医生服务模式，保障乡村医生合理收入，建立健全乡村医生养老和退出政策，改善乡村医生工作条件和执业环境八个方面。截至2020年底，全国乡村医生队伍中执业（助理）医师（包括派驻人员）占比达到38.4%，比2009年增加23.2个百分点。

基层人才队伍建设任重道远。从长远看，制定全科医生为重点的基层卫生人才培养规划，创新高校基层卫生人才培养模式，加强全科医生学科建设是稳定基层人才的应有之义；从短期看，通过定向免费培养、学历提升、骨干医师培训、专业技能培训等加强在岗人员培训是提高基层医务人员服务能力的当务之急，提高薪酬待遇、完善职称制度、提供进修培训机会、优化人文环境是吸引优秀人才到基层工作的重要保障。

第四节　县域医共体建设

在我国农村已经形成的医疗卫生服务“三级网”的基础上，紧密型县域医疗卫生共同体建设是分级诊疗和健康中国建设的重要抓手，是乡村振兴的重要支撑，是构建优质高效医疗卫生服务体系的突破口。围绕“资源下沉、能力提升”推进医共体制度建设具有重要现实意义。

一、县域医共体发展历程

2017年4月，国务院办公厅印发《关于推进医疗联合体建设和发展的指导意见》，提出在县域主要组建医疗共同体，探索以县级医院为龙头、乡镇卫生院为枢纽、村卫生室为基础的县乡一体化管理，与乡村一体化管理衔接。推进紧密型县域医共体建设是2019年1月全国基层卫生健康工作会议上提出的九大工作重点之一。同年5月，国家卫生健康委员会、国家中医药管理局印发《关于推进紧密型县域医疗卫生共同体建设的通知》，提出以维护健康为目的，构建县域整合型医疗卫生服务体系，使其成为利益、责任、管理和服务共同体，提升基层医疗卫生服务能力。同年8月，紧密型县域医疗卫生共同体建设试点工作启动，确定在全国567个县和山西、浙江2个省，共计754个县开展紧密型县域医共体建设试点，两年来，试点地区立足“强县域、强基层”，在医共体管理体制、运行机制、服务模式等方面深化改革、细化措施，取得了积极进展和成效。

2020年，为进一步推进紧密型县域医疗卫生共同体标准化建设，我国开展紧密型县域医疗卫生共同体评判工作，同时聚焦县域医共体建设重点领域和关键环节，定期监测各地县域医共体建设的进展和成效。评判标准由责任共同体、管理共同体、服务共同体、利益共同体4个维度11条评判标准构成；监测指标体系由有序就医格局基本形成、县域医疗卫生服务能力提升、医疗卫生资源有效利用、医保基金使用效能提升4个方面26条指标构成。

案例讨论

【案例】浙江省德清县、东阳市基于两地较为宽松的政策环境，在政府领导下，采取一系列措施推进县域医共体改革，如出台政策文件，统一机构法人代表，实行医保基金总额预算制、医共体人才统筹使用机制、医共体绩效考核机制，创新服务模式，实行精细化管理制度，强化信息系统建设，整合县域内资源等。统一机构法人代表使医共体各成员单位成为紧密型共同体，便于实施一体化管理；医保基金总额预算管理制，使医共体成为医保控费主体，并形成主动控费意识；医共体人员统筹使用机制，保障了基层医疗机构用人需求；以“医保基金流向”和“医疗服务能力”为导向的医共体考核制度，保障了医共体均衡发展。

【讨论】从浙江省县域医共体这种体制、机制的发展经验来看，应该怎样构建新型的农村三级医疗卫生网，以切实提升基层医疗服务能力？

二、县域医共体基本概念及建设内容

（一）县域医共体内涵

紧密型县域医疗卫生共同体，简称为医共体，是指某个辖区内由二甲以上医疗机构牵头，其他若干家县级和基层医疗卫生机构加入，人、财、物、服务实行统一管理的紧密型医疗集团。通过实施以县级医院为龙头、乡镇卫生院为枢纽、村卫生室为基础的县乡村一体化管理，有效整合县域内卫生资源，打造三级联动的县域医疗服务体系，最终实现为群众提供方便、优质、经济的整合型医疗卫生服务。县域医共体建设的基本思路是以县级医院为引领，积极配合政府相关部门进行紧密型县域医共体总体规划，实施开展重要项目，组织领导和指导协调以及帮扶下级成员；乡镇卫生院是纽带，主要负责区域内常见病、多发病的诊疗救治工作，并配合县级医院做好上下转诊；村卫生室为网底，主要负责区域内的家庭医生签约服务及公共卫生服务等工作。

县域医共体作为医联体建设的重要形式，具有较强的实践可行性，是构建优质高效医疗卫生服务体系的突破口，具有解决医疗服务体系碎片化问题、提升县域医疗卫生资源整体效能等现实意义。

（二）县域医共体建设内容

根据2019年国家卫生健康委员会印发的《关于开展紧密型县域医疗卫生共同体建设试点的指导方案》，具体建设内容包括四个方面：一是完善县域医疗卫生服务体系，具体涉及的内容包括整合县乡医疗卫生资源、加强医联体建设和乡村一体化管理、完善医疗卫生资源集约配置、加强信息化建设；二是深化体制机制改革，包括推进管理体制、人事制度、薪酬制度改革；三是提升服务能力和质量，包括强化医疗服务能力、加强医疗质量管理、做实做细家庭医生签约服务、强化公共卫生服务水平；四是建立健全保障机制，包括深化医保支付方式改革、落实财政投入经费。

三、县域医共体政策核心要点

县域医共体主要政策导向是指导地方落实县域医共体建设规划，强化网格化管理，逐步形成服务、责任、利益、管理统一的紧密型县域医共体。一是形成服务共同体，完善畅通的双向转诊机制。包括医共体上级医院专科医生加入家庭医生签约服务团队，制定医共体内部、医共体之间和县域向外转诊管理办法，构建医共体转诊信息平台，满足双向转诊业务需求。二是形成责任共同体、完善权责一致的引导机制，涉及县域医疗卫生治理体制改革，成立医共体管理委员会或理事会，明确权责清单、管理权限。三是形成利益共同体，完善利益分配机制。对医共体实行医保总额付费，结余留用，合理超支分担的激励约束机制，在深化医保支付改革的基础上，县域医共体各机构间利益连接，完成向“紧密型”的转型。四是建立管理共同体，完善区域医疗资源整合与共享机制，包括统一用药目录，药品、耗材、器械统一采购管理，统一检验、影像、心电、病理、消毒供应等资源共享中心，以及医共体薪酬改革等配套政策的跟进。

紧密型县域医共体建设，重在优化资源配置，引导资源下沉，加强医防融合，提高县域总体服务效能。一要“强县域”，提升县域重大疫情发现和救治能力、临床专科医疗服务能力；二要“强基层”，提升主要慢性病防控和服务能力；三要明确责任，省级落实组织推动责任，市级落实领导协调责任，县级落实实施责任，医共体落实日常管理和报告责任；四要防止县级医院对基层资源的“虹吸”，防止医疗费用的不合理上涨，防止减少适宜技术、廉价项目，防止只强化医疗而弱化预防和公共卫生服务。

四、县域医共体建设关键环节

（一）坚持政府主导

县域医共体建设是县乡村医疗卫生服务体系的改革与重构，仅由单个部门难以完成，必须由党委政府牵头统筹谋划，着力推进。要合理运用政策杠杆，建立完善人事管理、资源配置、财政投入、医保支付、价格调整和薪酬分配等方面机制。

（二）坚持资源下沉

县域医共体建设的初心和本意是着力提升县域和基层服务能力，推动分级诊疗制度建设。为此，在财政投入和资源配置上要向基层倾斜，优先保障基层机构用人需要，不断促进优质医疗卫生资源下沉到基层，从而推动县域医疗卫生服务整体绩效提升。

（三）坚持绩效考核

要围绕评判标准和监测指标，把“基层强不强，能力是否提升”作为评判县域医共体建设成效的重要标准。要注重结果应用，把绩效考核情况与医共体财政补助、医保基金支付、负责人聘任、绩效工资总量等相衔接，发挥好“指挥棒”作用，确保改革取得实实在在的成效。

（四）坚持群众受益

检验改革成效最重要的标志是群众从改革中“得实惠”，有更好的“获得感”。紧密型县域医共体建设必须要以群众健康为中心，不断优化服务流程，健全预防、治疗、康复、护理服务链，努力为群众提供优质、方便、经济的整合型医疗卫生服务。

本章小结

1. 基层卫生政策对基层卫生取得的重大成就至关重要。政策上对基层卫生机构管理制度、补偿制度、人事制度、分配制度进行顶层设计，明确基层卫生服务能力标准，从整体上把握基层卫生政策发展脉络和方向意义重大。

2. 社区卫生服务建设是社区建设的重要组成部分，主要目的是逐步形成功能合理、方便群众的新型卫生服务网络，增加基层卫生服务供给，解决社区主要卫生问题，更好地满足广大人民群众日益增长的健康需求。

3. 基层医疗服务能力建设主要包括县、乡、村三级卫生服务网的建设，三者相互促进，共同发展，有利于构建整合型的医疗服务网络，满足人民群众基本的医疗服务需求，促进医疗服务能力的高质量发展。

4. 县域医共体是医联体的四大模式之一，具有明确的区域性，以全体居民健康为目标，并在区域里围绕健康目标对所有资源做最大限度的整合。县域医共体建设的关键环节是坚持政府主导、资源下沉、绩效考核及群众受益。

（阮小明）

第十八章　医院管理政策

学习目标

1. 掌握　我国医院管理相关政策的基本内涵及相关领域的重点工作任务。
2. 熟悉　医院管理相关政策的发展历程及主要政策措施。
3. 了解　医院管理相关政策及制度的发展趋势和方向。

现代医院管理正逐步向精准化、质量化、信息化和数字化的方向发展，现代管理理论也逐步向医院管理渗透，推动了现代医院管理理论和制度设计不断发展。本章对医院管理政策发展脉络进行系统梳理，并从现代医院管理制度、公立医院高质量发展、公立医院绩效考核、分级诊疗制度、社会办医政策五个方面对医院管理的体制机制和重点工作内容进行分析阐述，明确现代医院管理制度的主要内容和任务。

第一节　医院管理政策发展脉络

我国医院管理政策从稳步推进，到迈向职业化、科学化、现代化的顶层设计和制度支撑，与各个阶段卫生事业发展状况、卫生改革发展指导思想和政策导向保持一致。本节回顾了医院管理在不同时期的关注重点和相关政策内容，把握医院管理政策的发展脉络。

一、传统医院管理阶段

中华人民共和国成立初期的公立医院管理体制完全模仿苏联，是在计划经济管理体制下的高度集权管理。1950—1952年，我国先后建立了公费医疗和劳保医疗制度。这一阶段公立医院决策权高度集中，实行党委领导、医院内部模仿政府内部管理模式进行管理，医院同政府部门主要是隶属关系，在重大决策、人事任免、业务活动、资产处理、分配等方面受到政府的严格管理和控制。在当时的政治经济制度下，将公立医院服务作为福利性的载体，严格的管理体制能够保证政府举办公立医院目标的实现。

在1978年之前的这段时间，医院实行“全额管理、差额补助”，政府提供全部的固定资产投资，医院的医疗服务价格远低于实际成本，对于医院医疗服务经营无法弥补成本的部分，由政府财政予以补助，医疗卫生资金主要来源于财政预算补助和政府拨款，资金筹集渠道单一集中。在政府投入有限的情况下，基础设施建设和发展受到了较大影响。本时期公立医院的医务人员实行固定薪酬，工作的积极性相对不高，计划经济体制下的一些弊端显现出来。

二、深入改革阶段

改革开放后，公立医院加强了经济管理，调整医疗服务收费，实行按成本收费的价格机制等，主要目的是利用市场机制提高卫生系统活力、增加医疗卫生供应，满足居民需求。本时期出台了一系列加强公立医院财务管理和经济管理的政策，如1979年4月《关于加强医院经济管理试点工作的意见》、1982年11月《关于医院实行按成本收费试点情况和今后意见的请示报告》、1985年《关于卫生工作改革若干政策问题的报告》、1986年9月《关于业余医疗卫生服务收入提成的暂行规定》、1988年11月《关于扩大医疗卫生服务有关问题的意见》等，提出简政放权，放宽政策，多方集资，搞活卫生工作；新服务项目可按成本收费；医疗条件好可适当提高收费等。公立医院的筹资渠道和补偿机制实行“全额管理、定额补助、结余留用”模式。另外，1989年卫生部启动了医院等级评审工作，公立医院更新服务设施设备、提高医院级别、扩大服务供给、提高服务收入的动力充足，公立医院发展取得巨大成效。同时，医疗费用增长过快的问题也较为突出，医疗卫生的筹资结构发生明显变化，政府预算卫生支出明显减少，个人现金支出迅速增加，2000年左右个人卫生支出占卫生总费用的比重已经接近60%，居民的看病就医负担较重。

为了正确处理社会效益和经济收益之间的关系，把社会效益放在首位，1997年1月发布《中共中央　国务院关于卫生改革与发展的决定》，2000年2月印发《关于城镇医药卫生体制改革的指导意见》，启动了医药卫生体制改革工作。本时期我国的社会医疗保障制度建设起步，城市社区卫生服务和农村基层医疗服务体系不断完善。相关政策突出体现了政府在医疗卫生事业中的责任。例如，要求各级政府对卫生事业的投入水平要随着经济发展不断提高，原则上政府卫生投入不低于财政支出的增长幅度。在公立医院改革政策方面，要求建立新的医疗机构分类管理制度，改革药品流通体制，医院药品实行收支两条线管理等。政府对公立医院的补助转变为“定项补助”，包括医疗机构开办和发展建设支出，事业单位职工基本养老保险制度建立以前的离退休人员费用，临床重点学科研究，由于政策原因造成的基本医疗服务亏损补贴等项目，由政府财政予以保障。这一阶段，政府通过一系列政策对公立医院的管理进行调整，试图调动微观层面的积极性，释放医疗服务的供给能力，取得了一些成绩，激活了医院内部的活力，但是由于在宏观上和微观上的管理未能形成合力，一些地方医疗资源配置失衡，“以药补医”“政事不分”“管办不分”导致人民群众“看病难，看病贵”的问题日益突出。

三、新医改阶段

2009年，新一轮的医药卫生体制改革开展了公立医院改革试点工作，自此开始了公立医院改革的新征程。我国的新一轮公立医院改革遵循先试点、后推广、先县级、后城市的路径，2012年启动县级公立医院综合改革工作并于2015年全面推开。城市公立医院综合改革起始于2015年并于2017年全面推开。公立医院改革的重点强调坚持公立医院公益性，以维护人民健康权益为目标，旨在改革公立医院管理体制、建立公立医院运行新机制、强化医保支付和监控作用、建立符合行业特点的人事薪酬制度、构建各类医疗机构协同发展的服务体系、建立分级诊疗制度和加快信息化建设等。

我国在改革公立医院补偿机制方面，进一步明确了公立医院的基本建设和设备购置、重点学科发展、人才培养、符合国家规定的离退休人员费用和政策性亏损补贴等“六类项目”由政府财政予以补助。切断公立医院的“以药补医”机制，调整医疗服务价格，按照“总量控制、结构调整、有升有降、逐步到位”的原则，取消药品加成；提高劳务性收费标准，降低检验检查价格；结合医疗保障制度支付方式改革，降低医院通过多做检查、多开药品获得补偿的机制，逐步建立基于劳务价值、健康绩效的补偿路径。2017年全面推开公立医院综合改革后，实施近60年的药品加成政策取消；在此基础上，逐步推进取消医疗耗材加成，建立更加合理的补偿机制。人事薪酬制度改革方面，重点强调加强社会化人事管理制度建设，推行养老保险等社会化改革等。推动薪酬体系透明化，各地各部门认真贯彻落实“允许医疗卫生机构突破现行事业单位工资调控水平，允许医疗服务收入扣除成本并按规定提取各项基金后主要用于人员奖励”的要求，不断提高医务人员的薪酬待遇，探索管理人员和医务人员年薪制改革等，加强人员薪酬绩效考核等。在改革公立医院管理体系和治理机制方面，不断完善公立医院的外部治理机制，通过建立公立医院管理委员会、管理局等形式，推进“政事分开、管办分开”，政府重点加强对各级各类医院医疗质量安全、医疗费用以及大处方、欺诈骗保、药品回扣等行为的监管。同时，完善公立医院内部管理制度，包括制定医院章程、决策机制、民主管理制度、医疗质量安全管理制度、人力资源管理制度、财务资产管理制度等13项制度，提高公立医院的现代化管理水平。另外，不断推动公立医院转变服务模式，提高服务质量。通过开展日间手术、预约诊疗、推广临床路径、检查检验结果互认、互联网诊疗等形式，不断推动公立医院高质量发展。

第二节 现代医院管理制度

现代医院管理制度是医院作为社会公益性组织所表现出的一定的特殊生产关系，与卫生事业发展的宗旨相契合，与基本国情相一致，适应社会发展需求和医药卫生体制改革要求。本节主要梳理现代医院管理制度发展的背景，分析目前现代医院管理面临的挑战，以及对现代医院管理制度的基本内涵和主要工作内容进行阐述，从而对现代医院管理制度有一个更加系统的认识。

一、现代医院管理制度发展背景

党的十八届三中全会通过了《中共中央关于全面深化改革若干重大问题的决定》，提出全面深化改革的总目标是完善和发展中国特色社会主义制度，推进国家治理体系和治理能力现代化，到2020年，在重要领域和关键环节改革上取得决定性成果，形成系统完备、科学规范、运行有效的制度体系，使各方面制度更加成熟、更加定型。2016年，全国卫生与健康大会将现代医院管理制度作为5项基本医疗卫生制度建设之一提出。现代医院管理制度成为中国特色社会主义制度的重要内容。同时，经过多年的改革实践验证，我国公立医院改革的相关措施适合中国实际情况，能够解决重点难点问题，取得了较好的效果。

在此基础上，2017年，经中央全面深化改革领导小组和国务院医改领导小组审议通过，国务院办公厅印发《关于建立现代医院管理制度的指导意见》，明确了现代医院管理制度内涵和主要构架，旨在保障公立医院可持续的运行、执行、监督机制，建立权责清晰、管理科学、治理完善、运行高效、监督有力的现代医院管理制度。2018年，国家卫生健康委员会启动了建立健全现代医院管理制度试点工作，明确新医改下现代医院管理制度确立的内在驱动力及着力点应以党的建设为首要任务，以治理体系和能力现代化为根本，使我国公立医院综合改革在新的时期全面升华，推动我国公立医院向高质量发展迈进。

案例讨论

【案例】 北京协和医院在现代医院管理制度建设中，一是坚持以章程为根本，坚持正确办院方向。《北京协和医院章程》既体现国家要求，又具有鲜明的“协和特色”。二是坚持科学决策，不断完善内部运行管理。“专家治院”是协和的优良传统，医院设有学术、医疗、教学、科研等各种委员会27个，对专业性、技术性强的决策事项提供技术咨询和可行性论证。三是坚持传承与创新，注重医院文化建设。完善人文培养机制，代代传承“忠于科学的事业精神和忠于人民的奉献精神”，凝聚对生命的敬畏和职业的信仰，引领医院始终成为行业的“排头兵”。

【讨论】 协和医院在现代医院管理制度建设中，展示了协和共享的价值取向和行为规范，提高了医院的形象和品牌价值。我们从协和医院建立现代医院管理制度的经验中应该得到哪些启迪？

二、现代医院管理制度基本内涵

现代医院管理制度是指在新型的公共管理框架下，能够适应社会发展需求，保障医院公益性质、改善医院管理能效的系统化、规范化的外部制度安排和内部制度设计。现代医院管理制度的基本内涵包括三个方面。

（一）理顺外部治理关系

现代医院外部治理机制表现为政府、部门、社会三方主体与医院之间的权责关系，包括现代医院产权制度、医院院长职业化制度、现代医院监管制度、现代医院补偿制度、现代医疗保障制度、医疗费用支付方式与医疗服务价格制度等。

国家和地方政府部门以健全医院治理体系为切入点，进一步理顺外部治理关系。通过明确政府对公立医院的举办和监管职能，强调公立医院落实经营管理自主权，加强社会监督和行业自律，厘清多方主体与医院之间的关系，解决政府举办和监督公立医院在不同程度上有时缺位、有时越位的问题，助力形成较为全面的全行业治理体系，实现医院管理由粗放到精细的转变。

（二）加强内部治理体系

医院内部治理体系指医院内部利益主体之间的权责边界，以医院章程为统领，健全决策机制为通道，以医疗质量安全管理、人力资源管理、财务资源管理、绩效考核、人才培养培训、科研管理、后勤管理、信息管理等制度为核心内容进行建设。

现代医院管理制度要求进一步完善医院章程的制定和决策机制，加强对现代医院的管理架构和制度体系建设，设计了医院决策的程序、方式和路径。例如，医务人员切身利益等重要问题，要经医院党组织研究讨论同意。另外，充分发挥软性管理的力量，通过健全民主管理制度、加强医院文化建设，实施全面便民惠民服务，连接医疗机构、医护人员和人民群众，使制度效用充分发挥。

（三）加强医院党的建设

2018年，中共中央办公厅印发《关于加强公立医院党的建设工作的意见》，提出充分发挥公立医院党委的领导作用，具体明确了公立医院党委的职责。公立医院实行党委领导下的院长负责制，党委等院级党组织发挥把方向、管大局、作决策、促改革、保落实的领导作用。实行集体领导和个人分工负责相结合的制度，凡属重大问题都要按照集体领导、民主集中、个别酝酿、会议决定的原则，由党委集体讨论，作出决定，并按照分工抓好组织实施，支持院长依法依规独立负责地行使职权。院长在医院党委领导下，全面负责医院医疗、教学、科研、行政管理工作，充分发挥党支部及党员在学科建设中的堡垒与先锋作用。将医院文化建设作为公立医院党组织的重要任务，明确了公立医院文化建设的管理主体，有助于公立医院文化建设的标准化、规范化和同质化。

三、现代医院管理制度内容及要求

（一）完善公立医院管理体制

合理界定政府与公立医院之间、政府不同部门之间的职责范围，实现政府职责履行不缺位，政府要将主要精力放在管方向、管政策、管规划、管评价上来，在法律法规的框架下授予公立医院内部人事管理、薪酬分配、人才培养评价、经营管理等自主权，公立医院围绕政府办医目标切实履行提供公共服务的责任。

（二）完善医院内部管理制度

制定医院章程、规范内部治理结构和权力运行规则都是提高医院运行效率的重要举措。健全医院决策机制，保证党组织意图在决策中充分体现，充分发挥专家治院作用。健全医院医疗质量安全、人力资源、财务资产、绩效考核、人才培养培训、科研、后勤、信息等核心制度，提高医院管理水平。

（三）完善规范高效的运行机制

公立医院必须取消药品加成，通过调整医疗服务价格、加大政府投入、改革支付方式、降低医院运行成本等，建立科学合理的补偿机制。制定并落实公立医院编制标准，建立动态核增机制，落实公立医院用人自主权，对编制内外人员待遇统筹考虑。落实“允许医疗卫生机构突破现行事业单位工资调控水平，允许医疗服务收入扣除成本并按规定提取各项基金后主要用于人员奖励”要求。

（四）完善公立医院的精细化管理

树立精细化管理理念，营造精细化管理文化氛围，将精细化管理流程、方法应用到医院管理的各个环节，逐步建立科学化、规范化、标准化、信息化的医院精细化管理体系，全面提高医院管理和医疗服务水平。

第三节　公立医院高质量发展

党的十九大报告提出，我国经济已由高速增长阶段转向高质量发展阶段，正处在转变发展方式、优化经济结构、转换增长动力的攻关期。“十四五”时期是我国医疗卫生健康事业高质量发展的关键期，如何实现“高质量发展”是公立医院在这一时期需要重点考虑的问题。本节主要介绍医院高质量发展战略机遇期面临的机会与挑战以及相关背景，发展存在的问题及解决方案，以及高质量发展促进区域医疗中心建设的情况。

一、公立医院高质量发展战略机遇

目前，公立医院发展环境面临深刻变化，医院高质量发展面临战略机遇期。首先是要面对艰巨的新冠肺炎疫情防控任务。其次要做好准备迎接新一轮科技革命和产业革命带来的机遇和挑战，医院要实现技术创新、管理革新、服务更新，并满足人民群众多层次、多样化的医疗服务需求。其三要深入查找公立医院发展的薄弱环节：从宏观层面来看，公立医院资源总量不足、优质资源匮乏、区域分布不均衡、结构不合理的问题仍然突出；从微观层面来看，公立医院发展方式比较粗放、运营管理精细化程度不高、重大疾病的医疗救治能力还有待提高等。

知识拓展

疫情常态化防控时代，对公立医院体系进行反思，发现一些医院存在基础设施建设不完善，发热门诊设置不规范，救治设备物资短缺，医防管理协同性差，应急管理体系不健全等问题；疫病诊疗防控能力相对不足，如临床检测能力不足，防护用品必要救治设备短缺，医院感染控制不及时，院感防控意识淡薄；另外，疾病控制系统和医疗服务系统融合不当。因此在特殊时期，要注意公共卫生与医疗救治相融合，平时和战时相融合，综合大医院与基层卫生机构相融合，医院疾病报告系统与公共卫生疫情报告系统相融合，从多方面提高医院服务质量和水平。

二、公立医院高质量发展背景

党的十九届五中全会指出，我国已转向高质量发展阶段，“十四五”时期经济社会发展要以推动高质量发展为主题。公立医院高质量发展的背景：一是加快提高卫生健康供给质量和服务水平的应有之义。公立医院是我国医疗服务体系的主体，是全面推进健康中国建设的重要力量。提高卫生健康供给质量和服务水平，必须把公立医院高质量发展放在更加突出的位置。二是增进人民健康福祉的根本要求。我国已经迈入中高收入国家行列，完全有必要也有基础加快发展卫生健康事业，扩大优质医疗资源供给，努力满足人民日益增长的医疗卫生服务需求，不断增强群众的获得感、幸福感、安全感。三是公立医院改革发展的必然选择。经过改革开放40年来医疗服务体系建设、20年来医院能力建设、10年来深化医药卫生体制改革的实践探索，公立医院已经到了从“量的积累”转向“质的提升”的关键期，必须把发展的着力点放到提升质量和效率上。为贯彻落实2021年《国务院办公厅关于推动公立医院高质量发展的意见》要求，国家卫生健康委、国家中医药管理局联合发布《公立医院高质量发展促进行动（2021—2025年）》，通过实施四个重点建设行动和四个能力提升行动，落实党中央国务院决策部署，推动“十四五”时期公立医院实现高质量发展，进一步强化公立医院公益性，通过打造一批高水平的公立医院，为广大人民群众持续提供优质高效的医疗卫生服务。

三、公立医院高质量发展的目标和重点工作

国务院办公厅印发《关于推动公立医院高质量发展的意见》提出坚持以人民健康为中心，加强公立医院的主体地位，坚持政府主导、公益性主导、公立医院主导，坚持医防融合、平急结合、中西医并重，以建立健全现代医院管理制度为目标，强化体系创新、技术创新、模式创新、管理创新，加快优质医疗资源扩容和区域均衡布局。

高质量发展的总体要求如下。

（一）高质量发展的三个转变

1. 发展方式：规模扩张转向提质增效 医院高质量发展意味着要不断满足人民多样化、高质量的医疗健康需求。我国公立医院必须把发展的着力点放在提升质量和效率上。公立医院要更加注重内涵发展、技术发展、能力水平发展、服务质量发展，提高发展的“含金量”。要加快优质医疗资源扩容和区域均衡布局，充分发挥优质医疗资源的辐射带动作用，提高卫生健康供给质量和服务水平，实现服务提供的提质增效。

2. 运行模式：粗放管理转向精细管理 公立医院高质量发展的要义之一就是内部管理的现代化、科学化，管理能力和水平的提高，其中涉及院长职业化、健全决策机制、完善绩效考核、加强财务管理和质量控制、深入开展成本效益分析等诸多问题。进入新发展阶段，公立医院要善于运用现代管理理念和管理工具、管理方法、管理技术，将基于人的经验管理与基于制度和标准的循证管理相结合，进一步提升医院管理的精细化、信息化、规范化、科学化水平。借助信息化手段，将医院管理的基础精准到科室、精准到诊疗组、精准到每个医务人员和重点病种，科学评价绩效，引导医院回归功能定位，激发降低成本、提高效率的内生动力。

3. 资源配置：注重物质要素转向注重人才技术 推动公立医院高质量发展，人才是第一资源。要从保护和发展生产力的高度，把医院资源配置的重点从硬件建设转向人力资源发展，从提高薪酬待遇、拓宽发展空间、改善工作环境等方面来入手，充分调动医务人员的积极性、主动性、创造性，从解决临床重大疑难问题入手，推动原创性疾病预防诊断治疗新技术、新产品、新方案和新策略等产出，不断推动医学技术进步，为人民提供更高质量、更高水平的医疗卫生服务。

（二）重点工作任务

推动公立医院高质量发展的重点工作任务如下。

1. 构建公立医院高质量发展新体系 建设国家医学中心和区域医疗中心，推动国家医学进步，带动全国医疗水平提升。建设省级区域医疗中心，补齐短板，提升省域诊疗能力，减少跨省就医。发展紧密型城市医疗集团和县域医共体，按照网格化布局，探索一体化管理，为居民提供预防、治疗、康复、健康促进等连续性服务，推动从以治病为中心转向以健康为中心，促进优质资源下沉、工作重心下移，推动分级诊疗。建立健全分级分层分流的重大疫情救治体系。

2. 引领公立医院高质量发展新趋势 以满足重大疾病临床需求为导向，重点发展重症、肿瘤、心脑血管、呼吸等临床专科。面向生命科学、生物医药科技前沿，加强基础和临床研究，开展关键核心技术攻关，推动科技成果转化。推广多学科诊疗、日间手术、责任制整体护理等服务模式。推动新一代信息技术与医疗服务深度融合，大力发展远程医疗和互联网诊疗，建设智慧医院。

3. 提升公立医院高质量发展新效能　健全以经济管理为重点的科学化、规范化、精细化运营管理体系，引导医院回归功能定位，提高效率、节约费用。加强全面预算管理，完善内部控制制度，提高资源配置和使用效率。坚持和强化公益性导向，健全绩效评价机制，不断提高医疗质量、运行效率、可持续发展能力和患者满意度。

4. 激活公立医院高质量发展新动力　合理制定并落实公立医院人员编制标准，建立动态核增机制。建立主要体现岗位职责和知识价值的薪酬体系，实行以岗定责、以岗定薪、责薪相适、考核兑现。健全医务人员培养评价制度，探索在岗位设置合理、人事管理完善、具有自主评审意愿的三级公立医院试点自主开展高级职称评审。建立灵敏有序的医疗服务价格动态调整机制，提高医疗服务收入（不含药品、耗材、检查、化验收入）占医疗收入的比例。深化医保支付方式改革，探索对紧密型医疗联合体实行总额付费，加强监督考核，结余留用、合理超支分担。按规定落实政府对符合区域卫生规划的公立医院投入政策。

2021年，国家进一步提出了深化公立医院薪酬制度改革的具体措施，包括根据公立医院公益属性合理确定公立医院薪酬水平，合理确定人员支出占公立医院业务支出的比重；充分落实医院内部分配自主权，在总量水平下自主确定适宜的分配模式，充分体现岗位职责；合理确定内部薪酬结构，既要体现薪酬的基本保障功能，同时也要实现有效激励；鼓励对公立医院主要负责人实行年薪制；健全以公益性为导向的绩效考核评价机制等。

5. 建设公立医院高质量发展新文化　大力弘扬伟大抗疫精神和崇高职业精神，激发医务人员对工作极端负责、对人民极端热忱、对技术精益求精的不竭动力。强化患者需求导向，持续改善医疗服务，做好医患沟通交流，增进理解与信任。关心关爱医务人员，关心年轻医务人员成长，维护医务人员合法权益，坚决保护医务人员安全。

6. 坚持和加强党对公立医院的全面领导　全面执行和落实党委领导下的院长负责制，充分发挥公立医院党委把方向、管大局、作决策、促改革、保落实的领导作用，健全完善医院党委会和院长办公会议事决策制度，把党的领导融入医院治理全过程各方面各环节。加强公立医院领导班子和干部人才队伍建设。全面提升公立医院党组织和党员队伍建设质量。落实公立医院党建工作责任。

知识链接

2019年11月，国务院深化医药卫生体制改革领导小组发文，向全国推广三明市创新薪酬分配激励机制的经验。以医疗服务收入为基数核定公立医院薪酬总量，实行院长年薪制和全员目标年薪制、年薪计算工分制，医务人员薪酬水平不与药品、耗材、检查、化验等收入挂钩。

院长目标年薪制：建立一套包括6大类40项的院长考评体系，考核结果与院长年薪和医院工资总额核定挂钩，将一人的责任转为全院的共同责任，院长年薪由财政承担，根据绩效考核结果发放。综合考虑医疗服务收入增长、院长年度绩效考核等因素，每年适当增加公立医院薪酬总量。

医生目标年薪制：对在职临床类、技师类和临床药师类医务人员，按照级别和岗位，实行不同等级年薪；医技人员绩效年薪考核与岗位工作量、医德医风和社会评议等挂钩。

四、医疗中心建设

“十二五”期间，我国医药卫生体制改革加快推进，卫生与健康事业取得长足进展，医疗服务体系不断完善。但是仍存在医疗资源总量不足，优质医疗资源短缺，医疗资源分布不均衡，基层服务能力不足，医院在科研、学术成果转化等医学高、精、尖领域与国际顶尖水平还有一定距离的问题。

（一）医疗中心建设的背景

随着我国大力实施健康中国建设，医药卫生体制改革不断向纵深推进，医疗服务体系更加完善，医疗服务水平不断提升。同时，医疗服务体系发展不充分、不平衡的问题也较为突出，主要表现在：一是医疗资源总量不足，优质医疗资源短缺；二是医疗资源分布不均衡，且集中在经济较发达的省份和城市，平均每个东部省拥有的三级医院数量是中西部的2倍左右；三是科学有序的就医格局尚未形成，大量患者集中在发达地区的大医院，跨区域、跨级别就诊的现象较为突出，并呈现持续上升的趋势，分级诊疗面临较大挑战；四是不同级别医院的功能定位模糊，三级医疗机构常见病多发病诊疗服务压力大，在科研等高精尖领域具有突出能力的医院不多，尚未形成分工明确、各负其责、梯队发展的模式。

为了进一步强化医疗服务体系顶层设计，构建以国家医学中心为引领，国家区域医疗中心为骨干的国家、省、市、县四级医疗卫生服务体系，推动国家医学中心和国家区域医疗中心在医学科技创新、技术转化等方面发挥更大作用，省、市医疗中心在重症和疑难杂症中发挥关键作用，提高整体医疗服务中心水平，国家启动了医疗中心的建设工作。

（二）医疗中心的建设目标

紧紧围绕区域内群众急需、医疗资源短缺和异地就医最突出的专科医疗需求，推进国家医学中心和国家区域医疗中心设置，在区域、省域建设医学高地，促进优质医疗资源的均衡合理分布，全力推动卫生健康事业高质量发展，减少患者的跨区域流动，助推分级诊疗制度建设。

2019年印发的《区域医疗中心建设试点工作方案》明确提出通过3~5年努力，在优质医疗资源短缺地区建成一批高水平的临床诊疗中心、高层次的人才培养基地和高水准的科研创新与转化平台，培育一批品牌优势明显、跨区域提供高水平服务的医疗集团，打造一批以高水平医院为依托的“互联网+医疗健康”协作平台，形成一批以区域医疗中心为核心的专科联盟，相关地区重点病种治疗水平与京、沪等地差距大幅缩小，跨省、跨区域就医大幅减少，推动分级诊疗制度建设取得突破性进展。

2019年印发的《国家医学中心和国家区域医疗中心设置实施方案》提出，2019年完成神经、呼吸和创伤专业类别的国家医学中心和儿科、心血管、肿瘤、神经、呼吸和创伤专业类别的国家区域医疗中心设置。2020年，完成妇产、骨科、传染病、口腔、精神专业类别的国家医学中心和妇产、骨科、传染病、老年医学、口腔、精神专业类别的国家区域医疗中心设置。到2020年，建立对各类别国家医学中心和国家区域医疗中心功能定位和职责任务落实情况的考核评定机制，根据需要，设置相应专科的国家医学中心和国家区域医疗中心，建成以国家医学中心为引领，国家区域医疗中心为骨干的国家、省、地市、县四级医疗卫生服务体系，提升我国整体医疗服务水平。

（三）医疗中心的功能定位与职责任务

在医疗方面，开展全国疑难危重症的诊断与治疗，示范、推广适宜有效的高水平诊疗技术，辐射和引领国家医学发展和医疗服务能力提升；在教学方面，要具有突出临床教学能力和高级临床医学人才培养能力，能够为全国培养临床技术骨干和学科带头人，能够开展多个专业的住院医师培训和专科医师培养；在科研方面，整合现有资源建立全国主要疾病信息库，进行年度情况分析，预测疾病发病和死亡、危险因素流行和发展趋势，有针对性地组织开展全国多中心、大样本的临床研究，及时将国内外临床科研成果转化为临床应用；在预防保健方面，协助国家制定疑难危重症的诊疗规划，编制疾病诊疗指南、技术规范和有关标准；整合资源，推动开展疾病预防保健服务，牵头构建疾病防治网络，推动疾病防治及医疗保健技术交流与合作；承担突发公共事件的医疗卫生应急救援；认真落实医改任务，积极参与公立医院综合改革。

（四）各专科类别国家医学中心的建设标准

2020年国家卫生健康委员会印发的《关于加快推进国家医学中心和国家区域医疗中心设置工作的通知》指出，目前完成了心血管、癌症、老年、儿童、创伤、重大公共卫生事件等类别的国家医疗中心设置工作，印发了心血管、癌症、儿童、创伤、呼吸、神经、口腔、精神等专科类别的国家级中心设置标准。各专业类别国家医学中心建设及区域医疗中心建设标准主要从基本条件、医疗服务能力、教学能力、科研能力、承担公共卫生服务情况、落实医改相关任务情况、医院绩效等多个方面提出明确要求。旨在构建以国家医学中心为引领，国家区域医疗中心为骨干的国家、省、市、县四级医疗卫生服务体系，发挥国家医学中心和国家区域医疗中心在临床研究、人才培养、技术转化、技术辐射和管理示范等方面的作用，促进我国医疗技术水平与国际并行，不断提高我国整体医疗服务水平。

从区域医疗中心建设的总体指导思想和要求任务来看，推进国家区域医疗中心建设对于加强供给侧结构性改革，加大医疗资源结构优化和布局调整，加快提升区域内医学科研技术水平，完善我国医疗服务体系，促进科学、有序的分级诊疗制度建设等，具有重要的现实作用和战略意义。

五、临床重点专科建设

国务院办公厅《关于推动公立医院高质量发展的意见》明确提出，以加强临床专科建设作为“引领公立医院高质量发展新趋势”的重要内容，以专科发展带动诊疗能力和水平提升。临床专科能力建设是国家卫生健康事业发展的重要内容之一，对加强我国医院内涵建设，引导医院发展方向具有重要意义。

（一）临床重点专科建设基础

“十二五”和“十三五”期间，由中央财政投入70余亿元，按照鼓励先进、合理布局、整体规划、分步实施的原则，从人才培养、临床诊疗技术研发和关键设备购置等方面支持了1700余个临床重点专科建设项目，覆盖全国31个省（自治区、直辖市）和新疆生产建设兵团300余家三级医院，涵盖了除预防保健诊疗科目外的所有一级诊疗科目，以二级诊疗科目为主，部分专业细化到三级诊疗科目。通过持续的支持和建设，我国临床专科能力得到快速提升。

（二）临床重点专科建设目标

为进一步发挥临床专科能力建设对促进公立医院和医疗卫生服务体系高质量发展、实现健康中国战略的作用，调动地方和医院的积极性，国家卫生健康委员会在“十二五”和“十三五”临床重点专科建设的基础上，根据我国居民疾病谱、人民群众看病就医情况，统筹考虑不同层级、不同地区医疗机构和不同专业的发展，制定了“十四五”国家临床专科能力建设规划，对临床专科能力建设作出整体性、系统性、制度性安排，推动我国临床专科能力建设工作进入可持续的高质量发展路径，形成临床专科能力建设的长效机制。

2021年印发的《“十四五”国家临床专科能力建设规划》明确提出我国临床重点专科建设目标为：“十四五”期间，由中央财政带动地方投入，从国家、省、市（县）不同层面分级分类开展临床重点专科建设，在定向支持国家医学中心和国家卫生健康委委属委管医院进行关键技术创新的同时，实施临床重点专科“百千万工程”。

国家层面，每年至少支持各省建设150个，“十四五”期间累计不少于750个国家临床重点专科建设项目，相关专科能力达到国际领先水平。

省级层面，31个省份每年合计支持至少1000个，“十四五”期间累计支持不少于5000个省级临床重点专科建设项目。

市（县）级层面，“十四五”期间31个省份累计支持至少10 000个地市级和县级临床重点专科能力建设项目。

（三）临床专科能力建设的主要方向

1. 建设国际高水平临床专科　支持具有良好基础的高水平医院结合我国未来疾病诊疗领域的需求和发展趋势，在影响人民健康的重大疾病和再生医学、精准医疗、生物医学新技术等关键技术领域遴选基础雄厚、实力强劲的专科进行重点支持，加强医学交叉领域、再生医学、中西医结合等复合型创新团队建设，争取解决一批“卡脖子”技术，掌握一批国际领先技术，推动相关专科进入国际前列。

2. 普遍提升主要临床专科能力　以严重危害群众健康的重大疾病为主线，以提高医疗技术服务能力和医疗质量水平为重点，在国家、省、市（县）层面，从专科规模、医疗技术、诊疗模式、管理方式等不同角度，全方位、多层次加强建设，全面提升人民群众就医需求较大的临床专科能力，扩充优质医疗资源总量，提高优质医疗资源的可及性。

3. 促进临床专科能力均衡发展　统筹考虑不同层级、不同地区医疗机构和不同专业的发展，以区域人口分布为基础，对各地区临床专科能力建设项目的数量作出指导。为促进医疗资源区域布局更加均衡，明确提出相关建设项目应当向非省会城市适当倾斜，促进区域间的均衡发展，逐步减少患者异地就医需求，使医疗资源分布与区域医疗需求更加适配。

4. 补齐薄弱专科资源短板 支持各地根据实际需求，统筹考虑防范化解新发传染病等重大公共卫生风险的需要，围绕产科、儿科、精神、感染、重症、麻醉、病理、检验等基础专科或传统薄弱领域加强建设，通过加强人才培养、优化服务模式、增加基础投入、加强质量安全管理等方式不断提升临床专科服务能力和医疗质量安全水平，保障人民群众看病就医需要。

（四）临床专科能力建设的主要内容

1. 提升医疗技术应用能力，推动技术创新转化 支持相关临床专科不断拓展诊疗方法，提升医疗技术能力和诊疗效果，形成技术优势。大力扶持包括传统内镜治疗、宫腹腔镜治疗、介入治疗、穿刺治疗、局部微创治疗和改良外科手术方式在内的微创技术发展，逐步实现内镜和介入诊疗技术县域全覆盖。同时，坚持技术创新的发展思路，加强临床诊疗技术创新、应用研究和成果转化，特别是再生医学、精准医疗、生物医学新技术等前沿热点领域的研究，争取在关键领域实现重大突破。

2. 优化医疗服务模式 积极吸纳先进的诊疗理念，研究推广MDT、快速康复、中西医结合等新诊疗模式。积极推动智慧医疗体系建设，加强人工智能、传感技术在医疗行业的探索实践，推广“互联网+”医疗服务新模式，争取在手术机器人、3D打印、新医学材料应用、计算机智能辅助诊疗、远程医疗等方面取得积极进展。

3. 提高医疗质量安全水平 将医疗质量安全管理工作融入专科能力建设工作，采用医疗质量管理工具进行科学管理，加强质控指标应用和医疗质量安全数据收集、分析、反馈。以医疗质量安全情况为循证依据，开展针对性改进。

4. 加强专科人才队伍建设 坚持引进与培养相结合、以培养为主的原则，建立人才培养机制，形成包括顶尖人才、技术骨干、中坚力量与青年医师等不同层级的专科人才梯队。在优势学科领域，注重医学交叉领域、再生医学、中西医结合等复合型创新团队建设，在均衡发展基础上有重点的发展特色亚专科；在薄弱专业重点加强临床应用型人才培养，打造高质量的临床服务团队。

第四节　公立医院绩效考核

在公立医院改革进程中存在政策落地“最后一公里”问题，绩效考核成为将改革政策转化为医院和医务人员的自觉行动并产生预期效果的关键手段之一。本节主要对公立医院绩效考核发展历程及重要意义，加强公立医院绩效考核的政策导向以及公立医院薪酬制度改革进行阐述，从整体上对公立医院绩效考核的工作重点和方向有更清晰的把握。

一、公立医院绩效考核发展历程

公立医院绩效考核是检验公立医院改革发展成效的重要标尺。就其政策出台背景来看，是在医院收入结构不良，医院成本比例升高，内部绩效分配有待优化的现实情况下提出的。

2015—2017年，国家进一步强调建立以公益性为导向的考核评价机制，公立医院绩效考核改革路径日益明晰，考核政策进一步完善，各项配套政策也相继出台。2015年，国家卫生计生委等四部门印发《关于加强公立医疗卫生机构绩效评价的指导意见》，为各地加强公立医疗卫生机构绩效考评工作明确了方向。2019年以来，国家相继印发《关于加强三级公立医院绩效考核工作的意见》《关于加强二级公立医院绩效考核的通知》和《关于加强基层医疗卫生机构绩效考核的指导意见（试行）》，使公立医院绩效管理有了国家标准和明确导向。

公立医院绩效考核是医院发展的内在动力，也是促进公立医院高质量发展的重要抓手，体现了群众的呼声，体现了深化改革要求。

二、公立医院绩效考核的意义

（一）有利于突出公立医院的社会性和公益性

国家对公立医院的绩效考核明确要从社会效益、医疗服务提供的数量和质量、医院的综合管理和可持续发展等多层面、多维度进行，使得不同医院之间的绩效具有可比性，促使公立医院变被动接受考核为主动开展绩效考核，突出公益性。

（二）有利于提升医院医疗质量

质量安全是医院的“生命线”，提供高质量的医疗服务是三级公立医院的核心任务。通过考核医疗质量控制指标、出院患者四级手术比例、抗菌药物使用强度等指标、患者等待时间等指标，推动医院优化服务流程；通过临床路径管理，加强医疗质量管理；通过考核次均费用等指标，控制医疗费用不合理增长，提高医院医疗服务质量；通过考核医疗服务收入占比等指标，引导医务人员提高技术水平，依靠技术和劳动获得阳光收入，推动医院优化收入结构，为薪酬制度改革创造空间。

（三）有利于提高医院运营效率

在医院内实施绩效考核，使医院内部的工作人员更好地配合医院内部各项活动及工作，对工作人员进行更好的管理，从而实现人力资源的优化配置。通过资源纵向流动提升医疗服务体系整体绩效，通过考核资产负债率等指标，引导医院避免盲目扩张、负债经营，降低医院运行风险。

（四）有利于推进医院持续发展

实施医院绩效考核，使医院以往的薪资、福利及人员发展等方面的标准均发生较大程度的改变，实现医院各个方面的改革，促使医院内部工作人员在医院效益提升方面加强重视，实现医院整体效益的有效提升，促进医院可持续发展。

（五）提升医务人员和患者的满意度

公立医院绩效考核紧紧围绕人民群众得实惠、医务人员受鼓舞、医疗事业得发展的目标，更加注重维护公益性，破除逐利机制，引导公立医院回归本位；更加注重调动积极性，让医务人员舒心、顺心、安心地为患者服务；更加注重提升获得感，把增强人民群众获得感、幸福感、安全感作为评判改革的重要标准，让改革发展成果更多更公平地惠及全体人民。

三、公立医院绩效政策导向

（一）客观定量导向

三级医院绩效考核指标以定量指标为主，55个指标中有50个为定量指标，仅有5个为定性指标，且数据收集主要通过大数据信息化实现，减少人为干预、造假等数据失真情况发生的概率。

（二）统一规范导向

为支撑绩效考核工作，国家卫生健康委员会将推行疾病分类编码、手术操作编码、医学名词术语集和病案首页全国“四统一”。国家制定统一标准、关键指标、体系架构和实现路径，以点带面，抓住重点，逐级考核，形成医院管理提升的动力机制。

（三）管理转型导向

通过加大各地推进三级公立医院绩效考核工作力度，引导三级公立医院在发展方式上由规模扩张型转向提质增效，在运行模式上由粗放管理转向精细化管理，资源配置从注重物质要素转向更加注重人才技术要素。需要强调的是，面对政府对公立医院“破除趋利性，回归公益性”的绩效考核加力，预算控制的强度只增不减，以倒逼医院强化绩效考核管理。

（四）增幅控制导向

在费用控制指标体系中，通过门诊和住院患者次（例）均费用增幅控制，衡量医院控制费用不合理增长情况。

（五）质量安全导向

在医疗质量指标体系中，通过合理用药、检查检验同质化等24个医疗质量指标，考核医疗质量和医疗安全，改善医疗服务效果。

（六）降本节耗导向

运营效率体现医院的精细化管理水平，是实现医院科学管理的关键。通过运营效率指标考核医疗资源利用效率、经济运行管理情况以及医疗收入结构合理性，更好地体现医务人员技术劳务价值。

（七）功能回归导向

加强和完善公立医院绩效考核管理，引导三级公立医院进一步落实功能定位，提高医疗服务质量和效率，为人民群众提供高质量的医疗服务。

（八）持续发展导向

公立医院改革和发展要坚持公益性，通过人才队伍建设、教学科研能力、技术应用、科研成果临床转化指标等考核医院创新和持续运行情况。通过评价患者和医务人员满意度，衡量患者获得感及医务人员积极性，也是持续发展提高竞争力的重要体现。

第五节　分级诊疗制度

分级诊疗制度是深化医改中五项基本医疗卫生制度重要内容，是关于医疗服务体系、医疗服务模式和就医秩序的一项基础性、长远性和系统性的制度，对于促进医药卫生事业长远健康发展，提高人民健康水平，保障和改善民生具有重要意义。本节主要通过介绍分级诊疗制度发展的背景及基本内涵，以及医联体和医共体建设在分级诊疗发展中的作用，进一步分析目前分级诊疗实施过程中需要重点解决的问题和发展方向。

一、分级诊疗制度发展背景及基本内涵

（一）发展背景

在20世纪80年代中期，城镇职工在定点医疗机构就诊后回单位报销的做法初步体现了带有计划经济色彩的分级诊疗雏形。随着医保制度改革等变化，逐渐发展为患者可随意跨区域选择医疗机构。特别是随着我国医保报销制度及医疗服务体系放开，居民就诊首选大医院，导致“大医院人满为患，基层医院门可罗雀”，看病难问题凸显，这种不合理的状况又加剧了看病贵的问题。21世纪初期，基层医疗卫生机构萎缩，城市大医院膨胀，“看病难，看病贵”的呼声日益高涨。2009年，新医改开始注重推行分级诊疗制度建设，打破一些地方卫生资源分配不公平的现状，提升基层卫生服务能力，协同城乡医疗卫生服务建设，推动分级诊疗进程，解决我国普遍存在的无序就医现象。2015年，建立分级诊疗制度作为“十三五”时期一项系统全面的战略部署，开始成为深化医药卫生体制改革、建立中国特色基本医疗卫生制度的重要内容。

（二）基本内涵

分级诊疗制度的基本内涵即“基层首诊、双向转诊、急慢分治、上下联动”，实现“小病到基层，大病到医院，康复回基层”的合理就医格局。

基层首诊意味着坚持群众自愿、政策引导的原则，鼓励并逐步规范常见病、多发病患者首先到基层医疗卫生机构就诊。对于超出基层医疗卫生机构功能定位和服务能力的疾病，由基层医疗卫生机构为患者提供转诊服务。双向转诊的内涵在于完善双向转诊程序，建立健全转诊指导目录，畅通患者向下转诊渠道，逐步实现不同级别、不同类别医疗机构之间的有序转诊。急慢分治要求进一步明确和落实各级各类医疗机构急慢病诊疗服务功能，完善治疗－康复－长期护理服务链，为患者提供科学、适宜、连续性的诊疗服务。急危重症患者可以直接到二级以上医院就诊。上下联动则是引导不同级别、不同类别医疗机构建立目标明确、权责清晰的分工协作机制，以促进优质医疗资源下沉为重点，推动医疗资源合理配置和纵向流动。

二、医联体和医共体的建设

医疗联合体建设作为构建分级诊疗制度的重要抓手，目的是要促进人民群众在看病就医过程中实现“基层首诊、双向转诊、急慢分治、上下联动”的分级诊疗格局，让优质医疗资源上下贯通，以医联体之“通”，破解群众看病之“痛”。当前我国医联

体建设已经全面推开，形成了城市医疗集团、县域医共体、跨区域专科联盟、远程医疗协作网4种医联体模式。

按照网格化布局管理，组建由三级公立医院或代表辖区医疗水平的医院（含社会办医院、中医医院）牵头，其他若干家医院、基层医疗卫生机构、公共卫生机构等为成员的紧密型城市医疗集团，统筹负责网格内居民预防、治疗、康复、健康促进等一体化、连续性医疗服务。集团内各医院加强协作，结合实际建设优势专业专科，形成特色鲜明、专业互补、错位发展、有序竞争的发展格局，带动基层医疗卫生机构提升服务能力和管理水平。推进以全科医生为主体、全科专科有效联动、医防有机融合的家庭医生签约服务。加强公立医院公共卫生科室标准化建设，提升公共卫生服务能力。

医联体医共体等整合型服务体系建设核心是分级诊疗，发挥县级医院在县域医共体中的龙头作用。按照县乡一体化、乡村一体化原则，积极发展以县级医院为龙头的紧密型县域医共体。加强县级医院（含中医医院）能力建设，提升核心专科、夯实支撑专科、打造优势专科，提高肿瘤、心脑血管、呼吸、消化和感染性疾病等防治能力，提高县域就诊率，使群众能够就近就医，方便就医，让群众获得全面的服务同时节省医药费用。加强县级医院与专业公共卫生机构的分工协作和业务融合，做实公共卫生服务。加强县级医院对乡镇卫生院、村卫生室的统筹管理，发挥县级医院医务人员对家庭医生团队的技术支撑作用，提升居民健康“守门人”能力。

三、分级诊疗存在的问题和发展方向

（一）存在的问题

首先，我国在看病问题上与过去发生了很大的转变，既不是过去整体上“缺医少药”的问题，也不是简单的“看病难，看病贵”问题，而是看病就医过多集中在大医院，导致医疗成本增高，大医院人满为患，挂专家号难的问题。

其次，患者自愿原则是现阶段分级诊疗应该重点把握的一个问题。由于分级诊疗从制度建设角度看是必须做的，但是我国医疗资源配置不均衡的问题比较突出，目前不具备强制实行分级诊疗的条件，很多配套措施亟待调整和完善，因此，难以像国际上采用强制性的方式推进分级诊疗建设。要想真正落实基层首诊，可以通过医保报销比例差异化、医疗资源均等化等措施，引导和吸引患者能够自愿到基层医疗卫生机构就医。

最后，建立分级诊疗制度是一项复杂的系统工程，涉及能力提升、机制转换、医保支付、价格管理、薪酬制度、信息化建设和监督考核等多个方面政策措施需要完善。

（二）发展方向

明确各层级医疗机构定位，并落实到具体的诊疗工作中。城市三级、二级医院，县级医院及基层医疗卫生机构在明确自己的诊疗范围和功能定位基础上履行各自职责。但实际上受多方面因素影响，在现阶段真正做到严格定准人群，精准服务并非易事。

要深刻认识到分级诊疗的实质是利益格局的调整，特别是医疗机构之间的利益再调整和再平衡。因此，分级诊疗的支持政策要配套，如通过探索基层医疗卫生机构慢性病患者按人头打包付费；继续完善不同级别医疗机构的医保差异化支付政策，适当提高基层医疗卫生机构医保支付比例，合理制定和调整医疗服务价格，落实财政补助政策等方式形成合力，逐步建立科学配置和使用医疗资源以及有序就医的新机制，让患者在分级诊疗制度中获得实惠。

四、整合型医疗卫生服务体系建设

（一）整合型医疗卫生服务体系内涵

整合型医疗卫生服务体系指的是以人的健康为中心，以健康需要为导向，依靠组织管理创新和运行机制转变，贯彻预防为主，以基层卫生为核心开展卫生服务提供，通过人员、机构和制度整合，建立上下联动、横向贯通、无缝衔接的整合型卫生服务体系，公平提供整合连续、优质高效、医防康护养融合的全方位、全周期的健康服务，提高居民满意度，降低医药费用，改善健康水平。

医疗卫生服务体系是医疗卫生的载体，是医疗卫生服务这一特定功能的有机整体。整合型医疗卫生服务要根据群众健康的需要，将健康促进、疾病预防、诊断治疗、护理康复、临终关怀等各种医疗卫生服务及其管理整合在一起，协调各级各类医疗卫生机构为人民群众提供终身连贯的服务。要实现这些要求，就必须大力推进供给侧结构性改革，建立优质高效整合型医疗卫生服务体系，即在需求侧围绕人民群众全生命周期的健康需要，在供给侧以预防为主、以基层为重点、以系统整合为路径，将健康促进、预防、治疗、康复护理、临终关怀等生命全链条的服务整合起来，形成系统完备、布局合理、分工明确、功能互补、连续协同、运行高效、富有韧性的整合型医疗卫生服务体系。

（二）整合型医疗服务体系发展变迁

1. 认识研究期 20世纪50年代中期至60年代中期，医疗资源纵向整合的概念出现于疟疾、天花和性病的控制项目中。1954年，世界卫生组织公共管理专家委员会和特定疾病的控制学习组开始注重研究全球卫生资源“垂直”和“整合”方面的做法和经验。世界卫生组织于1978年召开的阿拉木图国际会议上首次提出“初级卫生保健”

的概念，在初级卫生保健的框架下，医疗卫生资源整合的概念从原先的“卫生服务的功能和人物的整合”发展到充分调动其他部门以及家庭和社区参与健康有关的活动。1984年，世界卫生组织召开会议，讨论了部分国家以孕产妇和儿童健康为切入点开展整合医疗的经验，并建议世界卫生组织和相关国家进一步开展整合医疗的政策实践。

2. 逐步发展期　20世纪80年代起，许多国家发生了重大的健康和政治改革，卫生服务和体系处于不断变化的经济和社会背景中。发展中国家健康问题快速变化，如人口老龄化、慢性病的发病率和死亡率逐步上升等，都对卫生服务提供体系提出了新的要求和机遇，卫生整合越来越受到国家的重视。1994年，WHO呼吁各国重视资源整合，并指出整合医疗服务是组织层面的服务整合，是将某一领域的医疗服务置于一个管理机构、单位内进行组织与管理，地区级别的整合更容易实现，并指出整合是提高系统对人民需求的反应能力以及资源稀缺条件下的必然选择。

3. 快速发展期　中国政府、世界银行与世界卫生组织于2016年发布联合研究报告，提出了构建“以人为本的整合型卫生服务”（people-centered integrated health care，PCIC）的全球战略。联合报告中改革评估报告部分对中国医改下一阶段发展提出了八条建议，第一条建议就是要构建以人为本的整合型医疗服务体系，后面的七条实际上是围绕如何构建这一体系从多方面展开的具体措施讨论。2021年6月，国家发展改革委等四部门印发《“十四五”优质高效医疗卫生服务体系建设实施方案》，提出到2025年，要基本建成体系完善、布局合理、分工明确、功能互补、密切协作、运行高效、富有韧性的优质高效整合型医疗卫生服务体系。近年来，我国城市医疗集团模式、农村县域医疗共同体、紧密型医疗联合体的建设都是对整合医疗资源的积极探索。

第六节　社会办医发展

社会办医疗机构（以下简称社会办医）是我国医疗卫生服务体系的重要组成部分，是满足不同人群医疗卫生服务需求并为全社会提供更多医疗服务供给的重要力量。本节主要回顾了社会办医的发展历程，明确社会办医的定位，分析社会办医的意义，并对目前促进社会办医持续健康发展的关键着力点进行分析阐述。

一、社会办医政策发展历程

20世纪80年代至90年代初为社会办医初探阶段，1980年国务院批准了卫生部《关于允许个体开业行医问题的请示报告》，确立了个体行医的合法地位，填补了农村地区由于合作医疗保健制度解体带来的服务空白，并对个体行医作出具体政策规定，确定了以各种形式的责任制为主的改革政策，允许个体有偿提供医疗服务。这些政策措施标志着民营医疗机构已经正式成为我国医疗卫生服务体系的组成部分，医疗服务市场已初步向社会资本开放，我国民营医疗机构初步发展。

20世纪90年代至21世纪初期，为促进社会办医市场化发展，国家允许多渠道筹集资金，放宽卫生技术劳务政策，进一步明确国家扶持医疗机构的发展，逐步将社会办医定位为医疗卫生服务体系的补充力量，提出了企业医院社会化改革的途径，鼓励部分原企业医院改制为民办医院。2000年7月，相关政策明确了外资持股比例可超过50%，规定设立的中外合资、合作医疗机构投资总额不得低于2000万元人民币；中资所占的股权比例或权益不得低于30%，外资获得了可以控股的地位。2007年，党的十七大报告提出“实行管办分开、营利性和非营利性分开，鼓励社会参与”，再次明确了鼓励发展非公有医疗卫生机构的总体方向。这一时期初步形成了我国社会办医管理的制度框架，确定了社会办医在医疗服务体系的地位，社会办医开放领域逐渐拓宽，政策环境得到改善，激发了社会资本办医的热情。

自2009年深化医药卫生体制改革以来，多项政策文件明确指出鼓励和引导社会资本发展医疗卫生事业，助推形成投资主体多元化、投资方式多样化的办医体制，社会办医进入快速发展阶段。通过不断积累经验，大力引入社会资本，着力扩大供给、创新服务模式、提高消费能力，社会办医逐渐成为健康服务业发展的核心领域之一。2013年，国务院印发《关于促进健康服务业发展的若干意见》，提出非禁即入、内外资本一视同仁等原则，逐步扩大具备条件的境外资本设立独资医疗机构试点，实现重要政策突破。随后国家印发相关文件，进一步放宽准入、简化审批流程、促进资源流动和共享等。国家从规划、准入、融资、土地、税收、医保、人事、学术环境等方面出台了一系列的政策，放宽多方面的政策限制，改善社会办医的执业环境，扶持社会办医的发展。总体来看，社会办医政策导向愈发明确，政策内容更加具体，在调动社会资本办医热情方面发挥了显著作用。

二、社会办医的定位

社会办医是医疗服务体系的重要组成部分和有益补充，与公立医疗机构共同构成完整的医疗服务体系。国家有关政策立足社会办医发展实际，坚持以问题和需求为导向，以深化“放管服”改革为主线，从加大政府支持力度、简化审批服务等六个方面入手，提出22项政策措施，要求拓展社会办医空间，社会办医区域总量和空间不作规划限制。新增或调整医疗卫生资源时，优先由社会力量举办或运营有关医疗机构，鼓励社会力量在康复、护理、精神卫生、安宁疗护等短缺专科领域举办非营利性医疗机构，推动向高水平、连锁化、集团化方向发展，引导社会力量举办、独立设置医疗机构，加强规范化管理和质量控制，提高同质化水平。探索社会办医和公立医院开展多种形式的合作。诊所设置不受规划布局限制，实行备案制管理。

三、社会办医的意义

促进社会办医，是深化医药卫生体制改革的重要举措，是医疗卫生领域供给侧结构性改革的重要抓手，是健康中国建设的重要内容。当前，社会力量广泛进入了医疗卫生领域，并面临新的重大发展机遇，社会办医必将对满足人民群众健康需要产生重要作用。首先，促进社会办医有助于满足城乡居民多层次医疗卫生服务需求。我们需要意识到要满足人民群众日益丰富的健康需求，必须更加全面和充分地利用好全社会资源，增加医疗卫生服务供给，对政府办医形成补充。其次，促进社会办医可以激发公立医疗机构发展活力。当前，社会办医和公立医院共同发展，各有侧重。促进社会办医，一方面可以增加政府在医疗卫生服务提供主体上的选择面，形成多元化的提供主体；另一方面，通过优质社会办医的专业性和灵活性来增强市场竞争，增加公立医疗机构改进运行管理、降低运行成本的动力。再次，促进社会办医有利于提升医疗卫生服务资源整体利用效率。医疗卫生事业发展水平的提高有赖于资源利用效率的提升，资源紧缺和资源浪费现象并存。促进社会办医，有助于在各个环节整合并优化各类人才、医疗用地、设备等资源配置，做大增量，盘活存量，通过专业化合作和先进管理技术促进资源利用效率的提升。

四、促进社会办医发展的关键着力点

（一）加大政府支持社会办医力度

目前，我国主要从拓展社会办医空间、扩大用地供给、推广政府购买服务和落实税收优惠政策等方面加强政府对社会办医的支持力度。

（二）简化准入审批服务

深入推进“放管服”，主要从提高准入审批效率、规范审核评价、放宽规划限制、实行诊所备案管理等方面简化准入审批服务。

（三）公立医疗机构与社会办医分工合作

主要通过发挥三级公立医院带动作用、探索医疗机构多种合作模式、拓展人才服务等多种渠道加强公立医疗机构与社会办医机构之间的合作；鼓励社会办医加入医联体，支持公办和社会办医按照平等自愿原则组建专科联盟，支持社会办医参加远程医疗协作网，提高社会办医机构诊疗服务能力。

（四）优化运营管理服务

主要从优化校验服务和职称评审、提升临床服务和学术水平、加大培训力度等方面提高社会办医机构管理服务水平。

（五）完善医疗保险支撑政策

通过优化医保管理服务、医保支持社会办医发展“互联网+医疗健康”服务、发展商业健康保险增加社会办医服务购买力度等改革政策，进一步优化社会办医的医保支撑政策。

（六）完善综合监管体系

切实贯彻“谁审批、谁监管，谁主管、谁监管”和“双随机、一公开”原则，卫生健康行政部门和有关部门根据医疗卫生行业综合监管部门职责分工，严格落实部门监管责任，并将社会办医纳入医疗质量监测体系，建设完善医疗服务监管信息平台，建立医疗服务全程实时监管机制，监管结果及时反馈医疗机构，并以适当方式向社会公布以加强医疗质量管理。

本章小结

1. 医院管理经历了传统管理与医院改革两个阶段。传统管理阶段主要介绍中华人民共和国成立初期计划经济时代的医院管理相关政策体系，医院改革阶段则是自改革开放以来对医院管理包括外部治理、内部管理的有益探索。

2. 现代医院管理制度是指在新型的公共管理框架下，能够适应社会发展需求，保障医院公益性质、改善医院管理能效的系统化、规范化的外部制度安排和内部制度设计。应从宏观层面上的外部治理机制和微观层面上的医院内部管理制度把握现代医院管理制度的内涵。

3. “十四五”时期是我国卫生健康事业高质量发展的关键期，我国公立医院高质量发展面临着新的机遇和挑战，应关注如何实现公立医院“高质量发展”。区域医疗中心、临床重点专科建设对医院高质量发展具有重要意义。

4. 公立医院绩效考核主要目的是实现医疗水平、运营管理水平、医务人员及患者满意度的综合提升，保障医院的可持续发展。我国公立医院绩效考核坚持公益性导向，对提高职工工作积极性，促进医院管理有效开展，提升医院效益具有重要意义。

5. 分级诊疗制度内涵即基层首诊、双向转诊、急慢分治、上下联动。目前分级诊疗制度在顶层设计和体系建设方面逐步完善。但同时要注意分级诊疗发展过程中还需要解决患者就医意愿，注重提升基层医疗机构服务能力，探索使大医院真正做到“愿意放”等问题。

6. 促进社会办医是深化医药卫生体制改革的重要举措，但仍需要注意目前社会办医服务能力水平总体不高，医疗技术、学科水平、服务质量、品牌声誉等方面存在短板等问题，亟须进一步完善政策措施，加大对社会办医的鼓励扶持和促进规范发展的力度。

（阮小明）

第十九章 基本药物政策

学习目标

1. 掌握 基本药物政策的价值、目标和核心内容。
2. 熟悉 基本药物政策基本分析框架与工具。
3. 了解 基本药物政策研究前沿。

基本药物政策（essential medicine policy，EMP）涵盖有关基本药物管理的目标、策略、措施、法规等，在国际范围内广泛实施，受益人群众多，其价值理念与方法在发达国家也运用广泛。

第一节 概 述

重点介绍基本药物政策概念与价值发展、政策目标与核心政策、政策工具与前沿。

一、基本药物政策的概念、价值与实施

（一）基本药物政策概念

2002年，世界卫生组织（World Health Organization，WHO）定义基本药物（essential medicine，EM）为能满足人群基本健康需要，根据公共卫生现状和有效性、安全性及比较成本效果证据遴选的药品，且在任何时候均能提供数量充足、剂型合适、价格可承受，能保证绝大多数人获得基本医疗保健所必需的安全有效的药物。一般纳入医疗保险报销范围。我国将基本药物定义为：适应基本医疗卫生需求、剂型适宜、价格合理、能够保障供应、公众可公平获得的药品。

基本药物政策是指根据基本药物遴选、生产、流通、使用、定价、报销、监测评

价等环节制定的，有利于促进药品可及性、质量安全及合理用药的有关政策、措施、法律等。其具有政策内容广泛、政策目标宏大的特征。

（二）基本药物政策的价值与实施

WHO认为，基本药物政策是初级卫生保健的重要组成和全民健康覆盖的主要支柱，是维护健康这一基本人权必不可少的前提。WHO基于不断增长的药品高额消费、患者的经济负担、更加严重的药害，以及地区间医疗卫生服务的不公平和卫生资源的低效率使用，于1975年开始向一些国家推荐基本药物政策，特别是发展中国家，并于1981年建立了基本药物行动委员会。其目的是既满足广大人民群众防病治病的需要，又使国家有限的卫生资源得到有效的利用，达到最佳的社会效益和经济效益。WHO倡导的基本药物政策效果显著，早在1999年，已有156个国家建立了以国家基本药物目录（essential medicine list，EML）为核心的基本药物政策。

WHO最初将基本药物政策推荐给一些基础较为薄弱、药品生产能力低的国家，使它们按照国家卫生需要，尽可能遴选与使用质量和疗效都有保障的基本药物。随着基本药物政策内涵的不断发展，其促进公平与效率、减少药害等价值理念被广泛应用于全球范围内卫生人员的培训、医疗保险费用的支付、临床合理用药的指导、标准化治疗指南的制定、药品的生产供应、药品的质量保证、初级卫生保健的建立、药品的捐赠、药品上市后的监测、抗感染药物的耐药监测等方面。

随着基本药物政策在全球范围内推广，其为许多国家或地区合理配置药品资源，保障居民安全、可及、有效、合理地使用药品提供了坚实的基础，尤其在中国的实施极具特色与成效（详见第二节至第四节）。

二、基本药物政策的目标与核心内容

（一）基本药物政策的目标

WHO界定基本药物政策（包括传统药物）的目标是使其成员国，特别是使发展中国家大部分人口得到基本药物供应。具体目标如下。

1. 保障基本药物的可获得性、可及性与可负担性 可获得性（availability）指卫生服务的存在性，如生产企业是否生产基本药物、流通企业是否经营、医院是否购买或拥有存货，以及医师是否开具处方及相关技能。可及性（accessibility）指卫生服务需方实际获取或利用卫生服务的能力，如患者和医院获取基本药物的途径是否存在知识、经济或体制性的障碍。可负担性（affordability）指保证药品价格的合理性，使其控制在广大群众可承受的范围。

2. 保障基本药物质量（quality） 保障基本药物质量包括保证所有基本药物的质量、安全（safety）和有效性（efficacy）。

3. 促进基本药物合理使用 促进医疗专业人员的良好诊疗，促进消费者使用具有成本效果较好的药物。中国基本药物政策目的是全面带动药品供应保障体系建设，着力保障药品安全有效、价格合理、供应充分，缓解“看病贵”问题；促进上下级医疗机构用药衔接，助力分级诊疗制度建设，推动医药产业转型升级和供给侧结构性改革。

（二）基本药物政策的核心内容

国际范围内基本药物政策的核心内容为基本药物目录及其遴选。中国实施的基本药物政策核心内容最为系统与广泛。为强化基本药物“突出基本、防治必需、保障供应、优先使用、保证质量、降低负担”的功能定位，完善的基本药物政策核心内容涉及基本药物的遴选、生产、流通、使用、支付、监测等环节，详见图19-1。

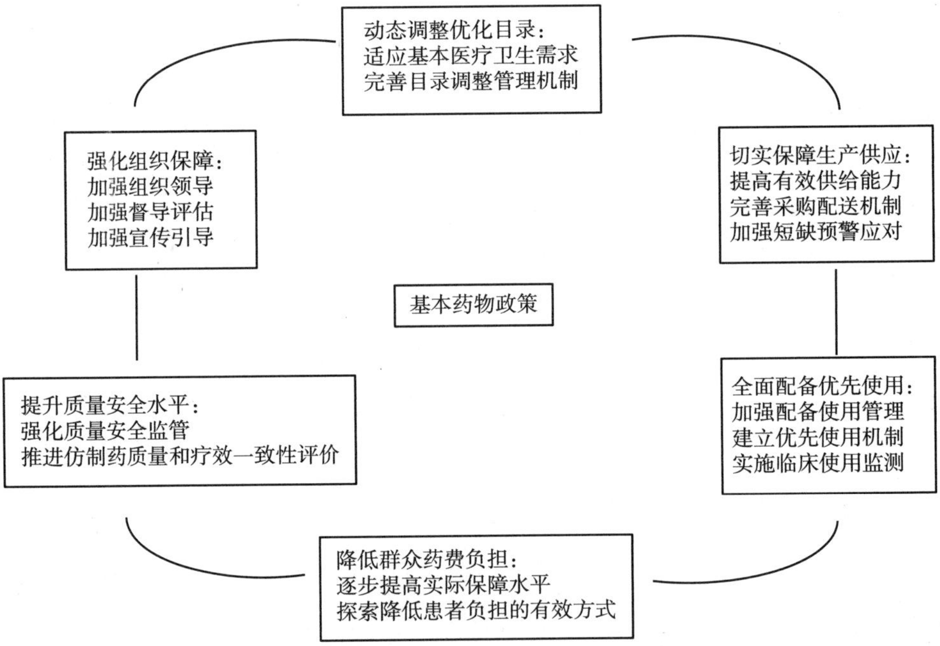

图19-1 中国基本药物政策的核心内容

三、基本药物政策的分析框架与工具

在基本药物政策分析中经常会使用国家药物政策的分析框架开展分析，以下重点介绍药物政策元素与目标的分析框架、药物政策的评估指标体系、政治绘图法、基本药物政策分析工具，如WHO/国际健康行动机构（WHO/Health Action International，WHO/HAI）标准调查法等。

（一）国家药物政策元素与目标的分析框架

该框架涵盖国家药物政策的关键元素、主要目标及其关系（表19-1）。值得关注的是，每个关键元素可能与多个目标相关，但是联系程度不同。实施相关政策时，应根据确定的主要政策目标，重点实施相对应的政策元素。

表19-1　国家药物政策关键元素与政策目标的关系框架

关键元素	目标		
	可获得性	质量	合理使用
基本药物的遴选	+++	++	++
提高药品的可负担性	+++	+	+
可持续性的药品筹资机制	+++	+	+
药品供应系统的建立	+++	+	++
加强药品管制	++	+++	++
促进药物合理使用措施	++	+	+++
加强人力资源开发	++	++	++
监测和评估	++	++	++

注：+越多表示该元素与政策目标关系越密切。

（二）国家药物政策的评价指标

分别重点介绍国家药物政策及基本药物政策的综合评价指标体系。

1．国家药物政策的评价指标（indicators for monitoring national drug policies） 由WHO开发的此评价指标体系主要用于评估各个国家药物政策的制定、实施情况，包括以下三个方面（表19-2）

表19-2　国家药物政策的评价指标

评价指标	具体指标
结构指标	立法和管制
	基本药物选择及药物注册
	卫生预算和公共部门筹资政策中的药物分配
	公立部门药品获得程序
	公立部门药品分发和后勤保障

续　表

评价指标	具体指标
过程指标	立法和管制
	基本药物遴选和药品注册
	卫生预算中的药品资源分配和公共部门筹资政策
	公共部门药品获得程序
	公共部门药品分发和后勤保障
	价格政策
	药物使用信息和继续教育
结果指标	基本药物有效性
	基本药物的可负担性
	药品质量
	合理用药

2. 基本药物政策的评价指标　有学者基于基础工作–实施过程–既定目标三个层面设计了基本药物政策评价指标体系，主要内容如下。

基础工作：①资金投入，如专项资金、财政补贴占比及到位周期等；②组织机构健全与责任分工明确占比、协调工作会议及宣传/培训次数等；③制定政策文件，如基本药物政策考核指导意见、奖惩细则、基本药物价格表单、基本药物采购和配送方案、报销政策文件等。

实施过程：包括基本药物的①遴选和目录管理；②定价；③生产经营质量保证，包括开展全品种电子监管工作、季度抽检合格率等；④采购和配送，包括医疗机构药品集中招标品种数占目录品种数的比例、采购量及降价比例、平均交付时间等；⑤使用包括使用量占比、收入占比等。

既定目标：包括基本药物的①可及性如品种数、库存量占比等；②可负担性，包括医保报销比例、人均药费、费用占比等；③合理使用，包括配备《中国国家处方集》和标准治疗指南（Standard Therapeutic Guidelines，STGs）占比、处方点评不合格率、门诊及住院抗菌药物使用率与使用强度等；④群众满意度。

以上指标体系在中国实施基本药物制度的评价中发挥了积极作用。

（三）政治绘图法

政治绘图法（political mapping）以描述、解释、说明为目的，核心内容有：描述政策可能导致的后果、资金管理、利益冲突和关系网；帮助解释过去的一些特殊决定是如何达成目标的，以及为什么能够达成；帮助决策者管理政策的制定和实施。其六个步骤如下。

1. 政策效果分析 主要从4个方面描述药物政策的效果，即效果的大小、特征、强度、持续时间。

2. 制作方位图 根据药物政策的支持者和反对者的情况绘制方位图。可能的利益集团包括国际部门、政治部门、政府部门、私人部门、非政府部门、社会部门等。

3. 进行资金管理分析 在方位图基础上，确定各利益集团的主要利益、目的以及各组织优先考虑的利益。

4. 进行政策网络分析 目的是识别组织和个人之间正式或非正式的关系。

5. 转变态势分析 目的是对负责政策实施的组织、整体组织环境以及组织在更广阔的政治环境中发生的种种变动，能够加以识别和分析。

6. 变革策略分析 根据象征性的、积极的和消极的策略，分析可能应该采取的对策，以改变或影响政策制定过程和结果。

由哈佛公共卫生学院创立的政治绘图已经被运用于一系列卫生政策及药物政策问题的分析中。事实证明，该方法能够迅速发现问题，增进利益集团之间的交流，帮助决策者确定政策实施的有效策略。

（四）基本药物可获得性标准调查法

为详细了解各国家或区域间药品可获得性情况，WHO和国际健康行动机构开发了一套评估操作手册，了解药品可获得性、各个环节价格变化、可负担性以及促进药品可获得性的政策建议等。已经有中国、加纳、菲律宾、肯尼亚、南非、尼日利亚等国家使用该方法调查了本国基本药物可获得性并进入了监测数据库，在翔实的数据基础上，更好地探索适合本国的国家基本药物政策，提高药品可获得性。该方法要点如下。

1. 调查对象抽样与调查方式 机构抽样是使用多阶段抽样/分层随机抽样方法抽取一定地区的一定数量的不同等级的医疗机构，以及距离选定医疗机构距离最近的零售药店。处方抽样是在所调查的医疗机构中，按照机械抽样的方法抽取一定时间段内的门诊处方（中草药和仪器检查、化验等非用药处方除外）。

主要采用问卷调查和处方分析的方式收集调查数据，其中问卷内容主要涉及调查药品目录中原研药和对应的最常用的国产仿制药的生产厂商、实际规格、剂型、采购价格（零售药店除外）和零售价格。

2. 调查药物 基本药物调查目录包括核心目录和补充目录。核心目录（core list）是由WHO遴选出的世界范围内基本医疗保健所需的最基本、最常用的药物，并且是最安全、有效、价廉的药物。补充目录（supplementary list）是指治疗优先重点疾病的基本药物，要有专门的诊断或监测设施、专科服务或医师经培训后使用，具有较高费用或较低成本效果的药物也可被列入（详细药物目录及筛选方法见国际健康行动机构网站）。

3. 评价指标 药品可获得性：计算方式为供应和使用某种药品的医疗机构数占所

调查的医疗机构数的比例，即供应药品机构的比例数。在评价可获得性指标时，当规格与WHO/国际健康行动机构推荐的核心目录不一致，则计算为补充目录，若在国际参考价格中没有对应规格的价格，可获得性计算为0。在中国所注册的剂型和规格远远多于国外的情况下，有可能遇到有该药品却被计为0的情况。

中位价格比（median price ratio，MPR）：MPR=某一药品单位价格的中位数/对应的国际参考价格。国际参考价格（international reference price，IRP）是指WHO/国际健康行动机构标准化价格调查手册中推荐的卫生管理科学组织（Management Sciences for Health，MSH）提供的《2006年药品价格指南》中的国际参考价格。

药品费用的可负担性：指标是指参照WHO示范处方集（*WHO Model Formulary*，*2002*）和英国国家处方集（*British National Formulary*，*2007*）中示范的药物治疗标准，计算在标准疗法和标准剂量下，药物治疗费用占当地政府非熟练工人（unskilled government worker）的日均收入的比例。

第二节　基本药物的遴选及目录

基本药物遴选及基本药物目录是最核心、最成功的基本药物政策内容，也存在复杂的前沿问题。

一、基本药物遴选

重点介绍基本药物遴选原则、遴选程序、遴选方法问题。这些在基本药物遴选、医保药物遴选、医院处方药遴选等领域运用广泛，欧美等国也普遍使用。

（一）基本药物遴选原则

1. 基本原则　WHO的原则包括：安全和有效；同类药物中具有成本效果优势；有一定的生产和储存条件；有药代动力学的优势，如质量和生物利用度好且稳定；单体的化合物，如果是复方制剂，应有临床效果和安全性证据，使用依从性好，对疟疾、结核和HIV/AIDS疾病的药物应考量减少耐药性。

2015年《国家基本药物目录管理办法》确定国家基本药物遴选原则：防治必需、安全有效、价格合理、使用方便、中西药并重、基本保障、临床首选和基层能够配备。

2. 具体原则　主要包括：①治疗某病的首选药。②同类药物中只选药效最好者。③虽属于同类但适应证不同的药物则分别保留其代表性药物，如头孢菌素类可同时保留第一、第二、第三代的代表药。④同类但药效近似者则选价格低廉者。⑤同种类但剂型不同，药效近似时则限制使用昂贵剂型。⑥作用原理不同的药物均可保留以适应不同情形下使用。⑦在任何时候都应有合适的数量以保证供应。⑧在评价药品价格时，必须考虑整个疗程的费用，而不限于只考虑药品本身的单价。⑨必须要有合适的剂型和适宜的包装，适用于不同层次（规模）的医院使用，以方便医患双方，同时还需有运输和储藏便利的考虑。⑩当两个或更多的药品都符合以上要求时，则需科学地评价它们之间的相对有效性、安全性、价格、质量稳定性和可获得性。⑪除少数西药（在我国还包括中成药）外，基本药物应以单一化合物处方为主，遴选固定构成比的复方仅限于在疗效、安全性或依从性上优越于各单方分别用药时，或当某复方中每一单方的剂量均能满足一个限定人群的需要时。⑫基本药物既要保持相对稳定又并非一成不变，它与一定时期内的药品生产和使用紧密相连，并在临床实践中不断发展与完善，如某新药确有优点，可调入基本药物中，并可淘汰那些优势已不明显的药物。

（二）基本药物的遴选程序

1. WHO-基本药物的遴选程序　WHO制定的基本药物遴选程序包括基本药物的调入、变更或调出申请。

药品的调入比较复杂，需通过WHO的相关部门提交申请到专家委员会的秘书处，申请调入需要根据WHO遴选原则及要求提供详尽的资料，并按照规定的流程进行申请（图19-2），且所有申请都将在WHO网站上公示。

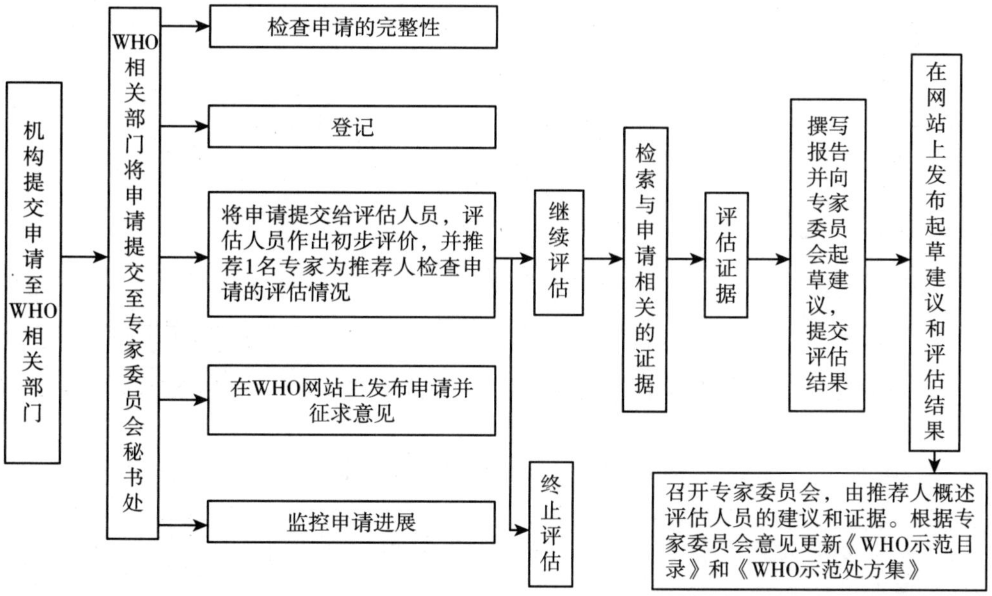

图19-2　申请调入《WHO示范目录》的流程

药品的调出申请可以由专家委员会、个人或机构提出。主要情形包括：①疗效、安全性或成本–效益等方面已有更好的品种可以替代。通常申请调入品种与申请调出相关的同类品种同步。②被药品管理机构撤销的品种。③WHO《临床标准治疗指南》不再推荐的品种。④很少使用或很少从国际供应机构如联合国儿童基金会购买的品种。⑤临床使用中疗效、安全性在不同使用情况下要特别关注的品种。⑥对于上市使用多年又很难找到临床有效性、安全性证据的老药，可通过“调出程序快速通道”修订。

符合情况的调整品种的详细情况、调出证据等都需在专家委员会召开之前在WHO网站上公示并广泛征求意见。

2. 我国基本药物的遴选程序 我国基本药物遴选程序尽可能与WHO保持一致，目录遴选很有特色，主要程序如图19-3所示。

（三）基本药物的遴选方法与研究前沿

1. 基本药物遴选方法

（1）组建专家组：建立基本药物遴选专家库，随机抽取专家成立“咨询专家组”和“评审专家组”。咨询专家不参加评审工作，评审专家不参加咨询工作；咨询专家组对药品进行技术评价，提出遴选意见，形成备选目录；评审专家组对备选目录进行审核投票，形成最终目录。

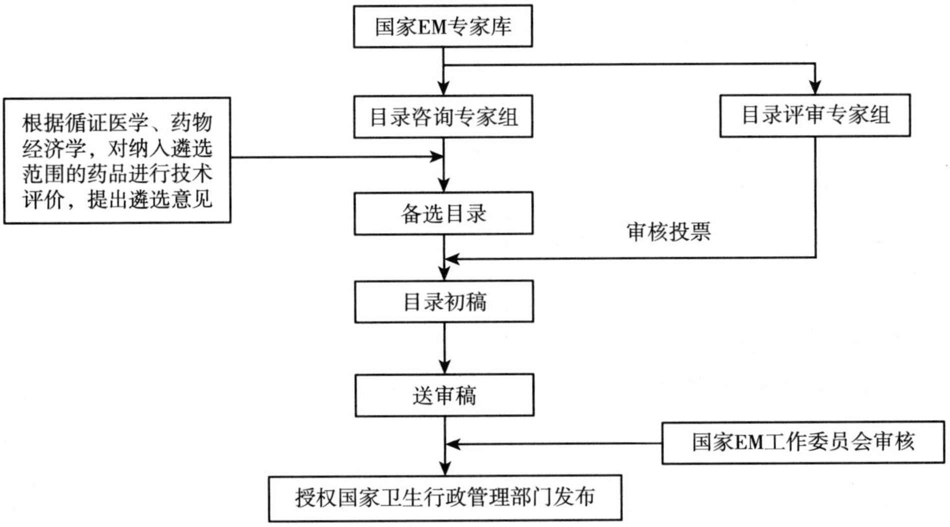

图19-3 我国基本药物遴选流程

（2）专家委员会：召集专家集中在一段时间对投标项目进行评审的方法。WHO的基本药物遴选采用此法。

（3）循证评价法：是一种依靠收集大量文献资料作为证据来源，再根据统计学原理进行分析与论断的方法，强调系统、全面地检索证据，科学、客观地评价证据，以及合理地使用证据。在我国，循证评价在药物遴选领域的应用从2003年开始起步，后写入基本药物制度政策中，国家鼓励科研机构和社会团体进行循证评价的研究。

（4）药物经济学方法：是用费用、成本、效益等指标来评价和比选候选项目的方法。研究主要集中在成本效果判断准则上，也有最小成本分析的应用。

（5）层次分析法：是将研究事物有关的元素分解成目标、准则、方案等层次，在此基础上进行定性和定量分析的决策方法。虽然层次分析的遴选模型已有论著，但是对具体药物的遴选还没能示范和评价。

（6）背包模型法：背包模型是一种数学规划模型。理论上背包问题尽管结构简单，至今没有找到数学上的“有效”算法，但是使用动态规划、遗传算法等方法可以得到最优解，求解过程一般需要先量化和收集模型需要的各种数据，然后采用上述算法并借助计算机求解。可见基本药物的遴选方法还有很多值得研究的前沿问题。

2. 基本药物遴选的研究前沿

（1）遴选的公开透明化：2003年，WHO示范目录的遴选过程向公众全面开放，包括公开基本药物目录修订、流程、证据等，专家、企业、公众都可以参与其中，对目录变更申请发表评论、监督遴选工作，以保证遴选过程透明和遴选结果的说服力。我国也做了相关努力，但在相关信息的公开与保密之间如何平衡，且利益相关集团和学者对如何增加透明度众说纷纭，相关措施还需要进一步研究。

（2）建立常态化用户反馈机制：WHO在基本药物遴选审评过程中，专家委员会收集各方对评估报告的意见，并对评估意见进行讨论和审定、反馈，同时如果需要，即立项研究，并优化遴选流程。我国需要建立日常的逐级反馈通道，形成自下而上的常态化用户反馈机制，为目录调整不断收集证据。

（3）建立遴选证据库，并保持不断更新：基本药物遴选需要建立药物质量、有效性、安全性和经济性的证据库，并不断更新证据，为基本药物循证遴选提供基础信息和条件。WHO保持常规的基本药物安全、有效、经济等数据提交与审核。因此，可借鉴Cochrane图书馆、国际健康行动机构数据路等建立我国的基本药物（尤其是中医药）证据库，包括经济学评价数据；同时在保证专利基础上，探索基本药物相关证据的共享平台，为基本药物循证遴选提供科学证据。

（4）部分收录药物存在安全隐患：我国基本药物目录中成药品种数量多，且个别品种也还存在一定安全隐患。

二、基本药物目录

基本药物目录是《国家基本药物目录》制剂品种目录的简称。WHO-基本药物目录影响巨大，中国版基本药物目录（C-EML）实施最为广泛。

（一）WHO示范目录

自1977年WHO公布第一版基本药物目录后，其每隔2年对目录进行一次修订，2021年WHO已经发布了22版基本药物目录，历年目录药品数量分别为204、235、243、263、280、293、300、301、310、317、322、341、331、319、337、352、358、374、409、433，460，479。WHO-基本药物目录品种数量及剂型规格数量呈逐年递增趋势。WHO于2007年制定了《WHO儿童基本药物示范目录》，2021年发布第8版。

（二）我国基本药物目录

1979年，我国开始制定基本药物目录，1982年公布第一版目录西药部分。1992年，由多部门领导和专家成立国家基本药物遴选小组，开展基本药物遴选工作，制定了遴选原则，规定目录每两年调整一次。1995年完成了遴选工作，随后调整了5次目录，其中基本药物目录药品数量都超过2000种，见表19-3。

2018年发布最新版本有五个特点。一是增加了品种数量，能够更好地服务各级各类医疗卫生机构，推动全面配备、优先使用基本药物。二是优化了结构，突出常见病、慢性病以及负担重、危害大的疾病和公共卫生等方面的基本用药需求，注重儿童等特殊人群用药。三是进一步规范剂型、规格，这对指导基本药物生产流通、招标采购、合理用药、支付报销、全程监管等将具有重要意义。四是继续坚持中西药并重，增加了功能主治范围，覆盖更多中医临床症候。五是强化了临床必需，目录调整新增的药品品种中，有11个药品为非医保药品，主要是临床必需、疗效确切的药品。

表19-3　历年中国版基本药物目录的药品数量

年份	化学药	中成药	总计数量
1981	278	未遴选	278
1996	699	1812	2511
1998	740	1570	2310
2000	770	1249	2019
2002	759	1242	2001
2004	773	1260	2033
2009	205	102	307
2012	317	203	520
2018	417	268	685

（三）中国与WHO基本药物目录的差异与启示

1. 中国版基本药物目录与WHO-基本药物目录差异

（1）目录差异：从目录构成上，中国版基本药物目录体系由国家基本药物目录构成，原则上，各地不增补药品，少数民族地区可增补少量民族药。WHO-基本药物目录体系由核心目录和补充目录构成。不同之处：WHO补充目录药品是只能在一定条件下使用的，并有可能随着医疗条件的改变而调入核心目录的药品；中国版基本药物目录包括中成药类别；WHO将儿童基本药物单列为一份目录。

（2）药品种类：WHO-基本药物目录与中国版基本药物目录两者的药品种类之间存在很多动态的、细小的差异，如WHO-基本药物目录（2011年版）中有213种药品未被中国版基本药物目录纳入，这些药品主要为抗微生物和肿瘤及临终关怀治疗等住院临床药物。此外，中国版基本药物目录未收录WHO-基本药物目录中消毒和防腐剂、腹膜透析和新生儿护理类别的药品。WHO-基本药物目录两年一次的修订中会根据已有证据，决定将具有潜在安全隐患或可以被同类药品替代的药物从示范目录中剔除。中国版基本药物目录仍收录部分已被WHO-基本药物目录剔除的药品。

（3）使用限制：WHO的儿童基本药物目录有针对儿童年龄或体重用药限制，中国版基本药物目录中未标注，例如，作为常用注射剂类药品的溶媒，中国版基本药物目录收录有5%、10%、25%、50%葡萄糖注射液20ml、100ml、250ml、500ml、1000ml，但没有收录更适合儿童使用的50ml，易造成浪费，出现将不适合该年龄段儿童使用的药物误用，导致药物不良事件的发生。

2. WHO-基本药物目录对中国的启示

（1）增加儿童基本药物及目录完善：纳入方便儿童服用的药物规格及剂型，保障儿童的用药安全，是目前亟待解决的问题。至少应该纳入WHO-基本药物目录儿童药品分类与药品品种的中国缺失项。此外，在遴选儿童基本药物时，注意有使用限制的药物，标注其适合使用的年龄（或体重），同时使用限制需有足够、有效的证据作为支撑。

（2）结合证据，及时更新：中国版基本药物目录更新不及时与临床实际使用脱节，使得基本药物目录的指导作用缺失。例如，比索洛尔的有效性、安全性及成本-效益分析等相关证据得以证实，比索洛尔较其他β受体阻断药在疗效和价格方面都具有优势，在第16版的WHO-基本药物目录中，比索洛尔就被列入心绞痛、心律不齐、降高血压及心力衰竭的治疗，第18版的WHO-基本药物目录中依然沿用；而2012版中国版基本药物目录始终未涉及此品种，直到2018年版《国家基本药物目录》，该品种才被纳入。

案例讨论

【案例】1977年WHO制定了第一版基本药物目录，2007年发布了第一版儿童基本药物目录。根据WHO统计，2017年实施基本药物制度的国家在137个左右，覆盖总人口约有50亿。各个国家基本药物目录的药品数量中位数为310个，WHO目录药品数量为486个，1000多种适应证。WHO的基本药物目录筛选过程具有几个特点：几种治疗等效的生物仿制品同时列入，提高市场竞争率；纳入一些新的抗癌治疗和免疫调节剂治疗慢性炎性疾病；纳入取得自愿专利许可证的药品，提高艾滋病、丙型肝炎、结核病等专利药品可及性；提出疗效、安全性或者成本效益最优的药品，鼓励各个国家应用；重视循证医学的证据等。

【讨论】如何完善我国的基本药物目录以及基本药物目录的定位？基本药物仅是便宜药品吗？一些创新药物纳入的逻辑是什么？

第三节　基本药物采购与生产模式

基本药物集中采购和定点生产由来已久，相关政策发展迅速，中国的实施经验尤其丰富。

一、基本药物采购模式

（一）国际模式

药品采购模式按照采购主体的不同，分为：①以卫生部门为采购主体模式。以南非为例，由公共部门药品采购联合机构进行核心目录药品的统一招标和价格谈判，医疗单位可以直接与药企进行下单买卖，并在基层医疗机构向人民群众免费提供基本药物。紧急情况之下获得目录外的药品（补充目录）也有一套标准及规定要求。②以医疗机构为采购主体模式。以日本为例，采购主体为各级医疗机构、其附属机构或代理机构。医疗机构根据自己的药品需求情况从供应商处采购需要的用量。日本实行了药品分销制度，即药品是通过医药代表进行谈判，不直接面向医疗机构本身，再辅之以一整套的完善成熟的物流配送体系。③以第三方为采购主体模式。以美国为例，施行医药分开的政策，医疗机构专攻于疾病的诊治，而药品的采购流通配送主要是通过批发和零售渠道进行的，药品的流通主要是由少数的几大药品厂商所控制，保障了质量和衔接。医疗机构一旦选定了相应的合作企业，就不再从其他生产商进行采购，企业通过优质的服务来保障利润的可持续性，并且承担着质量保障的责任。以上国际主流模式的实施为保障世界各国药品供应发挥了积极作用。

（二）国内模式

我国基本药物以集中采购为主的模式极具特色，其中“4+7”集中采购模式实施广泛，影响巨大，在降低药价、保障质量、规范流通秩序方面，尤其对药品生产配送企业的优化整合起到了较大的促进作用。

“4+7”集中采购模式是国家组织的以4个直辖市（北京、天津、上海、重庆）和7个副省级城市（沈阳、大连、厦门、广州、深圳、成都、西安）共11个城市作为试点地区，对药品进行大规模的集中采购的模式，随后其他25个省份参与扩围。该模式坚持“国家组织、联盟采购、平台操作”的总体思路和工作机制；坚持带量采购、招采合一、确保使用；坚持高质量标准，将通过质量一致性评价作为仿制药入围的条件。同时，完善中选规则，增加中选企业数量，引导企业有序竞争，确保试点长期稳定实施。成效方面，仅2018年该模式采购结果显示，中选品种药价平均降幅52%，最大降幅达到96%。扩围后试点药品采购价格进一步下降，平均降幅25%。

目前有一些问题值得关注。第一，存在垄断风险。“4+7”集中带量采购对非原研、非中标企业而言，“无量降价”难以回收成本，而自身品牌效应也难以与原研企业竞争集采份额外的零散市场，一些优秀中小型企业可能无法生产与发展。第二，部分促成我国已过专利期原研药和仿制药的价格联动。部分国家和我国部分地区均已形成了原研药首发定价、首仿药按比例降价、已过专利期原研药与仿制药联动调价的完整的医保支付标准制定及动态调整链的建设。但目前，我国尚未建立完善的药品医保支付标准及动态调整机制。第三，在一定程度上不利于创新药研发和生产企业为进一步研发创新获得合理的回报。可见，“4+7”集中采购颇有特色与成效，为WHO推广基本药物政策提供了重要经验。同时，该采购模式也还需要进一步改进与完善。

二、基本药物生产模式

由于基本药物市场竞争激烈、利润低等，药品生产供应商往往不愿生产供应，造成了基本药物供应不足的现象。

（一）国际模式

WHO并不鼓励政府兴办国有企业专门生产基本药物。澳大利亚、南非、肯尼亚、巴西、印度等国家也是从其他方面鼓励基本药物生产，如抢救用药和罕用药免收注册费；建立价格透明和非歧视性定价体系；政府对临床所必需的治疗药品实施价格补贴；提供研发基金；提高基本药物的产品供应；集中招标采用技术标和价格标；整顿药品广告；对临床必需的罕用药成立采购、储存和销售管理中心；对企业出口进行激励等。

（二）国内模式

我国实行基本药物定点生产与非定点生产相结合的模式。

定点生产模式：国家提出对用量小、临床必需、市场供应短缺的基本药物可通过招标选取定点生产企业、确保供应。2012年国家发展改革委等部门对定点生产试点工作实施的基本原则、协调机制、工作程序方面提出了明确要求，如定点生产企业应具有综合实力强、生产技术和质量管理水平高、既往生产销售情况好、原料药配套能力强等条件，能够保障品种稳定供应；试点品种价格采取政府定价管理，应保证生产企业合理盈利，有助于调动生产企业的积极性等。目的是促进生产规模效益，降低成本，稳定市场供应，从源头上降低群众基本用药的负担。该模式在一定范围内实施，发挥了积极作用。

基本药物不定点生产实行政府采购模式：按市场经济规律，鼓励已具有生产批准文号的企业竞争。政府部门提出采购品种和数量清单，向生产企业公开招标。

第四节　基本药物的使用

促进基本药物的使用是基本药物政策实施最重要和最困难的政策议题。以下重点介绍一些国内外的相关经验。

一、国际经验

（一）制定处方药物使用指南

在印度德里，由处方集委员会制定处方集并每年修改，发给医生、药剂师等。处方集包括药物疗效、相互作用及副作用等。另外，每个医生人手一本手册，内含基本药物的通用名和剂量，以促进基本药物推广。据统计，使用处方集能降低15%~20%的药品支出。

（二）建立处方审查机制

除制定处方药物使用指南外，对医生处方进行审查、监督也能促进药物的合理使用。美国自1987年开始就利用处方数据库系统对配伍禁忌和不恰当的处方进行筛查，用以保证用药安全，避免药物滥用。在德里，卫生部主持实施监督与评估政策，有三个专门委员会分别负责监管基本药物选择、药物集中采购与贮存、药物处方集制备。除制定政策外，德里政府在实施监管方面投入了大量的资源，如定期派专家检查医院处方的基本药物涵盖率，保证了基本药物医院使用占比为87.3%~98.3%，使医疗支出大为下降。

（三）开展基本药物合理使用的培训

提倡开展全方位的基本药物使用培训。如对基本药物供方，印度针对医生、药剂师和药品贮存人员开展了大规模合理用药的培训及专题讨论，旨在识别和解决处方、分配和使用药物时的各种问题，并将基本药物的概念引入医学和护理课程，让将要毕业的学生对合理用药保持高度责任感。又如对基本药物需方，印度尼西亚等国通过各种方式在社区、诊所、学校等公共场所宣传基本药物，促进了公众对基本药物的了解及选用基本药物的自觉性。

二、国内经验

伴随着基本药物制度的推进，我国探索了多种政策与工具以促进基本药物合理使用。

（一）基本药物使用的分级管理政策

2019年政策特别提出及时调整中国版基本药物目录，逐步实现政府办基层医疗卫生机构，二级、三级公立医院基本药物配备品种数量占比原则上分别不低于90%、80%、60%。鼓励县级公立医院和城市公立医院优先使用基本药物，逐步实现各级各类医疗机构合理配备并优先使用基本药物。至2017年底，绝大多数省份已实施了以上政策并对政策实施进行周期性的监测与评估。

（二）医疗机构、医生使用基本药物的鼓励政策

医疗机构科学设置临床科室基本药物使用指标，并纳入考核。将基本药物使用情况与基层实施基本药物制度补助资金的拨付挂钩。深化医保支付方式改革，建立健全医保经办机构与医疗机构间“结余留用、合理超支分担”的激励和风险分担机制。通过制定药品医保支付标准等方式，引导医疗机构和医务人员合理诊疗、合理用药。

（三）基本药物使用评价政策与方法

中国在这方面有广泛的经验，尤其在处方点评和基本药物制度监测评价方面。

1．**处方点评** 为指导基层医务人员合理使用基本药物，原卫生部、国家中医药管理局发布了《医院处方点评管理规范（试行）》《国家基本药物临床应用指南（基层部分）》和《国家基本药物处方集（基层部分）》等，《医院处方点评管理规范（试行）》要求医院应当逐步建立健全专项处方点评制度，对特定的药物（如国家基本药物）使用情况进行处方点评。各地开展了广泛的实践，其中北京市制定了《北京医疗机构处方专项点评指南（试行）》，其代表性的点评流程见图19-4。

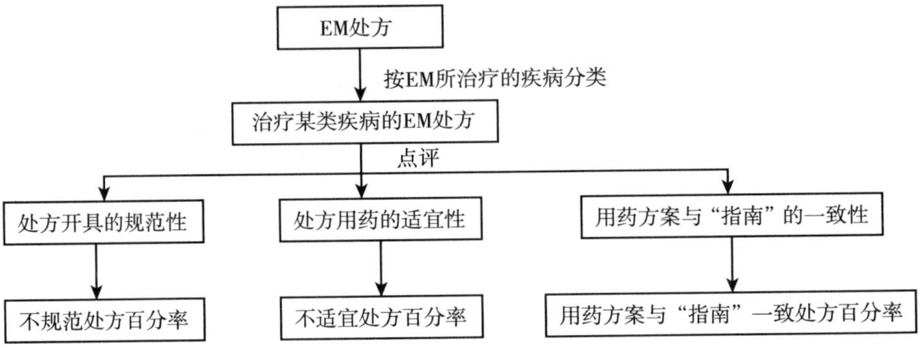

图19-4 医疗机构处方点评流程

2．**基本药物制度监测评价指标体系** 基本药物制度监测评价指标体系中，涉及医疗卫生机构与个人使用评价指标包括：机构开展《国家基本药物临床应用指南》《国家基本药物处方集》培训推广工作占比；本地区实行基本药物零差率销售的机构占比；机构实行基本药物零差率销售得到补偿和足额补偿占比；非政府办城市机构实施基本药物制度占比；村卫生室实行基本药物零差率销售占比；机构基本药物配备使用占比；机构药品销售总金额及基本药物销售金额占比等。也有不少学者开展了基本药物使用评价研究，主要指标包括：本机构单张处方基本药物个数；本机构单张处方基本药物费用占所有药品费用的比例；本机构基本药物使用率（%）。

本章小结

1. 基本药物政策目标是为了保障基本药物的可及性、质量和合理使用。

2. 基本药物政策核心要素为基本药物目录遴选调整管理、保障基本药物生产供应、合理制定基本药物价格和实行零差率销售、促进基本药物优先和合理使用、完善基本药物报销、加强基本药物质量安全监管、健全基本药物政策绩效评估方面。核心价值在于保障公平、安全、有效。

3. 基本药物政策分析工具有WHO/国际健康行动机构基本药物可获得性标准调查法等。

4. 基本药物遴选、生产、采购和使用等国内外政策在不断完善中，促进了基本药物政策价值的深远传播。

（张新平）

第二十章　中医药政策

学习目标

1. 掌握　中医药及中医药政策的概念；中医药政策法规的宏观制度和具体制度。

2. 熟悉　中医药政策法规发展各阶段的主要特点；新时代中医药发展的核心要义。

3. 了解　中医药政策发展脉络及趋势。

中医药事业是我国卫生健康事业的重要组成部分，在我国医疗卫生事业发展历史中，始终强调中医药的重要作用。中华人民共和国成立初期，制定了“团结中西医”的基本卫生工作方针，改革开放后，强调“中西医协调发展”“中西医并重”，中医药在提高我国居民健康水平方面，发挥了重要作用。2016年国家颁布《中华人民共和国中医药法》，进一步强调大力发展中医药事业。抗击新冠肺炎疫情过程中，中医药也充分发挥了其独特优势。进一步发展中医药事业是我国的一项基本国策，因此，需要我们更加了解中医药、应用中医药，才能做好中医药的保护与发展、传承与创新。

第一节　中医药政策法规发展概述

一、基本概念

中医药是包括汉族和少数民族医药在内的我国各民族医药的统称，是反映中华民族对生命、健康和疾病的认识，具有悠久历史传统和独特理论以及技术方法的医药学体系。

中医药的具体含义可以从两个层面理解。一是中医药是包括汉族和少数民族医药在内的我国各民族医药的统称。中医药发源于我国，是中国各族人民几千年来在同疾病作斗争中形成和发展起来的，是人民群众集体智慧的结晶。少数民族医药是我国中医药的重要组成部分，包括藏医药、蒙医药、维吾尔医药、傣医药等。二是中医药是反映中华民族对生命、健康和疾病的认识，具有悠久历史传统和独特理论及技术方法的医药学体系。中医学理论体系是以气一元论和阴阳、五行学说为哲学思辨模式，以整体观念为指导思想，以脏腑、经络和精气血津液神等的生理和病理为基础，以辨证论治为诊疗特点，包括理、法、方、药在内的医学理论体系。中医药技术方法主要包括针刺疗法、灸法类、手法类、外治疗法、内服法及中药炮制技术等。

中医药政策法规是指党和国家为了实现继承发展中医药事业，坚持中医西医并举，中医中药并重，为保障人民健康而制定和颁布的行动准则，具有指导性强、内容丰富、目标明确等特点。

二、中医药政策法规发展概况

（一）我国中医药政策法规的历史变迁

1.“中医科学化”时期（1949—1954年） 中华人民共和国成立伊始，我国医疗资源短缺，主要依靠中医治病。政府在充分肯定中医药作用的同时，又认为中医需要加强科学化。1950年，首届全国卫生会议制定“中医科学化”的政策，要求中医向西医学习，弥补中医的缺陷；并对中医经验及中药药理进行科学研究。1951年5月颁布的《中医师暂行条例》及其实施细则、1951年11月发布的《中医诊所管理暂行条例》及其实施细则，以及1952年10月发布的《医师、中医师、牙医师、药师考试暂行办法》等，这些法规存在着脱离中医药客观实际的问题，于1956年被废止。

2.“西医学习中医”时期（1955—1962年） 1954年，毛泽东主席提出“西医学习中医”，中央在批转中央军委党组《关于改进中医工作问题的报告》的批示中指出：当前最重要的事情是大力号召和组织西医学习中医。学习方式主要有四种：医师就地业余学习、短期脱产学习、结合临床学习及带徒学习。

3.“中西医结合”时期（1960—1978年） “中西医结合”方针的形成是一个逐渐发展过程，1958年毛泽东主席对《卫生部党组关于组织西医学习中医班总结报告》作出重要批语，提出“中西医结合的高级医生”的说法。1960年卫生部党组向中央提交《关于全国西医学习中医经验座谈会情况的报告》，指出“中西医结合，用现代科学方法整理研究祖国医学”，首次正式地提出“中西医结合”的概念及实现方式，并逐渐演变为我国医学方面的一个专用术语并得到了广泛应用。

4.“中西医并重”时期（1978—2002年） 1978年中共中央〔1978〕56号文件转发卫生部党组《关于认真贯彻党的中医政策，解决中医队伍后继乏人问题的报告》，1978年卫生部、国家劳动总局发布《关于从集体所有制和散在城乡的中医中吸收一万名中医药人员充实加强全民所有制中医药机构问题的通知》，选拔万人充实中医药机构。1980年，中医、中西医结合工作会议召开，出台了中医、西医、中西医结合三支力量都要大力发展、长期并存的方针。1982年4月卫生部在衡阳召开全国中医医院和高等中医教育工作会议，制订《关于加强中医医院整顿和建设的意见》《努力提高教育质量，切实办好中医学院》等文件。1982年我国宪法首次明确“发展现代医药和我国传统医药”。1985年中央书记处指出“根据宪法‘发展现代医药和我国传统医药’的规定，要把中医和西医摆在同等重要的地位”，第一次提出了“中西医并重”的思想。1988年国务院常务会议决定成立国家中医药管理局行使管理中医药职能。1991年第七届全国人民代表大会第四次会议上把“中西医并重”列为我国新时期卫生工作的五大方针之一。1997年《中共中央、国务院关于卫生改革与发展的决定》再次明确“中西医并重”的新时期卫生工作方针。

5. 由“大力扶持”变成“大力发展”阶段（2003—2011年） 2003年颁布的《中华人民共和国中医药条例》明确指出“鼓励中西医相互学习、相互补充、共同提高，推动中医、西医两种医学体系的有机结合，全面发展我国中医药事业。”2006年《中共中央关于构建社会主义和谐社会若干重大问题的决定》提出“大力扶持中医药和民族医药发展”的具体要求。2007年十七大报告中提出坚持“中西医并重”“扶持中医药和民族事业发展”。2009年发布的《国务院关于扶持和促进中医药事业发展的若干意见》是指导我国中医发展的纲领性文件，为“坚持中西医并重”和“进一步扶持和促进中医药事业发展”提出了十点重要意见和五大基本原则。2011年第十一届全国人民代表大会通过的政府工作报告中，将“大力扶持中医药”改为“国家将推进医药卫生事业改革发展，大力发展中医药和民族医药事业，落实各项扶持政策”。这一阶段关于中医药的专门立法得到发展，例如《关于中医医院工作若干问题的规定》（1980年）、《野生药材资源保护管理条例》（1987年）、《中药品种保护条例》（2018年修订）、《医疗气功管理暂行规定》（2000年）、《中华人民共和国中医药条例》（2003年颁布，2017年7月1日起失效）、《传统医学师承和确有专长人员医师资格考核考试办法》（2006年）等。

6. 中医药全面振兴发展的新时代（2012至今） 党的十八大以来，以习近平同志为核心的党中央把中医药工作摆在更加突出的位置，中医药发展上升为国家战略，中医药改革发展取得显著成绩。

2013年，党的十八届三中全会通过的《中共中央关于全面深化改革若干重大问题的决定》提出完善中医药事业发展政策和机制。2015年4月，国务院办公厅转发工信部、国家中医药管理局等12部门联合发布的我国第一个《中药材保护和发展规划（2015—2020年）》。2015年5月，国务院办公厅发布首个国家层面的《中医药健康服务发展规划（2015—2020年）》。

2016年2月，国务院印发《中医药战略发展规划纲要（2016—2030年）》，把中医药发展上升为国家战略。同年3月，《中华人民共和国国民经济和社会发展第十三个五年规划纲要》发布，单列"促进中医药传承与发展"为一节，把中医药健康管理写入了基本公共卫生服务项目清单。同年8月，全国卫生与健康大会召开，提出坚持中西医并重，着力推动中医药振兴发展。同时国务院同意建立国务院中医药工作部际联席会议制度。2016年10月，中共中央、国务院印发《"健康中国2030"规划纲要》，专设一章对振兴发展中医药服务健康中国建设进行系统部署。同年12月6日，国务院新闻办发表《中国的中医药》白皮书。同月，国家中医药管理局印发《中医药文化建设"十三五"规划》。同月25日，我国首部中医药专门法律《中华人民共和国中医药法》（以下简称《中医药法》）通过，从法律层面为中医药事业的发展提供有力支持；随后系列配套法规出台，例如《中医诊所备案管理暂行办法》（2017年）、《中医医术确有专长人员医师资格考核注册管理暂行办法》（2017年）、《古代经典名方中药复方制剂简化注册审批管理规定》（2018年）等，表明中医药政策法规体系逐渐趋于完善。

2017年，国家相继出台《中医药"一带一路"发展规划（2016—2020年）》《关于促进中医药健康养老服务发展的实施意见》《"十三五"中医药科技创新专项规划》《中药材产业扶贫行动计划（2017—2020年）》《关于深化中医药师承教育的指导意见》。同年10月，党的十九大报告指出"坚持中西医并重，传承发展中医药事业"。

2019年是中医药发展史上十分关键的一年，10月，《中共中央　国务院关于促进中医药传承创新发展的意见》发布，这是中华人民共和国成立以来第一次以中央文件的形式全面部署中医药工作。中医药在新冠肺炎的治疗中发挥了独特作用，为提高治愈率、降低病亡率作出了重要贡献，国家各部委出台了一系列中医药防治新冠肺炎的文件。2021年1月，国务院印发《关于加快中医药特色发展的若干政策措施》，出台七大方面28条政策；同年6月，国家中医药管理局、教育部等多部委联合印发《中医药文化传播行动实施方案（2021—2025年）》，其他各部委也相继出台落实该文件的一系列政策，涵盖中医药药监、科技、教育等诸多方面。

案例讨论

【案例】中医药抗击新冠肺炎疫情的生动实践反映了中医药政策的重要作用。中国在此次新冠肺炎疫情防控中，充分发挥中医药特色优势，中医药全面、深度参与，通过临床筛选出有效的方剂"三药三方"（清肺排毒汤、化湿败毒方、宣肺败毒方、金花清感颗粒、连花清瘟胶囊、血必净注射液），在预防、治疗到康复的全环节发挥了不可替代的重要作用，探索形成了以中医药为特色、中西医结合救治患者的系统方案，成为中医药传承创新的一次生动实践。

【讨论】应该如何看待中医药在我国医疗卫生健康事业中的地位？现阶段我国中医药的政策是怎样的呢？

（二）我国中医药政策法规的发展趋势

中华人民共和国成立后，党和国家高度重视中医药事业，中医药政策法规走向越来越契合中医药自身发展规律与特点的价值取向，尤其是十八大以来呈现出对中医药发展前所未有的支持高度与力度，也形成了包括中医药专门法律规范、中西医同等适用的医药类法律规范和涉及中医药的其他法律规范在内的中医药法律体系，为中医药医疗事业的高质量发展带来了广阔的发展前景与空间。

但对于振兴发展中医药的目标而言，中医药政策法规开发仍亟须完善：一些中医药政策仅针对中医药系统，缺乏全局规划性；宏观医疗政策中中西医融通及遵循中医药特点尚有不足；一些单独的中医药政策法规与其他医疗政策法规之间的衔接尚不通畅。有必要大力开发促进中医药在整个医疗体系中发挥积极作用的具有实用性和可操作性的政策法规制度，在宏观医疗政策制定时把中医西医都纳入进行统筹协调，如健全遵循中医药规律的治理体系；建立起中西医从人才培养、临床实践、医疗模式等互融互通的相关制度；加强对临床医学人才中医药知识及临床能力培养，让临床医生树立中西医并重的观念，打造西医、中医诊断治疗顺畅对接的医疗机制等。

第二节　新时代中医药政策的宏观制度

一、新时代中医药发展理论的核心要义

党的十八大以来，以习近平同志为核心的党中央把中医药工作摆在更加突出的位置，对新时代中医药传承创新发展问题作出重大理论创新，是新时代中医药发展的基本遵循。

新时代中医药政策法规理论的核心要义主要包括中医药定位论、中医药自信论、中医药创新论、中西医并重论、中医药发展目标论等方面。中医药定位论是指中医药是“我国古代科学的瑰宝，是打开中华文明宝库的钥匙”和“中医药是我国独特的卫

生资源等五大优势资源”，传承创新发展中医药是新时代中国特色社会主义事业的重要内容，是中华民族伟大复兴的大事。中医药自信论是指中医药学是中华民族的伟大创造，为中华民族繁衍生息作出了巨大贡献，对世界文明进步产生了积极影响。中医药创新论是指中医药发展传承精华守正创新。中西医并重论是指要坚持中西医并重，传承发展中医药事业。中医药发展目标论是指传承创新发展中医药对于坚持中西医并重、打造中医药和西医药相互补充协调发展的中国特色卫生健康发展模式，发挥中医药原创优势、推动我国生命科学实现创新突破，弘扬中华优秀传统文化、增强民族自信和文化自信，促进文明互鉴和民心相通、推动构建人类命运共同体具有重要意义。

二、中医药事业的发展方针和基本原则

中西医并重的方针。中医药事业是我国医药卫生事业的重要组成部分，国家实行中西医并重的方针，建立符合中医药特点的管理制度，充分发挥中医药在我国医药卫生事业中的作用。

继承与创新相结合的原则。发展中医药事业应当遵循中医药发展规律，坚持继承和创新相结合，保持和发挥中医药特色和优势，运用现代科学技术，促进中医药理论和实践的发展。鼓励中医西医相互学习，相互补充，协调发展，发挥各自优势，促进中西医结合。

三、中医药管理体制

国务院中医药主管部门及县级以上地方人民政府负责中医药管理的部门负责中医药管理工作，其他有关部门在各自的职责范围内负责与中医药有关的工作。完善中医药工作跨部门协调机制。

四、中医药事业发展保障措施

投入与政策保障。县级以上人民政府应当为中医药事业发展提供政策支持和条件保障，将中医药事业发展经费纳入本级财政预算，建立持续稳定的中医药发展多元投入机制。在制定基本医疗保险支付政策、药物政策等医药卫生政策时，应当有中医药主管部门参加，注重发挥中医药的优势，支持提供和利用中医药服务。

中医医疗服务价格管理。县级以上人民政府及其有关部门应当合理确定中医医疗服务的收费项目和标准，体现中医医疗服务成本和专业技术价值。

中医药医保政策。县级以上地方人民政府有关部门应当按照国家规定，将符合条件的中医医疗机构纳入基本医疗保险定点医疗机构范围，将符合条件的中医诊疗项目、

中药饮片、中成药和医疗机构中药制剂纳入基本医疗保险基金支付范围。分批遴选中医优势明显、治疗路径清晰、费用明确的病种实施按病种付费，合理确定付费标准。通过对部分慢性病病种等实行按人头付费、完善相关技术规范等方式，鼓励引导基层医疗卫生机构提供适宜的中医药服务。

中医药标准体系建设。国家加强中医药标准体系建设，根据中医药特点对需要统一的技术要求制定标准并及时修订。中医药国家标准、行业标准由国务院有关部门依据职责制定或者修订，并在其网站上公布，供公众免费查阅。推动中医中药国际标准制定，积极参与国际传统医学相关规则制定。

中医药评审制度。开展法律、行政法规规定的与中医药有关的评审、评估、鉴定活动，应当成立中医药评审、评估、鉴定的专门组织，或者有中医药专家参加。

第三节　中医药服务管理制度

一、中医药服务体系

《中共中央　国务院关于促进中医药传承创新发展的意见》第一条规定："发挥中医药整体医学和健康医学优势，建成以国家中医医学中心、区域中医医疗中心为龙头，各级各类中医医疗机构和其他医疗机构中医科室为骨干，基层医疗卫生机构为基础，融预防保健、疾病治疗和康复于一体的中医药服务体系，提供覆盖全民和全生命周期的中医药服务。"

（一）中医医疗机构的概念及类别

中医医疗机构是指依法设立的能够提供中医药医疗服务的医疗机构。中医医疗机构包括中医类医院、中医类门诊部、中医类诊所等。

（二）中医医疗机构设置与登记

《中医药法》第十一条规定："县级以上人民政府应当将中医医疗机构建设纳入医疗机构设置规划，举办规模适宜的中医医疗机构，扶持有中医药特色和优势的医疗机构发展。合并、撤销政府举办的中医医疗机构或者改变其中医医疗性质，应当征求上一级人民政府中医药主管部门的意见。"

政府举办的综合医院、妇幼保健机构和有条件的专科医院、社区卫生服务中心、乡镇卫生院，应当设置中医药科室。县级以上人民政府应当采取措施，增强社区卫生服务站和村卫生室提供中医药服务的能力。大力发展中医诊所、门诊部和特色专科医院，鼓励连锁经营。

举办中医医疗机构应当办理审批手续；举办中医诊所的向所在地县级人民政府中医药主管部门备案后即可开展执业活动。

（三）开展中医药服务要求

中医医疗机构开展中医药服务，应当以中医药理论为指导，充分发挥中医药特色和优势，遵循中医药自身发展规律，运用传统理论和方法，结合现代科学技术手段，发挥中医药在防治疾病、保健、康复中的作用，为群众提供价格合理、质量优良的中医药服务。建立综合医院、专科医院中西医会诊制度，将中医纳入多学科会诊体系。

中医医院要办成以中医药为主，体现中医药防治疾病为特点的医疗机构。

（四）中医医疗广告管理

医疗机构发布中医医疗广告，应当经所在地省级中医药主管部门审查批准。

二、中医从业人员

中医从业人员包括两类。一类是指经考试取得《医师资格证》并经注册取得《医师执业证书》的中医执业医师和中医助理医师，包括两种情况的人员，一是具有高等学校相关医学专业本科或专科学历，按照法律规定参加执业医师资格考试合格后经注册取得《医师执业证书》的人员；二是师承和确有专长人员取得《传统医学师承出师证书》或《传统医学医术确有专长证书》后，按照法律规定参加执业助理医师资格考试合格后经注册取得《医师执业证书》的人员。第二类是指以师承方式学习中医或者经多年实践，医术确有专长的人员，由至少两名中医医师推荐，经省、自治区、直辖市人民政府中医药主管部门组织实践技能和效果考核合格后，取得《中医（专长）医师资格证书》；按照考核内容进行执业注册后取得《中医（专长）医师执业证书》，即可在注册的执业范围内，以个人开业的方式或者在医疗机构内从事中医医疗活动。

经考试取得医师资格的中医医师按照国家有关规定，经培训和考核合格，在执业活动中可以采用与其专业相关的西医药技术方法。在医疗活动中采用现代科学技术方法的，应当有利于保持和发挥中医药特色和优势。基层医疗卫生机构应当合理配备中医药专业技术人员，并运用和推广适宜的中医药技术方法。

三、中医药在公共卫生工作中的作用

《中医药法》第十八条规定："县级以上人民政府应当发展中医药预防、保健服务，并按照国家有关规定将其纳入基本公共卫生服务项目统筹实施。县级以上人民政府应当发挥中医药在突发公共卫生事件应急工作中的作用，加强中医药应急物资、设备、设施、技术与人才资源储备。医疗卫生机构应当在疾病预防与控制中积极运用中医药理论和技术方法。”

四、中医医疗服务监管

加强对中医药服务的监督检查，《中医药法》第二十条规定："县级以上人民政府中医药主管部门应当加强对中医药服务的监督检查，并将下列事项作为监督检查的重点：（一）中医医疗机构、中医医师是否超出规定的范围开展医疗活动；（二）开展中医药服务是否符合国务院中医药主管部门制定的中医药服务基本要求；（三）中医医疗广告发布行为是否符合本法的规定。中医药主管部门依法开展监督检查，有关单位和个人应当予以配合，不得拒绝或者阻挠。”

第四节　中药保护与发展

一、中药研发与注册管理

中药是指在中医理论的指导下，运用传统的独特方法进行加工炮制并用于疾病的预防、诊断和治疗，有明确的适应证和用法、用量的植物、动物和矿物质及其天然加工品等。中药包括中药材、中药饮片、中成药。

（一）中药新药的研制

国家鼓励和支持中药新药的研制和生产。国家保护传统中药加工技术和工艺，支持传统剂型中成药的生产，鼓励运用现代科学技术研究开发传统中成药。中药新药的研制应当符合中医药理论，注重临床实践基础，具有临床应用价值，保证中药的安全有效和质量稳定均一，保障中药材来源的稳定和资源的可持续利用，并应关注对环境保护等因素的影响。涉及濒危野生动植物的应当符合国家有关规定。

（二）中药的注册管理

国家支持中药传承和创新，建立和完善符合中药特点的注册管理制度和技术评价体系，鼓励运用现代科学技术和传统研究方法研制中药，加强中药质量控制，提高中药临床试验水平。中药注册按照中药创新药、中药改良型新药、古代经典名方中药复方制剂、同名同方药等进行分类。

知识拓展

2018年4月13日，国家中医药管理局发布《古代经典名方目录（第一批）》，包含了出自《伤寒论》（汉·张仲景）、《金匮要略》（汉·张仲景）、《千金翼方》（唐·孙思邈）等中医经典的“桃核承气汤”“旋覆代赭汤”“竹叶石膏汤”等100首方剂。

二、中药材生产管理

（一）中药材生产管理

国家制定中药材种植养殖、采集、贮存和初加工的技术规范、标准，加强对中药材生产流通全过程的质量监督管理，严格控制农药、化肥、植物生长调节剂等使用，禁止在中药材种植过程中使用剧毒、高毒农药，保障中药材质量安全。

建立中药材质量监测制度。采集、贮存中药材以及对中药材进行初加工，应当符合国家有关技术规范、标准和管理规定。对中药材GAP实施备案管理。

（二）道地中药材管理

《中医药法》第二十三条第二款规定：“道地中药材，是指经过中医临床长期应用优选出来的，产在特定地域，与其他地区所产同种中药材相比，品质和疗效更好，且质量稳定，具有较高知名度的中药材。”

国家通过建立道地中药材评价体系、支持道地中药材品种选育、建设道地中药材生产基地建设及保护其生态环境，鼓励采取地理标志产品保护等措施保护道地中药材。

知识链接

根据《全国道地药材生产基地建设规划（2018—2025年）》的规定，我国将全国道地药材基地划分为7大区域：东北道地药材产区，主要有人参、鹿茸等；华北道地药材产区，主要有黄芩、连翘等；华东道地药材产区，主要有浙贝母、杭白芷等；华中道地药材产区，主要有怀山药、怀地黄等；华南道地药材产区，主要有阳春砂、新会皮、化橘红等；西南道地药材产区，主要有川芎、川牛膝；西北道地药材产区，主要有当归、大黄等。

（三）药用野生动植物资源保护

国家保护药用野生动植物资源，对药用野生动植物资源实行动态监测和定期普查，建立药用野生动植物资源种质基因库，鼓励发展人工种植养殖，支持依法开展珍贵、濒危药用野生动植物的保护、繁育及其相关研究。

（四）中药饮片的生产管理

中药饮片是指在中医药理论的指导下，可直接用于调配或制剂的中药材及其中药材的加工炮制品。中药饮片应当按照国家药品标准炮制；国家药品标准没有规定的，应当按照省级药品监督管理部门制定的炮制规范炮制。省级药品监督管理部门制定的炮制规范应当报国务院药品监督管理部门备案。不符合国家药品标准或者不按照省级药品监督管理部门制定的炮制规范炮制的，不得出厂、销售。

对市场上没有供应的中药饮片，医疗机构可以根据本医疗机构医师处方的需要，在本医疗机构内炮制、使用。但应当向药品监督管理部门备案。根据临床用药需要，医疗机构可以凭本医疗机构医师的处方对中药饮片进行再加工。炮制中药饮片必须按照国家药品标准。

三、中药经营管理

从事中药经营的，应当取得《药品经营许可证》，无《药品经营许可证》的，不得经营药品。从事药品经营活动，应当遵守药品经营质量管理规范，建立健全药品经营质量管理体系，保证药品经营全过程持续符合法定要求。中药材经营者应当建立进货查验和购销记录制度，并标明中药材产地。城乡集市贸易市场可以出售中药材，国务院另有规定的除外。新发现和从境外引种的药材，经国务院药品监督管理部门批准后，方可销售。

四、医疗机构中药制剂管理

国家鼓励医疗机构根据本医疗机构临床用药需要配制和使用中药制剂，支持应用传统工艺配制中药制剂，支持以中药制剂为基础研制中药新药。医疗机构配制中药制剂，应当取得医疗机构制剂许可证，或者委托取得药品生产许可证的药品生产企业、取得医疗机构制剂许可证的其他医疗机构配制中药制剂，但应当备案。仅应用传统工艺配制的中药制剂品种，向医疗机构所在地省级药品监督管理部门备案后即可配制。

五、中药品种保护

国家实行中药品种保护制度。保护的中药品种分为一级、二级。中药一级保护品种的保护期限分别为30年、20年、10年。中药二级保护品种的保护期限为7年。

第五节　中医药传承创新与文化传播

一、中医药传承

中医药学术传承。对具有重要学术价值的中医药理论和技术方法，遴选本行政区域内的中医药学术传承项目和传承人，并提供必要的条件。传承人应当积极开展中医药学术传承活动。

中医药传统知识保护。中医药传统知识是在中华民族发展繁衍过程中，基于中华民族长期实践积累、世代传承并持续发展、具有现实或潜在商业价值的医药卫生知识，包括中医药理论知识、中药方剂、诊疗技术以及与中医药传统知识有关的药材资源、中药材加工炮制技术、中医药特有标志符号等。国家建立中医药传统知识保护数据库、保护名录和保护制度。

整理、研究、利用中医药古典文献。国家应当采取措施支持对中医药古籍文献、著名中医药专家的学术思想和诊疗经验以及民间中医药技术方法的整理、研究和利用。加快推进活态传承。

发展和规范中医养生保健服务。国家发展中医养生保健服务，支持社会力量举办规范的中医养生保健机构。

二、中医药创新发展

（一）中医药科学研究

国家鼓励中医药科学研究。运用现代科学技术和传统中医药研究方法，开展中医药科学研究。重视运用现代科学技术进行中医药科学研究，要遵循中医药自身发展特点和规律，坚持中医药原创优势，注重继承发掘中医理论精髓。

中医科学研究的任务是加强中医药、中西医结合研究，促进中医药理论和技术方法的继承和创新。国家建立和完善符合中医药特点的科学技术创新体系、评价体系和管理体制，推动中医药科学技术进步与创新。

（二）加强重大项目科学研究

加强对中医药基础理论和辨证论治方法，常见病、多发病、慢性病和重大疑难疾病、重大传染病的中医药防治，以及其他对中医药理论和实践发展有重大促进作用的项目的科学研究。

三、中医药教育

（一）中医药教育遵循的原则

中医药院校教育应坚持以中医药专业为主体，按照中医药人才成长规律施教，强化中医药基础理论教学和基本实践技能培养，建立早跟师、早临床学习制度。

中医药教育在教学内容上应以中医药学为主，融入现代医学知识，体现中医药学特点，强化中医思维培养和临床能力训练，使学生掌握中医药基本理论、基本知识、基本技能，具备中医药临床诊治技能。

中医专业人才培养必须重视临床实践，必须加强学生临床能力的训练。

（二）中医药院校教育

中医药院校是培养中医药人才的主要基地，应充分发挥中医药院校在培养中医药人才中的主渠道作用。完善中医药学校教育体系，推动院校教育与师承教育深度融合，体现中医药人才成长规律，突出中医药学科特色，符合中医药学科发展规律。

（三）中医药师承教育

建立中医药师承教育培养体系，将师承教育全面融入院校教育、毕业后教育和继续教育。鼓励医疗机构发展师承教育，支持有丰富临床经验和技术专长的中医医师、中药专业技术人员在执业、业务活动中带徒授业，传授中医药理论和技术方法，培养中医药专业技术人员。

知识链接

我国古代中医药的传承模式主要以师徒授受和家传的方式进行传承，学习的过程分为五个步骤：认药抓药、学习经典、抄写处方、临床实习、徒弟出师。出师后可以独立行医。

（四）中医药继续教育

中医药专业技术人员应当按照规定参加继续教育。国家加强对中医医师和城乡基层中医药专业技术人员的培养和培训，发展中西医结合教育，培养高层次的中西医结合人才。加强对医务人员，特别是城乡基层医务人员中医药基本知识和技能的培训。

四、中医药文化传播

（一）主要目标

2021年印发的《中医药文化传播行动实施方案（2021—2025）》第三条指出：到2025年，作为中华文明瑰宝和钥匙的代表意义和传导功能不断彰显，中医药对中华文化传承发展的贡献度明显提高，成为引导群众增强民族自信与文化自信的重要支撑。中医药文化源流更加清晰、内涵更加丰富，研究成果丰硕，精神标识基本确立，对中医药事业发展的推动促进作用进一步发挥。中医药文化供给和群众性活动更加多样，中医药文化更广泛融入群众生产生活，中医药养生保健知识和方法更便捷服务群众健康需要。中医药文化进校园的机制初步建立，基础进一步夯实，中小学中医药文化教育不断加强，推动实现中医药文化贯穿国民教育始终。

（二）重点任务

深入挖掘中医药文化精髓，加强中医药文化资源梳理和时代阐释，提炼精神标示。推动中医药文化融入群众生产生活，引导创作、打造、建设、培育一批中医药文化精品、文化品牌活动、文化体验场馆及文化传播平台。推动中医药文化贯穿国民教育始终，推进中医药文化进校园。推进建设中医药文化传播机制，定期遴选培训中医药文化传播人才，持续监测中医药健康文化素养水平。

（三）保障措施

全面加强党的领导，建立多部门联合推动中医药文化传播工作机制，夯实政府推动中医药文化规范传播的主体责任，营造有利于中医药传承创新发展的良好氛围。

本章小结

1. 中医药是包括汉族和少数民族医药在内的我国各民族医药的统称，是反映中华民族对生命、健康和疾病的认识，具有悠久历史传统和独特理论及技术方法的医药学体系。中医药政策法规深刻地影响中医药的发展。

2. 我国现阶段的中医药政策是中西医并重的方针，继承与创新相结合的原则。

3. 政府应推动中医药服务体系的建立与完善，探索适合中药特点的新药管理制度，加强中医药传承与创新发展。

4. 中医药院校教育应坚持以中医药专业为主体，按照中医药人才成长规律施教。建立中医药师承教育培养体系，将师承教育全面融入院校教育、毕业后教育和继续教育。

5. 弘扬中医药文化，促进中医药文化融入群众生产生活，推动中医药文化贯穿国民教育始终。

（赵　敏）

第二十一章　医疗保障政策

学习目标

1. 掌握　医疗保障政策的主要概念。
2. 熟悉　医疗保障制度的基本要素和主要模式。
3. 了解　我国医疗保障体系的构成以及改革发展的方向。

在人类的发展历史中，疾病风险始终挥之不去、无处不在，影响着人们的日常生活和经济社会发展。在人类抵御风险的过程中，医疗保障制度应运而生，在社会发展中扮演越来越重要的角色。在我国全面深化医药卫生体制改革、建设健康中国的进程中，医疗保障体系是卫生健康事业发展的重要支撑。

第一节　基本概念

保险是国民收入分配与再分配的重要政策工具，也是全球应对各种风险的基本制度安排。医疗保障制度作为提高卫生健康服务公平性、可及性，防范疾病经济风险的有效方式，在推进健康中国建设、实现全民健康中的作用将更加突出。

一、风险与保险

风险（risk）指某种事件发生的不确定性，如果某一事件可能发生两种或两种以上的结果，那么该事件就存在着风险。根据不同的分类标准和研究目的，风险可以分为不同的种类，如自然风险、社会风险、经济风险和政治风险等。综合起来看，风险具有客观性，不以人的意志而转移；具有偶然性，不良事件是否发生、何时发生、造成的损失有多大，往往无法预知；具有可观测性，依据大多数法则和概率论，在总体上可以较为准确地预测或估计某种现象是否发生及其所造成的损失大小。

二、疾病风险与医疗保险

疾病风险是指疾病发生及其所造成健康损失的不确定性。疾病风险除具有一般风险的特征外，还有其独特性。一是人身伤害性，可能导致人身伤害乃至生命损失；二是高发性和损失的不确定性，健康风险导致的不良事件发生概率高，由于个体差异等，医疗费用和收入损失具有较大的不确定性；三是外部效应性，部分健康风险具有社会传播性；四是影响因素的多样性，由于健康广泛性，健康影响因素种类多、涉及面广、作用机制复杂。

医疗保险可以分为广义的医疗保险和狭义的医疗保险。广义的医疗保险，国际上一般将其称为health insurance，即“健康保险”，指公民因疾病、其他自然事件、突发事件等造成身体与健康损害时，国家或社会组织等为其提供医疗服务或对其发生的医疗费用损失、收入损失等给予经济补偿的各种制度的总称；在有些国家，健康保险还包括预防保健、健康促进等方面的内容。狭义的医疗保险单纯指对身体与健康损害导致的医疗费用的补偿，称为“medical insurance”。

目前国际上对健康保险的内涵及实现形式有不同认识。在美国，健康保险包括疾病保险、医疗费用保险、意外伤害保险、失能收入保险，其健康保险是人身保险的重要组成部分。在欧洲高福利国家，健康保险采取社会保险或者政府举办医疗机构直接提供服务的形式实现，是社会保障的重要组成部分。在我国，目前健康保险与医疗保险基本同义，随着我国加强健康中国建设，倡导以健康为中心的发展理念，健康保险的概念可能更适宜。

三、医疗保障

医疗保障制度是社会保障系统的重要组成部分，指劳动者或公民因疾病或其他自然事件及突发事件造成身体与健康损害时，国家和社会团体对其提供医疗服务或对其发生的医疗费用损失给予经济补偿而实施的各种制度的总和。社会保障包括社会保险、社会福利、社会救助和社会优抚等子系统，医疗保障制度是社会保障体系的重要组成部分。医疗保障制度按其强制性及覆盖人群范围等特征，可分为基本医疗保障制度和补充医疗保障制度，前者是各国医疗保障体系的主体，本章主要指基本医疗保障制度。

社会医疗保障是当今医疗保障的主要形式之一，其主要特点包括：强制性，由国家立法强制实施，必须按照法律规定参加；互济性，国家强制社会成员参加，建立社会保险基金，为受到损失的参保人提供补偿，实质是共担风险，互助共济；社会性，社会保险强调全民参与，服务于劳动者及其抚养的家属，由政府和相应的社会机构组织和管理，具有广泛的覆盖性和普遍性；公益性，社会保险强调统筹基金用于补偿参保人损失，对基金进行严格管理，具有明确的公益属性。

第二节　基本要素

不同的医疗保障制度具有不同的特点，在分析和理解医疗保障制度时，可以从制度构建关键要素的角度，抓住关键问题、关键环节，快速掌握重点与核心。

一、筹资模式

医疗保障制度首先需要解决资金从哪里来的问题，即筹资的问题，是医疗保障制度正常运转的首要环节和基本物质保证，是建立各种医疗保障制度的核心工作。

（一）定义

医疗保障筹资是指医疗保障资金的来源渠道、水平和筹集方式等内容，是整个医疗保障系统运行的主线和核心内容。

（二）筹资来源与筹资水平

从全球来看，医疗保障资金的来源可大体分为政府、社会和个人三个渠道。例如，国家医疗保险模式下，保障资金主要来源于政府税收。从筹资水平看，德国各种性质的社会保障基金缴纳的保险金主要由雇主和工人缴纳，占工资总额比例有差异，总体水平在14.6%左右，雇主和工人各占一半。中国城镇职工医疗保险用人单位缴费率控制在职工工资总额的6%左右，职工缴费率一般为本人工资收入的2%。商业医疗保险的缴费水平与购买产品的数量和保障水平有关，没有统一的标准。

（三）筹集方式

税收制是国家健康服务制度所采用的一种筹资方式。国家的财政收入来源于各种各样的税收。近些年来，国际更加重视专项税的作用，如香烟附加税、酒精税等，不仅有利于抑制不良健康行为，同时也扩展医疗保障筹资途径。

基于收入的按比例筹资是社会医疗保险采用的常用筹资方式。例如，按照个人或家庭月收入的6%~8%的比例，缴纳社会医疗保险费用。通常情况下，雇主和雇员共同缴纳社会医疗保险费用，各自承担一部分费用。在韩国等国家，针对非正式就业人口，也实行与其家庭收入、财产状况等相衔接的定额筹资。

二、保障范围

保障范围就是保障内容，主要包括覆盖人群、覆盖的疾病和服务类别等。根据保障内容，医疗保障制度主要覆盖以下几个方面。

（一）医疗费用保险

医疗费用保险（medical insurance）指对参保人因疾病或意外事故发生的医疗费用予以补偿的保险。

在医疗保险制度设计中，保障内容通常按照保大病、保小病，还是大小病都保分类，服务项目按照门诊、住院的角度进行分类。保障内容主要分为住院医疗保险、门诊医疗保险、综合医疗保险、重大疾病保险等几类。

知识链接

2007年9月，德国医疗改革法案规定，对按时参加健康检查和重视疾病预防的投保人减少其额外支付比例达到总收入的1%，同时还能获得疾病基金会提供的奖金；而对于不按时参加健康检查，不注重疾病预防的医保成员，疾病基金会有权提高其自付比例。同时提出法定医疗保险可负担疫苗接种费用以促进预防事业。

（二）失能收入保险

失能收入保险（ability income insurance）是指当投保人由于疾病或意外伤害导致残疾、丧失劳动能力，由保险机构在一定期限内给付保险金，以弥补收入降低的保险，又称收入损失保险等。失能收入保险的主要目的是弥补工作能力丧失导致的收入降低或丧失而提供经济保障，并不承担所发生的医疗费用。

失能收入保险所提供的保险金并不是完全补偿投保人的收入损失，事实上，支付的最高限额要低于原收入，仅限于保障投保人的正常生活，一般是投保人原收入的70%或80%。同时也有可能规定补偿期限，长期补偿可以达到退休年龄，短期补偿一般在2~3年。

（三）长期护理保险

长期护理保险（long-term care insurance）是指投保人因年老、疾病或伤残需要长期照顾，保险机构提供护理服务费用补偿的保险。

长期护理保险是一种新的健康保险产品，发展较快。投保人在符合约定的条件下，接受各种个人护理服务，保险机构补偿一定的护理费用。保险机构承担给付责任的基本条件包括日常活动能力失败、认知能力障碍、医学上的必要性等。保险金可以按照实际发生额进行给付，但不超过保险金额的限定最高额度；也可以按每月或每年固定金额进行给付。通常设定补偿期限，分为一年、数年、终身等。

（四）生育保险

生育保险是在妇女因生育子女而暂时丧失劳动能力、收入减少时，或者因为生育导致孕产妇和婴儿死亡，由保险机构给予必要的物质保障的一种健康保险。

生育保险的保障内容包括几类：一是自产妇入院之日起到出院为止期间，产妇因分娩、疾病或意外伤害致死，或婴儿因疾病或意外伤害致死，保险机构给付保险金；二是健康婴儿保险，如产下畸形婴儿，保险机构负责支付养育费等；三是产妇住院期间的医疗费用，包括医疗费、住院费、药品费用等；四是因为生育导致收入下降、支出增加而给予的生育津贴、补助费和看护费等。大多数国家生育现金给付的标准为工资的100%。

三、支付模式

保险费用支付是医疗保障制度设计的重要内容，由于医疗保险的专业性强、服务技术性高、费用控制难度大，制度设计复杂。本部分内容重点介绍医疗保险支付方式。

（一）定义

医疗保险支付方式指保险机构补偿所发生医疗费用的方式，包括对需方（参保人）和供方（医疗机构）的补偿方式。支付的方式直接决定和影响着医疗机构和投保方的行为，是医疗保险制度设计和改革的重点内容，其核心任务是控制医疗服务行为过程中的道德风险。

（二）道德风险

道德风险是指个人和医疗机构在保险情况下改变日常行为的一种倾向，可能以不诚实或故意欺诈的行为促使保险事故发生，以便从保险活动中获取额外利益的风险性。

道德风险存在可以表现为多种形式，如购买健康保险的人可能不注意饮食，不注意定期体检，在接受医疗服务的过程中，缺少费用意识，尽可能多做检查等；医疗机构在提供服务的过程中，有可能为参加保险的人多做检查、多用药品，以获取更多利益；医患双方有可能达成默契，甚至套取医疗保险基金等。

知识拓展

美国一所大学学生自行车被盗比率约为10%，有几个有经营头脑的学生发起了一个对自行车的保险，保费为保险标的15%。按常理，这几个有经营头脑的学生应获得5%左右的利润。但该保险运作一段时间后，这几个学生发现自行车被盗比率迅速提高到15%以上。何以如此？这是因为自行车投保后学生们对自行车安全防范措施明显减少。在这个例子中，投保的学生由于不完全承担自行车被盗的风险后果，因而采取了对自行车安全防范的不作为行为。

（三）针对服务提供方的支付

1. **按服务项目付费** 指按照医疗服务项目的数量和价格计算医疗服务总费用。按服务项目付费的优点是简单方便，容易调动供方积极性，投保人可以获得及时诊疗服务；其缺陷是容易产生过度服务和诱导需求，费用控制难度大。

2. **总额预算付费** 指保险机构与定点医疗机构协商确定年度预算总额，并明确结余和超支的解决方案，其中合理确定预算是关键环节。总额预算对维护医保基金安全非常重要。在总额预算付费模式下，保险机构对医疗费用具有绝对控制权，有利于控制医疗费用超支风险等。缺点在于难以确定科学合理的预算额度，供方存在减少必要的服务项目、降低服务质量、推诿患者等风险。一般情况下，保险机构和医疗机构需要协商确定超支解决方案。

3. **按人头付费** 指保险机构根据医疗机构所服务的参保人数，按照协商确定的标准计算医疗服务费用并拨付给医疗机构，医疗机构提供约定的医疗服务不再另行收费。其优点是医疗机构费用控制意识强，开展预防工作的积极性高。不足之处在于有可能为了节约费用而降低医疗服务质量，推诿疑难重症患者，医疗服务质量考核难度大等。

4. **按服务单元付费** 指保险机构按预先规定的次均门诊费用或住院床日费用标准向医疗机构支付医疗服务费用。其优点在于鼓励医生降低每住院床日和每门诊人次成本，提高工作效率。其缺点在于医疗机构可能会通过诱导需求和分解服务人次以及延长住院时间来增加收入；医疗机构也可能拒收危重患者以降低床日或诊次费用。

5. **按病种付费** 指根据国际疾病分类法将住院患者的疾病按诊断分为若干组，每组又根据疾病的轻重程度及有无合并症、并发症分为若干组，确定每一组的价格，并按定额价格支付医疗费用。其优点在于可促使医院主动寻求最合理的治疗流程，提高工作效率；重视成本，合理医疗，降低费用。缺点在于医疗机构有可能升级病种，以获得更多收益；诱导患者重复住院、小病大治等；高新技术应用的机会可能降低等；确定病种价格的难度大等。

（四）对参保人的支付

1. 免赔额（deductible） 免赔额指保险机构补偿医疗费用需要投保人自付的最低标准，又称自付额或起付线。只有投保人自付达到一定额度后，保险机构才按照相关方案报销医疗费用。

2. 比例共付（coinsurance） 指投保人和保险机构按一定比例共同负担医疗费用。主要目的是提高投保人的费用意识，有效地降低道德风险。国际医疗保障的自付比例通常都在20%~25%左右，一般认为达到上述比例可显著控制不合理的医疗服务行为。

3. 保额限制（ceiling） 保额限制指设定保险机构支付投保人医疗费用或服务量的最高限额，超过限额由投保人自付，又称封顶线、最高支付额等。保额限制条款也可以消除部分道德风险。

4. 除外责任 指医疗保障中不予保障的内容。常见的除外责任包括自伤自残、康复或美容手术、牙科矫形、验光配镜、配助听器、戒毒治疗等。另外，制定的报销目录列出可以保障的内容，也是一种规定除外责任的方式。

（五）医疗保障支付发展

从国内外医疗保障的发展看，保险支付方式向后付制、混合支付方式发展，综合运用多种支付方式，引导医疗机构和投保方的行为，控制道德风险。

1. 加强医疗服务过程控制 加强对医疗服务行为审查，评估医疗服务的必要性也是主动控制医疗费用的重要措施，审查的内容包括医疗服务的必要性、合理期限和数量等，可以采取监测医疗服务使用情况等形式，有效控制异常行为。

2. 无赔款优待等利润分享措施 指对没有索赔的投保人予以鼓励或优待，促进其保持良好行为的措施。例如，保费返还或者降低次年投保费用等。有利于投保人保持良好的健康状况，加强预防保健。针对医疗机构，制定适宜的结余留用政策，同样有利于其加强预防保健工作。

3. 加强预防保健和健康教育 医疗保障机构开始为投保人提供免疫接种、血糖血脂检查、乳腺X射线检查、加强健康教育等预防保健服务，目的是尽早发现健康问题并及时治疗，提高治愈率，降低整个医疗服务成本。

4. 管理型保健 管理型保健重要特征是保险机构与医疗机构合作，促进医疗机构提供合理服务，共同承担风险。具体措施包括优选医疗服务网络，方便投保人接受价格合理、方便的医疗服务；建立守门人制度，明确投保人的主管医师；加强医疗服务机构的考核和评价；建立经济激励机制，保险机构与医疗机构共享基金超支风险，共享结余收益等。

第三节　医疗保障制度基本模式

第二次世界大战后，世界各国探索建立适合本国情况的现代医疗保障制度。综合起来看，形成了特色鲜明的四大类医疗保障模式，包括国家健康服务模式、社会医疗保险模式、商业健康保险模式和储蓄健康保险模式。

一、国家健康服务模式

国家健康服务模式（national health service，NHS）又称国家卫生服务制度，采取政府直接举办医疗服务体系的模式，中央或地方政府有计划地拨付医疗机构运行费用，向公民提供免费或基本免费的医疗服务。

国家健康服务制度的突出特点是公民免费享受医疗服务。代表国家有英国、瑞典、丹麦、芬兰、爱尔兰、西班牙等欧洲国家和加拿大、澳大利亚、新西兰等原英联邦国家，苏联、东欧国家以及我国20世纪50—90年代末实行的公费医疗制度也属于这种模式。

国家健康服务制度覆盖全体公民，具有较好的普及性和公平性，卫生健康服务体系的运行资金绝大部分来源于国家财政预算，可以实现公平筹集卫生健康资金。但是由于实施免费医疗，导致供需双方缺乏费用意识，容易导致医疗服务过度利用，排队现象严重，加大了国家财政压力。同时造成卫生资源运行效率低下等。

二、社会医疗保险模式

社会医疗保险（social health insurance）指国家通过立法建立的，强制社会成员参加，在全社会层面统筹医疗保险基金，当社会成员患病、受伤或生育时，由国家或社会向其提供必需的医疗服务费用补偿或收入损失补偿的一项医疗保障制度。

社会医疗保险是应对市场机制失灵的有效方式，其实质是社会共担风险，互助共济。在理想模式下，可以实现年轻人帮助老年人，富裕的人帮助贫困的人等；同时也是促进卫生保健公平、保护弱势群体能够以较低的成本获得卫生健康服务的重要途径。社会医疗保险是一种较为普遍的保险模式，代表国家包括德国、法国、日本、韩国、荷兰等。

三、商业健康保险模式

商业健康保险（private health insurance）也称自愿健康保险、私人健康保险，指由商业保险公司和投保人在自愿基础上，按市场规律签署合同确定缴费额度、保险金额等双方权利和义务，保证被保险人患病、发生意外事故时补偿相应的医疗费用或者收入损失的健康保险制度。

商业健康保险的典型代表国家是美国。作为基本医疗保险的补充，中国等国家也积极发展商业健康保险，满足不同层次的需求。根据我国商业健康保险发展现状，商业健康保险产品主要有医疗费用保险、失能收入保险和长期护理保险等险种。

案例讨论

【案例】美国没有实施全民社会医疗保障或者国家卫生服务制度，在商业医疗保险、老年和残障保险制度、医疗补助制度、儿童健康保险制度、联邦雇员福利计划等之外，约有4600万左右的中低收入阶层缺乏医疗保障。2010年3月，美国国会通过奥巴马医改法案，在接下来的10年内投入9400亿美元，把3200万未参保的美国民众纳入医保体系，严格限制保险公司的行为，采取的措施包括不得因投保人既往病史而拒绝承担赔付责任等。因新政策，美国最大的健康保险公司联合健康集团因亏损严重而考虑退出政府医保计划。2017年1月20日，特朗普宣誓就职后，签署第一个行政命令停止实施“奥巴马医改计划”。

【讨论】为什么美国要推进全民医保？商业医疗保险与社会医疗保障之间的关系是什么？

四、储蓄健康保险模式

储蓄健康保险制度是指通过立法，强制个人和雇主将一定额度的收入积累下来，建立个人健康保健储蓄基金（即个人医疗账户），支付个人及家庭成员治疗疾病或意外伤害医疗费用的一种健康保险制度。新加坡、马来西亚等国家采用储蓄健康保险模式。

储蓄健康保险通过强制性的定期储蓄，以个人或家庭为单位积累资金，强调以个人责任为基础，其实质是健康风险分摊到人的一生中，社会互助共济、共同分担风险的程度较低。要求公民从年轻时为自己积累医疗基金，提高了个人责任意识，激励人们维护自身健康，审慎利用医疗服务，尽可能减少浪费。同时，余额还可留给后代，实现代际互助共济，有效避免基金浪费。但是，完全依靠个人账户的积累，常常难以满足大病医疗所需，特别是危重病、慢性病，个人需要支付高额的医疗费用。

第四节　中国的医疗保障体系

中国的医疗保障制度源于中华人民共和国成立初期的公费医疗、劳保医疗制度和农村合作医疗制度。改革开放以后，中国启动了城镇职工基本医疗保险、新型农村合作医疗、城镇居民基本医疗保险建设工作，大力推进制度整合与建设，医疗保障制度的社会化、公平性、可持续性显著提高。在此基础上，建设了城乡居民大病保险、社会医疗救助，发展商业医疗保险，构建了多层次的医疗保障体系。

一、城镇职工基本医疗保险

我国的城镇职工基本医疗保险制度由公费医疗制度、劳保医疗制度发展而来。改革开放后，经过试点探索，城镇职工基本医疗保险制度逐渐建立起来。

（一）发展过程

1994年我国开展“两江试点”（江苏镇江、江西九江），1998年发布的《国务院关于建立城镇职工基本医疗保险制度的决定》标志着中国城镇职工基本医疗保险制度在全国展开，并推向一个新的发展阶段。2009年4月，中共中央和国务院出台了《关于深化医药卫生体制改革的意见》，将完善基本医疗保障制度作为医改的重点之一，要求城镇职工基本医疗保险继续扩大覆盖面。2016年我国提出健康中国建设战略，完善健康保障成为健康中国建设的重要工作之一。

（二）制度框架

从保障的对象看，城镇职工基本医疗保险的覆盖人群为城镇所有用人单位，包括企业（国有企业、集体企业、外商投资企业、私营企业等）、机关、事业单位、社会团体、民办非企业单位及其职工。从筹资机制和标准看，城镇职工基本医疗保险基金由用人单位和职工共同筹集，其中企业按在职职工工资总额的6%左右缴纳，职工个人一般按本人工资收入的2%缴纳，分别计入社会统筹基金和个人账户基金。

从保障的内容看，城镇职工基本医疗保险主要保障基本医疗服务需求，个人账户主要支付小额的门诊医疗费用以及住院费用中的个人自付部分。另外，国家制定了基本医疗保险用药目录和诊疗目录，对目录内的诊疗项目和药品予以报销。2019年3月，我国生育保险整合进入职工基本医疗保险，保障待遇进一步覆盖生育医疗费用、计划生育医疗费用和生育津贴等。

从支付机制看，统筹基金设置起付标准和最高支付限额，起付标准原则上控制在当地职工年平均工资的10%左右，最高支付限额设定在当地职工年平均工资的6倍以上。起付标准以下的医疗费用，从个人账户中支付或由个人自付。起付标准以上、最高支付限额以下的医疗费用，主要从统筹基金中支付，个人也要负担一定比例。为推进分级诊疗，基层医疗卫生服务机构的报销比例要高于大医院，引导居民合理利用卫生服务，节约医疗资源。

二、城乡居民基本医疗保险制度

城乡居民基本医疗保险是我国医疗保障制度的重要组成部分。基于城乡二元结构，我国建立了合作医疗和城镇居民基本医疗保险制度。2016年，国务院印发《关于整合城乡居民基本医疗保险制度的意见》，提出整合城乡居民基本医疗保险制度，使制度公平性进一步提高。

（一）新型农村合作医疗制度

合作医疗是在政府的支持和集体经济的扶持下，遵循农民自愿、受益、适度的原则，通过民办公助、互助互济等多种合作形式建立起来，集体与个人共同筹集医疗卫生专用基金，按一定比例补偿农民医疗费用支出、解决农民卫生健康问题的健康保障制度。2002年10月，在总结各地合作医疗经验的基础上，结合中国农村实际情况，中共中央、国务院印发了《关于进一步加强农村卫生工作的决定》，明确提出在农村逐步建立起适应社会主义市场经济体制要求和农村经济发展水平的、以大病统筹为主的新型农村合作医疗制度。

（二）城镇居民基本医疗保险制度

城镇居民基本医疗保险制度是面向不属于城镇职工基本医疗保险制度覆盖范围的中小学阶段的学生（包括职业高中、中专、技校学生）、少年儿童、大学生和其他非从业城镇居民的一项保险制度。2007年7月，国务院发布了《关于开展城镇居民基本医疗保险试点的指导意见》。2009年4月，人力资源和社会保障部、财政部联合发布《关于全面开展城镇居民基本医疗保险工作的通知》，标志着我国城镇居民基本医疗保险制度正式建立。

（三）城乡居民基本医疗保险制度

2016年1月，国务院印发《关于整合城乡居民基本医疗保险制度的意见》，提出整合城镇居民基本医疗保险和新型农村合作医疗两项制度，统一人员管理、统一财务管理、统一药械管理、统一业务管理、统一准入退出、统一绩效考核，建立统一的城乡居民基本医疗保险制度。

城乡居民基本医疗保险覆盖范围包括城镇居民医保和新农合所有应参保（合）人员，即覆盖除职工基本医疗保险应参保人员以外的其他所有城乡居民。主要保障符合医疗保险规定范围内的住院医疗费用和门诊医疗费用。

城乡居民基本医疗保险采取政府补助和个人缴费相结合的筹资机制。合理划分政府与个人的筹资责任，在不断提高政府补助的基础上，适当提高个人缴费比重，逐步建立与经济社会发展水平、各方承受能力相适应的稳定筹资机制。2020年城乡居民医保人均财政补助标准不低于550元。

城乡居民基本医疗保险统筹基金设置起付标准和最高支付限额，起付线以上、最高支付限额以下的医疗费用，由参保居民和统筹基金按照一定比例进行分担；起付线以下、最高支付限额以上部分的医疗费用个人自行负担。

三、城乡居民大病保险制度

2010年6月，卫生部等部门出台《关于开展提高农村儿童重大疾病医疗保障水平试点工作的意见》，首先将儿童先天性心脏病、急性白血病纳入试点，探索建立农村居民大病保障和救助机制。2012年，国家发展改革委等六部门印发《关于开展城乡居民大病保险工作的指导意见》，提出建立城乡居民大病保险制度，在基本医疗保障的基础上，对大病患者发生的高额医疗费用给予进一步保障。2015年，《国务院办公厅关于全面实施城乡居民大病保险的意见》提出大病保险覆盖所有城镇居民基本医疗保险、新型农村合作医疗参保人群。

从筹资机制看，城乡居民基本医疗保险基金中划出一定比例或额度的费用，作为大病保险资金。大病保险主要在参保（合）人员患大病发生高额医疗费用的情况下，对城镇居民医保、新农合补偿后需个人负担的合规医疗费用给予保障。

四、城乡医疗救助制度

2003年11月，民政部等3部门联合发布《关于实施农村医疗救助的意见》，正式开始农村医疗救助的制度化建设。2005年3月14日，国务院办公厅转发了民政部等4部门《关于建立城市医疗救助制度试点工作意见》，正式开始在城市地区开展医疗救助试点工作。2008年，全国所有县（市、区）基本实现了城市医疗救助制度全面覆盖。

在救助城乡低保家庭成员和五保户的基础上，医疗救助制度逐步将其他经济困难家庭人员纳入医疗救助范围，主要包括低收入家庭、重病患者以及当地政府规定的其他特殊困难人员。医疗救助制度通过资助困难群体参加城乡居民基本医疗保险，并对其难以负担的基本医疗保险自付费用给予补助，缓解困难群体疾病经济负担，防止因病致贫、因病返贫。

五、商业健康保险

我国商业健康保险始于20世纪80年代初国内保险业复业时期。2000年以来，中国保监会先后下发或修订了《关于加快健康保险发展的指导意见》《健康保险管理办法》等规范性和指导性文件，基本形成健康保险专业化制度框架。2014年，国务院办公厅《关于加快发展商业健康保险的若干意见》明确了商业健康保险在我国多层次医疗保障体系中的作用。

我国商业健康保险的品种有商业医疗保险、重疾保险、伤残保险等。据中国保监会统计，截至2018年底，全国100多家保险公司开发了涵盖疾病险、医疗险、护理险、失能收入损失险四大类超过4000个保险产品，2020年商业健康保险承保人次达到3.68亿人次，保险保费收入达到8173亿元，成为中国健康保险制度的重要组成部分。

第五节　中国医疗保障制度改革发展

2020年，中共中央、国务院发布《关于深化医疗保障制度改革的意见》，我国医疗保障体系顶层设计更加完善，医疗保障管理向系统化、全面化、现代化方向发展。

一、不断完善医保制度顶层设计

随着《关于深化医疗保障制度改革的意见》《“十四五”全民医疗保障规划》等文件出台，我国医疗保障的中长期发展愿景更加清晰，力争到2030年，全面建成以基本医疗保险为主体，医疗救助为托底，补充医疗保险、商业健康保险、慈善捐赠、医疗互助共同发展的多层次医疗保障制度体系。展望2035年，基本医疗保障制度更加规范统一，多层次医疗保障体系更加完善，中国特色医疗保障制度优越性充分显现。对于医保的待遇保障、筹资运行、医保支付、基金监管、医药服务协同和医疗保障服务等关键机制和环节，做了更加明确的制度设计。

二、提升医保制度的法制化水平

2011年7月1日，我国实施《中华人民共和国社会保险法》，规定了基本医疗保险、生育保险等是我国社会保险制度的重要组成部分；职工应当参加职工基本医疗保险；国家建立和完善新型农村合作医疗制度；国家建立和完善城镇居民基本医疗保险制度。随着我国城乡居民基本医疗保险制度的建立，其部分内容需要修订，医疗保障领域的专项立法被提上日程。2021年1月15日，国务院发布《医疗保障基金使用监督管理条例》，对基本医疗保险（含生育保险）基金、医疗救助基金等医疗保障基金使用及其监督管理作出规定，为加强医疗保险基金法制化管理提供了法律依据。2021年7月，国家医疗保障局发布《医疗保障法（征求意见稿）》，进一步推进医疗保障法制化建设工作。

三、推进医疗保障治理现代化

（一）理顺管理体制

根据2018年3月第十三届全国人民代表大会批准的国务院机构改革方案，国家医疗保障局成立，医疗保障事业实现集中统一管理，2018年国务院机构改革方案，将原由卫生部门主管的新农合、人社部门主管的城镇居民基本医疗保险和城镇职工基本医疗保险、民政部门主管的医疗救助统一合并到新组建的国家医疗保障局，并赋予医疗保障局医疗服务价格、药品集中招标采购等新的职能，实现了基本医疗保障管理体系的合并。同时，国家医疗保障局把发展改革委药品与服务价格管理职能、原卫生计生委的药品与耗材招标管理职能全部划入，加强对医药供应、医疗服务的管理，在医疗、医保、医药“三医”协同发展中扮演着重要角色。

（二）建设智能医疗保障系统

2018年我国明确提出医保信息化建设“一二三四”的目标，即建设全国统一的医保信息系统，搭建国家和省两级医保信息平台，提高 全国医保的标准化、智能化、信息化水平，推进公共服务、经办管理、智能监控、宏观决策四大类系统建设。我国持续推进基本医保异地就医直接结算工作，2017年基本实现全国基本医保异地就医直接结算。

（三）引入第三方资源

新医改以来，各地探索了多种形式，利用商业医疗保险体系提高社会医疗保障管理和服务效率。例如，通过第三方的商业健康保险机构，建立一定额度的跨省就医周转金，加快资金周转速度，保证了跨省就医高效结算服务，极大缓解了医疗机构和有关省份资金周转压力，极大促进了异地就医结算覆盖医疗机构范围。

四、促进医疗保障和医药服务协同发展

（一）实施国家药品和耗材集中带量采购

自国家医保局成立以来，我国开展了多次国家组织药品集中带量采购工作，由国家医保局等部门组织各省组成采购联盟，确定采购药品范围，明确药品采购数量，集中采购，以量换价，取得明显效果。自集中带量采购实施以来，集采药品的价格大幅降低，节省了医保基金支出，大幅降低了参保患者的用药负担。同时，我国还对冠脉支架、人工关节等耗材开展了集中带量采购，也取得了非常明显的成效。

（二）开展国家医保药品目录准入谈判

积极推进医保药品目录准入谈判也是国家医保局成立以来的重要工作。经过连续三年的准入谈判工作，累计将183个药品谈判新增进入国家医保目录，药品价格三年平均降幅均超过50%，大幅降低了准入目录的新药价格。同时，结合医保报销政策和支付方式改革，多重政策效应协同，大幅减轻了患者经济负担。

（三）深化支付方式改革

我国积极稳妥地推进适应不同疾病、不同服务特点的多元复合式医保支付方式改革，2019年启动30个DRGs付费（按疾病诊断相关分组付费）国家试点城市。2020年11月，确定上海、天津、广州等71个城市作为病种分值付费（DIP）国家试点城市。同时，有序推进医保总额控制、按病种付费、精神病等按床日付费、按人头付费等改革。

（四）加强医保基金监管

我国大力加强医保基金监管制度建设，《医疗保障基金使用监督管理条例》奠定了医保基金监管法律基础，对于促进“管好用好”医保资金，维护群众医疗保障合法权益具有重大意义。医疗保障管理部门联合多部门，深入开展打击欺诈骗保专项治理和飞行检查，严肃追究欺诈骗保单位和个人责任。

本章小结

1. 风险客观存在，如何有效地防范风险、应对损失，一直是人类社会发展的重要问题。本章介绍了风险与保险、疾病风险与医疗保障的概念。

2. 医疗保障制度的基本要素可以从保障对象、保险筹资、保障范围、保险支

付四个方面进行分析和理解。全球医疗保障制度从基本性质分为国家健康服务制度、社会健康保险、商业健康保险和储蓄健康保险四大类。

3. 中国的多层次医疗保障体系由城镇职工基本医疗保险、城乡居民基本医疗保险、城乡居民大病医疗保险和医疗救助、商业健康保险组成。

4. 我国不断完善医疗保障制度顶层设计、提高医疗保障法制化管理水平、推进医疗保障治理现代化、促进医疗保障与医疗服务协同发展，不断提高医疗保障治理体系和治理能力现代化水平。

（李　建）

References
参考文献

[1] 陈云良.卫生法学[M].北京：高等教育出版社，2019.

[2] 樊立华.卫生监督学[M].2版.北京：人民卫生出版社，2016.

[3] 郝模.卫生政策学[M].2版.北京：人民卫生出版社，2013.

[4] 何宁，胡明.药事管理学[M].北京：中国医药科技出版社，2018.

[5] 晋继勇.全球公共卫生治理中的国际机制分析[M].上海：上海人民出版社，2019.

[6] 乐虹，赵敏.中国卫生法发展研究[M].武汉：华中科技大学出版社，2020.

[7] 李春雷.食药安全行政执法与刑事司法[M].北京：研究出版社，2019.

[8] 李为民.现代医院管理：理论、方法与实践[M].北京：人民卫生出版社，2019.

[9] 李珍.社会保障理论[M].4版.北京：中国劳动社会保障出版社，2018.

[10] 梁万年，王辰，吴沛新.中国医改发展报告[M].北京：社会科学文献出版社，2020.

[11] 罗刚，石俊华.医药卫生法学[M].杭州：浙江工商大学出版社，2016.

[12] 罗豪才，湛中乐.行政法学[M].4版.北京：北京大学出版社，2016.

[13] 孟庆跃.卫生经济学[M].北京：人民卫生出版社，2013.

[14] 钱东福，鲁翔.医院管理理论与案例[M].北京：科学出版社，2019.

[15] 邵蓉.中国药事法理论与实务[M].北京：中国医药科技出版社，2019.

[16] 申卫星.《中华人民共和国基本医疗卫生与健康促进法》理解与适用[M].北京：中国政法大学出版社，2020.

[17] 苏玉菊."新公共卫生"法律规制模式研究——基于治理的视角[M].北京：法律出版社，2015.

[18] 田侃.药事管理与法规[M].上海：上海科学技术出版社，2019.

[19] 王岳.医事法[M].3版.北京：人民卫生出版社，2019.

[20] 徐刚，闫国立，崔宁，等.公共卫生与预防医学概论[M].北京：中国中医药出版社，2021.

[21] 杨宏山.公共政策学[M].北京：人民大学出版社，2020.

［22］杨立新.侵权责任法［M］.4版.北京：法律出版社，2021.
［23］杨平.公共卫生法［M］.济南：山东大学出版社，2020.
［24］杨淑娟.卫生法学概论［M］.4版.北京：人民卫生出版社，2018.
［25］姚岚，熊先军.医疗保障学［M］.北京：人民卫生出版社，2013.
［26］张静，赵敏.卫生法学［M］.2版.北京：清华大学出版社，2020.
［27］张文显.法理学［M］.北京：法律出版社，2017.
［28］张新平，刘兰茹.药品管理学［M］.北京：人民卫生出版社，2013.
［29］赵敏，何振.卫生法学概论［M］.武汉：华中科技大学出版社，2016.
［30］George J. Annas，Michael A. Grodin. The Nazi Doctors and the Nuremberg Code-Human Rights in Human Experimentation［M］. New York：Oxford University Press，1992.